熊逸 著

熊逸书院
中国思想经典讲稿

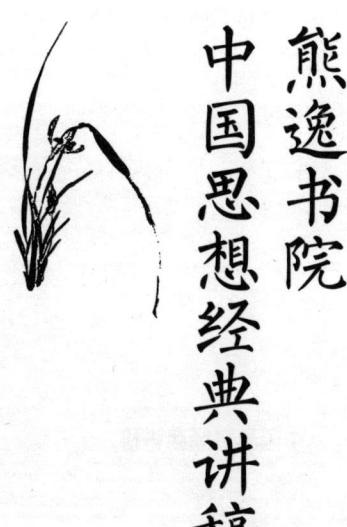

北京联合出版公司
Beijing United Publishing Co.,Ltd.

图书在版编目（CIP）数据

中国思想经典讲稿 / 熊逸著. — 北京：北京联合出版公司，2020.3 (2024.1重印)
（熊逸书院）
ISBN 978-7-5596-3652-2

Ⅰ. ①中… Ⅱ. ①熊… Ⅲ. ①哲学－中国－文集 Ⅳ. ①B2-53

中国版本图书馆CIP数据核字（2019）第210499号

中国思想经典讲稿

作　者：熊　逸　　　　　　产品经理：罗长礼
责任编辑：喻　静　　　　　　特约编辑：丛龙艳
封面设计：人马艺术设计·储平　内文排版：任尚洁

北京联合出版公司出版
（北京市西城区德外大街83号楼9层　100088）
北京联合天畅文化传播公司发行
凯德印刷（天津）有限公司印刷　新华书店经销
字数 434千字　880毫米×1270毫米　1/32　17印张
2020年3月第1版　2024年1月第9次印刷
ISBN 978-7-5596-3652-2
定价：68.00元

未经书面许可，不得以任何方式转载、复制、翻印本书部分或全部内容。
版权所有，侵权必究
如发现图书质量问题，可联系调换。质量投诉电话：010-88843286/64258472-800

自序·跨界读经典
贯通的思维和雄浑的内力

读书变成越来越奢侈的一件事情，尤其是阅读那些大部头的、艰深晦涩的经典，需要耗费海量的时间和精力。我知道很多人的阅读计划总是无疾而终，所以，如果你被我这个书系吸引，应该很希望有人手把手地带着你，以轻松简练、提纲挈领的方式让你飞速提升知识积累。

这当然没问题，但你得到的，不仅仅是这些。

我还想借着这些跨度广大的经典，帮你搭建一个知识框架。框架结构越合理、越稳固，你今后获取新知的速度就越快，吸收率就越高。因为孤立的知识最难记忆和理解，它总是飘浮着，你必须用一个完整的知识框架来捕获它，使它成为框架中的一个节点，和其他节点互相关联，彼此支撑。用框架收纳新知，就好比让一个个陌生人变成你的同学或同事，或者同学的死党、同事的妻子。

我还想借着这些跨度广大的经典，帮你融会贯通，让你的视野更开阔，视角可以自由切换。

现代社会的知识趋势是专家型，要求一个人在一门学科一个分支一个细小的点上钻深钻透，全社会通过无数专家自觉不自觉的分工协作获得整体的进步。这当然是好事，也是必然；但作为个人，视野和视角受限到这种程度，虽然可以强化他的专业竞争力，却弱化了他对这个世界的理解力。

阅读经典也常会遇到这种问题。而当我们拓宽了视野，变换了视角，原先"山重水复疑无路"的地方往往突然就会"柳暗花明又一村"。这是我自己最深切的阅读体会。"他山之石，可以攻玉"，这个道理一点不错。我们的很多"多怪"，真的只是因为"少见"。

所以，我想用这个书系帮助你在不同的时代、地域、学科之间纵横驰骋，让你随心所欲地缩放视野、变换视角，摆脱盲人摸象的认知局限，而且——你没猜错——你还会得到更多。

我们生而不自由，无往而不在生物基因和文化基因的双重枷锁之中。我们自以为理性的、自主的决策，我们自以为一种新兴的社会现象，我们自以为不久前才形成的社会格局，往往有着我们自己根本觉察不到的古老根源。一些苍老的经典在今天貌似已经失去活力，至少不再能给我们带来任何实际的好处，但它们的真知与谬误在千百年前激起的涟漪直到今天仍然在寂静中影响着我们。正是它们决定着"我们是谁，我们从哪里来，我们向何处去"。

是的，我还会在这个书系里，借着对经典的解读，剖析我们思维最底层的文化基因。

"熊逸书院"给你的就是这样一种完整的收获：

一、为你剖析至少52部思想经典的内核、流变、影响与疑难，理解它们的真知与谬误如何成为构建我们文明的基石。我会用轻松简练、提纲挈领的方式帮你绕开一切弯路，飞速提升知识积累。

二、我会借着这些跨度广大的经典，帮你搭建一个结构合理、稳定性和扩容能力兼备的知识框架，使你在读完这套书之后，依然可以对新知识有高效的获取和吸收能力。

三、我还会借着这些跨度广大的经典，帮你融会贯通，让你的视野更开阔，视角可以自由切换，摆脱盲人摸象的认知方式。

四、让你借着对这些经典的解读，理解我们思维最底层的文化基因，理解我们自己和我们的社会从何而来。

五、经典不是快餐，它们能给你的不是现学现用的花哨招式，而是以无招胜有招、以无用为大用的浑厚内力，这是真正意义上的洪荒之力。

许多年来，总是不断有人要我开列指导性的书单，我的答复从来都是，就你感兴趣的领域胡看、乱看，不要在意什么好书坏书，尽可能竭泽而渔就好。看看坏书又何妨？看它们到底怎么坏，又是如何既坏又被人追捧，这里边就藏着耐人寻味的内容；而看得多了，自然就有了辨别力和贯通感。

这是我自己的读书方法，一种作为"时间的敌人"的读书方法，因为我自己多年来的生活也无非就是读书、译书、写书，耗得起冷板凳。我的老读者应该都有一种感受：我自己的书也很有一点"时间的敌人"的味道。但是这一次，我把与时间为敌的事情留给自己，改弦更张，专心为大家来做"时间的朋友"。

"熊逸书院"，精选约52部经典来讲，选书的范围比较广，并不限于某个特定的学科，而是涵盖几乎全部的人文社科领域，用交叉火力培养通识。我的写作一直都是这种路数，这是我的老读者们很熟悉的。

至于选讲哪些经典，我的标准大致有以下几点：

一、在历史上产生过巨大影响力的作品。比如"四书"，每个人都知道它们的历史地位，但我不会单独讲解原典，而是把原典结合朱熹的《四书章句集注》来讲，因为"四书"真正的影响力并不来自前者，而是来自后者。

二、被低估的经典。比如凡勃伦的《有闲阶级论》，我认为，它和亚当·斯密的《国富论》形成最佳互补，联手解释出经济学最核心的原理。但后者名满天下，前者没有得到足够的重视，甚至不被当作正经的经济学著作。在我看来，理解经济学更需要我们有广博的知识，因为纯粹的经济现象几乎是不存在的，很多经济问题在本质上都不是经济问题，这正是经济学家经常冒火的原因。

三、难啃的大部头。比如"《春秋》三传"，这是理解中国传统的头号必读书，但普通读者不大可能花上几年的时间把它们硬啃下来。而奠定西方文明的"两希传统"（希腊和希伯来）里，柏拉图和亚里士多德的各种长篇大论，还有厚厚的《圣经》，都不是短时间内能消化掉的。

四、从我私人的角度感觉最适合彼此参照的经典。比如讲《仪礼》和《礼记》的时候，我会顺带谈谈加缪的《局外人》。再如《老子》和克鲁泡特金的《互助论》，"四书"中的《大学》和哈斯金斯的《大学的兴起》，看上去风马牛不相及的书，参照来看会别有一番收获。还有些观点对立的经典，比如马克斯·韦伯的《新教伦理与资本主义精神》和桑巴特的《奢侈与资本主义》，它们交火得越凶，我们收获的越多。

五、关乎思想流变脉络的经典。比如读王国维小小一本《人间词话》，从康德、叔本华贯通下来，这是经线，从中国古典词论贯通下来，这是纬线。把经线和纬线梳理清楚，我们才能看得懂锦缎从何而来。你以为你懂的，其实也许没懂。你觉得晦涩难懂的，有时只因为缺乏一些积淀，看不出其中若隐若现的脉络。

我不会就一部书论一部书，而是会把每一部书放进我自己的知识框架里来做分析和解剖。跨界读书，站在现代学术的领地往回看，最能给人意想不到的收获。比如借助经济学最粗浅的常识，就可以轻松看懂古人纷繁错杂的变法斗争；借助人类学的一点田野调查报告，就会对国学里某个艰深思想恍然大悟；或者从丰富的历史中看出今天某个经济政策的必然走向。

一年之后你会发现，那些分立的学科、分立的经典，渐渐也会在你的心里连成一体。这种求知的旅程更像过关斩将、攻城略地，令人快感十足，你天天和古往今来第一流的智者对话、交锋，以战养战，吸光他们的内力，学会他们的武功，再挑战下一名高手。

我自己读书的初衷，不是为了成为某个领域的专家，而是为了满足心底的好奇，而在过程中慢慢感到，每一个学科、每一部经典，都是我们理解世界的一套或一件利器——如果把它们比作镜片的话，那么，在头脑里营造你的瞭望塔，不断添置大大小小的望远镜、显微镜，还有各种一般人连名字都叫不出的镜子，你的视野当然会因此不同，你的世界当然也会因为视野的不同而发生巨变。

如果这个书系能被认可，那么，作为一名无证导游，我很愿意带你继续东游西逛，毕竟在如此广袤的时空里还有那么多精彩的景点值得去欣赏、去体会、去激动。因作品的篇幅有限，我不得不放弃很多绝世风光，而类似于卢浮宫那样的单个景区又怎么是有限的文字能够写尽和说透的？还有各种少有人走过的路、少有人看见的美，都是我很想指给你看的。

最后，很希望这个书系能够让你喜欢，因为——请原谅我在这里小小地矫情一下，用R.S.托马斯的一节诗歌收尾——

> 因为围绕着你
> 慢慢转动着一整个世界，
> 辽阔而富于意义，不亚于伟大的
> 柏拉图孤寂心灵的任何构想。

熊逸

※ 目录

第一章 《春秋》《左传》

《春秋》和《左传》的基本读法　　2
一切源于《左传》　　8
《左传》的青蘋之末　　12
《左传》的可信度　　17
宗族自治和编户齐民　　21

第二章 《公羊传》《穀梁传》

《左传》的对手　　28
《春秋》的"微言大义"从何而来　　31
汉朝是如何依据《公羊传》制定国策的　　36
《穀梁传》的逆袭　　40
让我们翻手为云、覆手为雨　　45

第三章 《周易》

《周易》正宗　　　　　　　　　　52
算卦古法从何而来　　　　　　　57
工具重于算法　　　　　　　　　61
动物和植物的较量　　　　　　　65
统治术和学习法　　　　　　　　69

第四章 《诗经》

什么是诗，诗有什么用　　　　　76
不谈文艺谈道德　　　　　　　　80
诗歌的"体统"和"有失体统"　　85
在诗歌趣味上的不谋而合　　　　89
不学诗，无以言　　　　　　　　93

第五章 《尚书》

尽信书则不如无书　　　　　　　98
《尚书》的传承与流变　　　　　101
治水宝典　　　　　　　　　　　104
通经致用　　　　　　　　　　　108
解读与辨伪　　　　　　　　　　111

第六章 《仪礼》《礼记》

为什么要讲礼	118
礼仪之邦的本质	122
中介与防线	125
有人非礼啦！	130
礼下庶人：国家立法让穷人讲礼	134

第七章 婚礼、丧礼和《周礼》

合格的婚礼要在黄昏静悄悄地举办	140
藏在《周礼》里的伦理答案	144
办完婚礼，入了洞房，算不算合法夫妻？	147
礼教吃人，还吃外国人	151
《周礼》：让天下整齐划一该有多好	156

第八章 《大学》

《大学》的由来	164
语言决定论	168
旧瓶和新酒不合拍	173
北大传统从何而来	177
中世纪的欧洲大学	181

第九章 《论语》

《论语》从何而来 188

孔子和体育课 192

孔子的箭术 195

《论语》的读法 199

做梦事关重大 204

第十章 《孟子》

孟子的两个标签：圣人和乱臣贼子 212

《西西弗斯的神话》的孟子式荒诞 215

儒家的失守 219

儒家的致命伤 221

从孟子到理学 225

第十一章 《中庸》和《中庸章句》

"中庸"说不清 232

一部《中庸》，两套解释 237

读者的错位 241

中庸需要笨功夫 246

学习中庸之道，会有惊人收获 251

第十二章 《老子》

比比谁更损	258
政府的价值	263
公地悲剧	266
无为而治的限度	269
"欲取先予",既是规律,也是权谋	273

第十三章 《庄子》(上)

《庄子》的鸡汤:	
把生死、祸福、亲情、廉耻都看淡	280
如果视死如归是好的,	
为什么不能视别人的死也如归呢?	284
删书不是皇帝的专利	289
《庄子》的鸡汤:怎样活才逍遥	293
《庄子》的鸡汤:幸福不依赖任何外部条件	297

第十四章 《庄子》(下)

《庄子》教做人:外圆内方不如里外都圆	302
《庄子》教做人:放空自己,扔掉三观	306
难道你没发现,其实你和富豪一样有钱?	310
梦蝶和物化:我们自身和这个世界真的存在吗?	313
虚舟的哲学:别把自己当人	317

第十五章 《荀子》

一部好书是如何被边缘化的	322
老学究的纸上谈兵	326
富强只应该是正义的副产品	331
《荀子》性恶论：一切的善都是伪善	335
如果人们真的理解平等，就不会想要平等	340

第十六章 《管子》

政策应当顺应民心	346
"有为之治"与"藏富于民"	350
盐铁政策：盘剥细无声（略）	
"利出一孔"	354
"御神用宝"之计	359

第十七章 《国语》

《国语》：一部伟大的德育教材	364
官太太的两难选择	368
真正的大家闺秀是这样的	372
超出本分的好处该不该要？	377
"君臣无狱"与正义的优先级	385

第十八章 《新书》

如果万事俱备，只缺《关系攻略》…… 390
贾谊的阶级论 395
《治安策》：西汉第一雄文 400
从《治安策》到《推恩令》 404
货币发行必须由政府垄断吗？ 408

第十九章 《近思录》（上）

入门书的入门书 414
为什么开头的内容要放到最后看？ 418
"己所不欲，勿施于人"的尴尬 422
《太极图说》使儒学升级换代 426
《太极图说》的宇宙生成论 430

第二十章 《近思录》（下）

从太极到人极 436
从张载《西铭》到天地会，怎样去爱陌生人 440
想象的宗法共同体 445
如果你的狗和陌生人同时遇险，
　　你只能救一个…… 449
人生的终极问题：怎样才能不怕死？ 453

第二十一章 《传习录》

- 普通人和哲人为什么都常常说一套做一套　460
- 阳明心学的核心要领和出现契机　465
- "知行合一"从何而来　469
- "知行合一"的含义和破绽　473
- 几大心学命题之间的关系　477

第二十二章 《三国志》

- 从档案到历史　484
- 《三国志》不叫《三国志》　489
- 《三国志》是不是正史？　494
- 为什么三国时期的神人特别多　498
- 诸葛亮的北伐　502

熊逸回复万维钢"国学的三个问题"（有删改）　507

※ 第一章

《春秋》《左传》

《春秋》和《左传》的基本读法

(1) 关羽夜读《春秋》，究竟在读什么

荆州春秋阁有一副对联，上联是"文夫子，武夫子，两个夫子"，下联是"作《春秋》，读《春秋》，一部《春秋》"，"文圣"孔子和"武圣"关羽就这样因为一部《春秋》联系在了一起。但是，孔圣人所作的和关圣人所读的真的是同一部《春秋》吗？

夜读《春秋》，这是《三国演义》为关羽打造的经典形象。关羽为什么总是夜读《春秋》，负责任的评书艺人会搬出孟子的话说："孔子作《春秋》，乱臣贼子惧。"孔子亲手编写《春秋》，此书一出，无论当时还是后世，一切乱臣贼子都会胆战心惊。所以"夜读《春秋》"是为了凸显关羽的忠义形象，以大义凛然的姿态和白脸的曹操划清界限。

让我们把好奇心推进一步：假如我们自己就是不忠不义的乱臣贼子，不小心把《春秋》通读了一遍，结果会怎样呢？事实上我们会很困惑，因为实在找不到害怕的理由，同时也会敬佩关羽，这么枯燥无聊的书，他到底是怎么看得津津有味的。

按照传统的说法，《春秋》是孔子根据鲁国的历史文献整理、修订而成的。以今天的概念来看，可以说《春秋》是一部鲁国简史加国际关系

简史。"简"到什么程度呢？基本上每年只记几件大事，每件事只有一句话。我们看一下开篇第一年记事的原文："元年，春，王正月。三月，公及邾仪父（fǔ）盟于蔑。夏，五月，郑伯克段于鄢。……"凡此种种，如果换作白话，全书可以说基本都是以下这种模样："某年某月，某国领导来我国访问；某年某月，我国领导到某国访问；某年某月，某国攻打某国，赢了；某年某月，某国攻打某国，输了；然后，一年就这么结束了。"无论是例行公事的寻常安排，还是轰轰烈烈的宏大事件，都这样被一笔带过，从不交代前因后果，也不去评论是非曲直。一部《春秋》就这样寡淡地编年记事，前后二百四十二年，这段时间就因为这部《春秋》而被称为"春秋时代"。

这段时间里，全世界的人都没有闲着。巴比伦建造通天塔，梭伦为雅典立法，伊索讲述他的寓言，六道轮回的观念在印度大地流行，埃及人在尼罗河与红海之间开凿运河，罗马变身为共和国，希腊哲学家探索世界本源，并不关心世界本源的佛陀则探索着如何使人摆脱苦难，而耶路撒冷刚刚重建的圣殿昭示着这一问题的另一种答案……

当我们把视线拉回，刚好看到孔子在编写《春秋》。

古人相信，孔子既然亲手编写这部《春秋》，一定有着比单纯书写历史深刻得多的用意；孔子既然哀叹春秋时代礼崩乐坏，一定会对历史做出符合政治正义性的解读——简言之，就是表扬好人好事，批判坏人坏事，让天下万世的坏人心生忌惮。

(2) 从赵盾弑君的故事看"孔子作《春秋》，乱臣贼子惧"是如何可能的

"天下万世"，这话倒不算很夸张。1943年9月1日，多么晚近的日

子，重庆《新华日报》刊发了一篇影响深远的社论《记者节谈记者作风》，[1]掷地有声地说道："《春秋》作而乱臣贼子惧；董狐直笔，赵盾胆寒。这是天地的正气，也可以说就是代表了舆论的力量。"

但是，董狐究竟是如何直笔的，赵盾究竟是如何胆寒的，如果我们较一下真，查阅《春秋》原文，却只能找到简单的八个字："晋赵盾弑其君夷皋。"

晋国的赵盾杀掉了他的国君夷皋，含义似乎仅此而已。董狐哪里去了，赵盾到底胆寒了没有，似乎看不出来。也许应该这样理解吧：弑君是大逆不道的，赵盾因为弑君而被《春秋》钉在了历史的耻辱柱上，被"天地的正气"和"舆论的力量"连番鞭挞。

但是，弑君一定就不对吗，弑君的人一定就是大坏蛋吗？事情显然不能一概而论。比如齐宣王向孟子请教过武王伐纣的历史——无论周朝的开国还是孔子最推崇的礼乐制度，都是周武王以下犯上、以臣弑君的结果，所以齐宣王想不通：难道弑君也可以是对的？孟子的回答有一点诡辩色彩："纣王把自己摆在仁义的对立面上，我只听说过周武王杀了一个叫纣的独夫，没听说过他弑君。"

这话的逻辑是，不仁不义的国君不是国君，杀掉这样的国君就不算弑君。

在人类文明的各个角落和各个阶段，我们会不断看到这个逻辑的变体：杀人不可以，但某某不是人！"某某"可以是暴君、贱民、夷狄、异教徒、敌人……由此引发的正义性问题非常耐人寻味，但我们眼下还需要考虑一个更简单、更直接的问题：赵盾是不是真的杀了他的国君？

《春秋》除了告诉我们"晋赵盾弑其君夷皋"之外，并没有给我们

---

[1] 以9月1日为记者节是1934年发生的事情，缘于国民党政府1933年9月1日发布的《切实保护新闻从业人员》的训令。2000年，国务院将中国记协成立日11月8日定为记者节。

更多的线索，假如我们可以依靠的史料只有一部《春秋》，我们最多可以做出这样的推论：夷皋也许不是一个很坏的国君，赵盾一定是个不折不扣的乱臣贼子，所以孔子才会把赵盾的弑君罪状记录在案，让他留下千载骂名。

如果真的这样想，那就错了。为了正确理解孔子的意思，我们必须求助另一本书：《左传》。

（3）理解《春秋》，必须从《左传》开始

《左传》，又名《左氏春秋》《春秋左氏传》，传说作者是一位名叫左丘明的专业史官。

儒家经典可以分为经、传两类，大约是教材和教辅的关系。虽然以今天的眼光来看《春秋》是一部编年史，但古人将它尊奉为经，当作意识形态的最高纲领；《左传》是一部记事详细周密的史书，史料价值远远高于《春秋》，甚至可以说没有《左传》就读不懂《春秋》，但它在儒家系统里地位很低，属于"传"的一种，只是帮助人们理解《春秋》的一部教辅。

《春秋》讲一件事，无论是多大的事，都是一语带过，而《左传》讲同一件事往往用千言万语，不但"时间、地点、人物、起因、经过、结果"记叙文六要素一应俱全，还会交代事件的背景，渲染人物的对话，甚至夹叙夹议，引入第三方的评论，那是怎样一个活灵活现，怎样一个千回百转，让读者看得心潮澎湃，欲罢不能。

关于赵盾弑君事件，《左传》既给出了丰富的前因后果，也烘托出了丰满的人物形象。简言之，赵盾是一位好总理、国家的好柱石，而国君夷皋就算不比传说中的纣王更坏，但也绝对不及被孟子当国君的

标准。最后，夷皋处心积虑暗杀赵盾，赵盾侥幸逃过一死，慌慌张张踏上了流亡之路。政坛局势变化太快，赵盾还没逃出晋国的国界，他的同宗亲戚赵穿就把夷皋杀掉了。这时候，晋国的史官恰好就是为中国史学奠定直笔基调的董狐，文天祥《正气歌》颂扬的"在晋董狐笔"说的就是这位前辈。董狐于是"直言不讳"地在档案里记载一笔"赵盾弑其君"，还拿到朝堂上给大家展示。今天的读者很难理解，不骂他指鹿为马就算是给他留面子了，这怎么能叫"直言不讳"呢？！赵盾本人的第一反应不是胆寒，而是委屈和不服气，他很激动地声辩说："事情不是这样的！"而董狐的回答是："你是国家总理，弑君发生的时候你还在国境之内，回来之后又没有惩治弑君的凶手，这样看来，弑君的不是你又是谁呢？"后来，孔子对这件事给了一个评语："董狐是古之良史，据实直录而不作隐讳之辞；赵盾是古之良臣，却为了史官的书写原则而蒙受恶名。可惜呀，如果赵盾当时逃出了国境，就可以免去弑君的恶名了。"

孔子虽然为赵盾惋惜，但显然赞同董狐的意见。"赵盾弑君"之所以成立，大约有三个理由：① 赵盾是国家总理（国之正卿）；② 凶案发生时他仍在国境之内，按规矩应该对此事负责——这就好比一些现代国家里如果发生了什么社会影响非常恶劣的重大事件，即便和执政官毫无关系，执政官也要引咎辞职；③ 赵盾回来之后并没有追究凶手，董狐大概由此推测赵盾心里是认为夷皋该杀，赵穿杀得对——既然赵盾以行动透露出了这种心理，那就可以说赵盾就是弑君的凶手，这也算是一种诛心之论了。

这种"直笔"在今天看来实在太迂回了。如何理解并评价这件事，当然可见仁见智，但无论如何，正是因为有了《左传》的辅助，人们才可以仔细体会《春秋》这一句貌似简简单单的"晋赵盾弑其君夷皋"究竟蕴含着怎样的深意。

即便没有《春秋》,《左传》也是一部可以独立成书的波澜壮阔、可读性很强的史书。正史里的关羽爱读的其实并不是《春秋》,而是《左传》。[1] 读《春秋》还是读《左传》,这在古人眼里绝不是一个简单的阅读趣味的问题,而是严重影响阅读者人格形象的问题。

---

1 《三国志·关张马黄赵传》裴松之注引《江表传》:"羽好《左氏传》,讽诵略皆上口。"

一切源于《左传》

（1）文武之道：为《左传》背书的历代名将

读《春秋》的关羽和读《左传》的关羽究竟有什么不同？答案其实很简单：评书演义塑造关羽"夜读《春秋》"的形象，是为了凸显他的忠义；正史记载关羽爱读《左传》，表示他有着武将最为必要的军事修养。

这个答案也许有点匪夷所思。难道武将最为必要的军事修养不该是熟读《孙子兵法》之类的兵书战策吗？以曹操般日理万机，还亲自为《孙子兵法》作注，这才是更符合人们刻板印象的例子。是的，提起古代伟大的军事学著作，每个人都会想到《孙子兵法》，几乎不会有人想到《左传》。但是，如果我们马上就要穿越到古代统兵打仗，随身只有一部书可以携带，那么我的推荐是，扔掉《孙子兵法》，带上《左传》吧。

不妨回忆一下我们中小学的数学课，背公式、分析例题、做练习题，三者不可偏废。如果背公式和分析例题不可兼顾，舍公式而取例题者也。把例题分析清楚了，对公式也就自然而然地掌握了。《孙子兵法》是纲领性的内容，相当于数学公式，而《左传》汇集了春秋时代大大小小的实战战例，从组织、部署到攻杀、战守，从计划到变化，从执行计划到应对突发事件，从前线到后勤，从内政到外交，从战前动员到战后总结，从己方视角到对方视角的切换，总能写得具体而微、活灵活现，丰富和精彩的程度绝不亚于《三国演义》。所以，关羽爱好《左传》，就像皇太极、多尔衮爱好《三国演义》一样。歌德说得没错，理论是灰色的，生命之树常青。

爱好《左传》的将军史上不乏其人。东汉开国名将冯异和南朝名将羊侃都是兼爱《左传》和《孙子兵法》的，因为打败侯景而名动天下的南朝名将王僧辩也是《左传》的爱好者。说到其中最著名的人物，要数西晋名将杜预，他是灭蜀平吴、结束三分天下的重要功臣。

杜预人称"杜武库"，这是形容他学识渊博、干练多能，胸中就像武器库或储藏器物的仓库一样无所不备，是一位机器猫式的奇才。今天的语文课本收录的王勃名文《滕王阁序》，其中有"紫电青霜，王将军之武库"，这是恭维当时在座的王将军，很巧妙地把他比作杜预。

杜预平生最爱《左传》，自称有"《左传》癖"，这当然比烟瘾、酒瘾高级多了。他还精心为《左传》作注，写成一部《春秋左氏经传集解》，这是中国历史上影响力最大的《左传》注本。唐朝官修科举教科书，《左传》部分用的底本就是杜预的注本。所以，"诗圣"杜甫当时很是得意，常常炫耀自己是杜预的十三世孙。只不过今天环境变了，介绍杜预的时候反而要说他是杜甫的十三世祖了。

名将如此爱好《左传》，但这并不能打消我们的一个疑虑：如果《左传》只是史官编写的一部史书，那么从军事角度来看，难道不会是隔靴搔痒、纸上谈兵？

（2）一切源于《左传》

要理解前面那个问题，就有必要讲讲《左传》的传承。

传统学术很讲师承，师承关系会在很大程度上影响学生的前程，所以"一日为师，终身为父"并不是一句场面话。汉代官学权威刘向梳理过《左传》在汉朝以前的师承脉络：左丘明传曾申，曾申传吴起，吴起传给儿子吴期，等等。

吴起的名字格外引人瞩目，他是和孙武齐名的兵法大师，是一位百战名将兼政治改革的名人。古籍成书往往既不成于一时，也不成于一人之手，所以，《左传》是不是经过吴起的统筹，是一个很合理的怀疑。

我们今天读《左传》，当然不会再怀有军事动机，但《左传》对我们的意义可能比它对关羽、冯异、羊侃、王僧辩和杜预的意义大，因为它是理解中国传统，理解"我们是谁，我们从哪里来"的第一块敲门砖。

很多学者开列传统经典书目，都会把《论语》作为第一本书。《论语》的确在今天名气最大，也被读得多，但问题是，如果不读通《左传》，就很难理解《论语》。《左传》在传统典籍中高屋建瓴，两千多年历史中的许多沿革、争议、改变，从风俗到立法，从秦朝郡县制到明代大礼议，甚至从中国的夷狄论、文学观到日本的武士道，都可以一路追溯到《左传》的世界。

举一个简单的例子："唯女子与小人为难养也"，这是孔子在《论语》里留下的名言，今天的很多人要么据此认为孔子歧视女性，要么用各种曲折的解释来维护孔子的光辉形象。事实上只要我们读通《左传》，看到春秋时代的社会风貌，就会知道"君子"和"小人"原本只是身份上的定义，并不关乎道德；而在当时的政治舞台上，"女子"和"小人"也确实不断表现出"近之则不逊，远之则怨"的样子，为那个本已礼崩乐坏的社会火上浇油；所以我们会看到，在最早也最经典的《诗经》注本里，那一首首清纯美丽的诗歌被不厌其烦地向着"后妃之德"的奇怪方向上解释。这不怪那些学者迂腐，他们有着不得已的苦衷，他们所针对的实在是当时最严峻的一个社会问题。再比如"刑不上大夫，礼不下庶人"，并不像字面看上去的那样是统治者歧视、压迫劳动人民的意思，反而表现出对后者的宽容和体贴，背后自有一套入情入理的政治逻辑。

　　孔子一生的政治理想就是恢复周礼，而周礼究竟是什么，《论语》并没有提到多少，《左传》却给出了具体而微的呈现。周礼为什么始终无法复兴，孔子的学说为什么始终碰壁，儒家学说推行起来为什么总会变成外儒内法……对于中国历史上的这类大问题，只要读通《左传》，自会知道它们是如何的必然，又是如何的不得已。甚至对我们今天遇到的一些"礼崩乐坏"一类的社会问题，也一样可以在《左传》里边看懂原委和症结。在下一节，我会对这些"大问题"做一点简明扼要的解答。

《左传》的青蘋之末

（1）读《左传》的难点

读《左传》有哪些难点？语言古奥当然是难点之一，但这远远不是全部。《左传》所描述的那个春秋时期，无论政治制度、社会结构、风俗道德、言谈举止，甚至细小到对一个人的称谓，都和秦汉以后的社会大相径庭，以至于我们理解春秋时期的古人比理解爪哇国人还感障碍重重。而这些难点，其实往往都是重点。

试举一个简单的称谓例子：孔子姓什么？正确答案：姓子。子姓衍生出若干分支，其中一支以孔为氏族名，孔子就是孔氏的第六代。以现代概念而言，姓是一个人的根目录，氏是姓的分支，从一个姓里可以分出很多个氏。姓是血缘符号，氏是家族分支符号。周代有"同姓不婚"的传统，两家人如果不同氏而同姓，是不可以缔结婚姻的。

当时的姓以今天的标准来看简直少得可怜，氏却越来越多。事实上，在很多时候，氏都比姓重要，这正如在现代社会里，住址往往比籍贯对一个人更重要。所以，姓在不知不觉间便从历史舞台上消隐，氏也在不知不觉间变成了我们今天概念中的姓。汉朝人就已经不太分得清姓与氏的差别了，哪怕博学如司马迁，在《史记》里介绍某人的时候也常常说他"姓某氏"，完全将姓与氏混为一谈，将氏直接当作姓来使用了，"姓氏"一语的含义从此转变。

正确理解姓与氏的区别有助于我们正确理解当时的社会结构，这就要从周朝建国说起。从武王伐纣开始，弱小的周族联盟灭掉了强大的商朝，摆在眼前的第一个难题是，这么大的领土，到底该怎么统治呢？

要知道那是一个文字草创、交通不便、荆榛遍地的时代，治理广土众民是一件费力不讨好的事情。所以，我们要理解，后来《老子》之所以提倡一种"小国寡民"的政治格局，不失为一种很实际的考虑。

（2）封建制：化大为小的治国术

治大国，这在两三千年前是一个世界性的难题。远在西方，亚里士多德在《政治学》里详细论证城邦的适宜规模，认为值得追求的是疆域和人口的自然而合理的限度，太大或太小都不像话。

果然，亚历山大大帝开疆拓土的成果保不住，帝国很快便分崩离析。即便古罗马进入辉煌的帝国时代，奥古斯都也意识到太大的疆域只会带来更多的麻烦，得不偿失，于是为继任者订立政治遗嘱："建议他们永远只求保守住似乎是大自然为罗马划定的战线和疆界之内的那一片土地：西至大西洋边；北至莱茵河和多瑙河；东至幼发拉底河；南边则直到阿拉伯和非洲的沙漠地带。"（爱德华·吉本《罗马帝国衰亡史》）

周朝开国者的办法是，治大国不妨化大为小，把子弟、亲戚、功臣分封到全国各地，分封建国，这就是狭义的"封建"。周天子和同姓诸侯一般都是父子、兄弟、叔侄关系，和异姓诸侯一般都是甥舅关系，诸侯和大夫们又在原有的亲族关系上不断联姻。之所以春秋时期诸侯国之间的"国际战争"很少有你死我活的打法，双方各有限度，各有节制，全没有战国以后的血腥味道，就是因为一来大家或多或少都沾亲带故，谁对谁都不是仇敌或异教徒，二来参战是贵族的特权，军队主力是最低一级贵族"士"——这就是"士兵"一词的来历，只有"士"才有资格当兵——"士"打仗要遵循一整套优雅的贵族礼仪，秉持一种很不接地气的贵族精神，死缠烂打的都是流氓，由此衍生出中国的士文化和日本的武士道。

在封建制里，分封是一种逐级向下的金字塔结构。天子分封诸侯，诸侯国一国之内还要再做分封。大夫，也就是元老级的贵族，不但有采邑，甚至有私人军队。正是在这样的逐级分封的封建关系里，《大学》所谓"修身，齐家，治国，平天下"的序列才是合理的，管好一个贵族之家不亚于治理一个小国，有齐家的能力也就可以试着治国了。上至周天子，下至最低一级贵族"士"，家族关系才是政治关系的本质，天下是靠一整套宗法制度维系的。儒家礼学之所以最重视丧礼——给怎样的关系的亲戚服什么规格的丧，丧服要怎么做，仪式要怎么搞，细小到衣服边要怎么缝，哭要怎么哭，跳要怎么跳，一大套的繁文缛节，一丁点错误都不能犯——是因为复杂的宗法关系必须仰赖复杂的丧礼来维系。这套礼仪，做得过度就容易造成僭越心理，做得不足就容易散掉凝聚力，所以才要格外讲究既不过分又不欠缺的中庸之道。

（3）迂腐自有迂腐的道理

《左传》有这样一段记载：蔡国为国君蔡平公举行葬礼，新继位的太子朱在葬礼仪式上站错了位置，站到了一个较为靠后的位置。鲁国派去参加葬礼的大夫回国之后把这件事告诉了鲁国贤人叔孙昭子，昭子叹了口气，说："蔡国大概要灭亡了吧。就算不亡国，这个新国君也一定不得善终。《诗经》不是说嘛,'不解(xiè)于位,民之攸墍(xì)',这位新任国君刚刚即位就站到卑位上,看来是保不住他的君位了。"

杜预为《左传》作注,说,所谓太子朱站到卑位,是不以嫡庶排序而以长幼排序的结果,让庶兄站在自己的前边。

嫡庶之分是周礼的一大核心。贵族一妻多妾,妻子生下的长男称为嫡长子,拥有天然的继承权,妾生的儿子称为庶子,庶子即便比嫡长子年长,也没有继承权,在仪式上必须排在嫡子之后。排序一出问题,往往就预示着国家或家族会发生动乱。后来,这位太子朱果然丢掉了君位,逃亡到他国去了。退一步说,即便太子朱顺利接班,蔡国上下一团和气,葬礼排序的错误只是无心之失,完全不值得大惊小怪,但那又如何呢?对这个无心之失,人们只要看在眼里,就会疑上心头,信心的动摇很容易就会导致局面的变化。

所以,再复杂的繁文缛节也必须保证全程不出任何闪失。儒家学问最难学的既不是《论语》的"仁",也不是《孟子》的"义",不是任何高大上的政治哲学理念,而是这些实实在在、烦琐到无以复加、令人生畏的仪节。

今天,我们还会在一些小城市和农村见到繁复的丧葬仪式,源头就在这套周代宗法制度,只不过今天的仪式无论搞得再怎么像模像样,原本的政治意义早已经荡然无存,任何人再没法靠它来齐家、治国、平天下了。

儒家学说就是在周代这样一种封建土壤里成长起来的,秦汉以后废除封建制,改行中央集权的郡县制,"修、齐、治、平"就没了着落,旧理论和新社会越来越不合拍,于是,我们会看到有三种情形贯穿秦汉到明清的历史:一是不断有儒家学者号召恢复封建制,引起一轮又一轮的争论;二是儒家学者会做出另外一种努力,把旧理论重新解读,让它适应新的社会格局;三是即便有哪位皇帝真想以儒家学说治理天下,最后也不得不外儒内法。

　　后人每每讥讽儒家礼学烦琐、迂腐，殊不知这些烦琐、迂腐在那个以宗法系统维系的封建制里自有其特定的合理性。只是当宗法解体、封建消亡，社会结构变了，再固守那套周礼就难免显得刻舟求剑、削足适履了。吊诡的是，也恰恰是在社会结构巨变之后，儒学才被奉为经典，孔子才被尊为圣哲。经典的文献是不刊之论，圣哲的言语为万世垂法，儒学和现实这才总是矛盾重重。源自小社会的体制与伦理被郑重其事地在大社会里施行，激起的风浪直到今天依然未息。

　　飘风起于蘋末，我们只要读通《左传》，将"青蘋之末"追溯清楚，就很容易对后来的历史生出一种豁然开朗的感觉。但我们还必须直面一个问题：作为如此古老的一部史书，《左传》的可信度到底多高呢？

《左传》的可信度

（1）欧阳修操起奥卡姆剃刀

欧阳修的名字在今天总是和《醉翁亭记》、"唐宋八大家"联系在一起，其实，他在思想史上的影响力比他在文学史上的影响力更大。欧阳修爱读书、爱思考，他所生活的北宋时期又弥漫着一种宽容风气，所以离经叛道一点，对圣贤经典提出一点质疑，倒也算不上多么危险的事情。于是，欧阳修悍然开启了怀疑主义思潮，操起奥卡姆剃刀——虽然他并不知道这个名词——对圣贤书下手了。

让我们回顾一下赵盾弑君的那个例子。《春秋》言简意赅，直接就说赵盾弑君，而《左传》给出了一整套的前因后果，点明弑君的并不是赵盾，《春秋》那样讲是因为怎样的理由。但是，事情当真如此吗？也许弑君的真凶就是赵盾本人，《左传》要么误信传言，要么存心给赵盾开脱。我们为什么不可以抛弃迂回的解释，采信简单的记载呢？更重要的是，《春秋》是孔子亲手编写的，孔子是圣人，不会乱说话，但《左传》的作者不是圣人，信誉值当然没法和孔子比。如果两者的说法出现分歧，我们是应该相信信誉值爆表的孔子还是应该相信写《左传》的那个凡夫俗子呢？

以上就是欧阳修的理由。至于《左传》里提到的孔子言论，那也可能是道听途说，也可能是向壁虚构，反正，一言以蔽之，《左传》和《春秋》的不合之处通通可疑。

　　欧阳修之所以这样怀疑，实在另有一番深意。在他的政治哲学里，君臣大义是天下第一义，所以对弑君这种勾当格外敏感，为弑君开脱的说辞很容易触发他的怒点。我们还可以追问一句：欧阳修为什么会形成这样的观念呢？这是因为北宋是建立在五代乱世的基础上，五代史对北宋人而言正是触目惊心、感同身受的近代史。全部五代史上，到处都是君不君、臣不臣、父不父、子不子的纲常乱象。欧阳修领衔编修《新五代史》，本着以史为鉴的精神，对君臣大义比任何事都敏感。

　　今天，我们大可以摆脱欧阳修的处境，也大可以把孔子当作会犯错的凡人，那么，我们对《左传》的信任感就应该更高一点吗？

（2）小测验：《左传》记事的破绽在哪里？

　　继续讲一则赵盾的故事：国君实在被赵盾的逆耳忠言搞烦了，派出一名高手前去行刺。以下是我对《左传》原文的白话概述，需要提醒你注意的是，故事里有一个破绽，看谁发现得快。现在，讲述开始：

　　一天早晨，刺客潜入赵盾的住处，看见卧室的门开着。赵盾把朝服穿戴得整整齐齐正准备上朝，但时间还太早，他就和衣而坐，闭目养神。刺客看到此情此景，立刻退了出来，感叹地说："这个人在家里都不失恭敬的态度，真是国家的好总理啊！我杀他就是对国家不忠，不杀他就是对国君失信，无论不忠还是失信，都不如死了好。"于是，这位刺客一头撞在槐树上死掉了。

　　故事结束，你发现破绽了吗？

是的,从刺客潜伏到自杀,如果他真的说了那番话,谁有可能听到呢?谁都不可能听到的话,究竟是怎么被记载到史册上的呢?

这样的例子在《左传》里绝不是个案,可疑的情形也绝不止这一种,再如各种掷地有声的长篇大论,那又是怎么被记录在案的?他山之石可以攻玉,古希腊史家修昔底德的名著《伯罗奔尼撒战争史》也出现了类似的情况,幸而修昔底德留下了一番解释,对我们很有参考价值:"在这部历史著作中,我利用了一些现成的演说词,有些是在战争开始之前发表的,有些是在战争时期发表的。我亲耳听到的演说词中的确实词句,我很难记得了,从各种来源告诉我的人也觉得有同样的困难;所以,我的方法是这样的:一方面尽量保持实际上所讲的话的大意,同时使演说者说出我认为每个场合所要求他们说出的话语。"

揣摩情境,代角色拟言,这是小说家的手法,源头却在古代史家身上。所以,我们读古代史,如果太执着地从言语中一句句揣摩历史人物的动机、心态,那就很容易求之过深,中了小说笔法的圈套。历史与小说,本来就是同源而异流的。

(3) 从"郑伯克段于鄢"看没有破绽的破绽

让我们再看"郑伯克段于鄢"这个故事,这是《左传》记载的第一个大故事,貌似严丝合缝、毫无破绽。《古文观止》将它收录为全书第一篇,今天很多人对它并不陌生。概要而言,郑武公和武姜夫妻生下了郑庄公和共叔段,武姜喜欢小儿子,总是劝丈夫废长立幼,但一直没能成功。等郑庄公即位之后,武姜这个偏心母亲和共叔段这个跋扈弟弟总是吃不够、要不够的,郑庄公貌似很能忍让,即使大臣们再三劝谏,他总像是把心灵鸡汤喝高了似的,"退一步海阔天空"。眼看着共叔段的野心和势力越来越大，终于勾结母亲里应外合，叛乱夺权，郑庄公这才好整以暇地出兵平叛，软禁了母亲，赶跑了弟弟，彻底坐稳了国君的位子。

这个故事里边有什么破绽吗？原文里边虽然夹杂着许多人的许多对话，但斟酌再三，我还真看不出什么破绽。

这个故事确实没有破绽，但是，没有破绽恰恰是它最大的破绽。绵延几十年的事情被浓缩在短短的千字篇幅里，既没有一处闲笔，也没有半句废话，既没有证据断链，也没有逻辑缺环，就这么环环相扣，脉络井然。这真是一篇精彩的故事，但怎么可能是客观的史实呢，尤其在那么久远的时代？

我们倒不能说《左传》的作者存心欺骗，因为人类天然就是以故事模板认知世界的。我们在天性上不能容忍残缺，而残缺又是客观必然的。怎么解决这样的矛盾呢？这个技巧所有人天生都很精通，那就是脑补。所以"信者传信，疑者传疑，有几分证据说几分话"的史学标准可以说是一种很反人性的标准，现代史家需要接受很严苛的理性训练，为了保证严谨而不得不付出的代价就是"故事不好看了"，但这又能有什么办法呢？

归根结底，以今天的标准来看，《左传》只能算一部"半信史"。但从另一方面来说，它依然不失信史的价值，因为无论它对史实的把握真切与否，它所呈现的各种细节与观念都是翔实可靠的。夸张一点来说，它就像一个患了失忆症的人，他所回忆的人生历程虽然未必值得信任，但他记得的九九乘法表、元素周期律、怎样到商场购物、用什么方式待人接物，凡此种种都是最不容易出错的。

春秋时期的社会结构和生活方式，这就是《左传》很可信赖地展示给我们的。这些内容其实可以关联到很久以后的一些问题，比如小区业主和物业公司的关系。

宗族自治和编户齐民

（1）为什么业主常常斗不过物业公司

今天的居民小区常常发生这样的事情：业主对物业公司有各种不满，但各种维权和斗争的结果往往是不了了之。郁闷的业主们总结原因，多半都是因为"不齐心，不团结"。

成千上万人的小区业主常常斗不过几十人的物业公司，无论从人数对比还是从人员素质的对比看，似乎都让人难以理解，但从组织结构上看，出现这样的结果实在是大概率事件，一点都不令人意外。以无组织的一盘散沙抗衡一个高度组织化的小集体，人数总不如组织化程度给力，所以历史上才会出现许多以少胜多的战役，一个不超过十人的黑社会帮派可以轻松控制好几个人口稠密的街区。

让我们设想另一种情景，还是刚刚那个小区，只改掉一个参数——业主不再是大城市里你向左走、我向右走的陌生人，而是一个从农村整体迁徙过来的庞大宗族，事情会发生什么变化呢？

可想而知的变化是，业主可以对物业公司予取予求，物业公司几乎会完全丧失议价能力。以血缘为纽带、以宗法秩序为管理结构的大型组织一定会轻松战胜仅仅以利益为纽带、以雇佣关系为管理结构的小型组织。

（2）孔子的仁爱主张是如何萌生的

周代的社会格局是宗法式的，"国"在那时候真的就是一个大"家"，家规就是实质上的国法。家当然不是讲理的地方，大臣甲和士兵乙的纠纷本质上往往就是叔伯和子侄闹矛盾。如果叔伯和子侄发生矛盾，何不找几个老辈人调解一下，矛盾的具体来由也不必调查得那么仔细，叔伯关怀一下子侄，子侄照顾一下叔伯，矛盾就在你亲我爱当中消弭于无形了。"仁者，爱人"，孔子最核心的仁政观念就是在这样一种土壤里自然生长出来的。

在孔子生活的时代，社会规模大了，生活节奏快了，周朝初年奠定的封建制、宗法制渐渐淡了，各种亲戚关系在一代又一代的传承中渐渐疏远了，人和人之间不再像以前那样有爱了，所以孔子才一心想要"复礼"，也就是通过强化"爱"的纽带，让社会回到周朝初年那种温情脉脉的形态。

这才是孔子"仁爱"的本质。它不是今天所谓的博爱、关爱，而是一种源自血缘纽带和家庭关系的爱。换言之，因为我们都是一家人，所以我们应该彼此相爱。那么反过来想，如果我们不是一家人，这种爱自然也就没了着落，彼此冷淡一点显然也算应该。所以，儒家总会强调"仁爱"是一种"等差之爱"，不该对所有人"一视同仁"，而是要根据亲疏远近调节爱的浓淡。

当宗法结构瓦解之后，没了着落的"仁爱"注定要被重新解释。比如宋朝的儒家大师张载提出过很有名的"民胞物与"的观点，简言之，就是所有人都是天爸爸和地妈妈生的，所以都是一家人，既然是一家人，当然应该相亲相爱。

用想象构筑共同体，这种事情实在是由来已久。这就是为什么我在先前讲过，不读通《左传》就读不通《论语》，也很难理解孔子以后的很多思想亮点。

（3）从宗法制到集权制

话说回来，在周朝的宗法社会里，天下真的是一个大家庭，各个诸侯国都是这个大家庭里的中等家庭，士大夫又有自己的小家。各种家族既星罗棋布又彼此嵌套，家族之内高度自治。从管理角度看，从上至下逐级行使权利，从下至上逐级恪尽义务。换一种通俗的说法，主子的主子不是我的主子，仆人的仆人不是我的仆人。周天子可以征调诸侯，但无权征调诸侯下面的士大夫；士大夫效忠自己的主君，但没义务效忠周天子。

显然，在这样的一种组织结构里，中央对地方的控制力是相当微弱的。诸侯如果不听天子征调，天子往往无能为力；大夫如果不服国君命令，国君往往也只能徒唤奈何。

维护周礼，或者说维护当时的社会秩序，需要所有人的共同自觉，如果不自觉的人没有及时受到惩治，有样学样的人自然就会多起来，这就是所谓"礼崩乐坏"。儒家之所以要搞那么多繁文缛节，是因为那就是周朝赖以维系公共自觉性的法宝。这件法宝虽然最后失灵了，但好歹管用了几百年。孔子所做的事情，就是试图赋予这件正在失灵的法宝灵力。

孔子的努力终于以失败告终，中国逐步走向集权制。集权的含义是，中央要对地方拥有绝对的控制力，想征谁的粮就征谁的粮，想征谁的兵就征谁的兵。这就必须把宗法制的大家族打碎成一盘散沙，不容许皇权之下有任何民间组织存在，只有这样才能让一个大帝国变成一台高效的机器。

促成这种变化的更底层的原因是，文字已经成熟了，交通也很便利了，治大国不再像以前那么困难了。所以帝王要做的，就是拆散宗法结构，推行编户齐民。

"编户"是一种户籍制度，从此个人不再是某个大宗族里的一员，而是王朝里的一名居民，要效忠的不再是自己的主君，而是天下人的皇帝，尽管个人和皇帝之间隔了不知多少个层级。"齐民"意味着法律面前人人平等，在最极端的情况下，个人和自己的父母、妻儿都是平等的，彼此可以检举揭发，可以发起诉讼。一个被刻意拆散了宗法纽带的聚居区往往会呈现出各姓陌生人杂处的现象，这就很像今天的城市居民小区。小区业主对物业公司的乏力，究其根源，和编户齐民对地方政府的乏力如出一辙。

然而吊诡的是，一方面编户齐民成为主流社会制度，另一方面儒家学说被奉为官方意识形态。所以，尽管皇权总会自觉不自觉地外儒内法，但总免不了有单纯的人满怀真诚地奉行儒学，于是，宗族聚居的形态时不时会以"政治正确"的面貌出现，让统治阶层有点尴尬，有点为难。

(4)"天下第一人家"

明朝公安派古文名家江盈科记有这样一则传闻：金华浦江郑氏有一块门匾，上书"天下第一人家"，这显然有点僭越的嫌疑。于是，明太祖朱元璋招来族长诘问，郑氏族长说，这是因为自家人一连八世聚族而居，不曾分家，所以元代郡守赐给这块门匾作为旌表，如今全家人口已经上千了。明太祖叹赏不已，马皇后听说之后却很忧虑："陛下以一人举事而得天下，郑氏千人如果齐心举事，那还不是轻易就能夺取天下嘛！"朱元璋连忙召回郑氏族长，装模作样地探听他的治家之法。族长回答说："倒也没有什么治家之法，如果说有的话，只有一条，那就是不听妇人之言。"朱元璋不禁大笑，一场风波就这样消弭于无形。（《闻纪》）

事实上，郑氏的治家之法可谓森罗万象。从更为可靠的史料里，我们看到的是郑氏族长向朱元璋进呈了一部作为祖宗家法的《郑氏规范》，朱元璋还亲自在《规范》里边增补了六条圣训。马皇后吹的枕边风很可能出自好事之徒的编造，毕竟谁有可能听到这些话呢？但是，即便那只是彻头彻尾的谣言，而谣言之所以流行，是因为它的土壤太好，社会上很有相信这种谣言的心理基础。我们会在宋代以后，尤其是明、清两代看到较多的宗族聚居现象，这反映出集权政策的某种弹性。编户齐民与宗族聚居共存，可以说是集权政治与儒学宗法伦理长期碰撞出来的产物。《左传》所描述的那个社会虽然早已不复存在，但是，从那样一种社会结构里生长出来的观念，仍然在后来的两千多年里成为中国人心中最顽固的思想根底。

（5）结语

种种问题暂且先谈到这里。《春秋》和《左传》当然远不是短时间内就能读完的，我只是以过来人的姿态指点一下门径和要点。

在下一章，我想聊聊《春秋》的另外两传——《公羊传》和《穀（gǔ）梁传》，它们和《左传》一起合称"《春秋》三传"，是辅助《春秋》的最重要的三部经典。《公》《穀》二传的地位一度比《左传》高，尤其是《公羊传》，中国历史上一些很重要的政治理念和法律原则，比如"大一统"和"原心定罪"，就是出自这部经典。

"大一统"是否就是我们今天理解的这个意思，一部极简编年史何以成为国家大法，古人怎样用"垂法万世"的《春秋》指导实际的政治生活和司法审判……后面的章节不仅要介绍这些新知，还会在"三传"的参照中强化你对本章内容的理解。

※ 第二章

《公羊传》《穀梁传》

《左传》的对手

（1）对经典的解释比经典本身更重要

我那时的中小学语文课常常有一种深文罗织的倾向，在名家名篇的一字一句里不断发掘出连作者本人都未必知道的深刻含义。语文老师之间似乎还有意无意地进行攀比：你能解读得多深刻，我就解读得比你更深刻。难道这有什么错吗，反正收进课本的文章都是经典，没有足够的深刻性还怎么配称经典？

如果说到经典，那么，人类的这种心态与行为模式比课文本身还要经典。无论是贯穿西方世界两千年的神学还是贯穿中国历史两千年的经学，最核心的模式其实就是这种语文课的模式，只不过内容更丰富，更波澜壮阔。于是，我们看到这样的规律：一部经典究竟是什么意思，它本身讲了什么，并不重要，重要的是它被解读成什么样，而谁的解读更准确，并不取决于谁在最大限度上接近经典，而取决于谁的解读被奉为经典。

《春秋》的命运就是这样一种历史规律的典型代表。

《春秋》原文实在太简略了，但世人既然相信孔子编写这部书为万世垂法，那么，它的每一句话、每一个字乃至没写出来的话、没写出来的字，一定都蕴含着极其深刻的哲理，值得我们费心参详。

其实，只要把眼界放开阔一点，就会发现《春秋》的写法无非是语言文字萌芽时代的写作通例，但眼界对于古人而言实在是最难获得的东西，更何况，秦始皇还把许多可以助人开阔眼界的书籍都烧掉了。

火虽然能够烧毁书籍，却阻止不了口传心授，于是，春秋学幸运地在一代代的口传心授中流传到了西汉，当时有这样一个学术流派最能钻研《春秋》一字一句中隐藏的深刻哲理。到了汉景帝——就是"文景之治"的那位汉景帝——的时候，这一学派的两位传人——公羊寿和胡母生——才将一代代人的口传心授抄写出来，这部书就是《公羊传》，后来和《左传》《穀梁传》合称为"《春秋》三传"。

今天，已经很少有专业领域以外的人知道《公羊传》的名号，更别提读过它了，但是，它在汉代一度呼风唤雨，不可方物，让其他经典全靠边站。如果稍稍夸大一点的话，甚至可以说它就是当时的国家大法，是政治和法律的最高准绳。当然，汉朝人并不会说《公羊传》这么厉害——它之所以厉害，只是因为它正确地解读了《春秋》，《春秋》才是真正的大法。

那么，有没有人生出一个疑惑：《左传》到哪儿去了？

(2) 哲学的解释空间和历史的解释空间

那个时候，《左传》很有一点可怜兮兮的样子——空有一个大部头的身材，却毫无存在感，只能眼睁睁地看着《公羊传》备受追捧。原因不难理解，《春秋》被当作政治哲学经典，《公羊传》恰恰是从政治哲学的高度来解读《春秋》，而《左传》怎么看都只是一部历史文献，是不是真为解读《春秋》而作的都很可疑呢。

我们常看到有人说"中国人最重视历史"，这话是对比世界上其他地方的写史传统来讲的，如果只就中国自己的传统来看，历史的地位从来不能和政治哲学的地位相比。经、史、子、集的四部分类法，在排序上就清楚表明了重要性的高低：作为政治哲学纲领的经是第一位的，史永远屈居第二。

哲学的解释空间远比历史的大。如果我们以今天的眼光，把《春秋》当作一部史料来看，那么在一些具体的历史事件上是可以辨别真伪的；但如果把《春秋》当成哲学经典，那么它可以永远立于不败之地，就算哪天与现实格格不入，只要换一种解释就可以轻松化解矛盾之处。从这个角度来看，我们确实可以说《春秋》或是其他什么同样性质的经典字字句句都是永恒的真理。

古人真就是这么想的。如果说现代思维和古代思维有什么本质性的不同，我想，至少有这样一点：典型的古代思维是先相信，再理解；现代思维则相反，先理解，再相信。前者是一种与生俱来的、本能的思维模式，天然贴合人性，所以，即便到了现代社会，人最直接的思维冲动依然是古代思维。宗教人士和教外人士常常出现一种经典模式的话不投机——前者会说"不信怎么学"，后者会说"不学怎么信"。我相信，今天依然喜欢读书的人，一定以现代思维的人占绝大多数，那么，请暂时抛弃理性，再假想自己是一名西汉年间的读书人，忽然在《春秋》的字里行间发现了一些不易理解的或者说不是很顺畅的地方，那么，你会产生怎样的想法呢？

最有可能的想法就是，圣人不会错，经典不会错，这是永恒的前提。既然如此，圣人一定是用这些貌似不易理解、不很顺畅的细节来告诉我们：这些地方藏有深意，一定要仔细品读，深挖到底！

是的，《春秋》所谓的"微言大义"，藏在一两个非常规措辞里的深刻哲理，往往就是这样被解读出来的。在这一点上，《公羊传》和公羊学专家们居功甚伟。

《春秋》的"微言大义"从何而来

（1）微言大义

今天北方的方言里有一个词叫"褒贬"，是一个偏义复词，"贬"读轻声。郭德纲相声里常说"这不算褒贬"，意思就是"这不是赞扬或贬低"。这个方言的源头一点都不土气，它就是《春秋》学术中的"微言大义"。

"微言"到底多微？它会微小到一个字，甚至没有字。"大义"到底多大？它会大到为万世垂法。至于怎样为万世垂法，主要手段就是褒贬：简言之，"褒"是表扬好人好事，"贬"是批判坏人坏事。于是，在《春秋》各种各样的褒贬中，政治该怎么搞、不该怎么搞，也就清晰明确了。

我们可以用一个简化的方式来理解微言大义。比如，我根据某大学的档案编写了一部校史，对教授的介绍一般都按这样一种固定的体例来写："某某是一名教授。"而你在阅读这部校史的时候会发现有一些不合这种体例的文字，比如，"张三是一位教授"，"李四是一只教授"。虽然，这很有可能是我的笔误或者排版、印刷的失误，但只要你相信我本人和我的书的经典性，你就会很自然地做出推断：我之所以刻意变换了量词，一定是为了表扬张三、批判李四。用"一位"代替"一名"就叫"一字之褒"，用"一只"代替"一名"就叫"一字之贬"。即便在千秋万世之后，像李四一样的衣冠禽兽看到"李四是一只教授"这句话也会胆战心惊，生怕自己的恶行也会像这样被人记录在案；同样在千秋万世之后，任何一位校长都会从我这部书里知道，要把学校搞好就一定要多任用张三那样的教授，开除李四那样的教授。事实上，中国历史上深入人心的忠奸二分模式在很大程度上就是由《春秋》之学——或者更准确地说，是由公羊学家——奠定的。

那么，我们可以追问一下：《公羊传》的神圣地位是由谁奠定的呢？

（2）微言大义一例："纪侯大去其国"

是汉武帝给了公羊学呼风唤雨的力量，于是，春秋学基本就等于公羊学。道理不难理解，武帝是一个高度专断的皇帝，而在他所关心的一些重大问题上，公羊学太合他的心意了。让我们看一个很有代表性的例子：《春秋》有一句简短的记载，原文是"纪侯大去其国"，这句话到底是什么意思，不要说今天的我们，就连汉朝人也觉得费解，难点就在"大去"这两个字上。

《公羊传》的体例是对话体，详细记录师生问答，于是，我们看到学生从"大去"的含义开始请教老师，老师一层层展开历史，讲出了一条质朴而深刻的春秋大义。原文比较枯燥，我用轻松的语言翻译一下：

Q：《春秋》里说："纪侯大去其国。"这个"大去"是什么意思啊？

A："大去"在这里就是说纪国被灭了，完蛋了。

Q：谁把纪国灭了？

A：齐国。

Q：那《春秋》为什么不直接说齐国灭了纪国？把话说清楚也省得我总是问你呀！

A：这你就不懂了，《春秋》之所以这么写，是为了给齐国当时的领导人齐襄公遮掩。

Q：不对呀，《春秋》号称"为贤者讳"，只有贤明的君主做了错事才应该被遮掩一二的，这位齐襄公算什么贤君啊？

A：这里给他遮掩，不是因为他多贤明，而是因为他这次灭纪之战是一场复仇之战。

Q：复仇？！这我可没听说。他跟纪国有什么仇啊？

A：齐襄公不是因为自己和纪国结了什么仇，而是替他的祖宗复仇。当年，齐襄公的老祖宗齐哀公被周天子下令扔到锅里给煮了。哼，齐哀公是无辜的，这都是因为当时纪国的领导人在周天子面前进了谗言！所以说齐襄公在灭纪这件事上做得不错，对祖先算是尽了心。

Q：到底怎么个尽心法？

A：齐襄公在发兵复仇之前，先搞了一次占卜。占卜的结果说："如果开战，我们的军队会损失一半。"换作别的国君，可能就被吓回去了，可人家齐襄公只是把嘴一撇："只要能复仇，就算寡人拼上命，也值！"

Q：哦，这样啊。那，我再问个问题：所谓齐襄公给祖宗复仇，从这位祖宗到齐襄公有几世了呀？

A：九世。

Q：啊？！九世啊！太夸张了吧？都过了九世难道也应该复仇呀？

A：这叫什么话！当然应该复仇了！别说才过了九世，就算过了百世也应该复仇。

Q：好吧，就算你对。可是，国君是这样，大夫之家也应该这样复仇吗？

A：不可以。

Q：搞特权不是？凭什么国君就可以，大夫就不可以呢？

A：前代的国君和后代的国君都是一体的，所以说，前代国君的耻辱也就等于当今国君的耻辱，当今国君的耻辱也一样等于前代国君的耻辱。

Q：这叫什么道理呀？忽悠我呢吧？为什么说前代的国君和后代的国君都是一体的呀？

A：谁忽悠你呀？国君以国为体，位子是世袭的，所以说前代和后代的国君都是一体的。

Q：就算你对，可是，当今的纪国国君可没得罪齐国呀，齐襄公灭了人家，这不是迁怒吗？

A：话可不能这么说。你想想，当年齐哀公被冤枉的时候，如果中央在位的是一位圣明天子，早把进谗言的纪国领导人给处理了，世界上也就不会再有纪国了。纪国从那时候能传到现在，这么多年等于是白捡来的，这都是因为天子不圣明啊！还有一个外交上的现实问题：当时诸侯有会盟、有访问，外交辞令中有很多都要互相举称先君，现在你好好想想，如果你的先君当年陷害我的先君致死，咱们两个后辈的国君在外交场合上该怎么说这些外交辞令啊？说假话对不起祖宗，说真话当时就得翻脸，所以只能做个了断，有你没我，有我没你！齐襄公当时就面临着这个决断，而要搞掉纪侯，自然就得灭掉纪国。

Q：哦，这样啊。那，如果有圣明天子在位，齐襄公还会这样做吗？

A：那就不会了。可齐襄公这时候上无称职的天子，下无称职的霸主，所以做起事来只求快意恩仇就好。

《公羊传》的这段话很能颠覆儒家在现代人心里的刻板印象。这倒不是说公羊学家也讲伦理哏，而是说，我们总感觉儒家一般都是老好人式的谦谦君子，做起事来和稀泥、打太极，实在想不到人家发起狠来比地痞流氓还凶。为了给九世祖复仇，不惜赔上全军半数的人命，发动大规模的灭国之战。我们如果以二十年为一代人来算，九世就是一百八十年，听起来实在太遥远了。

而且在古人的措辞里，"九世"并不仅指具体的九世，也可以泛指世代之多，所以道理也正如那位公羊学老师讲的："别说才过了九世，就算过了百世也应该复仇。"

细心的人应该已经发现，九世复仇的道理是宗法结构下的道理，而且还把"伸张正义"摆在了"服从天子"之上——如果上级领导没给自己伸张正义，那么正义就由自己亲手来伸张好了。

按说集权帝国不会喜欢这样的观念，它更愿意每个人都遵纪守法，就算法律、地方政府乃至皇帝都没给你申冤，你也应该乖乖忍着，无论如何都不该给长官和皇帝添麻烦。虽然《公羊传》说这条"春秋大义"只适于国君，不适于大夫之家及以下，但人心总是"上有所好，下必甚焉"。事实上，快意恩仇的做派确实在汉朝流行开来。一饭之恩必偿，睚眦之仇必报，很有今天武侠小说里的江湖腔调。

这显然不是皇帝喜欢看到的社会风貌。老百姓如果都这么搞，岂不是太给统治阶层添麻烦了？！

汉朝是如何依据《公羊传》制定国策的

(1) 汉武帝也要"九世复仇"

汉武帝为什么要标榜《公羊传》，齐襄公九世复仇的"春秋大义"和汉武帝究竟有什么关系？

答案很简单：汉武帝也要报仇，要向匈奴报九世之仇。

早在西汉初年，刘邦讨伐匈奴吃了大亏，刘邦死后，匈奴单于又公然向吕后求婚。这两件事，给许多汉人心里留下了耻辱的烙印。既然打不过匈奴，那就只好以和为贵。"和"有两项政策：一是和亲，二是开通边境贸易，几十年下来倒也算得上成效显著。汉武帝初年，汉朝和匈奴一派亲善睦邻的和平景象。但是，怎能让当下的亲善淡化历史上的仇恨呢？太初四年（前101年），武帝下诏，重提刘邦、吕后时代的国耻，拿九世复仇的"春秋大义"堵住一切反对者的嘴。（《汉书·匈奴传》）

试想一下，如果《左传》也是这一时期的官学经典，还和《公羊传》地位相同的话，那么一定会有异见分子搬出《左传》说："这里对'纪侯大去其国'的解释是这样的：纪国领导人不愿意屈服于齐国，把国君的位子让给了弟弟，自己则为了躲避齐国的迫害而永远地离开了祖国。《公羊传》把'大去'理解错了，那些借题发挥的内容更不能作准。"

如果站在学术研究的立场，多一份材料就多一份参照，我们也有必要知道的是，古人的学术观念大大不同于今天，彼此宽容、求同存异的态度并不多见。人类天生的认知模式就是趋向价值一元论的，又基于同情心和同理心，如果我看到了事物的本质，我把我的证据和推理过程摆给你看，你怎么可能不赞同我呢？如果你真的不赞同我，那么你要么傻，要么怀着不可告人的私心和立场，要么就属于魔鬼一党。在这三者之中，傻也许还值得同情，但私心和邪恶就必须被铲除！

（2）汉宣帝基于春秋大义的对外政策

汉武帝远征匈奴，这是大家都熟知的历史。汉朝的胜利是一场惨胜，这正应了齐襄公那番豪言壮语。到了汉宣帝的时候，匈奴忽然发生了一场严重内乱，五单于并立，混战争雄。在汉朝人看来，这实在是灭掉匈奴的天赐良机，何不继续高举九世复仇的春秋大义呢？这时候的胜算肯定远高于武帝时期啊。

但这一回，偏偏有一位儒臣站出来和大家唱反调。他搬出来的依据虽然还是《公羊传》，但结论是"不能打"，不但不能打，还应当发扬国际人道主义精神，要派使者去匈奴认真做好慰问和援助工作。

这位儒臣，就是汉代名臣萧望之。但如果换在今天，他的名气很可能来自"腐儒"的骂名。对敌人讲什么仁义道德！这时候不趁乱消灭匈奴，难道要等以后匈奴缓过气来消灭我们不成？！

作为当时的儒家学术权威，萧望之引经据典，讲出了一番道理："晋国士匄（gài）带兵攻打齐国，半路上听说齐侯死了，士匄就收兵回国了。君子称赞士匄，说他不攻打正在办丧事的国家，合乎道义。士匄的这种做法，足以让齐国的新君感其恩，足以使天下诸国服其义。同理，如果我们这时候攻打匈奴，这不是落井下石吗？匈奴远遁而去，我们也追不上。用兵不合道义，恐怕徒劳无功。但我们救助他们，四夷都会夸我们仁义，匈奴单于也会感恩戴德，从此臣服我们。"(《汉书·萧望之传》)

萧望之的理据，在《春秋》里只是简短的一句话，原文是："晋士匄帅师侵齐至穀，闻齐侯卒，乃还。"没受过公羊学训练的人实在看不出其中有什么深意，但《公羊传》最能抠字眼，揪住最后一个"还"字，仔细解读出了微言大义：

Q：《春秋》对这件事的记载里最后用的字是"乃还"，这个"还"有什么含义吗？

A：当然有含义了，这是个好字眼啊！

Q：为什么要用好字眼呢？

A：是为了表扬士匄不攻打正在办丧事的国家。

Q：可士匄是奉了国君的命令去打齐国的呀，他怎么能半路上自己做主收兵回国了呢？这怎么可以被表扬呢？

A：大臣奉了国君之命外出办事，自己是有自主决定权的。

士匄的做法，正体现出最有封建社会宗法制特色的有限度战争。但时代变了，萧望之完全没有想过，汉朝和匈奴的关系完全不是齐国和晋国的关系，当年卫青和霍去病驰突大漠，可从没想过把周礼的战争法则用在匈奴身上。但是，如今执政的已经不是好大喜功的汉武帝，而是温和平易的汉宣帝。宣帝竟然真的听从了萧望之的意见，更让人吃惊的是，这个迂腐的意见竟然收到了奇效：呼韩邪单于对汉称臣，后来娶了美女王昭君，汉朝和匈奴从此维持了数十年的和平局面，九世复仇的春秋大义竟然也没人再提。

更为蹊跷的是，汉宣帝其实并不喜欢《公羊传》，甚至很热心地为《公羊传》扶植对手——不，不是《左传》，这时候的《左传》还不配做《公羊传》的对手。

《穀梁传》的逆袭

（1）公羊学和穀梁学的两次擂台大战

汉宣帝为什么会处心积虑地为公羊学扶植对手，又为什么在匈奴问题上赞同了公羊学给出的春秋大义？

事情还要从汉武帝"罢黜百家，独尊儒术"说起。那时候既然要"独尊儒术"，就需要把儒家经典立为官学，为官学体系里每一种经典设置博士官。这是秦朝旧制，"博士"一词就源于此时。《春秋》是毋庸置疑的儒家经典，但研究《春秋》的学者一共有五家学派。五家中，最有胜算的是公羊学派和穀梁学派。汉武帝倒也讲理，请公羊学派第一高手董仲舒和穀梁学派第一高手瑕丘江公打擂决胜负。结果，瑕丘江公吃了嘴笨的亏，让公羊学派垄断了《春秋》的解释权，汉武帝也心安理得地安排太子学习《公羊传》了。

但是，孩子对父亲总有一点逆反心理。太子虽然听从安排学了《公羊传》，个人兴趣却在《穀梁传》上，当年落败的瑕丘江公也就顺理成章地做了教太子《穀梁传》的老师。怀有投机心态的人一定看得出来：等将来太子继位，很可能《公羊传》地位不保，《穀梁传》卷土重来。但是，其间偏偏发生了一场父子相残的惨剧，史称巫蛊之祸，太子和皇后都被逼死，太子的老婆、儿女死得干干净净，数十万人受到牵连。

巫蛊之祸是当时一场轰动朝野的冤案，太子于不幸中的万幸是，他有一个尚在襁褓之中的孙儿被人偷偷救下，抚养在民间，后来在阴差阳错中做了皇帝，他就是汉宣帝。汉宣帝自幼在民间就听说祖父爱好《穀梁传》，便本着亲情与哀思也成为《穀梁传》的爱好者。继位之后，宣帝做了很多安排来打击公羊学，尊崇穀梁学，也许正是借此来表达对祖父的追思和对曾祖的报复吧？

甘露三年（前51年），汉宣帝在石渠阁召开学术会议，让公羊、穀梁两大学派同台竞技，萧望之担任首席裁判官。战果注定会贴近皇帝的心意，于是《穀梁传》被增补进了官学体系，从此在《春秋》这个大门类之下，《穀梁传》与《公羊传》分庭抗礼。

(2)《穀梁传》与《公羊传》的异同

其实，今天我们只要看过《公羊传》和《穀梁传》，很可能会生出这样的疑惑：这两部书好像也没有很大的不同嘛！

的确，这两部书不但体例相同，内容相似，就连书名都相近得蹊跷。"公"和"穀"声母相同，"羊"和"梁"韵母、声调相同。在古代音韵学里，前者叫双声，后者叫叠韵，怎可能这么巧？！

所以，两者有可能出自同一个源头，后来异地相传，方言口音上的差异导致了一为公羊、一为穀梁，口传心授的过程又必然形成内容上的细小差别，这才有了两者既相似又不同的样子。但是，哪怕再微小的差异，只要进入意识形态的斗争，也会使山河震荡、日月无光，使人与人势同水火。我们看整个世界史上的意识形态斗争，往往敌对阵营之间的斗争反而不如同一阵营里不同派系的斗争更凶残。即便是以温和著称的佛教，为了争夺法统，和尚们对同门师兄弟也会围追堵截、纵火烧山，手段狠辣着呢。

说到《穀梁传》和《公羊传》的相似处，对于前面讲到的"晋士匄帅师侵齐"，《穀梁传》也浓墨重彩地解释了那个"还"字，大意是说："还"表示事情没办完满。士匄是奉了国君之命去杀敌的，他和齐侯并没有个人恩怨，所以，如果齐侯活着，那就前往诛杀，如果齐侯已死，那就收兵不打，这正合乎礼的精神。《春秋》之所以记载这件事，是因为它大有"合礼性"。

但是，既然给予赞扬，为什么又说事情没办完满呢？《穀梁传》又有解释，这是它比《公羊传》的说法更深入的一步：君主不主持小事，臣子不专享美名，事情办好了全要归功于国君，事情办砸了全要归罪于自己。只有这样，才会在民众中倡导互相谦让的风气。士匄在这一点上没做好，所以《春秋》才批评他办事没办完满。

我们看到这里，一定会觉得《穀梁传》太求全责备了！这也不行，那也不行，你说到底该怎么办？《穀梁传》还真的给出了把事情办完满的可行性意见：士匄应当找一个地方，平整土地，设置帷帐，举行祭祀，然后派副手回国向国君汇报。

(3) 回看"纪侯大去其国"：《穀梁传》与《公羊传》的小别与大异

我们不妨做一个假设：如果士匄当真按照《穀梁传》的要求做了，《春秋》的那个"还"字应该改成哪个字呢？

站在今天的角度，我们会觉得这种问题纯属无聊。但古人不是我们，他们怀着一颗真诚的心，认真研究过这个问题。东汉末年有一位集大成的儒学宗师郑玄——我们熟悉的刘备就听过他的课,提起这段经历的时候还很是引以为荣——说:如果士匄做到了,《春秋》就会用"复"字来说他。

让我们比照一下,《春秋》原文是"晋士匄帅师侵齐,至穀,闻齐侯卒,乃还",如果士匄把事情办完满了,那就该是"晋士匄帅师侵齐,至穀,闻齐侯卒,乃复",这真的有什么差别吗?古人认为这一字之差蕴含着本质性的不同,《春秋》的微言大义正该这样去钻研。

当然,反方意见也不是没有,比如公羊学大师何休——后文还会提到他——就认为《穀梁传》这种求全责备的做派太不君子了!

以上是公、穀两家之学的差异之一例,我们会发现《穀梁传》比《公羊传》更加重视宗法伦理,的确,这正是这两部书在根本基调上的一点差异。从政治结构上看,中央集权和宗法伦理存在着天然的矛盾。汉武帝重视集权,对宗亲下得去狠手,最得《公羊传》的狠辣精髓,而汉宣帝正是汉武帝这种没有人情味的集权手段的受害者,所以,他会反过来重视宗法伦理,这也算是情理之中的事情。

至于《穀梁传》和《公羊传》更大的差异,比如驴唇不对马嘴式的差异,也是有的。现在,让我们置身于汉宣帝的时代,想象一下,当萧望之建议以德服匈奴的时候,如果已经掌握一定公羊学知识的我们抛出"九世复仇"的春秋大义来反驳他,他会怎么办呢?

我们必须知道,在石渠阁会议上,萧望之能担任总裁判官,他的意识形态倾向一定和汉宣帝高度一致。是的,他会搬出《穀梁传》,翻出"纪侯大去其国"这一句之下的解释,反问道:"九世复仇,哪有这回事?!"

《穀梁传》的说辞是,所谓"大去",是说当纪侯出走之后,所有纪国人都甘心追随他,前后四年,人都走光了。《春秋》之所以不说"齐国灭掉了纪国",而说成"纪侯大去其国",这是表彰纪侯的贤明,斥责齐侯的暴虐，不愿意从齐国的角度来写灭国，而是从纪国的角度来写出走，不把齐侯这个小人的名字放在纪侯这位君子的名字之前。

简言之，如果坏人张三欺负了好人李四，那么按照《穀梁传》解读出来的《春秋》笔法，我们不该说"张三欺负了李四"，而应该说"李四被欺负了"。

让我们翻手为云、覆手为雨

(1) 给战争找个理由

如果我们穿越到汉朝当奸臣,汉宣帝废掉了《公羊传》,独尊《穀梁传》,并且一心一意想打匈奴,那么,要想哄得龙颜大悦,我们能有什么办法呢?

办法当然总是有的。就算只凭一部《穀梁传》,也完全找得出讨伐匈奴的理据。《春秋·庄公四年》有这样一条记载,原文是"冬,公及齐人狩于郜(gào)",字面意思很简单,是说这一年的冬天,鲁庄公和齐侯一起在郜这个地方打猎。《穀梁传》很负责任地分析出了微言大义:所谓"齐人"就是齐侯,齐襄公。为什么不叫他齐侯而叫齐人呢?这是为了贬低他。齐襄公和鲁庄公地位相当,所以,贬低齐襄公也就是贬低鲁庄公。为什么要贬低鲁庄公呢?因为鲁庄公竟然忘记了仇恨!

这件事情有一些前因:鲁庄公的父亲鲁桓公是齐襄公的妹夫,齐襄公和这个妹妹乱伦,指使手下暗杀了鲁桓公。所以,对鲁庄公来说,齐襄公分明是自己的杀父仇人,而他非但不报父仇,反而和仇人一起打猎,心实在太宽了一点。

我们只要援引这一条春秋大义,就可以劝说汉宣帝:仇还没报,就和匈奴和好，这种没皮没脸的做派是《春秋》断断不容的。该怎么办呢？当然只有一个办法：整军经武，找匈奴报仇去！

好像很难反驳啊！那么，让我们再做一番假想：如果以上这番话是我们的政敌讲的，而我们接受了萧望之的贿赂，又看出汉宣帝攻打匈奴的心意并不是很坚定，那该用什么办法反驳对手呢？限制条件是，必须还用《穀梁传》。

（2）给和平找个理由，然后，继续给战争找个理由

在那个年代做官，熟读经典是很有必要的。只要经典读得熟，脑筋足够活络，一部经书的确可以拿来正说反说，支持你想支持的几乎任何观点。所以，要想反驳前边的观点，其实不难。

《春秋·僖公二十三年》有这样一句，原文是"春，齐侯伐宋，围闵"，这是说齐国讨伐宋国，围困了宋国一座叫闵的城邑。《穀梁传》解释说，《春秋》记载一国攻打另一国，一般不提围困城邑这类事，这里为什么要提呢？这是在斥责齐国以恶报恶的做法。

所谓以恶报恶，是指六年前齐桓公去世，其子争权，宋国趁机打了齐国，这是一恶，当时宋国刚刚被楚国打败，齐国趁机报复，是为以恶报恶。冤冤相报何时了，不如息事宁人好。匈奴虽然欺负过汉朝，但人家正在遭受内乱，汉朝趁机报复岂不正是齐国以恶报恶的做派吗？太违背春秋大义了！

分析到这里，你是不是觉得这件事已经没有反驳的余地了呢？

当然有，而且依然不必超出《穀梁传》。

比如：老虎吃人算不算恶？当然不算，因为老虎是畜生，畜生做事谈不上善恶。善恶是伦理问题，只有人类社会才存在伦理问题。匈奴是

人吗,当然不是,他们是夷狄,夷狄就是禽兽。禽兽欺负了我们当然不算作恶,我们打禽兽也就更谈不上以恶报恶。

我们看《春秋·文公元年》的记载,原文是"冬,十月丁未,楚世子商臣弑其君髡(kūn)",这是说在十月丁未这天楚国太子商臣谋杀了国君。

穀梁家有一种对《春秋》体例的解释:对于华夏系统内的诸侯国君之死,是否记载具体的死亡日期取决于他们继位的合法性,继位"正"的就记日子,继位"不正"的就不记日子,而对于夷狄系统里的国君之死,一概不记具体日期。那么,这一条里记载了"十月丁未"这个具体日期,是不是有什么深意呢?

当然有的。《穀梁传》解释说:这是为了对商臣弑君事件重点看待,仅此而已,和楚国国君继位的"正"与"不正"不相干,夷狄根本就不存在"正"或"不正"这回事。

简言之,这一则春秋大义的重点是,不该把夷狄当人看。

问题到此再不会有转圜的余地了吧?——不,当然还有。

(3) 继续施展翻云覆雨的小人手段

继续援引《穀梁传》反驳刚才的论点,完全不是难事。

《春秋·定公四年》"蔡侯以吴子及楚人战于伯举",这是说蔡侯带着吴王一起和楚国在伯举这个地方交战。吴国也属于蛮夷系统,不在华夏文化圈里,一向被华夏人看不起,所以《春秋》提到吴王一般单称一个"吴"字。这回称他"吴子","子"虽然是当时爵位系统里最低的一级,但好歹算个尊称。那么,为什么突然给他尊称了呢?

《穀梁传》解释说,吴国和楚国原本都是夷狄,但这一回吴国帮着华夏系统里的蔡国去打夷狄同胞楚国，很值得表扬，所以《春秋》才在称谓上把吴王提升了一级。

别看只升了这小小的一级，但这意味着本质上的不同，意味着把吴国当作华夏诸侯来看待了。这岂不是说，夷狄只要亲附华夏，帮着华夏打别的夷狄，我们就不该再把他们当夷狄了，不该再歧视他们了？话说回来，呼韩邪单于亲附汉朝，还没少和其他单于打仗，今后一定会成为我们的好帮手，我们为什么不应该善待他呢？

作为古代官方意识形态的经典就是有这种惊人的效果，解释力和解读空间几乎无限。汉武帝时期的大法官张汤在审理重大案件的时候，总会请《尚书》《春秋》方面的官方学术专家来做助手，用古代经义给判决依据贴金。当然，这都是表面功夫，实际情况是，一方面当时汉武帝正在爱好儒学，另一方面张汤的断案方向总是很巧妙地顺着汉武帝的心思。(《汉书·张汤传》)

这是读经典活学活用的典范，当然也有书呆子读死书的典范。汉昭帝年间，泰山脚下有一块巨石自己立了起来，而就在同一时间，昌邑和上林苑分别都有枯树重生，虫子还把树叶咬出了文字："公孙病已立。"用春秋大义解释灾异，这是公羊学家的本职工作。从这层意义上说，他们与其说是意识形态专家，不如说是技术型官僚。于是，公羊学家眭弘认真破译上天密码，得出了一个惊人结论：皇帝应当禅让帝位，以顺天命。

事情的结果当然可想而知：皇帝没退位，眭弘以妖言惑众的罪名被杀。(《汉书·眭弘传》)

(4) 略述《公羊传》和《穀梁传》的兴衰

这个问题，我就不做更多的展开了，我想简单讲一下《公羊传》和

《榖梁传》的忧伤下场。今天提起儒家经典，一般人最先想到的总是《论语》《孟子》，最不清楚的就是《公羊传》《榖梁传》，因为后者其实只在汉朝才有过如日中天的一段辉煌。东汉以后，《左传》地位提升，在"《春秋》三传"当中一枝独秀。直到清朝中叶，《公羊传》才回光返照了一阵，《榖梁传》则连回光返照的机会都没有了。其中缘故，还要从秦始皇说起。

秦始皇焚书，斩断中华文脉，后来又是一段楚汉相争的乱世，等到汉朝建国，几乎就是一个文盲国家，我们完全不能用对唐宋的认识来想象汉朝。我们今天读《公羊传》《榖梁传》，会觉得不可思议：如此不靠谱的论调，如此不着调的"春秋大义"，怎么可能会有人信呢，又怎么可能会流行呢？但是，在汉朝那种文化土壤里，还真的有人信，真的就会流行。

汉朝是中国历史上迷信观念最兴盛的时代。这是可想而知的，文化底子越薄，迷信就越容易泛滥。同样，文化底子越薄，原始思维模式就越容易挤走理性思维模式。《公羊传》《榖梁传》忽悠得住汉朝人，但不容易忽悠唐宋以后的人。那为什么《公羊传》在清代中叶又风靡了一阵呢？这是因为公羊学在东汉出了一位大师何休，何休的《春秋公羊传解诂》过分深刻地从《公羊传》里解读出了一种含有历史进化论色彩的深意，这就使它成为改革家的最爱。比如康有为呼吁变法，《公羊传》就是他的一大利器，他的《大同书》《孔子改制考》就有公羊学做理论依据。

※ 第三章

《周易》

《周易》正宗

(1)"女大十八变"

某一天,我近距离观察了某位《周易》"大师"的算卦全过程,眼睁睁看着他从我一位亲人的手里骗走了一千元。我知道大家会有疑惑:"人家为什么不就近找你来算,偏要舍近求远?"耶稣早就替我回答过这种问题:"先知在本乡本地从来得不到尊重。"

我还能怎么办呢?只能希望本书的读者里没有我的同乡。

话说回来,无论是网上的、开店的、摆摊的、电脑程序的,各种打着《周易》旗号算卦的,其实绝大多数都不是《周易》正宗,而是京房纳甲、子平八字之类的东西,甚至就是一堆"以其昏昏使人昭昭"的大杂烩,反正只要能搬出一串可怕的专业术语把人吓倒就好。只因为《周易》招牌最老,字号最硬,所以谁都想借《周易》的名号。有一个很简单的辨别方法:"大师"只要让你报出生日期之类的个人信息,我们就能判定这种解法不正宗。

那么,究竟什么才是正宗的《周易》算法呢?大致来说,先想好要预测什么事,然后用五十根蓍(shī)草来做运算。蓍草是一种很特殊的植物,大家找不到的话,不妨就拿五十个围棋子或类似的东西,经过十八轮演算就可以算出一卦。为什么说"女大十八变"而不是"十七变""十九变",源头就在这里。只有经过十八变,这才完整了,成熟了,发生质变了。

话说回来,算出一卦之后,再从本卦求出变卦,对照《周易》里的卦爻辞就可以占卜吉凶了。今天我们常用的"变卦"这个词,原本就是一个算卦术语。

我们翻开《周易》,一共六十四卦,每一卦都有卦辞和爻辞。第一卦是乾卦,内容如下:

乾：元亨利贞。

初九：潜龙勿用。

九二：见龙在田,利见大人。

九三：君子终日乾乾,夕惕若厉,无咎。

九四：或跃在渊,无咎。

九五：飞龙在天,利见大人。

上九：亢龙有悔。

用九：见群龙无首,吉。

以上就是乾卦卦辞和爻辞的完整呈现,很多词语都不生僻,这要感谢降龙十八掌。我们从头看起:"乾"是卦名,跟在卦名后面的"元亨利贞"就是卦辞。如果我们遇到需要以乾卦卦辞定吉凶的情况,那么"元亨利贞"就是我们的答案。至于"元亨利贞"到底是什么意思,解释起来不但很复杂,而且众说纷纭,但如果根据主流解释简而言之,那就是"大吉大利",反正不是坏事。

一卦由六爻构成,每一爻还会有自己的爻辞,也就是解释吉凶祸福的语句。乾卦六爻,从下往上依次是初九、九二、九三、九四、九五、上九。以"初九"为例,"初"用作定位,表示这个爻是卦里边的第一爻;"九"用作定性,表示这一爻是阳爻。再看"九二","九"是定性,表示阳爻;"二"是定位,表示这是卦里的第二爻。以此类推,"上九","上"是定位,表示这一爻是卦的第六爻,位置在最上边;"九"是定性,表示这一爻是阳爻。

在定性规则里,"九"表示阳,"六"表示阴。如果有一个爻名叫"初六",我们就能根据规则知道它的排序是第一,性质是阴。所以《九阳真经》是个合理的名字,但《九阴真经》就不合理了,应该叫《六阴真经》才对。

为什么还有个"用九"呢,难道还有第七爻存在?当然不是,在所有六十四卦里,只有乾、坤两卦才有"用"这一段爻辞,乾卦是"用九",坤卦是"用六"。这是一种很特殊的安排。究竟为什么如此安排,虽然推论很多,但也仅仅是推论而已。

(2)《周易》能处理怎样的问题,不能处理怎样的问题

每一爻后面跟的那段话就是它的爻辞。比如乾卦初九爻,它的爻辞就是"潜龙勿用"。如果你算卦的结果是以乾卦为变卦,只有初爻发生变化,那么"潜龙勿用"就是关乎你吉凶祸福的答案。

有必要说明的是,算卦的基本原则是对具体的事情卜算,而不是泛泛地算一个人的未来命运。这就是为什么我在前边讲过,凡是让你报出出生日期或什么私人信息的都不是《周易》正宗。比如你要算的是,明天你要和大内高手比武,用什么招式才能赢他。那么很明显,《周易》给你的答案是"潜龙勿用",意味着你只要用降龙十八掌的第一式就能取胜。

当然，这就属于错误的问题导致错误的答案，《周易》其实处理不来这么具体的问题。我们常会看到质疑算卦"大师"的人这么说："你要是真会算，就把下期彩票的中奖号码算出来！"这种质疑，其实也是不懂《周易》的表现，《周易》本来就处理不来这种预测。

比较合乎规范的提问应该是这样的："明天我就要和大内高手比武了，这一去到底是吉是凶，拜托您老人家给我算上一卦！"

如果演算的最终结果是"潜龙勿用"，意思就是，最好别去，就算你真是一条龙，这种时候你也应该低头趴着。

答案仅此而已吗，没有更详细的内容吗？

是的，《周易》只能预测到这种程度，那种预测出很多细节的传说要么是对《周易》的神化，要么出自算卦大师的个人发挥。

好吧，我们倒也可以接受这种程度的预测，但它到底准不准呢？

我可以很负责任地说，准，百分之百地准！

也许你不服气，那么，让我们设想一种情况：虽然你拿到了"潜龙勿用"的爻辞，但你怀着作死的豪情，第二天还是上场比武，竟然还打赢了，这是不是就能证明《周易》不可靠呢？——当然不能，《周易》是可靠的，之所以没有应验，只能说明给你算卦的那个人学艺不精。

那么，追加一个条件：如果给你算卦的人是公认的易学第一高手呢？

那依然不能证伪，道理很简单：塞翁失马焉知非福，塞翁得马焉知非祸，比武的小胜利中隐伏着大的灾祸，之所以让你"潜龙勿用"，不是说你比武会输。

好吧，再追加一个条件：如果你赢了比武之后，一辈子顺风顺水，最后得了善终，是不是总可以盖棺论定了呢？

也不可以，灾难难道一定应在你的头上吗，难道就不能应在你子孙头上吗？在古代思维里，家族属性重于个人属性，不像我们今天这样强调个人。这是古代社会的一种普世现象，从家族意识到个体意识的转变发生于晚近。

好吧，再追加一个条件：如果你的儿子、孙子非要和《周易》较劲，一辈子活得顺风顺水，这总可以盖棺定论了吧？

很遗憾，还是不可以，因为"子子孙孙无穷尽也"，直到你的某一世孙终于遇到挫折了，这才见出当年的铁门神算名不虚传。

这倒不是笑谈，而是说，《周易》算卦这种事是不可能被证伪的。而且，古人真的是用上面这种思路欣然接受《周易》算卦的不可证伪性。我在《王阳明：一切心法》这本书里，讲王阳明家世的时候就讲到过这种情况，这是明朝的事，而如果远溯至先秦，《左传》里也不乏这样的例子，可惜限于篇幅，这里不容我细讲。

现在，我们回到《周易》的算卦流程。从演算到查阅卦辞、爻辞，再对卦辞、爻辞加以解释，这就是一套完整的算卦流程。按说找到了和演算结果相对应的卦辞或爻辞应该就算结束了，但问题是，那些卦辞、爻辞非常令人费解。

这倒不全怪时间久远，即便在周代，在那个《周易》兴起的时代，专业圈以外的人，哪怕是贵族知识分子，一般也看不懂卦辞、爻辞，那是算卦行业的专业壁垒。所以，我们今天到书店翻翻各种《周易》注本，会发现，看得越多，头绪就越乱，每个人的解释都不一样。

算卦古法从何而来

（1）抛开卦爻辞，以纯粹的算法预测吉凶

有没有抛开卦辞、爻辞，单凭演算结果来预测吉凶的办法呢？

答案是，有的。比如我们演算的结果是乾卦初九爻，一爻定吉凶。"潜龙勿用"到底是什么意思，我们不用管，只需要关心这一爻在乾卦中的位置就好。

当然，还需要引入一点新规则：我们已经知道奇数属阳，偶数属阴，那么一卦有六爻，第一、三、五爻的位置就叫阳位，第二、四、六爻的位置就叫阴位。阳爻在阳位，阴爻在阴位，就叫"得位"，是好的；阳爻在阴位，阴爻在阳位，就不得位，是坏的。把这个规则应用起来的话，乾卦初九爻就属于阳爻在阳位，得位，意味着预测结果是吉，你想做什么就可以放手去做。

规则当然不止一种。一个六爻卦可以分解为两个三爻卦，每个三爻卦中间那一爻的位置最好。这个位置，也就是六爻卦里的第二、第五爻。如果你的演算结果是"一爻定吉凶"，那么这一爻落在第二、第五爻上，就叫"得中"。乾卦初九爻虽然"得位"，但不"得中"，意味着预测结果虽然是吉，但还算不上大吉大利。

我们来看一个既"得位"又"得中"的例子：豫卦第二爻，阴爻在阴位，所以"得位"，又恰好是第二爻，所以"得中"。顺便看一下爻辞："六二，介于石，不终日，贞吉。"往下看，还会看到这样一句话："《象》曰：'不终日贞吉'，以中正也。"这两句话到底是什么意思，我们先不用管，只看里边熟悉的字眼：第一句里有"介石"，第二句里有"中正"，这就是蒋介石名和字的出处。用《周易》算卦，从卦爻辞取名，这是前人一种常见的取名方式。

"得位"和"得中"这样的规则还有很多，比如"错卦"和"综卦"，涉及颠来倒去的复杂演算，所以才有了"错综复杂"这个成语。但我觉得没必要再多讲了，因为讲到这里，大家一定会生出一种疑惑：既然只靠算法就可以预测吉凶，卦爻辞还有什么意义呢？如果卦爻辞可有可无，《周易》这部书岂不是也一样可有可无了？

(2)《周易》算卦古法的来历

以上问题的答案其实很简单：这些算法，都是后人的附会，虽然也算影响深远，但可靠性实在不高。世道人心的规则，有需求就有供给，没有对应的供给就会出现对应的替代品。你想要天上的星星，就会有人向你兜售钻石。有一句我们经常听到的话："某某如果真的无效，怎么可能存在了这么久，有这么多人在用？"这句貌似合理的话之所以不成立，正是因为它忽略了"需求最讨厌空缺"的道理。

话说回来，不仅那些"得位""得中"的算法一点也不可靠，就连我从一开始就讲解的五十颗围棋子的演算方法，可靠性也不算很高。

这倒不是我故意使坏。很负责任地说，五十颗围棋子的算法是现存所有《周易》算法当中最靠谱的一种。——这话也可以换一种表达形式：这种算法是所有不靠谱的算法当中最靠谱的一种。

无论如何，这都算是一种古法。到底有多古呢？有宋朝那么古。它是朱熹和其得意门生蔡元定一起研究出来的——或者说是半研究、半开发出来的。再说得难听一点，至少有一半都是连蒙带猜搞出来的。

即便如此，之所以说它比汉唐年间的易学算法更靠谱，是因为它基本上还算是严守《周易》文本的，能理解的地方就沿用，不能理解的地方才创新，全不像京房那些人，虽然还顶着《周易》的光环，但事实上已经完全抛开《周易》，另立门户了。

朱熹和蔡元定确实是循着文献来做研究的。这就要简单讲一讲《周易》的版本问题。

今天我们看到的《周易》，基本上都属于"周易经传合编"，是把《易经》和《易传》打散之后再编辑在一起的。原始面貌的《易经》基本上只有卦辞和爻辞，也就是说，它就是一部算卦索引手册，你算出了哪一卦、哪一爻，就翻翻这本手册找到相应的卦爻辞，看看卦爻辞说的是吉是凶。这时候的《易经》还只是《易》或者《周易》，没有被尊称为经，更没有蕴含宇宙密码、人生真理和治国安邦之道，真的只是一个占卜手册而已，秦始皇焚书的时候都懒得烧它。

等这样一个朴朴素素的占卜手册落到儒家学者手里，忽然就被升华了。当然，这块浑金璞玉也确实有着可以被升华的潜质，它确实道出了一些"周而复始""从量变到质变"之类的万物演变的基本规律。学者们写论文论述《易》的哲学，又把它和上古圣王的治国之道拉上了关系。有十篇论文被汇集起来，合称"十翼"，表明它们是《周易》的十只翅膀——当然也有更接地气的名字，叫作《易传》，传说出自孔子亲笔。

于是《易经》有了广义和狭义两重含义：狭义上仅指最原始的卦爻辞的部分，以和《易传》相区别，广义上是指狭义的《易经》加上《易传》。狭义的《易经》从没讲过卦爻怎么演算，而《易传》里有一篇

《系辞上》，言简意赅地讲到了算卦的手法，原文如下：

> 大衍之数五十，其用四十有九。分而为二以象两，挂一以象三，揲之以四以象四时，归奇于扐以象闰；五岁再闰，故再扐而后挂。天数五，地数五，五位相得而各有合。天数二十有五，地数三十，凡天地之数五十有五，此所以成变化而行鬼神也。
>
> 《乾》之策，二百一十有六；《坤》之策，百四十有四。凡三百有六十，当期之日。二篇之策，万有一千五百二十，当万物之数也。是故四营而成《易》，十有八变而成卦，八卦而小成。引而伸之，触类而长之，天下之能事毕矣。显道神德行，是故可与酬酢，可与佑神矣。子曰："知变化之道者，其知神之所为乎！"

如果看不懂的话，完全不必气馁，因为对于一套算法来说，它实在过于言简意赅。即便是朱熹这样的大儒，也只能理解到算法的一个轮廓，只有连蒙带猜才能把它补全。而且遗憾的是，最贴近《周易》时代的算法记载，所有文献当中仅此一例，这就是我们唯一的参考资料。

参照这段话，大致上可以看出：把"三变"重复六轮，可以算出完整一卦，到此为止基本算是可靠的古法，但怎样求出变卦，怎样预测吉凶，那就是朱熹、蔡元定连蒙带猜的领域了。

工具重于算法

（1）占卜术擂台赛

《系辞上》关于算法的那段记载是否可靠？

我们先来回顾一下朱熹、蔡元定整合出来的那套算法：大体而言，是用五十根蓍草——实际只用四十九根——来做占卜工具，然后做几番加减乘除和排列组合，最后得出某个数值或某个数列，再根据一套连蒙带猜的手法，对照一套连蒙带猜的规则，将那个数值或数列——也就是占卜的演算结果——对应《易经》的某一段解释，终于预测出了吉凶祸福。后世占卜家所谓《易经》占卜的"古法"虽然名义上指的是《系辞》的古法，而实际上往往指的是朱熹这套《系辞》猜想版。它的优势是让你真的可以按部就班地为未来命运算上一卦，但劣势也很突出——我倒不是想说它不准，它的准确性姑且算一个见仁见智的问题好了，我在这里想要谈论的所谓劣势，指的是我们可以找出扎扎实实的文献证据来证明，尽管朱熹他们算无遗策、百算百中，但他们搞出来的这套方法完全背离了古法的基本原则。

换言之，即便《系辞上》语焉不详的那套算法真的就是古法，我们也不必觉得遗憾，因为在真正的古法里，算法其实一点都不重要。

容我先把话题岔开一点。讲到这里，我想，大家很容易产生一个疑问：秦汉以后，朱熹以前，那么长的时间里，人们靠什么来占卜呢？答案要分两步来讲：第一，无论在任何时代，在世界的任何地方，人们都不会缺少占卜方式。《史记》有过这样一个总结：蛮、夷、氐、羌虽然都属于落后文明，但也各有各的占卜方式，有的用金石，有的用草木，各自相信各自的神灵，各自预测各自的未来。言下之意是，对占卜的需求是一切种族所共有的，有需求就有供给，所以占卜技术并不是我们华夏文明的某种高贵特产，只不过华夏文明的占卜技术是当时"全世界"最先进的。

当时华夏文明的占卜技术多种多样，各擅胜场。《史记》还载有当时的一则趣闻：汉武帝召集各大流派的占卜专家，问他们在某一天是否适合婚嫁。结果专家越多，场面越乱——五行家说适合，堪舆家说不适合，建除家说不适合，丛辰家说不但不适合，而且大凶，历家说小凶，天人家说小吉，太一家说大吉。没办法，汉武帝只好钦定了一条最高指导意见：避开每家的大忌即可，其他以五行家意见为准。

看来在汉武帝的观念里，五行理论是一切占卜技术中最权威的。的确，那正是一个阴阳五行大行其道的年代，那时候所谓"罢黜百家，独尊儒术"，儒术中的多半内容都属于阴阳五行，儒学国师董仲舒首先是占卜家，其次才是儒家。顺便提一下，中医经典《黄帝内经》虽然托名黄帝所著，其实绝大部分内容都是在这一时期成型的，它最根底的医学理论基础正是汉朝最流行的阴阳五行论。今天我们去看中医会发现，不论什么病都会被区分为实症和虚症，比如肾虚就分肾阴虚和肾阳虚两种，老中医开的药方也往往要把各种药物分出君臣佐使，这就是汉朝人的流行观念为我们奠基的。

(2) 善易者不卜

《易经》占卜在秦汉以后从来没有断绝，只不过占卜技术与时俱进了——比如汉朝流行阴阳五行，《易经》占卜也就改用阴阳五行来做理论框架。这一时期最著名的人物非京房莫属。京房几乎完全抛弃了《系辞》那套算法，改以阴阳五行为根底，混搭干支时令，发明了一套全新的算法，称为纳甲法，这真是标准意义上的时尚混搭风。今天的算卦先生打出的《易经》招牌，包括网上自助型的《易经》占卜法，背后的算法很多都是京房的纳甲一系。无论京房纳甲法的准确性如何，我在这里可以非常笃定地说，这套算法和《系辞》那套让人半懂不懂的"古法"已经扯不上半点关系了，最多可以说纳甲的一些概念受到过《系辞》的启发。

朱熹的所谓古法和京房的纳甲法就是《易经》占卜史上最辉煌的两大流派，从历史考据的角度来看，如果不介意五十步笑百步的话，朱熹这一派显然更靠谱一些——朱熹至少还连蒙带猜，京房连猜都懒得猜了，直接挂羊头卖狗肉。

易学里边有一句名言，叫作"善易者不卜"，意思是一个精通易理的人完全可以未卜先知，也就没必要靠占卜来预测未来。至于他何以做到未卜先知，这可以有玄奥和朴素的两种解释。玄奥的解释是，善易者已经修成半仙之体，有神秘的灵觉来洞悉宇宙的奥妙。朴素的解释是，《易经》阐释了许多诸如"物极必反""阴阳相济"之类的物理与人生的基本规律，只要你掌握了这些规律，自然拥有了一定的预测能力，所谓"君子见一叶落而知秋，尝一勺而知鼎镬"，看到潘金莲的窗帘杆砸到西门庆的身上，通过阴阳对立统一的原理就能推知这两人很想发生一点什么，完全用不着费时费力地算上一卦。当然，如果你深谙人情世故，又擅于捕捉微表情的话，不懂易理也可以做出同样的预测。从没学过《周易》

的耶稣教大家从无花果树上了解这个道理:"当树枝发嫩长叶的时候,你们就知道夏天近了。"诗人雪莱也说:"冬天到了,春天还会远吗?"

我自己对"善易者不卜"这句话有一种很私人化的理解,那就是,你只要搞清楚了《易经》占卜的核心原理和历史流变,自然也就不相信这一套了,用不着占卜了。举我自己的例子:我搞懂了,也就不信了;不信了,也就不去算了;很久不算了,甚至会忘记怎么算了,这就是我自己的"善易者不卜"。

我们再回到朱熹和京房身上。也许你会这样想:这两位先贤的研究成果即便不太靠得住,但也许有一天,真正的《易经》占卜古法会在某个考古发现中重见天日,让我们重新获得古人的神秘智慧。或者这样想,这不过是个算法问题嘛,朱熹的算法不对,京房的算法不对,千千万万个占卜大师和江湖骗子的算法不对,但总会有一个正确的算法嘛!

我很遗憾也很笃定地告诉你:《易经》占卜古法某天重见天日倒是有可能的,但它不可能是某种严格、精确的算法,所谓的"正确的算法"根本就不存在。因为在《易经》的原初环境里,占卜家根本就不是靠所谓算法来占卜吉凶的。这也就意味着,你靠输入某些参数——比如生辰八字——经过后台某个算法的人工或自动运算,最后得出一个占卜结果,这种事情完全违背《易经》占卜的基本原理。京房犯了这个错,朱熹犯了这个错,今天的各种《易经》算命网站和江湖大师们仍然在犯这个错。

发现这个错误的线索,就在我前边提到的"蓍草"这个词上。《易经》占卜的灵验与否,和算法并没有很大的关系,却和这种草本植物关系重大。

动物和植物的较量

(1) 一根小草决定成败

凭什么一根小草比一套算法来得重要?

说来话长,我们有必要先来界定一个概念。今天我们会把所有的原始预测手段叫作"占卜",但是严格来说,《易经》占卜不叫"占卜",而叫"占筮"。"卜"和"筮"是两回事,烧乌龟壳来预测吉凶叫作"卜",用蓍草预测吉凶叫作"筮",只是到了后来,称谓区别就没那么严格了。

《史记》有一篇《龟策列传》,这是专门为乌龟和蓍草撰写的一篇史传。"策"是古代的算筹,是一种像筷子一样的小棍子,摆弄这些小棍子就能做最基本的数学运算。刘邦说张良"运筹帷幄之中,决胜千里之外",张良在帷幄之中运的这个"筹"也就是"策",用双音节词来表示就是策筹或筹策。历史上还有一种"厕筹",是擦屁股用的小竹片,样子和"运筹"用到的策筹差不多。策筹是蓍草的简单替代品。如果你想正心诚意、先斋戒沐浴七七四十九天再认真算上一卦的话,你当然要选蓍草而不是策筹。于是,一个真正的难题出现了:就算你走遍世界恐怕也找不出这种神奇的植物。

《龟策列传》倒是给了我们按图索骥的线索：蓍草有很独特的形貌，从一条根上可以长出一百枝茎，茎的高度达到一丈。蓍草如果长到这种尺度，那么它的下方一定会有神龟守护，上方一定会有祥云笼罩。如今已经找不到这么好的蓍草了，只能取八十枝茎以上、茎高八尺的，平民百姓取六十枝茎以上、茎高六尺的也可以凑合用。

《龟策列传》说的"如今"是汉武帝时代，也算是去古未远，在相当程度上保存着先秦年间的遗风流俗。我们可以由此推想：如果《易经》真是以算法取胜的话，那么无论是用五十根蓍草来算，用五十根策筹来算还是用五十枚铜钱来算，或者像我以前的习惯那样用五十颗围棋子来算，效果应该是一样的。但是，在《史记》描述的年代，显然运算工具比算法重要。明明是同一套算法，但只要运算工具换了，运算的准确性就跟着变了。我们很难想象，解同一个方程式，把X、Y换成甲、乙，把阿拉伯数字换成中文数字，运算结果竟然不同？！

好吧，既然运算工具这么关键，既然蓍草这么难得，假如我们当真有幸追寻着祥云和神龟的踪迹找到了一株极品蓍草，一定要把它当成传家宝，传到子孙万代吧？这是一个非常合情合理的想法，但《龟策列传》明明白白地告诉我们，蓍草和乌龟壳一样，用完了就要扔，因为"龟藏则不灵，蓍久则不神"，收藏起来就会过保质期，保质期一过就不灵了。

道理其实不难理解：在古人看来，乌龟壳和蓍草与其说是运算工具，不如说是灵媒——它们是沟通现实世界和超自然世界的中间人。占卜得到的关于吉凶的预言与其说是一套高深算法得出的结果，不如说是灵媒从天神地祇和祖先神灵那里帮我们问到的答复。

那么新问题出现了：天下万事万物，为什么偏偏是乌龟壳和蓍草承担灵媒的角色，乌龟壳和蓍草哪个更灵验些？

（2）万物的灵性排序

要回答前面那个问题，就需要我们换位为远久的祖先了解一番。

从原始社会到人类文明的萌芽时代，人们即便说不出"知识就是力量"这样掷地有声的名言，但总是可以真切感受到知识的力量。知识的对与错、多与寡，从来都是生死攸关的事情。而知识的获得主要是靠经验，经验越丰富也就意味着知识越广博；你的知识越广博，你在部落里的发言权也就越高。那时候语言还不发达，文字几乎没有，年轻人要想在知识上超过长辈几乎是不可能的。"不听老人言，吃亏在眼前"这句古老的谚语在越古老的时代就越受重视。

不但人越老越精，物也会越老越灵。这样的观念对于今天的我们来说仍然一点都不陌生，比如在各种神话传说和民间故事里，狐狸可以用五百年的时间修炼成人形，以美女的形象和书生谈一场或者生死相许或者别有用心的恋爱，但我们也都知道，它的法力肯定比不上千年狐狸精。即便不是狐狸这种本身就精得挂相的动物，也一样可以凭年资上位，所以有了野猪精、蛇精、等等。而植物，甚至是无生命的器物，也可以遵循同样的逻辑修炼成精，比如古树会变成树精，闲置多年的毛笔会变成笔精。归根结底，这都是人的同情心和同理心在起作用，天然就会以己度人、以己度物，将自己熟悉的模式套用到万事万物上去。

社会越原始，这种认知模式表现得就越突出。这是人类先天的认知结构决定的，不分古今中外。以前的哲学家们赋予它一个概念，叫作"泛神论"，或者"万物有灵论"。电影《阿凡达》里边，潘多拉星球上的原住民就是标准意义上的泛神论者。

万物皆有灵，日久会成精。年头越久，灵力越强。假如我们可以找到一只千年狐狸精，请它代我们穿梭于阴阳两界，向年寿更久的天神地祇与祖先亡灵寻求帮助，这当然属于聪明人的聪明选择。但我们马上就会遇到一个难题：无论是千年狐狸精也好，万年鸡精也罢，理论上虽然都是存在的，但在现实世界里实在不好找。那么根据现实世界万事万物的优先级排序：动物貌似比植物精，植物貌似比无生物精，显然最合理的策略就是在动物中找出最长寿的一种。所有人都知道，当选者就是乌龟。俗话说"千年王八万年龟"，这话虽然夸张，但它充分说明了乌龟的长寿在古人的头脑里留下了一个何等惊人的印象。

先等一等，我们好像越说就在怪力乱神的泥潭里越陷越深。众所周知"子不语怪力乱神"，但"不语"是个奇怪的态度，孔子对这套东西到底是不屑还是默许呢，又为什么不肯明明白白说出来呢？这就是本节留给你思考的问题，小提示：孔子的态度里隐藏着深刻的治国之道。

统治术和学习法

（1）神道设教的愚民术与作茧自缚的统治者

事实上，孔子对乌龟这种"怪力乱神"是有过评论的。

话说当时的人们挑选占卜用的乌龟，在乌龟当中优中选优，当然越是体形大的、容貌端庄的就越会被人重视。《论语》有这样一段记载："臧文仲居蔡，山节藻棁（zhuō），何如其知（zhì）也？"主人公臧文仲是孔子的祖国鲁国的一位元老大臣，生活年代比孔子略早，给后人留下了智者的口碑。"臧文仲居蔡"并不是说臧文仲住在一个叫蔡的地方，这里的"蔡"是一种大乌龟。"居蔡"就是给大乌龟盖房子住。这种大乌龟的住宅标准非同寻常，是"山节藻棁"，有雕刻成山形的斗拱，有彩绘的梁柱，一言以蔽之，就是极尽奢华之能事。所以孔子最后会说："谁说臧文仲聪明呢？"也就是说，给大乌龟盖豪宅，在孔子看来纯属做傻事。

《左传》也提到过孔子对臧文仲的评价，说臧文仲有"不仁者三，不知（zhì）者三"，"不知者三"的第一项是所谓"作虚器"，应该指的就是给大乌龟盖豪宅的事。孔子是"敬鬼神而远之"的，是一个从不愿意摆明立场的无神论者。所以在百家争鸣的时代，墨家批评儒家虚伪，骂他们明明不信鬼神偏偏还要敬拜鬼神。墨家这是不明白儒家的一番良苦用心啊。

儒家有一个概念叫作"神道设教"，也就是说，敬拜鬼神是为了更方便地治理老百姓。这个概念的原始出处其实就在《易经》"十翼"之一的《象传》里，原话是"圣人以神道设教而天下服矣"。这话原本很可能并没有愚民的意思，只是说英明的统治者效法天地自然之理来治理百姓。但是，"神道设教"这个概念很快就变成明明白白的愚民术了，只不过这种愚民术完全出于善意，还确实事半功倍、行之有效。

这就要说到儒家一句常被误解的话——"刑不上大夫，礼不下庶人"，我在这里就不细讲了，以后有机会再说，现在只讲一个大概：这是说对统治阶层只适宜用礼来约束，但这套东西在老百姓身上行不通。换句话说，你不能要求一个贩夫走卒有骑士精神、士大夫的荣誉感，也不能要求他们明事理。他们没受过教育，知识精英的大道理跟他们是讲不通的。所以知识精英统治平民百姓，一定要揣着明白装糊涂，用神神鬼鬼那套骗他们安心做良民。以他们的认知能力，也只有这个办法最管用。就像大人管教小孩子，用圣诞老人的故事让他们知道人间有爱，用小红帽的故事让他们警惕外面的危险。难道这是愚弄小孩子吗？没有人会这么想。

《系辞》有一段"子曰"，古代经学家一般都认为这是孔子的话，这段话的内容是"小人不耻不仁，不畏不义，不见利不劝，不威不惩"。这是给当时所谓"小人"——也就是平民百姓——的心理和行为特征做出的一个总结，翻译过来就是，老百姓做不仁的事不会觉得羞耻，也不怕去做不义的事，无利不早起，只有刑罚才能使他们有所戒惧。

知识精英对底层百姓很容易产生这种高高在上的心态，比如轴心时代的其他大牌哲学家，柏拉图要建设一个理想国，立国之本竟然是一个弥天大谎，骗大家相信一种金、银、铜、铁世代相传的遗传决定论。赫拉克利特毫不掩饰地把人比作畜生，说"每种畜生都是被鞭子赶到牧场去的"，还说"驴子宁要草料而不要黄金"。反正这些"畜生"浑浑噩噩、鼠目寸光，所以必须由知识精英替他们去维护他们自己的利益。

所以，后来儒家对地方官有个概念叫"父母官"，其中除了"爱民如子"的含义，还有一个意思，那就是地方官治理百姓就要像爸爸妈妈调教小孩子一样，很多时候是不能讲道理的，而是或哄或骗，或打或骂，这才是真正为孩子好；如果跟孩子讲道理，摆出平等的姿态，不但会事倍功半，往往还会坏事。

在这样的背景下，我们就可以把孔子对臧文仲的不满如此这般地解读出来：神道设教而已，那是骗老百姓的，你身为政府高官，自己怎么就信以为真了呢？！

当然，孔子虽然觉得臧文仲的"山节藻棁"是"作虚器"，但在臧文仲本人看来，这件事非但一点不虚，简直实得不能再实。任何人如果有一件可以预测吉凶祸福的宝贝，肯定怎么珍藏都不为过。在做重大决策之前，把大乌龟杀掉，剥掉龟甲，请世袭的职业占卜官把龟甲烧出裂纹，根据裂纹的形状做出准确的预测，这样人生才不会有任何闪失。占卜的结果就记在龟甲的边缘，从外缘向内写，这就是甲骨文。也有用牛的肩胛骨的，显然牛骨在"灵性"上比不上龟甲，只能算是龟甲的廉价替代品。

大乌龟是非常珍稀的动物，所以臧文仲才要"山节藻棁"。牛也是当时的宝贵资源，轻易杀不得。那么，在植物当中找一种替代品也就是顺理成章的事情了。

动物当中最长寿的是乌龟，植物当中最长寿的就是传说中的蓍草。

（2）蓍草算卦是对龟甲占卜的廉价模仿

推想起来，商周年间应该真有一种草本植物，在人们心中的地位大约像千年人参、人形何首乌之类的吧。后来越传越神，才有了《史记·龟策列传》里的那些怎么看都让人不敢相信的记载。虽然《龟策列传》对蓍草的描述在植物学意义上存在错误，但它很好地保存了当时的人们在观念上的真实性。换句话说，蓍草事实上是什么样的，并不重要。它在人们的观念中是什么样的，才是至关重要的。

"工具重于算法"，这个"正统观念"虽然随着时间的流逝渐渐被人丢弃，但也绵延千年，直到清代仍然有人信守。在雍正朝那个著名的曾静案里，曾静准备策反岳钟琪，为了这件大事，他特地到周文王的墓上找来蓍草算了一卦。当然，所谓文王之墓，天知道埋的是谁，墓上的蓍草也不可能是什么正牌货，但至少说明曾静还是认真读过书的。他算得的一定是个吉卦，所以他才毅然走上谋反之路。这一卦到底准不准呢？从他谋反失败，最后被凌迟处死的角度来看，这一卦显然不准；但如果从他被捕之后，在雍正皇帝苦口婆心的教育之下真心悔过自新的角度来看，正所谓"朝闻道夕死可矣"。如果不是因为谋反，他这一辈子都不会有"闻道"的机会，只不过以常人的眼光来看，他为"闻道"付出的代价未免太大了。

那么，话说回来，若是用于占卜，乌龟壳和蓍草到底哪个更灵验些呢？

我们从古人的这套逻辑上已经可以很轻松地推演出来：用龟甲占卜最灵，蓍草很可能是龟甲的廉价替代品。而要确证这个结论，我们就必须追溯到商、周两代的历史文献了。首先要分析一下《周易》的名称："周"字可以有玄奥和朴素的两种解释。往玄妙了说，"周"表示周遍、无所不包——比如唐代陆德明的《周易音义》，这算是官方的《易经》

字典，就是这么解释的；但往朴素了说，"周"就是周族人，《周易》也就是周族人的蓍草占卜指南。

儒家学说就是从周朝的典章制度、风俗习惯发展过来的。孔子一辈子都念念不忘的"克己复礼"，要"复"的这个"礼"就是周朝初年的典章制度。孔子时代所谓的"礼崩乐坏"，崩坏的"礼乐"也是指周朝初年的典章制度。

我们知道周朝的建立是武王伐纣、灭掉商朝的结果。儒家说这是吊民伐罪，是正义对邪恶的胜利，其实以现代眼光来看，也可以说这是落后文明对先进文明的一场征服。在商王朝的统治时期，商王与其说是国王，不如说是部落联盟的首领。当时，商族是实力最强、文明程度最高的部族，占据着中原沃土，而周族人只是边远地区的一个落后部族。无论从青铜器铭文、甲骨卜辞还是《尚书》里的周初文献上看，周族人称商朝为"大邑商""大国"，自称"小邦周""小国"。我们从传世的青铜器来看，商族的工艺水平和设计水平明显要高于周族。

可想而知，当时最先进的占卜技术和最灵验的占卜工具一定会向商王身边集中。所以今天我们一提到商朝，总会很快联想到甲骨文。

人类社会的发展总有这样一个基本模式：上有所好，下必甚焉；楚王好细腰，宫中多饿死。中下层的人总会在方方面面上自觉不自觉地模仿上层社会。这当然会闹出很多笑话和荒唐事来，但是从进化的角度来看，这种模仿的天性正是人类作为群居动物的生存优势。

任何一种群居动物，一个群落其实就是一个社会，凡有社会就必有社会分层，分出精英层、中层和底层。无论是人还是任何一种群居动物，精英层通常都是"适者生存"的适者，他们（它们）身上的特质最能使他们（它们）在当下给定的环境中活得如鱼得水。而群体里那些混得不太好的成员，最简单有效的改善生存处境的办法就是对那些混得风生水起的同伴有样学样。哪怕是矫枉过正，哪怕是东施效颦，哪怕是邯郸学步，但无论如何，这种生存策略绝对会在大概率上提高他们（它们）的生存可能。

话说回来，如果当时的周族人最向往、最推崇、最认可的占卜方式是商朝王族的甲骨占卜，这完全是顺理成章的事情。而经济学规律帮我们做出了一项预测：甲骨占卜既然有这样的稀缺性和身份意义，那么廉价替代品一定会应运而生。这种基于人性的规律是万年不变的，就像今天当"男人看表，女人看包"成为社会上一种评价标准之后，各种价位和档次的所谓A货、高仿、山寨版总会迅速占据各个细分市场。周族人的蓍草占卜法即便原先真的是一种纯原创、纯本土的占卜术，也注定会和甲骨占卜越来越像。

事实上，今天的考古证据可以告诉我们这样一个事实：周族人在势力坐大之后，也像商王一样用甲骨占卜。这在文献里是早有记载的，而我们从文献证据里还可以推出这样两个结论：第一，即便改朝换代了，天下变成周族人的天下了，商朝的甲骨占卜术仍然是一切占卜术中最权威的，凡是与甲骨占卜的结论不符的，一定以甲骨占卜的结论为准；第二，当周朝人用《周易》占卜的时候，他们解读卦象的方式既不是朱熹式的，也不是京房式的，而是与商朝人对甲骨卜辞的解释完完全全如出一辙——这是当年我读《左传》和《国语》的时候感到最吃惊的一点。

《周易》既然是源于周人的占卜术，那么，我们即便在《易经》这本书里找不到具体的占卜流程，却可以在周朝的史料里看到很丰富、很详细的占卜案例。最重要的两部史料就是《左传》和《国语》，尤其是《左传》。

※ 第四章

《诗经》

什么是诗，诗有什么用

(1) 作为"淫媒"的诗

在正式进入《诗经》之前，我们先考虑几个更宽泛、更本质的问题：什么是诗？诗有什么用？诗人有什么用？

我相信，今天最能得到广泛认同的答案是，什么都可以是诗，诗没什么用，诗人更没什么用。"爱好诗歌"作为人的一种特质，在今天甚至含有贬义。今天的年轻人不会想到，仅仅在三十年前，报纸的征婚栏里几乎每个适婚男女都标榜自己爱好诗歌，甚至会写诗。那时候的报刊亭里，《诗刊》以及许多其他名目的同类刊物销量惊人，绝不亚于今天的时尚娱乐杂志。

所以说，那个年代的诗确实很有实用意义，堪称婚恋市场上的终极杀器。一个不谈诗、只谈钱的人，只会遭人鄙视，无法收获水晶一般的爱情和青松一般的友谊——这两个意象正是那个年代的诗歌里很常见的。文艺男青年经常可以借助纯美的诗在文艺女青年身上得逞所欲。

诗歌之所以能够发挥"淫媒"的功效，是因为它身上蕴含着某种洪荒之力，能够直指人心，击中并唤醒心底深处最原始的欲望——那是生殖繁衍的欲望。就某种意义而言，诗的本质不是艺术，而是巫术。当我们从人类学的方向，从巫术的角度重审诗歌，许多问题不但会迎刃而解，甚至根本不可能发生。

（2）人类学角度的诗歌定义

今天，我们很容易把写诗当作个人的文学创作，然而在原始社群里，在诗歌的萌芽时期，诗歌不属于个人，而属于群体。它是群体中的一种仪式语言，而无论仪式的目的是什么——通常都是敬神——这种神奇的语言有一种催眠术一般的魔力，使所有人的情绪得到纾缓和释放，进入一种类似于共振的状态。就是在这些仪式的反反复复之中，群体凝聚力不断得到巩固，而仪式带来的那种热恋一般的感觉在仪式结束之后依然不会完全消退，于是适龄男女最容易在这种时候从眉目传情发展到两两相伴，然后"少儿不宜"去了。

今天，我们仍然可以在一些传销组织的内部沟通会上看到类似的景象，演讲人的感染力特别强。演讲要想取得好的效果，说理往往是最大的忌讳，你要做的是绕开听众的理性，激发他们的原始情绪。勒庞研究大众心理的名著《乌合之众》专门做过这方面的分析，以后我会讲到这本书，现在我们只来关注一点和激发情绪相关的简单技巧，那就是在演讲中加入诗歌的表达方式：时不时用一些节奏感强并且押韵的、含义有点朦胧的句子。

是的，就是这么简单，但你会惊讶于它的说服力，因为它的说服力不来自证据和逻辑这两种最容易招致大脑天然反感的东西，而是来自自从洪荒时代以来大脑对它就不设防的情绪感染力。

所以，从人类学的角度来看，可以给诗下一个非常明确的定义：形式上有韵律的、内容上有点朦胧的语言，就是诗。以这样的标准来衡量的话，"一二三四五，上山打老虎"，这不是诗，因为它虽然有韵律，但含义太浅白。现代诗虽然一般不押尾韵，但往往有内在的韵律，而且朦胧感强，所以仍然是诗，比如"卑鄙是卑鄙者的通行证，高尚是高尚者的墓志铭"，不押尾韵但韵律感依然很强，以形式上的重复带来含义上的逆转，有修辞效果营造出的让人回味的空间。我们再看一下"十三亿人共一哭，纵做鬼，也幸福"，形式上有韵律，但内容太浅白，所以就算不上诗。

回顾上一章讲过的《周易》卦爻辞，那分明也是诗嘛。它们有韵律，有朦胧感，一经专家吟诵出来，仿佛出自天神之口，让外行人在似懂非懂间心生敬畏，轻易就信服了。事实上，这正体现出诗歌的一种原始功能。

（3）诗性、神性、宗教性

形式上的韵律感和内容上的朦胧感其实存在着一种共性，那就是"和日常语言划清界限"，它的意义就是使诗歌活动的参与者跳脱现实生活的感觉和经验，而这种体验，本质上就是一种宗教性的神秘体验。今后我会讲威廉·詹姆士的《宗教经验之种种》和叔本华的《作为意志和表象的世界》，大家会看到哲学家所谓的审美体验和心理学家所揭示的宗教体验其实是高度相通的，甚至可以说就是同一回事。

诗人常说诗有神性，这话虽然很有"老王卖瓜"的嫌疑，但其实在一定程度上真的道出了问题的本质：诗歌带给我们的体验正是原始巫术带给我们的体验，只不过我们早已从原始部落走入文明社会了，巫术仪式不再有了，诗歌独自幸存至今，我们不再能够获得往昔那种完整而真切的诗歌体验，我们的"诗感"注定是残缺的。

历来美学和文艺理论提出过各式各样的诗歌理论，但往往抓不到本质，因为诗歌的本质要到人类学、社会学和心理学里去找。前几年我一直想写一本《古代中国的诗歌生活》，不从文艺角度，而是从社会功能角度解读诗歌和诗歌现象，但出版社不看好这样的内容，我也没能把它写下去，到现在都觉得遗憾。

　　众所周知，《诗经》是中国最早的一部诗歌总集。但是，它的诗篇并不很早，并不足以早到让我们看到诗人呼风唤雨、把世人玩弄于股掌之上的威风模样。等讲到《楚辞》的时候，我再来讲诗人和诗歌曾经有过的惊人的武力值好了。但即便是《诗经》这部高度文明化的、被抹杀了蛮荒气息的诗歌总集，在它诞生的时代也不是拿来给人做审美消遣的。它实在承担着艰巨的社会责任，所以孔子才会编订《诗经》，将它作为一部正式教材。

不谈文艺谈道德

(1) 诗艺与诗教

几乎和孔子同时代的柏拉图分明也是一个满怀政治理想的哲人，为什么对诗歌的态度完全和孔子相反，一心要把诗人和诗歌赶出城邦呢？到底是孔子搞错了，还是柏拉图搞错了？

事实上，孔子和柏拉图对待诗歌的态度在本质上高度一致，都要保存有益的，摒弃有害的，只是在表现上偏重不同罢了。孔子究竟有没有删诗，这是一个历史疑案，我自己偏向于认为孔子对《诗经》做过一定程度的编辑整理，至于删了多少，应该远没有古人说的那么多。

柏拉图想删的诗一定比孔子删的多，这倒不怪柏拉图更苛刻，而是由古希腊和古中国在诗歌方向上的差异造成的。《荷马史诗》是长篇叙事诗，我们可以理解成一种有韵律的评书。评书讲究的是故事性和角色刻画，越热闹、越扣人心弦就越好。如果再要迎合两三千年前普罗大众的下流趣味，"三俗"的作料就一定不能少。所以，柏拉图对诗歌的挞伐可以简单归结成一句话："我要反三俗！"

再看《诗经》，虽然其中也有少量叙事诗，但绝没有评书式的叙事诗，《诗经》里的"三俗"最多也只是郎情妾意、勾勾搭搭的小山歌。

或许当初也有过"乡村二人转"级别的诗歌，但是，要么识字的君子不屑记录，要么虽有记录却被孔子删掉了。

无论孔子还是柏拉图，都不认为诗歌应当是一种文艺创作——不，它应当是一种辅助教化的工具。诗歌与生俱来的文学性常常使人陶醉，这是正人君子一定要警惕的。所以说，作为第一部诗歌总集，《诗经》为中国传统所塑造的与其说是"诗艺"传统，不如说是"诗教"传统。

中国古代素来有"诗礼传家"的传统，一个连续几代秉承良好诗教的书香门第必定会受到世人的尊重；然而今天的一些聪明家长严格控制着孩子的课外阅读，不愿意让他们过多地接触诗歌，因为他们生怕孩子会在阅读的潜移默化中养成或多愁善感或狂放不羁的性格。这样的性格当然很不健康，甚至令人讨厌。那么，今天家长们的这些顾虑难道古人就不曾有过吗？尤其当我们考虑到"诗礼传家"是儒家思想里的经典传统时，我们又怎能相信儒家竟然也会喜欢诗人呢？

这也许就是现代与古典的区别所在，中国古典传统里的诗教绝不培养海子和顾城这样的诗人——恰恰相反，它所培养的是道德楷模式的诗人，是西服革履、规行矩步的诗人，也就是在我们的刻板印象中最不像诗人的诗人。

(2) 乏味的好诗

以上结论看似荒谬，因为在我们对古典诗歌的最一般的印象里，任谁都想得到古典诗人中最耀眼的两颗明星：李白和杜甫。我们脱口便背得出李白的"烹羊宰牛且为乐，会须一饮三百杯"，还有杜甫的"酒债寻常行处有，人生七十古来稀"，无非感叹人生苦短，正须对酒狂歌。

在我们近几十年来的文学史教科书里，总是将李白和杜甫分别认作浪漫主义和现实主义的两大巅峰，赞叹李白磅礴的想象力和杜甫刻画现实、揭露时弊的率真和勇气；我们当然也会欣赏他们过人的文学才华，但是在古代的儒家传统里，文学价值从来只是诗歌的副产品，任何一位立志以诗礼传家的正人君子非但绝不希望用诗歌把子弟培养成海子和顾城那样的人，也绝不希望子弟们成长为李白或杜甫。而正是这个在今天看来颇为反常的诗教传统，才是中国古典诗歌史上道德教化派的核心主张。

对这一主张一言以蔽之：诗，不是放纵，而是约束。所以，中国古典诗歌的正统与标准，既不会是"会须一饮三百杯"，也不会是"酒债寻常行处有"。要寻一个相差仿佛的样本的话，可以举出这样一首五律：

清心为治本，直道是身谋。
秀干终成栋，精钢不作钩。
仓充鼠雀喜，草尽兔狐愁。
史册有遗训，毋贻来者羞。

这是包拯传世的唯一诗作。据朱熹讲，包拯在写这首诗的时候还只是一介布衣。

单纯从诗艺的角度来看，这首诗实在乏善可陈，无非是几句合辙押韵的座右铭，但是，在正统的儒家观念里，这样的诗才是真正的好诗，才是配得上"诗礼传家"的诗，是"诗言志"传统里的上乘言志之作，至于它在文学性、艺术性上的平庸，非但不该挑剔，反而值得嘉许。

是的，包拯的诗如果写得太有文采，反而会降低人们对他的评价。儒家理想中的知识分子，首先应该是一个"政治人"，其次才是一个文人，所谓"行有余力，则以学文"。

(3)《颜氏家训》提醒大家：千万小心文学的毒害

　　如果我们相信林语堂"诗歌是中国人的宗教"的论断，相信诗歌总是起到陶冶性情、排遣忧闷的积极作用，那么就会很难理解儒家对诗歌的一贯忧思。孔子既然说"弟子入则孝，出则弟（tì），谨而信，泛爱众，而亲仁，行有余力，则以学文"，那么，当林语堂的一位信徒尽情徜徉在文学世界里，陶醉在诗歌的华美篇章里时，这些文辞的魅力难道不会反过来浸润人心，使他日益变得"入则孝，出则弟，谨而信，泛爱众，而亲仁"吗，又何必非得强调"行有余力，则以学文"呢？

　　是的，当林语堂饱含家国情怀向西方读者介绍中国文化的时候，感情蒙蔽了他的理智，使他只看到诗歌积极的一面，却淡化了诗歌消极的一面。一个人倘若当真教育子侄的话，对诗歌的消极性就必须慎重对待了。

　　颜之推的《颜氏家训》是古代中国最著名的几部家训之一，其中以近乎危言耸听的口吻论及文学的危害。颜之推敏锐地看出，文学创作会充分宣泄一个人的才思与性情，这很容易使人进入一种自我膨胀的精神状态，性格变得浮夸，做事流于轻率；若是一个典故用得巧妙，一句诗文写得精彩，他们就会神采飞扬，目空一切，自吟自赏，浑然忘记这世界上还有别人。

　　颜之推所描述的这种状态，即便时至今日，在诗人群体里依然屡见不鲜。考之古人，大诗人如李白、杜甫等显然也可以对号入座。当然，出于对绝顶天才的仰慕，我们可以原谅李白、杜甫的一切，但世界上更多的是徒有李杜之性情却欠缺李杜之才华的人。颜之推举出一个反面典型来教育子侄说，最近在并州有一位士族子弟，写一手鄙俗可笑的诗赋而不自知。旁人一起谋划好来嘲弄他，假意称赞他的诗赋。这位士族信以为真，便大摆宴席，为自己延揽声名。他的妻子是个明白人，哭着劝他不要这样丢丑,他却仰天长叹:"连妻子都容不得我的才华,更何况陌生人呢!"就这样,这位士族至死都不曾觉悟。这件事后来被冯梦龙收入《古今谈概》,纯粹当作笑话来看。

诗歌的"体统"和"有失体统"

(1)《诗经》里哪一句最好

本着"正确的"文学观,如果要我们在《诗经》中挑选最美的一句诗,我们应该选哪一句呢?我相信绝大多数人都会喜欢"执子之手,与子偕老",或者"所谓伊人,在水一方"这样的句子,把小市民的肤浅趣味暴露无遗。

当然,很多人会说"各花入各眼",这种评选毫无意义。但是,我这个问题在历史上当真发生过,而且很有来头。《世说新语》中有这样一段记载:

> 谢公因子弟集聚,问:"《毛诗》何句最佳?"遏称曰:"昔我往矣,杨柳依依;今我来思,雨雪霏霏。"公曰:"訏(xū)谟(mó)定命,远猷(yóu)辰告。"谓此句偏有雅人深致。

东晋名臣谢安问子弟们《诗经》以哪一句最佳。谢玄,这位将来以指挥淝水之战而著名的青年才俊答道:"昔我往矣,杨柳依依;今我来思,雨雪霏霏。"这是《诗经·小雅·采薇》里的名句,是今天任何一名诗歌爱好者都可以脱口而出的句子，的确是古往今来最为脍炙人口的《诗经》名句，弥漫着浅淡却马不停蹄的忧伤，美得让人心碎。

几乎任何时代的年轻人都很容易接受这种形式华美、略带感伤味道的诗句，这种情形，以加西亚·马尔克斯在《霍乱时期的爱情》里塑造的男主角阿里萨的阅读趣味最是典型：

> 到了青春时期，他已按出版顺序读完了人民图书馆里的全部诗集。那些诗集是特兰西托·阿里萨从"代笔先生门洞"的书商们手里买来的，价钱便宜，从荷马到不太引人注意的地方诗人，无所不包。他读书没有选择，拿到什么就读什么，好像一切遵从天意办事。多年以来，他读了那么多书，到头来哪是好书，哪是坏书，他压根儿分不清楚。他头脑中唯一清楚的是，在散文和诗歌之间，他喜欢诗歌；在诗歌里面，他喜欢爱情诗。爱情诗只需读上两遍，他即可背得滚瓜烂熟，押韵押得越好，越有规律，越伤感，他就背得越容易。

今天任何一家追求商业利润的出版商，在策划青春读物的时候，仍然是以青春期的阿里萨的阅读趣味作为标准，谢玄对"昔我往矣"一句的情有独钟和阿里萨也没什么不同。今天我们经常看到，有一定文化素养的父母对青春期的子女煞费苦心，总要"正确"引导他们的阅读趣味，作为东晋"大人物"的谢安何尝不是这样，他也必须把侄儿谢玄的审美趣味及时纠正过来。

那么，《诗经》究竟以哪一句最佳呢？谢安给出的"标准答案"是"訏谟定命，远猷辰告"，说这一句才最有雅人深致。

"訏谟定命，远猷辰告"，出自《诗经·大雅·抑》，意思是说，把国家的大政方针通报出来。在今天除了专业研究者，几乎没有人记得《诗经》里还有这样的一句。这也难怪，如此枯燥乏味的政治内容配上如此毫无修辞色彩的表达方式，简直没有任何文学感染力可言，哪有半点比得上"昔我往矣，杨柳依依；今我来思，雨雪霏霏"？即便就在《抑》这首诗里，明明还可以选出"白圭之玷，尚可磨也。斯言之玷，不可磨也"这样有点漂亮的道德格言，怎么也不该轮到"讦谟定命，远猷辰告"啊。但是，谢安不仅是当时第一流的知识分子，还是第一流风雅的人，他这样讲，肯定有一点我等凡夫俗子不能领略的高瞻远瞩吧？

(2) 如果让"最美的诗句"和"最美警察""最美售票员"比颜值

　　谢安读的《诗经》版本是西汉学者毛亨的注本，所以《世说新语》原文中不说《诗经》而说《毛诗》。毛亨说《抑》这首诗是卫武公讥刺周厉王并用以自警的作品，《国语》还有记载说卫武公作这首诗的时候已经九十五岁高龄。这把年纪还不好好放松自己，不把心思放在看养生节目和买保健品上，还在忧国忧民，实在够得上感动中国的标准。至于他老人家的诗艺是好是坏，难道还重要吗？我们今天有那么多"最美警察""最美售票员"，哪一个是靠颜值？如果"最美警察""最美售票员"果真是靠颜值取胜，所有人反而都会觉得荒唐。

　　同样的道理，以卫武公这样的身份、威望，如果写出"昔我往矣，杨柳依依；今我来思，雨雪霏霏"这样的诗句，只会使个人和国家一道蒙羞。而以谢安的身份、威望，也只有表彰卫武公这样的诗人和"讦谟定命，远猷辰告"这种一点诗味都没有的诗，才是得体的，才是"政治正确"的。他如果赞同谢玄那种纯文学的眼光，反而"有失体统"。

　　我们今天读古诗，基本上都是从文艺欣赏的角度来读，所以很容易忽略古代社会里这种最有正统色彩的诗学观念。现代人读《诗经》还有一个常见的误区：因为读得少，所以总以为《诗经》很美，其实通读下来，就会发现"杨柳依依"那种句子实在不多，枯燥乏味才是主流。而《诗经》被捧到那么高的地位，很少是因为它的文学意义。

（3）刘克庄的古今诗人对比

南宋文坛宗主刘克庄这样讲过《诗经》：古诗都是教育人的，比如"訏谟定命，远猷辰告"，这是大臣的话；"敬之敬之，命不易哉"，这是谏臣的话；"棠棣之华（huā），鄂不韡韡（wěi）"，这是宗室大臣的话；"载驰载驱，周爰咨诹（zōu）"，这是外交官的话；"之子于征，有闻无声"，这是将军的话；"恺悌君子，民之父母"，这是歌颂统治者的话。可见古诗的作者大多是显达的人。

这番话非但很颠覆我们的常识，其实在刘克庄自己的时代也很有颠覆性，因为那时候很多人相信诗歌"穷而后工"，也就是说，一个人越是不得志，越是走投无路，越是一个愤青，就越能写出好诗。这道理其实没错，错就错在用纯文学的标准来筛选"好诗"。

刘克庄对这种看法很不以为然，他说所谓"穷而后工"的说法不过是从唐朝才有的，李白和杜甫就是代表，但李白做过天子词臣，杜甫做过谏官，好歹也都是有职务、有地位、有薪俸的人，难道一个人非要落到饥寒交迫、穷愁潦倒的地步才能写出好诗吗？（《玉卿子诗集序》）

刘克庄一定能和谢安聊到一起，这两位老人家也一定最招文艺女青年的反感。有趣的是，历史上还真有一个文艺女青年被谢安当面问过"《诗经》哪一句最好"这个问题，她的答复会不会比谢玄好一点呢？

在诗歌趣味上的不谋而合

(1) 谢道韫对谢安的回答

要论东晋第一才女,谢道韫是无可争议的人选,她偏巧就是谢安的侄女,所以,谢安那句"《诗经》哪一句最好"的问题也曾向她问过。谢道韫选出的这一句是今天普通程度的《诗经》爱好者相当陌生的:"吉甫作诵,穆如清风。仲山甫永怀,以慰其心。"

这句诗出自《诗经·大雅·烝民》,作者是周代元老重臣尹吉甫。当时周宣王派仲山甫去齐地筑城,尹吉甫作这首诗来送别仲山甫,连带着赞美周宣王能够任贤使能,中兴周室。一个文艺女青年怎么会有这样诡异的文学趣味呢?我们很难想象林徽因、张爱玲会这样选诗,更难想象安妮宝贝、安意如会这样选诗。如果谢道韫生在现代,一定会对"人生若只如初见""当时只道是寻常"这样深情而妙曼的文字不屑一顾吧。

《晋书》为谢道韫立传,让我们看到这位文艺女青年绝不是小清新式的文艺,而是超乎寻常的大气,甚至可以说有几分傲岸,巾帼不让须眉。如果她是男儿身,应该会成为谢安一样的人物吧,也难怪她的诗学趣味和谢安高度一致了。

（2）让文艺范儿的诗人过颠沛流离的日子去吧

如果我们依着谢安和谢道韫的逻辑稍稍推衍一步，就会发现，《诗经》首先是有助于教化的，所以才赢得了尊崇，而那些"穷而后工"的诗歌，即便再工巧、再感人，但它们对国家大政、世道人心有任何益处吗？那些诗人就活该受罪。这道理正是柏拉图在《理想国》里借苏格拉底之口讲过的：

> 如果荷马真能教育人提高人的品德，他确有真知识而不是只有模仿术的话，我想就会有许多青年跟他学习，敬他爱他了。你说是吗？既然阿布德拉的普罗泰戈拉、开奥斯的普洛蒂卡斯和许多别的智者能以私人教学使自己的同时代人深信，人们如果不受智者的教育，就不能管好家务、治好国家；他们靠这种智慧赢得了深深的热爱，以致他们的学生只差一点没把他们顶在自己的肩上走路了。同样道理，如果荷马真能帮助自己的同时代人得到美德，人们还能让他（或赫西俄德）流离颠沛，卖唱为生吗？人们会依依难舍，把他看得胜过黄金，强留他住在自己家里的。如果挽留不住，那么，无论他到哪里，人们也会随侍到那里，直到充分地得到了他的教育为止的。

听起来，柏拉图这番话好像也是对我说的。我必须反省一下：大家从我这里得到的知识，恐怕也无助于"管好家务、治好国家"，难道我的下场也会是"流离颠沛，卖唱为生"吗？我年轻时候还真的学过一点乐器，这难道是源自本能的远见吗？

如果有什么可以让我拿来为自己辩解的话，那么我会说，大家就算为了"管好家务、治好国家"，稍稍了解一点无伤大雅的文化知识总是好的，只要不沉迷进去。就像诗歌，懂一点诗不但是有益的，甚至是必要的，只要不沉迷进去、不做一个纯粹的诗人就好。这个道理，一言以蔽之，要做个集大成的半吊子，不要做任何领域的专家。

吟唱伟大史诗的荷马显然算是诗歌专家，所以该被轻蔑。

(3) 做个半吊子才好，不要做专家

荷马是职业诗人，靠写诗唱诗赚钱糊口，但是在古代中国，并不存在职业诗人这回事。不仅是职业诗人，任何"专业性"都是不应该的，反而是半吊子才好。卫武公、尹吉甫，难道不都是半吊子诗人吗？这才有君子的样子，没失了君子的体统。

这完全和现代的教育理念相反。我们今天从小学到大学，无论读文科还是读理科，无论读这个专业还是那个专业，归根结底，只不过是学一门谋生的手艺。所以今天的许多高知按照古人的标准无非是高级手艺人，可悲地跻身于"小人"的行列。

至于"君子"，他们需要操心的只是修身、齐家、治国、平天下这些事情，不应该有任何专业。他们可以弹一手漂亮的钢琴，但不可以成为职业钢琴家；他们可以对工程技术有一套非凡的心得，但不可以成为职业建筑师；同理，他们虽然不妨"笔落惊风雨，诗成泣鬼神"，但绝不可以成为一名职业诗人，这就是孔子讲的"君子不器"的道理。

凡是推崇专业技能的社会一定是平民社会，今天的美国就是一个很切近的例子：无论任何领域，职业选手总是受到人们最大限度的尊敬。贵族社会恰恰相反，凡事都要推崇业余，这是一个跨越国界与时代的规律。比如，今后我会讲到亚里士多德的《政治学》，这部书对这个话题论述起来可谓巨细靡遗——凡是赚钱的、竞技性的，总之，任何与专业

性挂一点边的，都是下贱可耻的。我们还可以看看晚近的事例，比如罗素对笛卡儿的一段评价："笛卡儿的工作仿佛是在短期间精神非常集中之下做出来的，但是，也许他为了维持绅士派业余哲学家的面貌，假装比实际上工作得少亦未可知，否则他的成就似乎让人很难相信。"

这两类社会的道德倾向因此也有了一些差异，平民社会更加在意所谓"职业道德"，贵族社会更追求一种泛泛的、纯粹伦理意义上的道德，而中国的古典诗学正是在后者那种贵族社会里诞生的。孔子所谓"不学诗，无以言"，这话在平民社会简直无法想象，那么多毫无诗歌修养的人还不是一样正常说话？

不学诗，无以言

(1)《诗经》原来是"法语"

孔子凭什么说"不学诗，无以言"呢？如果我们穿越到孔子的时代，我们就是不信邪，一句诗都不肯学，我们会活成什么样呢？

有必要先把话题扯远一点，在很久很久以前，我小的时候，小孩子爱看故事，我那时候看了大量的外国小说。看得多了，就发现了一些奇怪的规律，比如英国和苏俄小说里，一些对话的后边总会有个注释符号，等找到对应的注释，看到的往往都是同样一句话："原文为法语。"英国人和英国人讲话，俄国人和俄国人讲话，为什么总要用法语呢？

长大以后才知道，当时法语是上流社会的通行语言，是处处透着高贵的语言，而作为本土语言的英语和俄语都是下里巴人讲的，弥漫着难闻的市井气。上流社会最重视的活动就是社交，如果不能操一口流利的法语，即便勉强打入了社交圈，也会很快被排挤出去。

同样，在孔子的时代，诗就是法语，是混迹上流社会的必备技能。"不学诗"的人真的就"无以言"，只能和市井小民为伍，这实在太伤君子的体面了。

法语和诗都有着不凡的来历，还都不是日常语言，讲起来便有一种闪闪亮、弯弯绕的感觉，我们可以美其名曰"优雅而含蓄"。

（2）该用什么包装自己：诗还是名牌包包

　　是含蓄还是直接，这绝不仅仅是个人修养和趣味问题，更是上流社会和下层社会的一种本质区别。人在天性上总不愿意自甘堕落，所以总会想方设法给自己脸上贴金。今天我们最常见的贴金方式是用奢侈品武装自己，从名牌手表到名牌包包，那是何等惊人的开销。但是，从提升个人形象的角度来说，这其实是最廉价、最快捷的手段，因为真正从内到外地提升实在过于耗时耗力，绝不是普通人只靠咬牙跺脚就负担得起的。

　　每个给自己身上堆砌奢侈品的人都害怕落到"穿上龙袍也不像太子"的境地，都知道还要给奢侈品匹配上适宜的谈吐、仪态、气质。有了后者，一个人就算穿着俭朴也不会显得寒酸，就算一身珠光宝气也不会显得俗艳。但是，要想把谈吐、仪态、气质熏陶出来，综合成本其实远远高于那些奢侈品。关于这一点，可以参看萧伯纳的戏剧《皮格马利翁》或者华纳改编版的《窈窕淑女》，看看一个来自底层社会、操着满口方言俚语、举止粗俗的卖花女是如何被一位语言学教授精心改造成一位优雅淑女的，看看这是一件何等程度的难事。

　　所以，上层人士要想维护自己高高在上的地位，必须知道奢侈品是最靠不住的东西，因为再昂贵的物件也会是一脸油光、大呼小叫的暴发户可以轻轻松松买下来的。一个人的确可以凭借能力和运气很快爬到社会金字塔的高端，但无论他有再高的能力、再多的运气，也没法以暴富的速度获得贵族的修养。所以，只有那种自幼养成的，深入血液与骨髓的言谈举止、文化趣味，才是守卫贵族世界的最后一道壁垒，是虽然虚不可见却实实在在难以逾越的金城汤池。

这金城汤池的特质，简而言之，就是节制、含蓄、超脱。

（3）诗歌和奢侈品的无用之用

贵族世界的方方面面都在努力体现着节制、含蓄和超脱。以语言为例，无论任何国家、任何民族，越是趋向上流社会，语调的起伏和肢体语言的幅度就越小。它所揭示的心理动机是，越是上流社会的人，对面子的重视程度就越高，而节制、含蓄的表达方式既给自己多留余地，也给对方多留余地，留的余地越多，伤面子的概率就越小。用俗话来说，只有破罐子才会破摔，好罐子总是有几分矜自贵的。

诗歌语言又因为不如日常语言那般实用，所以会显出一种超脱感。我们不妨把诗歌理解为语言中的奢侈品，它就是爱马仕的包包和吉米·周的水晶鞋，是给你在晚宴上亮相用的，你既不能用爱马仕的包包给晚宴吃剩的龙虾打包，也不能在散场之后穿着吉米·周的水晶鞋蹚着泥水追赶末班车。

正是因为这样的包包和鞋子太不实用，所以它们才格外有价值，比实用的编织袋和懒汉鞋昂贵无数倍。"没用"才是它们值钱的理由，把"没用"两个字浓墨重彩地标榜出来才是它们比值钱更值钱的理由。这个道理，凡勃伦的名著《有闲阶级论》早早就为我们揭示过了。今后我会讲到这本书，它虽然算是名著，但其价值还是被严重低估了。它的内容足以颠覆经济学上的一些基本原理，这一点或许是作者本人也不曾意识到的。

话说回来，诗歌语言最容易在上流社会的社交圈里体现节制、含蓄、超脱的特质。普希金论诗有一个著名的观点，说诗歌要带有贵族气质。我相信，彭斯那种乡土诗人一定最反感这种论调。但我们不必评判孰是孰非，尽管把普希金的话做字面上的理解：诗是贵族圈子里的必备奢侈品，"不学诗，无以言"，一点不错。

从这个角度来观察的话，我们就能够理解：社会越是平民化，诗的价值就越低。诗的价值越低，诗人也就越发自怨自艾了——当然，本着诗歌"穷而后工"的法则，他们自怨自艾的声音往往很美，很有诗意，比如威廉·莫里斯的长诗《大地乐园》中我很喜欢的这一小段：

> 我无法歌唱天堂或地狱，
> 我无法减轻压在你心头的恐惧，
> 无法驱除那迅将来临的死神，
> 无法召回那过去岁月的欢乐，
> 我的诗无法使你忘却伤心的往事，
> 无法使你对未来重新生起希望，
> 我只是个空虚时代的无用诗人。
>
> （朱次榴　译）

我们还可以从这首诗里隐约看出来，诗歌的流变是一个从公众话语到私人话语的过程。

※ 第五章

《尚书》

尽信书则不如无书

(1) 一部费解的治国宝典

前面讲过了《诗经》，接下来就谈谈经常和《诗经》并称的《尚书》。古人常说的"诗书"不是泛指所有的诗和所有的书，而是特指《诗经》和《尚书》。

《尚书》出名地难读，不要说今天的我们，就算追溯到唐代，位列"唐宋八大家"之首的韩愈就曾经说过："周诰殷盘，佶屈聱牙。"所谓"周诰"，就是《尚书》里边的周朝文献，在这里代指《尚书》。韩愈感到很伤脑筋，还为我们留下了"佶屈聱牙"这个难读难写的成语。

《尚书》是夏、商、周三代政府公文的汇集，其中周代那部分虽然离我们最近，但也要比《春秋》《左传》的时代早几百年。所以，非但韩愈读不通，如果再往前追溯的话，我们会吃惊地发现：就连司马迁也读不通。非但司马迁读不通，就连时代更早的诸子百家也读不通。

但是，无论能不能读通，无论能读懂多少零碎字句，这部书里毕竟汇集着先代圣王的治国纲领，堪称宝书当中的宝书。后世统治者要想把国家治理好，就必须把这部书学好用好。能看懂的部分，当然要学要用；看不懂的部分，当然也要学要用。天可怜见，这会造多大的孽，添多大的乱。

（2）孟子在看哪本书

我们先从一句名言说起："尽信书则不如无书。"

今天我们讲这句话，意思是说读书不可盲从。这句话原本是孟子说的，孟子谈到的"书"就是《尚书》。《尚书》当时还只是叫《书》，到了汉朝才叫《尚书》，意思简单来说就是"上古的书"，复杂一点来说就是"上古圣王重要讲话汇编"。

但我们知道孟子是一个铁杆儒家分子，一讲起上古圣王就会两眼放光，但他对《尚书》怎么就没有基督徒对《圣经》的热忱呢，竟然还敢公开表示怀疑？

我们有必要回到孟子当时的上下文里。孟子说的是："尽信书则不如无书，我对《武成》这篇文章就信的不多。道理很简单：仁人无敌于天下，凭周武王这种仁人典范去讨伐商纣王这种不仁的极品，哪至于血流成河呢？"

我们翻看一下《尚书》，孟子提到的《武成》正是《尚书》里的一篇，内容主要是周武王灭掉商纣王之后，在祭天典礼上的重要讲话。周武王亲口讲述战争经过，说两军对垒，在牧野会战，结果商朝军队根本就不往前冲，反而前队掉头去杀后队，杀得血流成河，仗就这么打完了。

我们更要糊涂了：这难道还不就是仁者之师的风采吗？孟子的标准到底有多高，难道敌人连自相残杀都不行，非得当时扔掉武器、载歌载舞欢迎周武王吗？

孟子当然不至于迂腐到这种程度，所以，唯一可能的解释是，孟子看到的《武成》和我们今天在《尚书》里看到的《武成》不是一回事。在孟子看到的版本里，两支军队肯定有一场厮杀，周武王是靠武力夺取了天下。而在孟子的一贯想法里，仁者之师只要一来，那是要解民于倒悬的，敌国的老百姓一定会兴高采烈地送饭送水，敌人的军队一定会争先恐后过来投诚，而敌国的领导人，也就是那个恶贯满盈的大坏蛋，只能眼看着众叛亲离，毫无还手之力。如果非要血战一场才能分出输赢，这实在不合情理，一定是假的。

今天我们知道，孟子在这个问题上确实天真了。不过他的话倒是暴露出《尚书》的一个疑点：孟子看到的《武成》怕不是今天我们看到的《武成》，莫非我们看到的这版《武成》来路不明，是哪个好事者伪造的不成？

《尚书》的传承与流变

(1) 伏生《尚书》

如果怀疑《尚书》有假，拿标准版本对照一下不就可以了，这难道不是一件很容易的事情吗？

这确实不容易。秦始皇焚书，《尚书》是重点整治对象。到了汉文帝的时候，重振文化事业，向全天下征求《尚书》专家，竟然一个人也找不到。后来听说济南有一位伏生，曾经在秦朝做过博士，这算是仅存的人选了，比大熊猫还要珍稀。但伏生那个时候已经九十多岁了，如果把他老人家从济南折腾到长安，形同杀人灭口。

朝廷还是很体贴的，专门派人到东土济南求取真经，这个取经的人你一定不会陌生，他就是后来主持削藩、酿成"七国之乱"的晁错。

晁错到了济南，发现伏生确实藏着一部真经，但现实不会像《西游记》那样有一个完满的结局。当年伏生冒着死罪，把书砌在墙里，等到天下平定，拆墙取书，才发现墙壁的装修质量不过关，大概是防水没做好，竹简朽烂了不少。把断简残篇拼凑起来，一共凑成二十八篇，后来伏生就拿这二十八篇在齐鲁大地传授门徒。

有一点就比没有强，晁错把这二十八篇抄录下来，回长安交差。这部《尚书》后来进了皇家图书馆，勉强算是一个"标准版本"。

到了汉武帝的时候，民间又发现了《尚书》中叫作《太誓》的一篇，还是从墙里挖出来的，献给朝廷，和伏生本凑在一起。这件事给当时的人们添了不小的麻烦，因为原本二十八篇正好配合天上的二十八宿，显得格外高大上，有面子，谁都没想到忽然间多出来一篇。二十九这个数字不当不正，还把二十八宿的神秘意象破坏掉了，着实恼人。

当然，办法总能想得出来：要不，新添的一篇就算北斗吧，《尚书》之所以二十九篇，意味着二十八宿和北斗一起熠熠生辉。

(2) 今文与古文

伏生的传人很快分为三大门派。毕竟《尚书》太难读通，派系分化是可想而知的事情。好在三大门派主要是在抠字眼的风格上有些差别，在"哲学高度"上还算一致。他们的"哲学高度"，也就是西汉最流行的阴阳五行。比如哪里出现什么怪事了，《尚书》专家就从专业性的角度给出系统分析，建议皇帝应该怎么应对。

《尚书》里边有一篇《洪范》，虽然确实提到了水、火、木、金、土五行，但只是对自然界的朴素认识而已。等落到这些《尚书》专家手里，五行就被彻底神秘化了。专家们不断推出解读《洪范》五行的专著，一个比一个深刻，影响之大，以至于《汉书》专门立有一篇《五行志》，从灾异论政治得失。此后历代官修正史，都会有一篇《五行志》，这就是西汉的《尚书》专家们留下来的绵延两千年的思想遗产。

我们说回汉朝，还是在汉武帝时代，又有一堵墙里出现了《尚书》，但这一版的《尚书》文字古奥，像秦始皇统一文字之前的版本，这就更难读懂了。之前的版本是用秦汉年间通行的隶书写成的，后来为了区别,古字版叫作《古文尚书》,隶书版叫作《今文尚书》,这就衍生出势同水火的今文经学和古文经学两大门派,断断续续打到晚清。

(3) 硕果仅存

《尚书》后来又出现了几个版本,我就不细讲了。简言之,后来历经战乱,各个版本陆续失传,到了东晋,梅赜(zé)献出一部《古文尚书》,篇目和原先的《今文尚书》有重合,但还多出来二十几篇。

虽然事有蹊跷,但有就比没有强,然后有人把它改写成隶书,尽量让它流传。

转眼到了唐朝,唐太宗统一思想,为儒家经典作标准注释本,《尚书》部分就用这部隶书《古文尚书》做底本,这竟然是《尚书》流传下来的唯一版本。后来唐玄宗让卫包用当时通行的楷书再做一次改写。卫包对古文字并不太懂,但皇帝既然说他行,他也只好觉得自己行了。就这样,卫包本着"把信送给加西亚"的精神真的交了差,改没改对就不管了,然后刻石立碑,流传久远,这就是我们今天看到的"十三经注疏"版的《尚书》正文部分。

今天我们整理古籍,肯定不会这样做事,但古人这样做自有他们的道理。他们的重点不是考古,不是历史研究,而是要"通经致用",研究古代经典是为了指导现实生活,"管不管用"才是第一位要考虑的。

治水宝典

(1)《禹贡》及其传说

我们不难理解《尚书》的政治意义，但如果说它能够指导工程建设，这是不是很让人吃惊呢？请你发挥想象，猜想一下《尚书》可以指导哪一类工程。现在公布答案：《尚书》是汉朝人的治水宝典。

治水是农耕文明的头等大事。水多了会涝，水少了会旱，让人既爱又怕，既离不开又搞不定。要把这种强大又任性的自然力搞得服服帖帖，难度不亚于一个小丈夫把家里的母老虎调教成贤妻良母。小丈夫当然无计可施，这种事只能寄希望于头顶光环、脚踩祥云的盖世英雄，于是，就有了大禹治水的传奇。

大禹不但治好了水患，还依山开路，分天下为九州，记载每一州的地貌、水文、土产等，制定进贡的等级，规划进贡的路线。这些内容记录在册，题为《禹贡》，后来编入《尚书》，"九州"这个说法就是这么来的。

汉朝人读《尚书》，最看重的就是《洪范》和《禹贡》这两篇。司马迁写《史记·夏本纪》，班固写《汉书·地理志》，都把《禹贡》抄了过来。

在治水的事情上，《洪范》和《禹贡》很有一点渊源，这就要提一下《河图》和《洛书》。《河图》《洛书》是中国历史上玄而又玄的东西，它们究竟是什么，不同时代有不同的说法，千差万别，西汉一般认为《河图》就是伏羲传下来的八卦，《洛书》就是《洪范》，是神龟背负着送给大禹的，大禹正是凭借《洛书》治好了水患。

这就意味着，上天赐给大禹《洪范》，大禹这才得以治水平天下，然后留下《禹贡》仔细讲述山川水文和天下大规划。

《洪范》务虚，《禹贡》务实。《禹贡》是中国最早的地理专著，从此以后，几乎所有搞地理研究的人都在围着它打转。即便测绘技术很发达了，不但能画出精确的地图，连等高线都能画出来了，但至少在名义上还要谨守《禹贡》。比如我们看宋朝人画的《禹迹图》，把大禹的名号去掉并不影响什么，但当时的人们一定是用这幅图来辅助《禹贡》教学的。借用李约瑟的话说，这是"宋代制图学家的一项最大的成就……无论是谁把这幅地图拿来和同时代的欧洲宗教寰宇图比较一下，都会由于中国地理学当时大大超过西方制图学而感到惊讶"。（《中国科学技术史》第五卷）

今天我们看《禹贡》，一则会嫌它太简略，二则会感觉它所描绘的地理分布过于规整了，不那么靠谱。但对古人来说，尤其对文化底子太薄的汉朝人来说，这就像一个人闯进了外星球的一座迷宫，正在茫然失措的时候忽然得到了一份地图，那种踏实的感觉简直让人落泪。即便地图再简略，即便错误连篇，也总好过没有。如果这时候朝廷又收到紧急公文，说哪里又发大水了、哪里又干旱了，不禁焦头烂额，不知道该怎么办，有一份《禹贡》能参考，那至少就有了一颗定心丸。更何况这份文件是大禹圣人传下来的，不亚于独孤求败的武功秘籍。

(2) 汉朝人的治水血泪史

以今天的知识来看，治水，要面对的是一个复杂系统，很容易遇到一些既想不到又不可控的变数。《汉书》专门有一篇《沟洫志》，堪称一部治水血泪史，充满了无奈感。其中当然不乏成功的案例，但成功的经验总是很难复制。比如在这里开渠灌田，结果漕运便利，亩产提高，而同样的办法换到那里，在几万人几年的辛苦过后，黄河突然改道了，结果工程废了，百姓苦了，政府也只能少收一点租子了。

如果可以选一本书送到汉朝的治水专家手里，我会选德国心理学家迪特里希·德尔纳的《失败的逻辑》。德尔纳用计算机模拟出一些复杂系统，让各个领域的精英人士去解决问题，看他们如何按下葫芦起了瓢。我们天生的那种单纯的因果思维实在应对不来复杂系统，必须跳出大脑的舒适区才好。

今天倒也流行着另一种应对复杂系统的方式，那就是"人和大自然和谐相处"的生存哲学，要我们对大自然怀抱敬畏心，不要总想着战天斗地。其实这种哲学在《沟洫志》里也出现过，当时黄河决口，堵不上，丞相给出的意见是："江河决口都是天意，不该以人力勉强去堵，否则就是和上天作对。"占卜专家们也站出来附和这种意见，所以真的就不堵了。丞相当然很乐意顺应天意，因为黄河向南决口，而丞相的田产都在黄河北岸。古代社会的那些统治者毕竟也是凡人，制定政策难免先从私心出发，只是老百姓经常想不起这个道理，一味地就政策理解政策，错发了许多议论。

大人物的策略往往和小人物相反，这就像今天的商业社会里，大公司的策略往往和小公司的相反。那么，小人物想要飞黄腾达，当然不能学大人物"顺应天意"，反而应当拿出宏伟的构想，尽可能把事情搞大。于是我们看到，当时汉朝正在和匈奴作战，有人给皇帝上书，提出了一个水战计划。

用水战打匈奴，听起来太荒诞，但人家的想法真的有理有据："黄河源出昆仑山，流经中国，注入渤海，这是西北高、东南低的地势造成的。我们可以根据资料，研究地形，开凿高山，让黄河流经匈奴的地盘注入大海，成为阻隔匈奴入侵的天然屏障。"

皇帝虽然很赞赏这个计划，但毕竟做不到。

除了耗不起人力物力，还有一个很现实的问题：匈奴那边的地形地貌是怎样的，《禹贡》没讲。

要治水，大家首先要找的是《禹贡》专家，但问题是，河道是会变的，尤其是黄河，经常改道，《禹贡》即便再详细、再完备，也架不住年深日久的变化。汉朝人倒也发现了这个问题，于是一种"合理"的想法就出现了：大禹一定是对的，我们只要把河道改回大禹当初规划的样子就好了，就算不能完全复原，但能复原一点肯定就好一点。

通经致用

（1）治理水患的儒学方法

　　假如我们并不怀有私心，只是一心想把国家治理好的话，那么，有什么既不必壅堵也不必疏导，既不征发一个民工也不花一分钱的治水良方吗？

　　办法当然是有的，而且很有汉朝人的风格。话说这一年黄河泛滥，灾害很严重，一位很有学问的大臣是这样建议的："黄河是中原地区的主干大河，圣王兴起的时候就有神龟浮出来呈献《河图》《洛书》，王道废绝的时候就缺水断流。现在河水泛滥，把小山都淹没了，灾异没有比这更大的。朝廷应该认真把政治搞好，等政治清明了，灾异自然就消失了。"

　　这就是汉朝最盛行的天人感应的观念，原先有着约束君权的意思，但真正用起来，有时候倒也能给皇帝省心。天人到底如何感应，我们可以借《窦娥冤》的逻辑来理解：六月飞雪、三年大旱，这都属于自然灾害，和黄河泛滥一样的性质，但人们应当怎样应对这样的灾害呢？挖运河引水也好，打井也好，那都是唯物主义的笨办法，不可能有效，因为那根本就没有找准症结，只是头痛医头、脚痛医脚。解决问题首先要找到病因，也就是查明窦娥的冤情，然后对症下药，也就是为窦娥平反，让真凶伏法。

我好像不该拿元朝的戏剧来解释汉朝的观念，但是，《窦娥冤》虽然是元朝的戏剧，故事原型真的是在汉朝，是《汉书》记载的一个"东海孝妇"的故事。如果用这种思路来看治水问题，耗费人力物力和黄河较劲当然找错了方向，不可能有好结果的。不过，就算真的要怪政府哪里没做好，受灾的又不是皇帝和大臣，而是黄河边的老百姓，这个逻辑不知道该怎么理顺呢？

其实也不难，只要把老百姓想成帝王的财产就可以了，老百姓受灾等于帝王的财产受损。

当然，帝王总是要对百姓尽一点责任的，虽然先放任黄河不管，但还是要派出使者安抚受灾群众，该赈济的都要赈济。

这倒不能全怪他们愚昧，实在是有很多活生生的、惊人的事例证明天人感应的正确性。

(2) 用《尚书》预测未来

话说在伏生的嫡系传人里，夏侯始昌开宗立派，名望很高，后来把一身本领传给远房侄儿夏侯胜，这一系就是《今文尚书》三大派系里的大夏侯系。论起学术水平，我们今天会觉得钱锺书、陈寅恪很了不起，但比起夏侯始昌，这两位只能算是腐儒，是"百无一用是书生"的那种反面教材。夏侯始昌不同，他的成名一战是通过对《尚书·洪范》的精深研究，准确预言了某处宫殿的火灾，时间精确到天，这是现代科技都做不到的。

夏侯始昌还很有高人风范，并没有把这门绝技秘藏起来，而是著书立说，写成一部《洪范五行传》，把《洪范》里的五行奥秘发扬光大。后来夏侯始昌死了，皇帝也换了，继位的昌邑王是个纨绔子弟，旺盛的荷尔蒙是他一切行为的唯一动力。霍光和张安世作为权力最大的两位元老大臣，实在看不惯新皇帝的任性妄为，密谋要把他废掉。

这一天昌邑王照例闲不住，要到宫外游玩，夏侯胜突然拦住了他的车驾，上前进谏说："最近久阴不雨，有大臣要对皇帝动歪心眼儿，您可不能出去！"昌邑王很有唯物主义精神，当下气急败坏，给夏侯胜冠上妖言惑众的罪名，交给有关部门严加处置。

霍光很快接到报告，当时怕是惊出一身冷汗吧，急忙去找张安世质问。是啊，废立皇帝这种事，天知地知你知我知，怎么可能有外人知道，必定是他漏了口风！

这当然是合理的怀疑，但张安世真的守口如瓶。究竟是怎么回事，必须审问夏侯胜才知道。夏侯胜不怕审问，堂堂正正地招供说："《洪范五行传》里讲过：'皇帝不像样，就会连续阴天，出现以下犯上的事。'只是当时我不方便说得太直白。"

这是何等高深的学术造诣！霍光和张安世大吃一惊，索性拉夏侯胜做同谋，一起废了昌邑王。夏侯胜凭借实力为自己挣来了高官厚禄，霍光他们从此也更加重视儒家学者了，《尚书》在人们心中的地位自然也更高了。

解读与辨伪

（1）五行的来历

请你尽情发挥想象力，想一想皇帝的所作所为究竟为什么能够影响气候。

让我们回到《洪范》。"洪范"的意思是"大法"，也就是治理国家的最高准则。当初周武王灭掉商朝，向商朝遗老箕子求教治国之道，箕子就讲出了上天传下来的九大准则，合称"洪范九畴"。第一项准则就是五行：水、火、木、金、土。原文其实很朴素，无非是归纳自然界五种物质的性状。今天我们当然看不起这样的知识，但对文明初期的古人来说，能搞懂这些道理，对生活还是很有益处的。

其实"五行"这个词原本是天文术语，指的是辰星、荧惑、岁星、太白、填（zhèn）星，这就是肉眼能够看到的五大行星，后来，人们用更简明的水、火、木、金、土来代称，这就是我们今天还在沿用的说法：水星、火星、木星、金星、土星。这五大行星加上太阳、月亮，合称"七政"，也叫"七曜"。今天，我们在日本的日历上看到的用日曜日表示星期天，月曜日表示星期一，然后是火曜日、水曜日等等，源头就在这里。

《洪范》用"五行"统称水、火、木、金、土五种物质分类，讲完之后，第二项准则叫作"五事"，也就是统治者的五项行为标准，分别是貌、言、视、听、思。如果这五项都做得好，那就分别达到肃、乂（yì）、哲、谋、圣，这些也无非是形容心态端正，观察细致，没有任何神秘感。不过，"五行"和"五事"为什么偏偏都是"五"呢，是不是有点什么深层含义？

等看到第八项准则，名叫"庶征"，意思是"各种征兆"。再往下看细则，就发现所谓"各种"，偏偏又是五种——雨、旸（yáng）、燠（yù）、寒、风，也就是阴晴风雨这些自然现象。

重要内容终于出现了：以上这些征兆又分成"休征"和"咎征"，也就是吉兆和凶兆。现在就要和前边的"五事"联系上了：如果君王做到了肃、乂（yì）、哲、谋、圣，那就会风调雨顺；如果做不到，那就会导致气候失常。具体来说，君王狂妄，就会一直下雨；君王犯错，就会干旱；君王贪图安逸，就会炎热不消；诸如此类。

关联也就到此为止了，并不关五行什么事。但只要深读、细读，就真的会感到"五"是一个很重要的数字，否则的话，天上为什么偏偏是五大行星呢，地上为什么偏偏是五种物质呢？所以，五行一定是宇宙奥妙的核心！这当然是科研工作最好的突破口，《洪范五行传》就是这么产生的。我们回顾一下夏侯胜对政变的预测，他的推理虽然超出了《洪范》文本，但显然算得上与之一脉相承。

但是，《尚书》毕竟是一部很难读通的书，这些神秘兮兮的汉朝专家会不会误解了呢？到了宋朝，真的有人出来质疑了，他是一个大家都很熟悉的人。

（2）咬文嚼字有深意

我们先看几句《洪范》关于坏兆头的原文：

曰狂，恒雨若；曰僭，恒旸若；曰豫，恒燠若……

这几句的意思，就是我刚刚讲过的"君王狂妄，就会一直下雨；君王犯错，就会干旱；君王贪图安逸，就会炎热不消……"。但是，咬文嚼字一下，原文里边多次出现的"若"字到底是什么意思？

汉朝人一般把"若"解释为"顺"。时光荏苒，让我们转换到王安石变法的时代。

变法是一件冒天下之大不韪的事，所以统一思想的工作势在必行。王安石很清楚，不好好学的就别想考进公职系统吃皇粮。于是，王安石和儿子王雱（páng）一起，从儒家经典中选取《尚书》《诗经》《周礼》三部，重新解读，作为科举考试的标准教材，这就有了北宋著名的"三经义"，独领风骚六十年。

今天的历史书常说明清科举用朱熹理论钳制思想，其实，钳制思想这种事是一以贯之的传统，是价值一元化的年代必然要做的事。多元价值观是多元社会形态的产物，要先有多元化的社会形态，才会有多元化价值观，才会提倡宽容精神。

话说回来，除了"三经义"，王安石还专门写了一篇《洪范传》，纠正汉朝人的误读。"若"到底该怎么理解，王安石的解释是"如"。

你一定觉得不耐烦：抠字眼有多大意思呢？

但是，就这一字之差，全文的意思都跟着变了，变成了"君王狂妄，就像一直下雨；君王犯错，就像发生干旱；君王贪图安逸，就像炎热不消……"。

这种解释意味着什么呢？很简单，意味着"天变不足畏"。不管各地报上来什么灾异，那都是自然现象，不是改革造成的，你们这些反对派别总拿灾异说事！就算山崩地裂，就算天塌地陷，我们也要把改革进行到底！

今天我们终于可以置身事外，平心静气地看看到底谁的解释才对，才是文本上正确的。但遗憾的是，真的没法判断。

连王国维都说他读《尚书》有一半读不懂，我们也就别对自己太苛求了。不过，《尚书》带给古人的最大困扰倒还不是文字古奥，而是版本可疑，怕是掺了假。

(3) 阎若璩的辨伪

说起造假这个话题，今天每个人都不陌生，大概也骂过不少句"人心不古"之类的话。倒不是说不应该骂，只不过"人心不古"这句话肯定骂错了。

前边我简要交代过《尚书》版本的流传和演变，古人自然也会怀疑它的来历。宋代以后，怀疑的声音越来越大，到了清代，那是考据大师们的天下，阎若璩积数十年之功写出一部《尚书古文疏证》，证明梅赜当年献出来的那部《尚书》里多出来的那二十几篇纯属伪造。

世界沸腾了。受伤很深的学术大师奋笔疾书，质疑阎若璩的考证。阎若璩见招拆招。

这场面真使人尴尬，甚至愤怒。我们草草看一下被阎若璩考证出来的伪造品：《大禹谟》讲过"人心惟危，道心惟微，惟精惟一，允执厥中"，这十六个字是程朱理学的根基，被尊奉为圣人的"十六字心传"，还是名誉很好的东林党人的道德信条。

我们只看这一个例子,就能想象当时的轩然大波了。

事情到了这一步,学术问题就不再只是学术问题了。官方怎么表态,科举还考不考《尚书》,或者要不要把作伪的篇章删掉……真是烫手的山芋啊,好像怎么处理都不够妥当。有人义愤填膺,上书乾隆皇帝,建议把《尚书》中的伪作剔除,科举考试不能再用伪书。

根据龚自珍的记载,当时身为翰林学士、帝王讲师的庄存与听说了这个消息,坐立不安,终于自言自语地说出来一句很有深意的话:"辨别古籍的真伪,这是小事情嘛。"

是的,小事情而已,那么,什么才是大事情呢?

庄存与的话是很明智的;不管真经伪经,只要内容好就行。何况真的一删《尚书》,多少人在感情上禁受不起啊。

庄存与还举了几个例子,全是当时读书人耳熟能详的至理名言。是的,看看《尚书》里被证伪的篇目吧:如果把《大禹谟》删掉,"人心惟危,道心惟微,惟精惟一,允执厥中"这四句话也就没了;"与其杀不辜,宁失不经",这是多么经典的仁政名言,也没了;如果把《太甲》删掉,"慎乃俭德,惟怀永图"也就没了;把《仲虺(huǐ)之诰》删掉,"能自得师者王,谓人莫己若者亡"也就没了……这些都是百代不移、字字珠玑的至理名言啊!

庄存与思前想后,越想越想不通,终于写了一部《尚书既见》表达意见。事件结果是很有些戏剧性的:这部《尚书既见》在学术圈不太受人待见,但《尚书》伪篇的官学地位真就这么被保住了。

《尚书》的真伪之争一直没尘埃落定,直到前些年,又有学者挑战阎若璩的结论,为《古文尚书》辩冤。有些考证很精当,反驳很有力,反正我看过之后真的有点动摇了。就在这个时候,戏剧性的一幕又发生了:清华大学在2008年收藏了一批战国竹简,其中竟然发现了《尚书》中的几篇,这份材料给阎若璩的结论做了很好的背书。

※ 第六章

《仪礼》《礼记》

为什么要讲礼

（1）不谈仁义，先学切瓜

儒家最烦琐的学问是礼学。这是礼貌的"礼"，不是道理的"理"。

礼学经典一共三部：《仪礼》《礼记》《周礼》，合称"三礼"。但它们并不像看上去那么相似，所以本节只谈《仪礼》和《礼记》，《周礼》留给下一章。

在全部儒家学术里，礼学最称得上博大精深，也最容易让人心焦毛躁。请你设想这样一个场景：公司开大会，会间休息，董事长、分公司经理和你的部门主任都想吃瓜，秘书马大姐听说你很懂礼，就把任务派给了你。你要给这三位领导切瓜端上去，问题来了：怎么切才不失礼，是要切成一模一样的，还是给每个人用不同的切法？

这是一个很严肃的问题，因为事情虽小，却很能够体现礼学的宗旨。

标准答案可以在《礼记》里找到，是这么说的：为天子切瓜，削皮后要切成四瓣，再从中间横断，用细葛布盖着呈上去；为诸侯国的国君切瓜，削皮后把瓜切成两半，再从中间横断，用粗葛布盖着呈上去；给大夫只削皮就够了。士和庶人自己削瓜，削皮后直接咬着吃。

这种学问当然不像阴阳五行和算卦解卦那么高深，任何人都可以一学就会，但真正的难题是，仅仅一个切瓜的动作都要这么讲究，那么穿衣吃饭、起居坐卧、待人接物，我们的工作和生活里有无数的细节，都这么讲究起来，要多少年才能学完？孔子当年就遭到过这种批评，但是，如果仅仅从收益角度来看，教授礼学可以多收几年学费。如果站在学生的角度，其实更没理由抱怨，因为这套学问对就业帮助最大。

这真是一个很实际的问题，比如孔子时代一个普通家庭的孩子，学《尚书》《春秋》就像学屠龙术一样，听上去高大上，却没什么用武之地，但是，礼学的用场就太多了——大到国家典礼，小到婚丧嫁娶，进可以从政，退也可以做个管家。今天婚庆公司的司仪、殡仪馆的主持人，本质上都是儒家的后人，如果贡祖师爷的话，要贡孔子。孔子门下"三千弟子"，怎么可能都是理想主义者和治国精英呢？其中不乏就是想学一门谋生手艺的人。

（2）周公制礼的传说和内涵

孔子本人当然没有那么庸俗。作为一名不折不扣的理想主义者，他推行如此烦琐的礼学，一定有着深刻得多的用意，至少是在向他的偶像周公致敬。

在儒家系统里流传着"周公制礼"的说法。当年武王伐纣，改朝换代，但就在这个最要紧的当口，周武王英年早逝，留下一个年幼的儿子和一群年长的弟弟。周公是周武王所有弟弟中最出色也最忠诚的一个，在那个主少国疑的时候辅佐少主周成王，灭掉那些不听话的弟弟，百忙之中还要制礼作乐，也就是用礼和乐给天下定规则，奠定了周朝几百年的基业。

严格说来，乐也是礼的一种。那时候的音乐和今天的完全不同，纯属公共活动，一个人戴着耳机听歌是不算的。今天的演唱会也不能算——它虽然是公共活动，但歌迷们狂呼乱叫，甚至冲出护栏和歌星拥抱，太放纵了，比礼崩乐坏还坏。儒家礼乐是要人节制的，大家随着慢条斯理的音乐，按照尊卑长幼的次序，举止优雅地完成一个公共仪式。如果仪式上偏巧有瓜的话，那么我们刚刚掌握的切瓜技法就会派上用场。

(3) 礼可以让人各安其位

这就是礼的核心意义，用《礼记》原文来说，就是"定亲疏、决嫌疑、别同异、明是非"。所谓"定亲疏"，就是确定血缘关系的远近，这是宗法社会里很要紧的事情。我在前面讲过，宗法社会里，家法就是国法，齐家才能治国，如果血缘关系的远近你没搞清，在祝寿礼金上对大伯和表舅一视同仁，那就天下大乱了。今天我们会觉得大家都是亲戚，不小心搞错一点可以被原谅，但那个时候，政治关系就依附在亲戚关系上，你犯的错误是会上升到政治高度的。

所谓"决嫌疑"，也属于头等大事。如果你有两个儿子，你对他们一视同仁，不论给他们买什么东西都是一式两份——这是今天的父母经常会做的，但换到宗法社会，这就一定会生出"嫌疑"，因为别人就看不出你这两个儿子谁的地位更高、谁才是你的继承人，你家老二也会用平等的眼光来看哥哥。等将来真的发生继承问题的时候，就会你争我斗，不可开交。这种事情在春秋时代经常发生，是"礼崩乐坏"的典型表现，所以孔子才要恢复礼制，让每个人都能在繁文缛节的约束里各安其位。

这种约束应当是在潜移默化中发生的，比如今天我们会看到有些重男轻女的地方，女孩子虽然都结婚生子了，但还是觉得自己赚到的钱要拿出很大一部分来供养弟弟，也会真诚地相信，家里的房子和地将来都是弟弟的，没有自己的份。这就是家里和当地环境一以贯之的重男轻女的表现，使这些女孩子从小就接受了自己低人一等的角色。凡是敢和弟弟争遗产的，都是不安分的女人，没搞清自己的位置，要受千夫所指，万人唾骂。

　　一个稳定的社会，需要所有人各安其位，谁也别做非分之想。所以"一切皆有可能"这种广告语是最反动的，孔子会给它加上一个限定语："在礼制给你规定好的角色里，一切皆有可能。"这就像对一只笼中鸟说："在这个笼子里，随便你怎么展翅高飞。"

礼仪之邦的本质

（1）怀乡恋土为什么

你也许会觉得人生的可能性被礼制剥夺了太多，那么，在历史上，为什么还有那么多人前赴后继地追捧礼制呢？为什么即便仅仅从个人发展的角度，他们也觉得礼制社会是好的？

要解答这个问题，必须先从心理因素说起。

人天生是需要安全感的，而稳定感和安全感高度相关。乡土情结其实就是一种体现：当常年在外奔波的你回到家乡时，心头总会涌起一股暖流，那是因为又看到了熟悉的环境、熟悉的人、从小就熟悉的一切，哪怕这就是一座脏乱差的恶人谷，但你就是在这里长大的，对别人无法忍受的各种事物早就习以为常了，一切又回到你习惯的轨道了，那种感觉真是由里到外地妥帖。当然，除非你从小在家乡遭受虐待，比如《阿甘正传》的女主角珍妮，那就另当别论了。

虽然我们总是把乡土情结拔高到道德高度，但这种感情的来历其实一点都不高尚，只不过来自对安全、稳定的天然渴求罢了。同样的道理，我们在考虑就业问题的时候，也会看重稳定性。哪怕待遇不高，但只要是铁饭碗，总会有万人争抢。如果铁饭碗配上高收入，那种地方就很容易出现世袭制，父母会绕过各种制度障碍把子女安插进去。而那些在自由市场里打拼的人，要么天赋异禀，要么只是在无可奈何之下背水一战。比如战国时代的名人苏秦，全凭个人奋斗，屡败屡战，终于身佩六国相印，风光不可一世，但他的心里话是："假如当年在老家有二顷良田，我也就不会出来打拼了。"

(2) 自由是奢侈的

　　人对稳定性总是有着天然的依恋，甚至做奴隶也是如此。在美国大萧条的年景里，罗斯福总统为了扩大就业，搞了很多政府项目，包括让文化工作者对当年做过黑奴的老人做访谈记录。一些记录结集成书，书名叫作《当我还是一名奴隶》(*When I Was a Slave*)，这本书还没有中译本，感兴趣的同学可以在购书网站上买到。书中结集的口述里反映出一些很耐人寻味的东西：确实有很多黑奴受尽虐待，渴望自由，但也有些人很怀念在南方农场为奴的日子——那些性情宽厚的奴隶主对他们来说就像家人，他们被解放之后，面对未来的无限可能性，反而感到一种无所适从的恐慌，渴望回到"家人"身边。

　　我们在清朝的历史里会看到更甚的场面：做奴才是比做大臣更荣耀、更欣慰的事情——皇帝拿你当奴才，就是拿你当家人。

　　自由是奢侈的，它意味着无限的可能性，意味着你要为自己的一切选择负上全部责任，倒霉的时候没法责怪任何人。有几个人愿意这样呢？

　　回顾计划经济时代，每个人的生老病死都有政府统一规划，未来具有高度的确定性，什么都不用担心。人的安全感就这样得到了最大满足，很多老人直到今天，即便生活富足多了，还是念念不忘那段日子。

同样的道理，一个礼制的社会可以给人们提供高度的稳定性。伴随着宗法关系里的温情脉脉，一切都是那样按部就班，无论你处在哪个位阶上，都不会眼红其他任何人。你不必孤身奋斗，也不必多赚钱以免老无所依，宗法大集体自然会关照你的生老病死。你要警惕的，以及你周围所有人都要警惕的，就是防微杜渐，严厉制裁那些僭越的人。

（3）瓜没切对意味着什么

的确，这是一种很需要严防死守的社会秩序，一旦有人越了位却没受到相应的制裁，就会有很多人有样学样，那就礼崩乐坏了，社会就乱了。

所以，切瓜真的不是小事。如果你自己吃瓜也要先削皮再切成四瓣，然后还要丧心病狂地从中间横切一刀，天哪，你置天子于何地，置整个宗法社会于何地？你没看到你的老父亲正苦着一张老脸，切都没切就吃掉了一个瓜吗？你这个不孝子置他老人家于何地啊？！

什么！你还不服气？

你还拿出一张细葛布把没吃完的瓜盖上？！

完了，这个社会真的完了！

严肃地说，你用天子礼仪吃掉了一个瓜，这等于挑战了一个礼仪之邦的核心伦理。如果旁边竟然没人制止你，那就说明维系这个宗法社会的纽带已经松弛了。

只要一个小小的局部松弛了，整体的垮掉也就只是时间问题了。这就是孔子时代的社会，这就是孔子心中最大的忧虑。

为什么说中国是一个礼仪之邦？因为礼仪曾经真是维系全社会的纽带，是把国家凝聚成国家的东西。

中介与防线

(1) 以礼自防

礼失求诸野，如果我们想看一看传统礼制的遗存，不妨看看日本。

日本社会里有一个奇怪的现象：各类中介特别多，不仅相亲要靠中介，就连企业解雇员工之类的事也需要，总之，各种需要交涉的事务，明明当事人面对面办起来最简便，却偏偏要走迂回路线，委托中介代理，这倒是为什么呢？

道理很容易理解：当事人直接交涉的话，想拒绝的一方不好开口，被拒绝的一方也会感到坐立不安，如果有个中间人，尴尬也就不容易发生了。中间人在这里就有了礼仪上的意义，这就是礼仪的第二种功效：维护面子。

我在前面讲过，周代的宗法社会是一种贵族社会，贵族远比平民在意面子，外交语言要用到《诗经》就是一个典型的例子。用礼仪维护面子，甚至维护利益和人身安危，这就是所谓"以礼自防"。

"以礼自防"的反面就是"慢藏诲盗，冶容诲淫"，这是《周易》里的话，意思是说，你把大把钞票随便塞在外衣兜里，还露出一大截，这等于招呼贼人来偷你；你打扮得花枝招展，举止还很轻浮，这等于招呼克制力低的人来骚扰你。

　　这种老观念在今天很招人骂。现代女性崇尚的价值观是"我可以骚,你不能扰",但男人就会陷入困惑,不知道该怎么正确判断女人发出的暗示。

　　我并不想评判是非对错,只是想说,不同的行为模式会产生不同的效果。一个女人哪怕再漂亮,素颜的形象再妩媚,如果天天穿着中山装,扣紧风纪扣,随时正襟危坐,不苟言笑,不怒自威,这就足以把大多数血气方刚的男性挡在安全距离之外,在大概率上保障了自己不会被人轻易冒犯。

　　这当然是很极端的例子,我们也可以看一点现实场景。

　　只要留意一下日剧就可以发现,日本的人际交往格外注意距离感,哪怕关系已经很近了,但见面还是会点头哈腰,说话还是会使用敬语,音量总要克制在中等程度以下,行走坐卧总要保持得体的仪态,很少有拍着肩膀大呼小叫、称兄道弟的时候。不论是谁,好像都有一种矜持,都在存心和别人保持距离。这正是"以礼自防"的一种体现,拉开的距离正是设下的防区。正因为有了这个防区,别人就不会对你过于亲昵,自然也就不容易冒犯到你,你抗拒别人的冒犯也会更容易些。

(2) 礼仪之邦不鼓励平易近人

　　在亲昵关系里,分寸感是最容易丧失的,比如夫妻之间。

　　每个人都知道张敞画眉的故事,但一般不会从礼仪的角度理解这个故事的含义。张敞就任京畿地区的大官,学问大,能力强,大家都很佩服他,但有关部门似乎没事找事,向皇帝检举他缺乏威仪,说他不但亲自给妻子画眉,还画得特别妖娆!皇帝责问张敞,张敞的辩护词是:

"我听说夫妻之间的亲昵还有比画眉更过分的。"

我们以今天的眼光来看，会毫无保留地站在张敞一边。本来公事归公事，私事归私事，人家夫妻之间的私生活，外人凭什么议论，更有什么必要拿到朝堂上讨论？

但是，既然当时的有关部门能拿这件事上报，既然皇帝能拿这件事问责，就说明这件事在当时真的是个问题。

事情的结局是，皇帝爱惜张敞的才干，倒也没拿他怎么样，但一直也没有更加重用他。道理就在于，在那样一个社会里，男尊女卑、夫为妻纲是基本的纲常伦理。画眉是女人自己的事，最多只是丫鬟的事，但丈夫亲手为妻子画眉，这就是尊卑颠倒，伦常败坏。夫妻感情好倒没什么，可以举案齐眉嘛，那才是夫妻关系的佳话。

再者，士大夫的仪容举止是被高度重视的，就算你张敞偏要给妻子画眉，本本分分地画成蜡笔小新那样也好嘛！再退一步说，就算非要往妖娆里画，那就关紧门窗摸着黑画，别让旁人看到！否则你的威仪就要受损，你的"以礼自防"的防线就在不知不觉中收缩，还给社会树立了一个坏榜样。要知道，"平易近人"的形象可不是礼仪之邦想鼓励的，因为它意味着轻浮、不自重。

今天我们生活在一个平民化的世界里，天然认为官员都是公仆，都不是高高在上的，越亲民的领导越受欢迎。但古代社会不是这种结构，所以古人也就不是这种逻辑。这些内容现在就不细讲了，我以后会讲贾谊的《新书》，其中分析"阶级"，会把这种逻辑讲透。是的，"阶级"不是一个新词，而是汉朝就有的古语。

(3)"床上夫妻，床下君子"

话说回来，礼仪之邦里的夫妻应该如何相处，"张敞画眉"是反面教材，我刚刚提到的"举案齐眉"才是优秀楷模。

这是东汉年间的事情，梁鸿、孟光夫妻都是"好德不好色"的人，梁鸿虽然学问很好，但不去做官，寄住在一个大户人家的边角小房间里，靠给人家舂米讨生活。每次等到开饭的时候，妻子孟光就把饭食放在几案上，恭恭敬敬地举到眉毛的高度端给丈夫。这种夫妻关系，没有一点卿卿我我的亲昵，只有相敬如宾的崇高。

"相敬如宾"这个词直到三十年前还常常被人拿来形容良好的夫妻关系，今天的小情侣们会觉得匪夷所思。在礼仪之邦，夫妻当然也可以亲密，但亲密关系该怎么和"相敬如宾"共存呢？民国年间有一部通俗小说叫《唐祝文周四杰传》，描写明朝四大才子的风流韵事，"唐伯虎点秋香"就是其中著名的段落。按说以这部书让人脸红心跳的基调，不太可能出现什么"相敬如宾"的事情，但是，书里偏偏就有这样一幕：某才子和某佳人行完好事，已是天光大亮，两人下得床来，穿戴整齐，才子又要毛手毛脚，佳人却板起脸推开了他，掷地有声地说了八个字："床上夫妻，床下君子。"

今天我们在日剧里还常常能够看到这种风采的遗风余韵，在身边却很少看到了。如果我们身边真的有这样的夫妻，旁人只会觉得怪异，窃窃地议论几句："装什么装！"

从人际关系的角度来看，"装"和"不装"各有利弊。"不装"不用耗费克制力，轻松自然，但很难保持稳定持久的关系；"装"需要耗费很大的克制力，除非从小就养成这样的习惯。"装"最显著的优势有两个，一是增加自己的性魅力，二是很容易维系一种长久而稳定的关系。

简单来说，一个很会"装"的女人更容易激发男人的保护欲和征服欲，所以其他女人从本能上就会对她产生敌意，进而就会把"装"这种表现抽象出来加以攻击。而这个女人嫁为人妻后，如果她还能继续用相敬如宾的方式来"装"的话，性吸引力会衰退得更慢，家庭冲突也会更少。我们可以在日本传统里看到很极端的例子：妻子和丈夫虽然在亲昵的时候同床，但睡觉时一定分床，在亲密关系里刻意保持一些生分。

（4）考试、应聘都是"非礼"？

我们回到宗法社会，就会发现这种相处模式尤其重要。

《诗经》有一篇《思齐（zhāi）》，是讲大圣人周文王修身、齐家、治国的榜样，其中有一句"刑于寡妻，至于兄弟，以御于家邦"，依照东汉大学者郑玄的解释，这就是说周文王以礼对待妻子，及于兄弟和族人，国家就这样治理好了。

这就是修身、齐家、治国、平天下的逻辑顺序。

礼虽然烦琐，但一个人就应当生活在礼的世界里，不越雷池一步。这就是孔子所谓的"非礼勿视，非礼勿听，非礼勿言，非礼勿动"，总之，一切不合礼的事情都别碰。

这话貌似太夸张，但我们必须知道一个背景：当时礼就是法，所以非礼就等于违法。如果很多人违法却受不到制裁，社会当然会越来越乱，法律也就形同虚设了，这其实就是"礼崩乐坏"。

今天，我们觉得违法要不得，但非礼只是小事情。但在古代，即便到了秦汉以后，宗法解体，法律超越了礼制，但人们还是很在意一件事是否"非礼"。今天我们考试、应聘，这都属于"非礼"，但竟然没人感到羞愧，真是世风不古啊！

有人非礼啦!

(1) 毛遂自荐和三顾茅庐

考试和应聘都是"非礼"的,但是,科举考试从隋朝一直到清朝,那不也是考试加应聘吗,怎么就"非礼"了?

今天的历史书谈到科举,总是清一色的正面评价,但从正统礼制的角度来看,科举制的创设实在是一场败坏世道人心的灾难。所以,虽然科举制一直沿用下来,但批评的声音也从来没有断过。

读书人参加科举考试,这是一种毛遂自荐式的行为,而毛遂自荐虽然在今天是一个褒义词,但古人只觉得这是非常时刻的权宜之计,平时可不该这么做。君子应该矜持,怎么可以自我推销呢?诸子百家游说列国,那是礼崩乐坏的年代,就算在那个时候,也要先有列国延请,还要通过中间人介绍。看看周文王请姜太公,刘备三顾茅庐,这才是人间正道。如果周文王就是不来请,刘备就是不来三顾,姜太公和诸葛亮也不能厚着脸皮找上门说:"我真的很能干,您就给我一个机会吧!要不,您出题考考我?"

如果真的这样,我们就可以说,周文王和刘备被"非礼"了。

但是,姜太公和诸葛亮难道就应该被埋没一辈子吗?

还真就是这样。用孔子的话说,"用之则行,舍之则藏",有人用我,我就出来做事,否则我就踏实过自己的小日子,不抱怨,这就是成语"用舍行藏"的出处。就像少男少女,虽然会有很强烈的异性相吸的感觉,但也不该自由恋爱,必须要等"父母之命,媒妁之言",否则就会被人轻贱。这个类比是孟子讲的,他的下文是:"古人不是不愿意做官,但必须通过合乎礼义的途径,否则岂不是和自由恋爱一样了?!"

自由恋爱之所以可耻,因为它是自轻自贱、没有以礼自防的表现,一个人就这么轻易地向动物性的欲望屈服了。倒也不是说"父母之命,媒妁之言"就一定是好的,比如今天的电视栏目《非诚勿扰》,虽然嘉宾来自婚介网,主持人算是中间人,但谈婚论嫁的男男女女竟然抛头露面,向对方和全国电视观众推荐自己,真让人情何以堪,逼得正人君子只有"非礼勿视"了。

今天我们从民国题材的电视剧里看自由恋爱,难免会产生一种误解,认为老派人之所以反对自由恋爱,只因为不放心自家儿女的眼力——这当然也是一个很现实的考虑,但从更本质的层面来看,"非礼"才是重点。

(2) 非礼与野合

"礼"的反面是"野",所以,自由恋爱在古代叫作"野合"。

今天我们已经不再是礼仪之邦了,所以人们会从字面上来理解这个词。

《史记》说孔子就是野合的产儿。如果我们实在按捺不住低级趣味,还想知道一点孔子父母野合的细节,那么我们不会失望,因为古代的注释家已经给出了答案:"所谓野合,倒不是说孔子是爱情或激情的结晶,只是说他父母在结婚的时候年龄差距太大，老夫少妻，这也属于一种'非礼'的情况，所以才叫野合。"(《史记索隐》《史记正义》)

到底谁说得对，我们已经不得而知了。

话说回来，一个有廉耻的人不可以自由恋爱，那么依据同样的道理，一个有廉耻的人也不可以自我推销。积极上进只应该表现在对"道"的追求上，否则就是不好的，因为这种人往往自我实现的欲望太高，名利心太重，会为了达到目的而妥协。《庄子》把这个道理讲得最极端，说一个好的统治者一定是自己寻死觅活不想干但大家死缠烂打硬架着他干的那种人。

汉朝很照顾君子的矜持，选拔人才用察举制：地方官要去发现人才，推荐给中央政府。但隋唐以来的科举制就不同了，是政府设了一个标杆，想当官的人必须自己去爬，爬得上这根标杆才有官做。这样一来，各种丑态就浮现了，就好像青年男女自己给自己做媒一样，穷形尽相地展现自己的各种优点。

这就叫"自媒"，是可耻的。

(3) 自媒和科举

讲到这里我不免有点心虚，因为我也算"自媒体人"。"自媒体"把"自媒"发展到了一个新高度，还在名目上就把"自媒"这么丑的事标榜出来，简直是把道德沦丧、斯文扫地做到了极致。如果说还有什么可以拿来自我安慰一下的话，那么，《礼记》给出的一项原则我还真的守住了，这就是"礼闻来学，不闻往教"，意思是说，如果你要学礼，必须屈尊到老师那里学，不能把老师请过来教你。

这倒是一个很现实的考虑，因为老师一旦被请进家门，由着学生主场作战，师道尊严往往很难保住，相应地也会影响学习效果。所以要"来学"，不要"往教"，实质上是老师用一种仪式感来"以礼自防"，不想丢面子。

科举正是一种相反的仪式，维护的是皇帝的面子，让知识分子小则放弃矜持，大则尊严扫地。那些真正有气节的人当然羞于应考，没脸没皮的家伙却蜂拥而至。用经济学的概念来说，这就是一种劣币驱逐良币的逆淘汰机制，久而久之，官府里还能剩下几个正人君子呢？

很要脸的人其实也无所谓，不做官而已嘛，最难受的是那些既放不下脸面又有很强的政治抱负，偏偏家里穷，脱贫的唯一机会就是考试做官的人。晚唐诗人李商隐就是这样的一个典型人物，一辈子都在考和不考之间纠结。

更错位的是科举的制度和科举的内容。制度上鼓励大家"自媒"，削尖脑袋往官场里钻，但考试内容偏偏是传统儒家经典，尤其是礼学，总在教人做矜持的君子，教人不要做"自媒"那种无耻勾当。

礼下庶人：国家立法让穷人讲礼

(1)"知行合一"因何而来

如果换成你，你会调整到怎样的心态来参加科举呢？

我们用今天的心理学知识来看，这样一种错位会导致认知失调，我们的心态会自觉不自觉地做出调节，总要达到认知一致才算妥帖，谁也无法长期忍受一种近乎精神分裂的状态。

最好用的方法就是儒家的"经、权"理论："经"就是原则性，"权"就是灵活性，我们既要有原则性，但也要懂得变通，所以，虽然经典上教育我们不能"自媒"，但为了更高的追求，为了在做官之后实现更大的善，变通一下又有何不可？

调整心态，总比改变现实来得容易。用今天很流行的鸡汤语言来说，如果你改变不了世界，那就改变自己的心态。那么最有效的改变是这样的：管他经典怎么说，考试考什么我就学什么，我就是要考试做官，学习只是手段，不是目的。

这样一来，经典中的内容就不再是神圣的真理，而是纸面上的死知识，你大可以不喜欢它，不尊敬它，不相信它，它只是你通往光辉彼岸的桥梁，过了河当然可以拆桥，念完经当然可以打和尚，卸了磨当然可以杀驴，否则就是食古不化，就是愚蠢。

当全社会弥漫着这种心态时，那些死心眼的人当然看不惯，觉得这些"聪明人"怎么全都说一套、做一套呢？王阳明提倡的"知行合一"就是为此而发的。如果我们只看他的学术逻辑，会觉得这个命题无论如何都没法自圆其说，甚至近乎荒唐。王阳明确实很不具备现代学术所要求的那种逻辑能力，他那么讲，只是想改变那种心口不一的社会现象。从这个角度来看，他是一个有笃行之力的社会活动家，而不是一个逻辑周详的学问家。今天受过高等教育的人，明里暗里接受的逻辑训练远远强过古人，所以理解王阳明才会格外困难。我们只有设身处地，再换上古人的思维方式，才能搞清楚他到底要说什么、做什么。

（2）古礼和现实的脱节

今天提起王阳明，我们首先说他是阳明心学的开创者，是一位思想家，但在当时的正统社会里，王阳明的学术声誉完全来自礼学。他的家乡余姚是当时礼学传统最浓厚的地区，这其实有点另类，因为礼学的三大经典——《仪礼》《礼记》《周礼》——晦涩难懂，考科举的人更愿意到"四书"里选简单的科目。我们今天能读"三礼"，清朝的考据学家功不可没，正是他们扫清了很多难点。明朝人没这个条件，礼学素养差，所以当嘉靖皇帝从旁支继位，该怎么称呼自己的亲生父母就成为一个艰深的礼学难题，大小官员们翻来覆去扯不清楚，这就是明史上著名的"大礼议"事件。

你也许会觉得蹊跷：礼学传承了这么多年，怎么就晦涩难懂了呢？这就是我接下来要谈的话题：礼学确实变得越来越难，因为书本内容没变，社会却一直在变，穿衣吃饭的各种细节，各种器物的名称，越到后来就越让人感到陌生。

早在唐朝，连韩愈这样有学问的人都感叹《仪礼》难读，不但难读，更糟糕的是，就算搞懂了，也没有用武之地。

我们要知道，儒家学术，既有"洪范九畴"这种高大上的、纲领性的，也有礼学这种接地气的、实操性的。切瓜的手法学会了，就当真要这样在仪式上切瓜。但问题是，一千年前的操作技法真的跟不上时代了。这就好像今天的汉服婚礼，也就是没人较真罢了，否则真要较真起来，就会发现有成百上千处细节根本没法复原，专家们还经常各说各话，彼此合不上拍。细节还不能小看，比如衣襟到底是左边搭右边，还是右边搭左边，貌似无所谓，但这点区别意味着"夷夏大防"，是区分华夏和夷狄的象征性标志，是生与死、荣与辱的界限，半点都错不得。

还有一种更要紧的错位：宗法社会早就解体了，当初"礼不下庶人"，但韩愈他们还能到哪里找贵族去？所以汉代以后，礼仪的一个重要发展方向就是"礼下庶人"，要把贵族那套东西普及到老百姓身上。

于是麻烦又来了，我们翻翻《仪礼》，会看到婚丧嫁娶条目繁多，耗时耗力，就算普通人家真能把这些细则全盘掌握，但也真的应付不来。所以，要想"礼下庶人"，就必须与时俱进。

（3）司马光和朱熹的与时俱进

政府虽然有了与时俱进的觉悟，但具体操办的人难免会有一种顾虑：如果自己把礼仪搞得太简化，批评意见一定会像潮水一样涌来，说这里不合古礼，那里过于草率，等等。要不，还是别太简化的好！

我们可以看看宋朝推行的《五礼新仪》，当时真把穷苦人家难为死了——如果按照新规范来婚丧嫁娶，根本置办不齐那些物件，最可气的是有些要在宅子台阶上完成的礼仪，谁上东边台阶，谁上西边台阶，谁先迈腿，谁后迈腿，先迈哪条腿，后迈哪条腿，半点都不能错，但穷人家的房子能有个门槛就不错了，哪来的台阶？！但是，不照办的话，不仅"非礼"，还要被当作违法来办，让人左右为难。

改革礼仪，必须由通达时务的大学者出面。司马光编写了一部与时俱进的《司马氏书仪》，虽然还是保留了很多古礼，但已经实用了很多，所以流传很广。但真正把这件事做好的是朱熹，他的《朱子家礼》从俗从简，是接地气的第一等典范。比如少年人的成人礼，如果按照《仪礼》的规定，要先用《周易》的筮法算出吉日，我之前讲《周易》的时候提到过，《周易》原本的算法早就失传了，而朱熹连蒙带猜修补完整的那套所谓古法，操作起来也不容易。《朱子家礼》索性大刀阔斧，说在正月里自己看情况选一天也就是了，不用给自己找太多麻烦。

人心向简，结果《朱子家礼》大行其道，成为真正的民间礼仪依据。

儒家学者之所以花大力气"礼下庶人"，还存着一种争地盘的用意。

如果儒家一直固守古礼，礼不下庶人，那么民间注定就是佛教和道教的天下，儒家的土壤就会消失。这确实是一个很紧迫的问题，我们只要想想今天，很多小城市和乡村里，只要一办葬礼，要么找和尚念经，要么找道士作法，要么和尚、道士一起上，甚至风水先生也掺和其中。对当年的儒家来说，时局有着显而易见的严峻感：地盘就这么大，我不守住，就会被你们夺走。

《朱子家礼》确实为儒家守住了不小的地盘，它的影响力直到今天还在：祠堂就是这部书的创制。

就说到这里吧，《礼记》还有一些内容留到讲《大学》《中庸》的时候再说，下一章会专门谈谈丧礼，这是礼学最要紧的项目，婚丧嫁娶都会谈到，还会谈谈"三礼"的最后一部：《周礼》。《周礼》是很另类的一部书，为历代改革家所钟爱。

※ 第七章

婚礼、丧礼和《周礼》

合格的婚礼要在黄昏静悄悄地举办

(1)"亮独观其大略"

儒家"四书五经",你已经了解了几部?

这个问题其实稍有一点复杂。今天提起儒家经典,大家都会脱口而出"四书五经",但这个名目并不很古老,是南宋的朱熹提出来的。儒家经典,最早统称"六经"或"六艺",分别是《诗》《书》《礼》《乐》《易》《春秋》。《乐》很可能是上古的曲谱,口传心授,没有书面记载——无论如何,它很早就失传了,于是"六经"就只剩下"五经"。汉武帝独尊儒术,置五经博士,这是当时政治斗争掀起的一大波澜。

这时候"五经"当中的《礼》单指《仪礼》,还没有《礼记》和《周礼》什么事。但礼学既然是儒家最烦琐也最接地气的学问,零零散散的笔记就传下来很多,西汉礼学家各自传抄,作为学习《仪礼》的参考资料,这就是各种版本的《礼记》。到了东汉末年,大学者郑玄选了《礼记》的一种版本,和《仪礼》《周礼》一起精心校对、注释,从此这三部书就合称"三礼"。

我们会在历史上看到,儒家经书有不断增加的趋势:《左传》《公羊传》《穀梁传》这三部书原本属于"传",附属于《春秋》,后来随着年深日久的修炼,华丽升级,都成"经"了,《春秋》被拆散在"三传"中,自己不再单算一经;除此之外,《礼记》和《周礼》也成"经"了;《论语》原本属于诸子书,但随着孔子的地位越来越高,《论语》也就毫无悬念地成"经"了;圣王以孝道治天下,所以必须升级一部《孝经》;唐朝又把一部字典一样的《尔雅》升级为经;宋朝再加一部《孟子》,"成经"的修行终于到此结束。我们掐指一算,一共十三部,这就是"十三经"。

今天最为大家熟悉的"四书五经"并不是另一套东西,只是掐手指的次序不一样。朱熹把《礼记》的两个篇目《大学》《中庸》拆分出来,和《论语》《孟子》一道合称"四书"。儒家经典太庞杂、太深奥,初学者很容易望而生畏,所以要听朱熹的话,依次从"四书"入门,循序渐进,渐入佳境。至于"五经",依旧是《诗》《书》《礼》《易》《春秋》,但这时候的《礼》和《春秋》都已经化一为三了。但南宋以后,"三礼"中只有《礼记》最受重视,"春秋三传"中只有《左传》最受重视。

至此,最难啃的"五经"就要被我们全部拿下了,虽然只是"观其大略",但我们可以用诸葛亮的读书经验来宽慰自己:当时徐庶那些小伙伴读书都"务于精熟",只有诸葛亮一个人"观其大略"而已,这是一种更高明的境界。

(2) 黄昏的婚礼静悄悄

儒家礼仪虽然千千万万,但可以归纳成吉、凶、宾、军、嘉五大门类。吉礼一般是祭祀一类的事情,比如北京有天坛、地坛、日坛、月坛,现在都是人民公园,以前是皇帝祭祀天、地、日、月的场所。老百姓如果胆敢祭天,形同谋反。

国家领导人在天安门阅兵,这在古代属于军礼;接见外国领导人,举行亲切友好的会谈，这属于宾礼。结婚属于嘉礼，嘉礼的适用范围比较广。今天很流行汉服婚礼，但如果我们真的把《仪礼》搬出来当准则，还真的操办出来的话，新郎、新娘肯定会被亲戚们笑话很久。

之前我重点讲过，"礼"有一条核心要素，就是"矜持"。显然我们今天熟悉的吹拉弹唱、放炮起哄式的婚礼完全走在矜持的反面，一副下里巴人的做派、小市民嘴脸。而在那个遥远的"礼不下庶人"的封建社会，婚礼是很有贵族腔调的。《仪礼》专门有一篇《士昏礼》，详细讲解婚礼流程。题目里的"昏"是"黄昏"的"昏"，这不是错别字，因为当时的婚礼就是在黄昏时分办的。至于女字旁的"婚"，按照《尔雅》的解释，是公爹对亲家公的称呼，女字旁的"姻"是亲家公对公爹的称呼，所以当两个家庭"约为婚姻"，从字面来看就是两个老伯约为亲家，"结婚"就是"结成亲家"。这很合理，因为婚姻是两个家庭的结合，而不是小两口自己的事。

不但这时候不能有音乐，而且一连三天都不能有音乐。想想看，新娘孤单单离开了家，到了一个陌生的地方，心里正不知道多想念父母呢。在这个时候不能用音乐刺激人家。

《礼记》还从阴阳理论给出过解释：结婚是阴性的，音乐是阳性的，这时候可不能用阳去破坏阴！

如果新郎是你的朋友，你衷心为他高兴，提着一箱金银财宝登门道喜，那么，这位新郎只要是一个懂礼的人，一定会带着一脸的幽怨把你拒之门外，还低声啜泣着说："结婚是传宗接代的严肃事情，传宗接代就意味着人事代谢、新老交替，所以啊，一想起父母马上就要升级成爷爷奶奶，我就止不住地伤感啊，哪还有心情接受道喜呢！你这个人啊，偏偏在人家伤心的时候来道喜，真是不近人情，不懂礼数！怪我交友不慎，怎么会有你这种朋友！"

这一番话说得掷地有声，直让你含羞带臊，冷汗湿透貂皮大衣，凌乱的眼神到处寻找地缝。从此你成为社交圈里的笑柄，再也不能抬头做人。

对于"非礼"的人，这是应得的下场！

但是，事情还有下文。你因为缺乏贵族情操，虽然知道自己理亏，但从此恨透了新郎一家，天天盼着他家倒霉。天可怜见，还真让你盼来了一个消息：新郎的岳父犯了大罪，株连九族的那种大罪。你不禁心花怒放，从槽牙缝里吐出一句："哼，就算株连不到他本人，至少也能让他丧偶！"

那么，他真的会丧偶吗？

藏在《周礼》里的伦理答案

(1) 毌（guàn）丘俭谋反案

如果某人的岳父犯下滔天大罪，他的妻子会不会受到株连？

我想讲一个历史上发生过的真实案例，那是在曹魏末年，司马师辅政的时候，毌丘俭谋反失败，理所当然地被杀掉了。谋反属于十恶不赦的大罪，整个家族都要受到株连。毌丘俭的儿子当然该杀，但问题是，儿媳该不该一起杀掉呢？

按照曹魏的法律，儿子和儿媳都要死，斩草就要除根。但这位儿媳荀氏有点背景，她的族兄荀顗（yǐ）是司马师的亲家。裙带关系起了作用，于是在一番运作之下，皇帝下诏，允许荀氏和丈夫离婚，离了婚就不是一家人，也就不用连坐了。

荀氏虽然躲过一死，但她有个女儿，名叫毌丘芝，当时不但嫁了人，而且怀着孕，也要被连坐处死。要想保住毌丘芝就不易了，简直找不到切入点，因为她姓毌丘，板上钉钉，和反贼是一家人。

母女情深，荀氏苦苦向法官求情，自己甘愿入宫做奴婢来赎女儿的性命。法官动了恻隐之心，于是打了一份报告，从法理的高度论述毌丘芝不该被株连——不仅毌丘芝，所有出嫁的女人都不该被这样株连。

这是一份很要紧的报告,所以《晋书·刑法志》全文照录。核心意思有这样几个:第一,女人的社会规范是"三从",也就是"在家从父,出嫁从夫,夫死从子",反正无论从谁,都处于从属地位,自己不能做自己的主;第二,女人出嫁之后,回家为父母奔丧要降低服制,这就表示她已经出嫁从夫了,算是夫家的人了;第三,退一步说,就算她还是娘家的人,那么娘家犯罪她要连坐,婆家犯罪她还要连坐,这也太欺负女人了吧?

(2) 五服制

"三从四德"是大家都熟悉的词,今天一般用来讽刺一个女人过于传统。"三从"在古代还要和另一个原则一同来理解,那就是"天无二日,民无二王"——无论哪一级领导,只能有一个。所以女孩子没出嫁的时候,父亲最大,等出了嫁,丈夫最大,等丈夫死了,儿子最大。父亲、丈夫和儿子不能同时最大。

现代婚姻关系里,男人经常要面对一个很刁钻的问题:妈妈和老婆同时落水,先救哪个。这个问题之所以刁钻,让人左右为难,就是因为现在礼崩乐坏了,全社会公认的标准答案已经没有了。如果换在古代,当然是先救妈妈。如果反过来问女人,答案就是先救丈夫。亲属关系里,最大的只能有一个,父亲和丈夫就是不能同等看待。

如何强化这种意识呢?那就要通过服制,也就是丧礼的规矩。

人死了,亲属要服丧。服丧有五种服制,统称"五服"。丧礼是儒家最重视的礼仪,推行起来简直不遗余力,所以直到今天,很多地方还能看到"五服"的遗存,只是没有古代那么严格了。"五服"这个词大家也不会陌生,今天说起谁和谁关系很远,就会说"出五服了"。

根据和死者亲缘关系的远近，服丧分成五个等级。划分标准是这样的：关系越近，丧服越破，服丧时间越长。从亲到疏，依次是斩衰（cuī）三年（实际一般是二十七个月）、齐衰（zīcuī）一年、大功九个月、小功五个月、缌（sī）麻三个月。逻辑很好理解：跟死者越亲，心里就越悲痛，所以穿的衣服就越破，哀悼的时间就越长。

女人如果没出嫁就死了父亲，那就要服斩衰三年，但如果出嫁之后死了父亲，服丧标准就降低了，变成齐衰一年，斩衰三年是要留给丈夫的。相应地，这个女人一嫁进来，就对婆家的亲属有了服丧义务，而对娘家人的服丧标准会发生递减。给什么关系的亲属服什么规格的丧，一定要弄得清清楚楚，半点都不能错。

今天在大城市生活的人很难体会这种痛苦：要在几十上百的亲戚中分清每个人在五服系统中的位置，七大姑八大姨哪个都不好惹，寻个纰漏就会骂你"不孝""没规矩"。

在送葬之类的日子，规矩就更细碎了，但核心仍然是五服制。头要埋多低，屁股要撅多高，哭要哭几声，捶胸顿足要捶几下、顿几下，林林总总，每个服制里的人要守自己服制里的标准。那种时候，谁也不会"原谅你这一生不羁放纵爱自由"。

服制最能给每个人在宗法关系里准确定位，要你明白你不是一个独立的人，而是一张庞大的宗法关系网里的一个节点。你之所以为你，不是你自己定义的，而是其他所有节点一起定义的；你的能动范围也不是你自己决定的，而是其他所有节点一起约束的。一个安定、稳固的社会就是这样构成的。

办完婚礼，入了洞房，算不算合法夫妻？

（1）女人要"变天"

如果一个女人的未婚夫死了，那么她该服哪种规格的丧呢？问题还可以更进一步：如果这个女人自杀殉未婚夫，那么，她到底算贞洁还是淫荡呢？

我想，你最有可能的答复会是，"服哪种规格的丧"，这个事怕不好讲，但"自杀殉未婚夫"，就算立不了贞节牌坊，难道还有淫荡的可能？！

是的，真有这种可能，这与服丧规格息息相关。

女人为未婚夫守节甚至殉死，这不是个案，而是明朝后半叶开始形成的风气，是明、清两代一个很醒目的社会现象，这些女人被称为贞女。卢苇菁写了一本《矢志不渝：明清时期的贞女现象》，我今天要讲的贞女内容就是从这本书里来的，但我会补充一些材料来讲，把重点放在礼仪问题上，从礼俗的流变解释贞与孝这一对矛盾的由来，我的分析会和卢教授有些不同。

从男人的天性上说，当然希望女人有矢志不渝的节操，男权社会又给了他们足够的控制力和话语权。女子守贞，这种最激烈的道德行为很让男人欣赏，于是文人热情地讴歌，朝廷认真地表彰。

当然，贞女的父母没心情享受这些荣誉，甚至就连未婚夫的家庭也只觉得有苦说不出。贞女殉死倒还简单些，而一旦到未婚夫家里守节，就要本着"不孝有三，无后为大"的道德，过继亲族的小孩子给死去的未婚夫延续香火——这种事情绝不单纯，因为它会涉及财产的继承和分配，夫家不知有多少人都在暗中咬牙切齿："谁动了我的奶酪？"所以在夫家看来，贞女纯属没事找事，为什么就不能好好地嫁到别人家呢，那一点也不违反道德啊！贞女的父母正在那边伤着心：这个不孝女，未婚夫又不是丈夫，你哪来的守节义务啊，你忘记对父母尽孝的义务了吗？

现在，我们来回忆一下前面谈到的五服关系：女人如果没出嫁就死了父亲，那就要服斩衰三年，但如果是出嫁之后死了父亲，服丧标准就降低了，变成齐衰一年，斩衰三年是要留给丈夫的。用《仪礼》的原话来说："父者，子之天也；夫者，妻之天也。"不论以父亲为天还是以丈夫为天，女人都不能同时头顶两个天，嫁人意味着"变天"。那么，在女人还没有正式嫁到夫家的时候，父亲当然是唯一的天，哪能把未婚夫这样一个外人当成自己的天呢？

但是，女人偏偏有自己的一套逻辑，而这套逻辑反而是我们更熟悉的。

（2）婚姻关系从哪天起才算正式成立

吴家的女儿许配给了黄家，没想到黄公子在游学途中死掉了。吴姑娘痛不欲生，在黄家守着灵柩哭了很久。父亲劝她回家，她的回答是："我已是黄家媳妇，我还能回到哪儿去呢？"几天之后，吴姑娘上吊自杀，年仅十七岁。

这是《矢志不渝》这本书的引言里引述的第一则史料,既触目惊心,又似曾相识。

之所以似曾相识,是因为吴姑娘的回答是明清小说里的一贯套路,甚至会出现在今天的古装剧里,让我们一直相信古代女孩子只要许配了人家,哪怕是娃娃亲,甚至指腹为婚,从订约的那一天起就有了从一而终的义务。

但是,不对啊,礼制规范里可不是这么说的!

我们还有必要回顾一下前面讲到的婚礼程序。现在请你想一个问题:从哪个时间起,新郎和新娘才算正式结婚?

标准答案会很让今天的人们吃惊:婚礼当天不算,入了洞房也不算。

婚礼当天,新娘还见不到公婆——这是第二天一早才有的安排。拜见公婆完毕,还不算正式结婚,要等到若干天之后(具体时间存在争议,有说五天的,有说三个月的),在家庙完成仪式,称为庙见,意味着列祖列宗认可这个新媳妇了,婚姻这才正式成立。

我们可以参考东汉的一桩司法审判。那时候政府为了整治逃兵,规定了严厉的连坐责任。有一位姓白的姑娘,才嫁到丈夫家没几天,连丈夫的面还没见到,就因为丈夫逃避兵役受了牵累,被判弃市,也就是当众处死。地方官卢毓实在看不过去,从礼仪的角度提出了一点质疑:女人必须在庙见之后才算完成了婚礼,成为丈夫家的人,如果她在庙见之前的这几天里死掉了,遗体必须送回娘家安葬,也就是说,这时候她还不算丈夫家里的人。

(3) 一路坏下去的"礼崩乐坏"

古礼越发难守,这也是我谈过的内容。到了南宋,朱熹制定《朱子家礼》，从俗从简，婚礼第三天就庙见——普通百姓没有家庙，就在祠堂举行仪式，第四天的时候，新郎就要去拜见岳父岳母。以古礼标准来看，这简直草率得不像话。

一言以蔽之，比起周代，宋朝就已经算是一个平民化、快节奏的时代了，对快节奏生活的无奈并不是今天才有的。

更有甚者，婚礼本该在黄昏举行，唐朝人虽然添进很多热闹的项目，但还在严守这个时间，明清两代就彻底没规矩了，连《朱子家礼》都守不住了。大白天办婚礼，这勉强可以说是为了体贴穷人，毕竟天黑做事不方便，蜡烛在当时并不便宜，但是，连庙见的仪式也省掉了，这就过于"非礼"了。

所以，女人该不该守贞这个问题，从孔子到卢毓，再到朱熹，都会觉得不言而喻，但明清两代的社会风俗不但对先秦古礼称得上礼崩乐坏，就连对《朱子家礼》也称得上礼崩乐坏了。男女到底怎样才算是定了终身，大家已经搞不清了。

《矢志不渝》的最后一章"古礼与新解"，为我们展示了知识精英们对贞女现象的激烈争论。归有光率先发难，一篇《贞女论》强调了"庙见"的意义，那么贞女非但不是道德楷模，反而属于"非礼"，其行径分明与私奔无异。

我就不想引述这场旷日持久的争论了，只想请你在这个时候回看儒家礼仪的一大原则：中庸之道。贞女的父母应当最能想到中庸之道的好处：一切都有章法，有安排，有节制，喜怒哀乐虽然可以在心里尽情发生，但表现出来的时候一定不可以超越限度。正所谓"过犹不及"，对任何走极端的事情都要严加制止！即便是全心全意追求道德，也不可以走极端！"贞"做过了头，反而变成了"淫"。

那么，我们想想"礼教吃人"这句呐喊，会不会觉得有点冤枉礼教了呢？

礼教吃人，还吃外国人

（1）价值一元化与行为规范标准化

一个真诚的人如何在社会规范里生存？

其实，在一个和谐有序的礼仪社会里，绝大多数人都会活得妥妥帖帖，不会抱怨自由空间太小。前提是，这个社会已经和谐有序了很久，所有人从小就在无数礼仪中耳濡目染、潜移默化，任何触犯礼仪的念头都会使他们本能地感到不快。如果我们隔着玻璃窗观察这个世界，会笑话他们虚伪、活得太累，连爆粗口都不会，却不知道他们已经把"虚伪"活成了基因，如果有谁当真爆了粗口，那才是虚伪的举动，一定是想冒充圈内人混进我们的世界看看。

任何一个社会，最自然的发展趋向总是价值一元化、行为规范标准化，我们今天的多元化实在是不得已的结果，又从这样的既成事实认识到多元化也有多元化的好处，也就有人开始支持多元化了。即便是这样，我们仍然会对那些价值观相异、行为标准不合的人天然地生出厌憎。假想一下，今天的你会容得下阮籍吗，会容得下李贽吗？

这两个人，其实不是很合适的例子。阮籍著名的"猖狂"更像一种行为艺术。他很明白思想和行为的危险边界，小心翼翼地在边界内用

"猖狂"发泄一些不满。他并不讨厌礼教,只是讨厌那种说一套、做一套的礼教。他为母亲服丧不守规矩,但回来之后口吐鲜血,让大家看到他多么伤心。至于李贽,性格偏激了一点,又受了异端思想的洗礼,他的反常行为很有理性上的自觉。

更合适的例子,一个放在今天的环境里依然合适的例子,我想,应该是一个名叫默尔索的外国人——加缪小说《局外人》的主人公。

(2) 局外人

《局外人》是一出悲剧。从美学角度来看,悲剧可以分出层级。老舍说:"我想写一出最悲的悲剧,里边充满了无耻的笑声。"《茶馆》就是这样的悲剧,比《窦娥冤》高明。《阿甘正传》充满着并不无耻的笑声,比《茶馆》高明。《局外人》又在它们之上。究竟为什么,我这里就不展开讲了,先卖个关子,等今后讲到叔本华《作为意志和表象的世界》的时候再说。

我先简单概括一下《局外人》的情节:小说是以第一人称来写的,"我",也就是主人公默尔索,是一名再普通不过的小职员,欲望很少,薪水很低。他不是一个感情饱满的人,对什么都是一种无可无不可的态度,即便是对待婚姻大事。

当然,这一点都不特别,明明很多人都是这样的,各自度过了平平淡淡的美好一生。但默尔索还有一个绝对与众不同的品质——真诚,或者说,不擅长伪装自己。

小说的第一句话就准确地定出了全篇的基调:"今天,妈妈死了,也许是昨天,我搞不清。"默尔索对妈妈并没有太深的感情,但他千不该、万不该的就是在葬礼前后把这种"没有太深的感情"表达得淋漓尽致。他不会硬挤出眼泪给别人看,也不想去看妈妈的遗容。他和养老院的门房聊着天,接过了对方端来的一杯咖啡——"加了牛奶"的咖啡——喝掉。他又想抽烟,但犹豫了一下,觉得在妈妈的遗体前不能这样做,然后又想了想,觉得无伤大雅,就递给门房一支烟,两人一起抽了起来。

所有这些貌似无伤大雅的细节最后都铸成了默尔索棺材上的铜钉。

葬礼的第二天,累坏了的默尔索到海滨浴场游泳,遇到了以前的女同事玛丽。两个互有好感的人就这样恋爱了,当晚一起看了电影,然后一起回到默尔索的住所,上演了少儿不宜的内容。

如果诺贝尔奖的评委们愿意把接下来发生的情节理解成渣男和痴情女的故事,那么他们一定会吝惜奖金。接下来的情节是,恋爱了一段时间之后,玛丽问默尔索愿不愿意结婚。

这个问题当然只有唯一的标准答案,但默尔索的回答是所有答案中最糟的一种,比直接拒绝更糟:"结不结婚都行。如果你想结,我们就结。"

玛丽又问默尔索爱不爱她。

默尔索曾经答复过,这时候便重复了一次:"这种话毫无意义,但我似乎觉得不爱。"

玛丽理所当然会反问:"那你为什么要娶我?"

默尔索的回答是:"这无关紧要,你想结就结嘛。再说这是你提出要和我结婚的,我只不过说了一声同意。"

玛丽说"结婚是件大事",但默尔索说"不"。沉默了一阵,玛丽说她只是想搞清楚,如果是其他女人在和默尔索恋爱,提出结婚的建议,默尔索会不会也这样接受。

默尔索答道:"当然会。"

当情节发展到这一步,我相信所有的女读者都会怒不可遏。但事情竟然并没有向着决裂的方向发展——玛丽只是低声咕哝了一下，说默尔索真是个怪人，她正是因为这一点才爱他的，然后笑着挽上了他的胳膊。默尔索说："你想什么时间结婚，我们就什么时间结婚。"

这是小说里很惊心动魄的一段，平静无波中暗藏杀机。

后来默尔索在一次意外中失手杀了人，随着司法程序的展开，葬礼以来的各种"漫不经心"的生活细节在法庭上逐渐汇集，挑起了全社会的怒火。没人在意默尔索是怎么杀的人、是不是情有可原，他们只是瞪着一双双血红的眼睛，质问他在母亲的葬礼上哭了没有。默尔索的辩护律师终于按捺不住，大声嚷道："说到底，究竟是在控告他埋了母亲，还是在控告他杀了一个人？"而检察官声嘶力竭地吼道："是的，我控告这人怀着一颗杀人犯的心埋葬了一位母亲！"

这句话震撼了所有人，让死刑判决成为定局。

《局外人》确实是第一流的小说，但它被文学研究者做出了各种过度的解读。比如这样很有代表性的一段："小说以这个人物的真切感受揭示出了现代司法过程中的悖谬，特别是其罗织罪状的邪恶性质。一个并不复杂的过失杀人案在司法机器的运转中，却被加工成了一个'丧失了全部人性'的'预谋杀人'案，被提高到与全社会全民为敌的'罪不可赦'的程度，必欲以全民族的名义处以极刑。这是将当事人妖魔化的精神杀戮与人性残害。"

既然我们已经对礼制有了基本的了解，现在就可以把《局外人》的故事拿到礼制的背景里看了。是的，这又是一个"礼教吃人"的故事，只不过没有成文的礼教，也没有发生在愚昧落后的古代中国，而是发生在20世纪的法国大都会里。我们戴上礼学的眼镜，就会发现审理默尔索的司法程序一点都不荒诞，逻辑反而异常清晰：过失杀人无非是一桩很普通的刑事案件，并不会让全社会的人感到威胁，而默尔索那种貌似人畜无害的漠然的生活态度，在任何价值一元化、行为规范标准化的社会里，都会生出撼动纲常的力量，所有人都会本能地受到威胁。

说得再上纲上线一点，默尔索哪怕不违反任何法律，他的存在本身就有一种"动摇国本"的杀伤力。在那样的社会里，如果不把自己伪装得和别人一样，迟早会被当作异类除掉。

（3）局外和局内

我们只要想想儒家礼学是如何煞费苦心，搞出那么多繁文缛节，处处透着防范心态，就能理解一种价值共识维系起来往往并不容易。尤其随着年深日久，已经没人能解释清楚很多规范的存在意义了，大家只是凭着惯性和敬畏心，固守着旧日的轨道。而那些心态和默尔索一样但伪装得更好的人，当然最看不得默尔索逍遥。他们既会把自己的负罪感投射到默尔索身上，也不愿意看到一个人毫不付出伪装的努力却能和自己过得同样好。

默尔索不难找到同类，但很难找到盟友。

更深一层的问题是，加缪作为小说的作者，才是真正的"局外人"，以旁观者的视角来看小说里的社会；我们更是"局外人"，所以才会有这样那样的看法。而"局内人"在做什么呢——他们在高度一致地维护着他们那个社会的基础伦理，所以才会出现舆论的一致谴责，才会出现陪审团的一致表决。如果站在社群主义的价值立场，很难说他们做错了什么。

《周礼》：让天下整齐划一该有多好

（1）秘藏的经典

谈了这么多，为什么《周礼》一直没露面呢？

答案很简单：《周礼》虽然也是"三礼"之一，但它并不讲任何礼仪上的话题，而是一套政府组织结构规划，更具体一点来说，是一套对政府的部门、岗位和官职的全盘设计方案。所以它原本不叫《周礼》，而叫《周官》。

和其他经典一样，《周礼》也是秦始皇焚书政策的受害者，直到汉景帝的时候才从民间现身，但缺了最后一篇，后来用《考工记》补了上去，我们今天看到的《周礼》还是这个样子。

到了汉武帝的时候，《周礼》进入皇家秘府，享受着最高规格的雪藏，连五经博士们也没有借阅的权利。"独尊儒术"的汉武帝之所以这样做，最有可能的推测是，《周礼》记载的政治格局既与汉朝当时的政治制度相左，又和另外那些儒家经典合不上拍，公开只会添乱。皇帝总是实用主义者，政治秩序远比学术真相重要。

到了汉成帝的时候，刘向、刘歆父子负责整理皇家图书，发现了不少尘封已久的好东西，其中就有这部《周礼》。之后刘向和汉成帝先后死掉了,汉哀帝继位,刘歆继续埋头整理图书,整理得多了,就开始对当下的学术风气不满了。

我在前边讲过,汉朝人的学术研究格外重视师承,老师怎么教,学生就必须怎么学,一点不能出格。学术界于是就像金庸小说里的武林,门派林立,你加入了崆峒派就只能学七伤拳,加入了峨眉派就只能学峨眉剑法,武功大成就能做一派宗主,但你在崆峒派自学峨眉剑法,那就叫欺师灭祖,人人得而诛之。刘歆偏偏是个无门无派的人,埋头在皇家图书馆整理那些谁都没看过的书,久而久之,各派武功融会贯通。

学术已成、眼界大开的刘歆不忍心看着学术秘籍就这样埋没下去,于是向皇帝建议,能不能把《左传》《毛诗》《古文尚书》这些用先秦古文字写成的典籍公开,也给它们置博士官,让这些绝学发扬光大。

今文经学和古文经学的第一战就是这么开始的。当时朝廷里的博士官都是今文学者,本来有名望、有职位、有俸禄,一切好好的,突然冒出一个人要侵犯他们的既得利益,是可忍孰不可忍!博士们匆匆判断了一下形势:刘歆这小子就一个人,那就来吧,咱们群殴他!

刘歆做出的反击,就是那篇著名的《移让太常博士书》。"移"是古代一种文体,好比你是教育部的职员,要写一份给农业部的公文,你们两个部门不存在隶属关系,这份公文就属于"移"。刘歆这篇移文写得太精彩,后来作为文章典范被收进了《昭明文选》,还被《文心雕龙》评选为同类体裁中的第一名。而刘歆责骂那些博士的话,还为我们留下了"因陋就简"(原文是"因陋就寡")、"抱残守缺"(原文是"保残守缺")这两个成语。

可想而知,各大门派全被激怒了,宗师泰斗纷纷施展绝学——有人高调辞职,有人上纲上线。皇帝一看,那就算了吧,还是维持现状最好,政治和谐比学术真相重要。

如果能把每个人的学术造诣转化成等量的武力值,刘歆绝对技压全场。如果大家都是理科生，一番运算就可以让是非对错一目了然；如果都是工科生或者技术工人，按照各自的方法做出成品，孰优孰劣比比就知道。但刘歆是文科生，遭遇了文科生最深刻的悲哀——不要说和高手决不出输赢，就算和低手中的低手也一样决不出输赢。

我们先不忙着同情刘歆，先来关注一下他建议设置博士官的那几部古文经典——是的，里面并没有《周礼》。就连刘歆这种有学术认真精神的人，大概也感觉到《周礼》和现实太不合拍吧。

（2）古文经学的兴起

我们看一下《周礼》的结构。首先分为天官、地官、春官、夏官、秋官、冬官六大系统。冬官失传，《考工记》做了替补，这部分我们先放过不谈。这六大系统大约相当于政府的六大部门，然后在每个部门之下又分别列出次一级的部门，每个部门有什么官职、岗位职责是什么，具体而微。如果有哪个原始部落拿到这部书，就可以照猫画虎地组建一套政府班子。

刘歆尽管并不愿意大张旗鼓地搬出《周礼》，但他相信，这部书是大圣人周公制定的政治蓝图，意义非同小可。我们可以假想一下，如果刘歆掌握了权力，他会不会把《周礼》连同其他那些古文经籍一起发扬光大呢？

刘歆的运气甚至比这还好，因为下一任的当权派是比他更左的左派，是一个真正怀有理想主义情操的人，他就是天下归心、万众拥戴的改革家王莽。

后人说起王莽，总要贴一张"野心家"的标签，这太小看王莽了。对最高权力的追求只是他的手段，不是他的目的，他要做的并不是一般意义上的皇帝,而是周公式的制礼作乐、为万世开太平的圣人。我总觉得,如果有一个全心全意信任他、支持他的皇帝,他未必就会篡位。

他是一个理想主义者,而理想主义者总是有洁癖的。他要复兴儒家礼制,绝不会像汉武帝"独尊儒术"那样既掺水,又掺假。而原汁原味的古代制度要到哪里找呢?是的,那不就是藏在皇家图书馆,被刘歆整理过的古文经籍吗?难道还有谁比刘歆更适合推行这件事吗?于是,野百合等来了春天,所有的制度都要根据古法重新建设,孔子的理想即将实现。

这真是让人热血沸腾的宏图大业啊!那就赶快披荆斩棘、一往无前吧!

但是,王莽一上手才发现,荆棘不是那么好披好斩的,政敌可以轻易除掉,舆论可以轻易操控,真正的难题是:这个世界为什么就不像古书上写的那么规整呢?

《禹贡》有五服规划——不是丧服的"五服"——这是从首都到边疆的五级同心方块。再看《礼记·王制》,分封诸侯、划定田亩,全都规规整整的。再看《周礼》,要用一种叫土圭的东西测量太阳的投影,找到大地的中心点,这里是"天地之所合,四时之所交,风雨之所会,阴阳之所和",在这里建都立国才能一切安好,然后还要继续用土圭测地,分封诸侯……

现实世界的自然、人文条件哪可能这么整齐,就算打个麻将还会"三缺一"呢。但理想主义者总有让现实趋近理想的办法,比如当时的汉朝有东海郡、南海郡、北海郡,真的"三缺一",偏偏没有西海郡。这似乎不难解决,只要在西边找到对应的地方,改名叫西海郡也就是了。但事有不巧,西边是羌人的地盘,不归汉朝管。王莽有办法,派人带着重金,执行利诱计划,希望羌人献出土地,归附汉朝。结果计划达成,羌人献地,终于有西海郡了,青海湖一带正式进入汉朝版图。

这样的"改革家"当然会毫无悬念地以败亡收场。如果我们可以穿越到两千年前，应该告诉王莽和刘歆：《周礼》未必就是周公的制度，它很可能是春秋战国时期的产物，在一定的现实基础上加以想象，甚至可以说是一部乌托邦式的作品。

（3）王安石变法的武器

虽然《周礼》的第一次正式亮相就是和王莽绑在一起的，但在王莽败亡之后，《周礼》毕竟还是流传开来。后来北周改革官制，唐朝编修《唐六典》，都借鉴了《周礼》。《周礼》再一次的辉煌，是在王安石变法的时候。

王安石为变法造舆论，颁定"三经新义"，这是我之前讲到的内容。"三经"之中，王安石格外看重《周礼》，因为他从《周礼》中发现了许多关于财政的内容。今天中学历史课讲王安石变法，最重要的一项是青苗法，相当于国家银行办理民间信贷。《周礼》中的《泉府》就是王安石的理论依据，既然这是周公平天下已经试用成功的办法，看起来也很聪明合理，为什么不可以借鉴过来呢？

变法的反对派也会把矛头指向《周礼》，说王安石曲解经义，假托圣贤，总之，变法是各种不好。我们用今天的经济学常识来看，无论《周礼》怎么说，政府搞信贷注定效率低下、坏账无穷，这就是一条死路。今天还有历史书说青苗法是因为执行不力才失败的，这是读书太专造成的偏见。所以我一直觉得，读书既要专精，还要广博，世界毕竟是复杂的，广博才方便你拉开距离，变换视角，盲人摸象总不如隔岸观火。

话说回来，古人没有今天的经济学常识，所以对变法支持也好，批判也罢,都围着儒家经典打转。等到王安石变法失败,《周礼》也跟着遭殃,它的出身不断被人怀疑,甚至有人干脆就说它是刘歆伪造的。

这种怀疑,早在刘歆和今文博士们打嘴仗的时候就有,博士们的怀疑也可以理解:毕竟谁都没见过的东西,凭什么你说是真的就是真的?

刘歆一直被人骂到清朝,登峰造极之作就是康有为的《新学伪经考》。王莽称帝以后改国号为新,"新学"就是新朝伪造的学术,不是古来就有的。康有为的意思是,刘歆伪造经典,为的是帮助王莽篡位。这一来,不但《周礼》是假的,所有古文经典都是假的。

世事就是这样吊诡。王安石推行《周礼》,是为自己的变法造势,康有为颠覆《周礼》,也是为自己的变法造势。让学术回归学术,只有等到学术既无利可图又不承担情感寄托的时候。

※ 第八章

《大学》

《大学》的由来

(1)"四书"的来历和次序

"四书"是哪四部书,在今天已经是常识,按照先后顺序来说,是《大学》《中庸》《论语》《孟子》。其实在朱熹编订"四书"的时候,它们既不叫"四书",也不是这个顺序。

我们先把时间追溯到1189年,在这一年里,"狮心王"理查在英国继位,第三次十字军东征开始,西方世界还在拼体力争表现。第二年,在中国是宋光宗绍熙元年,六十一岁的朱熹在临漳做官,用公费刊行了"四经"和"四子"两套书。"四子"就是我们今天所谓的"四书",朱熹原本是把它们当作"子书"的。朱熹对这四部书都做了注释,《大学》《中庸》的注释原创性强,叫作"章句",《论语》和《孟子》的注释里引用了程颢、程颐兄弟和其他一些人的意见,所以叫作"集注",后人把它们合称为《四书章句集注》。元、明、清三代科举考试,这套书就是标准教材。反对派一直说的"程朱理学钳制思想",主要也是针对这套书说的。

这倒怪不得朱熹,因为政府为了方便管理,总想要统一价值观,而要统一价值观,就必须定出一个标杆,无论换哪种学说当标杆都会被说是"钳制思想"。就算把后现代主义的"去中心，多元化"拿来当标杆，结果也是一样的。"去中心，多元化"反而会变成"单中心，一元化"。

朱熹原本给"四书"排的顺序，由浅入深，先后是《大学》《论语》《孟子》《中庸》。但《大学》和《中庸》篇幅很短，后人为了编排方便，就把这两部书排在一起，形成了我们现在熟悉的《大学》《中庸》《论语》《孟子》的顺序。

"四书"的编定可以说是绝大部分读书人的福音，因为比起"五经"，"四书"简直容易得不像话。科举当然也考"五经"，但既然有了"四书"，那还有谁愿意舍易求难呢？在"四书"中，《大学》是入门第一部书，既有提纲挈领的意义，还很简明易懂。

(2)《大学》原本只是《礼记》的一章

那么，"大学"这个词到底是什么意思？

答案很简单："大学"就是"大人之学"。

"大人"是谁？

答案也很简单："大人"就是统治者。

所以，"大学"就是统治者统治国家的学问。

这就有点尴尬了，因为按照周代礼制，朱熹算不得统治者，他只是皇帝的雇员而已，筹备科举的读书人也算不得潜在的统治者，他们没有贵族的血统，谁也不是生来就能做官的。

所以我在本书一开始要先讲《左传》。我们只有充分理解了《左传》描写的那个周代社会——那个宗法封建的社会，了解他们的礼制和社会格局，才能明白后来那些朝代的各种尴尬、各种别扭都是怎么回事。

《大学》原本只是《礼记》里的一章。《礼记》虽然是汉朝人编辑整理的，但保留了很多周代的内容。周代的社会结构，我们可以想象成封建关系和宗法纽带构成的双螺旋，政治关系的内核是家族关系。而在一个家族里，谁能统治、谁不能统治，或者说谁是"大人"，是哪个级别的"大人"，是从一出生就决定好的。如果把他们那套"大人之学"拿到朱熹的时代，用文言说叫"圆凿方枘"，用俗话说叫"格格不入"。

朱熹的拥护者当然不爱听这样的话，他们肯定会说："你不知道我们家朱熹多努力！"必须承认，朱熹确实很努力，尤其对《大学》下了很深的功夫，就在去世的前一天还在修订他的《大学章句》。

(3)"三纲八目"

我们来看《大学》的内容，第一句是所有人耳熟能详的："大学之道，在明明德，在亲民，在止于至善。"意思很明确，"大学之道"一共只有这三项——明明德、亲民、止于至善，可以统称为"三纲领"。接下来分讲格物、致知、诚意、正心、修身、齐家、治国、平天下，一共八项，统称为"八条目"。《大学》所谓"三纲八目"，指的就是这些。

朱熹认为，所谓的"三纲领""八条目"是孔子讲的、曾子记录的，后边的文字都是对"三纲领""八条目"的阐释，那是曾子讲的、曾子的学生记录的。朱熹这样讲其实并没有根据，不过倒是有些实用：能帮助读者最快地把握《大学》的结构。

但是，按照朱熹分析的结构，我们会发现《大学》基本上对"三纲八目"逐一都有解释，唯独没解释"格物"和"致知"。这不合理，一定是传抄过程中有了残缺。这也不是什么大事，补写一段就好了嘛。朱熹发扬了舍我其谁的精神，补写完整，再把结构调整到位，一部《大学》就这样完美无缺了。

宋朝学者普遍胆子都大，但朱熹的胆子似乎太大了些。其他人当然看不惯：圣人的经典你也敢动手补写，你把自己当圣人了吗？

幸好朱熹死后确实成了圣人，也就很少有人再计较他的胆大妄为了。但他没有想到的是，将来又会出现一个叫王阳明的圣人，偏在"三纲八目"上跟他唱反调。儒家入门的学问，竟然也存在那么大的争议啊。

语言决定论

（1）心、性、理、气、天命……理学家到底想说什么

请你仔细看看"三纲八目"的字面，仅仅从字面上看，你觉得这会是很深奥、很费解的概念吗？

明明德、亲民、止于至善，"三纲领"好像并不费解，是说统治者应当彰明美好的品德，善待百姓，把善发挥到极致。但是，朱熹的解释要比这复杂。

在朱熹看来，"明德"就是天理，是一个人先天就具备的。朱熹这一派学者最强调的就是天理，所以他们的学问叫理学——这是"道理"的"理"，不同于《仪礼》《礼记》的那个"礼"学。作为理学的集大成者，朱熹是从"天理"的角度来解释"三纲八目"的，所以看起来有点费解。

在抗日战争时期，蔡尚思写过一部《中国传统思想总批判》，其中批判宋朝理学家的一些话说得很有意思，我只引述一小段：

> 这班贵族地主，饱食暖衣，闲得无聊，妄作玄谈，表示高深，例如什么心、性、理、气、天命、象数、太极、无极、阴阳、五行

等，全是自欺欺人的鬼话。就表面看，好像无所不知；就实际说，却是一无所知。他们师徒，终身终日，开口瞎说，闭目瞎想，不但没有一事一理能够说出其所以然，令人稍微懂得的；甚至连他们自己也莫名其妙，弄到前后不一致。

蔡尚思的国学功底很好，这部书写得也算旁征博引、有理有据。今天拿来和南怀瑾的书对照看才最有意思，它们刚好是对同一套知识体系的两种极端理解。

在蔡尚思的这个极端上，时代烙印太鲜明，个人情绪也太浓烈了，所以那些论证在今天来看自然站不住脚，但我们只要把字里行间的情绪撇开，再打个折扣来理解的话，就会发现它确实抓到了理学的痛脚。朱熹虽然不是"饱食暖衣，闲得无聊"，但理学的那些概念，我们今天之所以觉得玄而又玄，真不能全怪我们理解无能，而要怪理学家们一直没能说清楚。

(2) 语言限定了思辨的边界

中国走进宋朝，毕竟文化水平提高了，儒学就开始向着思辨哲学的方向发展了。但古汉语并没有进步太多，用古汉语来搞思辨哲学，就像用泥瓦匠的工具来修理手表。今天我们能写严谨的思辨文章，很大程度上要感谢晚清、民国那些翻译家。现代汉语里那些状语从句、被动语态等，都是当年的"翻译腔"带过来的。

最适合古汉语的文体是诗歌，最能写出朦胧的韵味，比西方语言强一大截。

欧美学习中国古诗，兴起过一个意象派，虽然也有好作品，虽然也能在当年的诗坛上刮起一阵旋风，但和中国古诗的佳作一比，好像天生就带残疾。这是因为英语的语法结构太精确了，天生就朦胧不起来。这方面的内容，等我今后讲到诗歌的时候再展开谈。

为什么很多人觉得宋诗赶不上唐诗？一个很主要的原因是，宋朝人就连写诗也喜欢说理，这就等于舍长用短，看上去总感觉有点勉强，只有少数高手才能应付裕如。而用古汉语来作哲学思辨，就像用英语写意象派诗歌一样，勉为其难。我只举一个小例子："无极而太极"，这是一个很重要的、基础性的理学命题，但它到底是什么意思，是说无极生出了太极，还是说无极就是太极，还是别的什么意思，就连第一流的学者也搞不清，在理学阵营内部就说不清。

朱熹的理学体系还算稍微好懂一些，因为他留下的著作太多，这里看不懂的能在那里看懂，看多了总还是能够有个囫囵的掌握。但要怎么讲出来，以我自己的感觉，最好先讲柏拉图和亚里士多德，把柏拉图的"理念论"和亚里士多德的"四因说"讲完之后，借用这个概念来讲理学，那就事半功倍，简单明了，正所谓"他山之石，可以攻玉"。但我又顾虑，讲古籍的中间突然插进两个洋人，好像不太合适。

退而求其次，简单来说，所谓天理，就是抽象的规则，是宇宙终极真理，是最高的善。人一降生，有血有肉，就不抽象了，就有了"气质"。

"气质"这个词原本是个理学概念，含义和今天完全不一样，是物质性的、具象的。人性分为两种："天命之性"来自天理，一切都好，"气质之性"来自肉体，就有各种缺陷。朱熹做过一个比喻：水就好比"天命之性"，容器就好比"气质之性"，彼此依存。水在哪里都是一样的，但容器各有各的样子，所以人在"天命之性"上是一致的，但各有各的气质——有道貌岸然的，也有阴险狡诈的。《大学》所谓"明德"，就是天理，就是"天命之性"，所谓"明明德"就是要去除私欲，或者说排除"气质之性"的干扰，让"天命之性"充分展现自己。简言之，这就是朱熹最著名的命题："存天理，灭人欲"。

朱熹这样解释"明明德"，肯定是解读过深了，但如果你要参加科举，就必须按照这个思路答题，否则就中不了举。

只从这一小处，我们就已经看出《大学》和朱熹的《大学章句》有多大的不同。所以我们必须考虑一个逻辑：《大学》作为"四书"之首，重要性不言而喻，但它的重要性从何而来？并不是来自它本身，而是来自《大学章句》。今天很多怀有国学趣味的人读《大学》但不读《大学章句》，这就完全搞错了方向。之前我反复说过，注本往往比原典更重要，这就是一个例子。如果我们可以从审美的角度来看这种事情，那么，畑（tián）地良子的一首非常可爱的小诗——《柠檬》，是我很想拿来和你共赏的：

柠檬，
一定是想到远方去。

薄薄地切一切，
就会明白柠檬的心。

薄薄地切一切，
滚出来好多个车轮。

散出好闻的香味，
车轮，车轮，车轮。

柠檬，

你一定是想到远方去。

（史京 译）

朱熹正是这样解读出了小小"柠檬"的伟大梦想。

话说回来，我们再看"三纲领"的第二项：亲民。这一条貌似简单易懂，但是，朱熹又出怪招了，引用二程的话，说这个"亲爱"的"亲"应当是"新旧"的"新"，"亲民"应当是"新民"。后来批评朱熹的人，总会抓住这一点说朱熹改字解经——你不能改掉原文的字再来解释，这像什么话，太不尊重文本了！

旧瓶和新酒不合拍

(1)"亲民"和"新民"

朱熹说《大学》"三纲领"中的"亲民"应当是"新民",这算不算改字解经?

改字解经,说起来是好大的罪过,太不尊重圣贤经典了。即便以现代的学术标准来看,这也属于不负责任,有轻佻的嫌疑。但是,古代训诂学有"音训"这个项目,原理很简单:发音相近的字,意思也相近。这是因为上古时代,语言先于文字,文字还很长时间都没有定型,比如大家说起"狗",都知道是那种和猫处不来的动物,但"狗"这个字写出来,模样就五花八门了。根据读音来写字,就很容易写成其他发音相近的字。古汉语所谓"通假字",很多都属于这种情况。所以,说"亲民"就是"新民",在训诂上可以成立。

从《大学》上下文来看,下文里连引三份古代文献来解释"新",比如我们每个人都熟悉的格言"苟日新,日日新,又日新",古人相信这是商朝的青铜器铭文,教育人们要不断进步,每天都要比前一天有进步。

这很可能是一个美丽的错误,因为用铭文记录格言根本不是商朝人的风格,《大学》的原作者恐怕是把商朝王族世系认成了道德箴言。在这个基础上解释"新民",朱熹说,"新"是使动用法,意思是把旧的弄掉,那么"新民"就是说一个人在"明明德"之后,也就是在破除私欲的遮蔽,使天理大放光明之后,还要推己及人,使别人也能像自己一样,焕然一新,绽放天理的光芒。

接下来,一个人如果能把"明明德""新民"做到极致,并且一直保持极致状态,这就是"止于至善"。人倘若到了这样的修养程度,心里便全是天理,再没有一毫人欲。"存天理,灭人欲"的功夫就这样完成了。

(2) 观念的错位

听起来好像不是很难,至于具体怎么做,那就要按照"八条目"的次序:一个人要想"明明德"于天下,就要先治理好他的国;要想治好国,就要先管好家;要想管好家,就要先从个人修养做起;怎么修养呢?要先把心思放端正。怎么才能把心思放端正呢?那就要先有诚意。诚意从哪里来呢?从"致知"来。怎样"致知"呢?要先从"格物"做起。

"格物"和"致知",我没有翻译成白话,因为《大学》原文没给解释,朱熹自己补写的解释又惹出很多争议。以今天的文献知识来说,"格物致知"究竟是什么意思,真的很难讲。按照朱熹的理解,"格物致知"就是说穷究事物的本质来获得知识。

有了前几章的知识基础,你应该能够对这"八条目"的次序做出准确的判断了。没错,这是典型的宗法封建社会里的政治学,别看名词用得花里胡哨,含义无非是告诉天子或诸侯的继承人:你们要以身作则,才能由表及里、由内及外地建设国家。宗法关系里，统治者的个人品德尤其重要，上梁不正就会下梁歪，所以才要格外强调"正心诚意"。

这恰恰和现代观念相反。今天谈起政治人物，有一些人最常说的话就是"对政治人物不能看私德"。一个统治者，只要能搞得国富民强，就是好样的。

这种观念的错位还真不是现代才有的，宋朝那些理学家早就为此苦恼过。等我今后讲《资治通鉴》的时候会谈到这个问题，现在只简单举一个例子，比如该怎么评价唐太宗。如果看私德，这人逼父亲退位，杀了哥哥和兄弟，还灭了他们满门——倒没有全灭，留下漂亮的兄弟媳妇，霸占了，但如果"从大局着眼"，正是他开创了贞观之治，为万民造福。

站在老百姓的角度，或者说，站在"外人"的角度，谁在乎你李世民多坏，反正你杀的都是你自己家的人，你只要把国家治理好，让我们得到好处，我们就拥护你，歌颂你。

但是，站在李氏宗亲的角度，又该怎么看呢？已经无所谓怎么看了，因为宗法封建解体了，变成帝制了，变成郡县制了，那些股东型的长老变成了拿皇帝工资吃饭的雇员。所以"三纲八目"已经讲不通、立不住了。只不过在皇帝看来，也可以换一个角度理解"三纲八目"。

(3)"大人之学"和"小人之学"

社会结构不同，人的身份也就不同。在宗法封建社会里，凡是有封地的都叫"君"，"君"的儿子就是"君子"。诸侯不论级别，在国内都称"公"，"公"的儿子就是"公子"，"公"的孙子就是"公孙"。这都是有身份、有地位的贵族。

"君子"可以统称贵族,"小人"可以统称平民,所以我们看先秦文献,"君子"和"小人"总会对举。在这一点上,《周易》的卦爻辞最有意思,比如算出某一卦或某一爻,卦爻辞有时候就会说"君子吉,小人否",或者相反,也就是说,到底是吉是凶,首先取决于你的身份,不能一视同仁。

"君子"和"大人"的含义,在很大程度上是重合的。在朱熹的时代,让"小人"去学"大人之学",这就有点说不通。所以朱熹与时俱进,把"大人之学"的概念模糊化了,说古代搞教育,分成"小子之学"和"大人之学",我们可以理解成今天的小学和大学。

朱熹说,无论王公大臣的孩子还是平民百姓的孩子,从八岁到十五岁就该读小学,主要培养行为规范,十五岁以后就该升大学了,学习修身、齐家、治国、平天下的道理,其间没有中学阶段。从小学到大学,学业是一个由"事"及"理"的过程。举例来说,小学教你见到老师要起立,问老师好,大学教你为什么要起立,为什么要问老师好。运用"格物致知"的方法,把"为什么"问到底,把每一件事穷究到底,就能认识天理。

虽然朱熹提倡"大学"教育,致力于书院建设,但我们今天的大学模式主要是从西方照搬来的。就在朱熹钻研"大学"的时候,西方的大学正在悄然兴起。但今天看来,那种萌芽时代的大学比起朱熹的"大学"更让人感到陌生,甚至匪夷所思。

北大传统从何而来

（1）学生主导一切

在朱熹钻研"大学"的时代，欧洲的大学悄然兴起。这些大学是由谁兴办的？有四个选项：政府、贵族、富商、学生。

正确答案：学生。

中国办学的传统，无论官办还是民办，都是自上而下的，欧洲恰好相反，是自下而上的。我们可以从这一点上举一反三。是的，要理解整个西方文明的形成，常常要把我们的惯性思维扭转一下，反过来想。

近代的中国大学出现过一种"怪象"：办学虽然是自上而下的，但在学校里，总给人一种自下而上的感觉。我们看老一辈学者怀念北京大学，谈起当时的学风总是爱恨交加。比如牟宗三是在1930年读的北大哲学系，据他的回忆：

> 北大的学生都嚣张得很，根本不常去上课，先生讲什么，学生都不听。而且不上课已经是很客气的了。那时北大的学生会权威很大，每学年开始，要聘先生，须预先征求学生会的意见，问学生要些什么先生来教课，然后去请回来，十分开明。但虽是开明，站在

教育的立场上说，这并不是很好的，这样会养成学生的嚣张狂妄，两眼只看天上。……这种风气一形成，便没有先生敢教学生。所以我常说我们并不是反自由民主，而是反泛自由主义，我们的反对是有根据的，这种作风便是泛自由主义。自由民主是政治上的观念，在政治上不能表现，便在社会上日常生活中表现，这便是泛自由主义。变成先生不能教学生，父母不能教子女，这影响太大了。北大便是这种风气，学生对先生是没有什么礼貌的，上课时愿意听便听，不愿意听便走，随便退堂，这随便退堂严格讲是不对的，但北大的学生对此并无感觉。

今天的大学生很难想象中国竟然出现过这种校风。罪魁祸首是谁呢？牟宗三责怪胡适，说都怪他一开始对学生太客气，也就是说，有主导权的人主动退让才造成了这样的结果。这是典型的东方思维方式，着实冤枉了胡适。现代大学是西方的产物，西方大学的校风就有这种传统，而真正的罪魁祸首要追溯到12世纪，和朱熹基本同一时期。

(2) 第二次文艺复兴

朱熹的时代，在西方正是中世纪的中后段。中世纪是一个长达一千年的时段，大约从5世纪起，到15世纪止，一度被称为漫长的黑暗时代。但是，随着现代学术研究的深入，发现这个黑暗时代也并不一直那么黑暗。以我们熟知的文艺复兴为例，16世纪的文艺复兴并非史无前例，严格来说，它应该是第三次文艺复兴。9世纪，第一神圣罗马帝国皇帝，著名的查理曼大帝，自上而下地发展文教，这是昙花一现的第一次文艺复兴。12世纪至13世纪，商业推进，大学兴起，这是第二次文艺复兴，我们今天的大学就是从这里萌芽的。

欧洲出现的第一所大学是意大利的博洛尼亚大学，但我们很难确定它具体的成立时间，因为它并不是有组织、有规划地圈了一片地，盖了一排楼，聘来一批教师，招来一群学生……不，完全不是这样的，它只是由一群学生组成的一个社团，或者说是行会，是一群自由学生的自由联合。

行会是那个年代的重要组织，每个行业都要组建自己的行会来捍卫自己的利益。面包师有面包师的行会，理发匠有理发匠的行会，学生也有学生的行会。

为什么要组建行会呢？因为"团结就是力量"，不团结就没法和敌人抗争。那些学生最主要的敌人，就是博洛尼亚的土著居民。

今天在北上广读书、就业的人最容易理解这种状况：学生是从五湖四海会聚而来的，来的人越多，房租、食品以及各种物资就越是供不应求。这些资源掌握在当地人手里，他们最合理的做法就是坐地起价——你们爱租不租，爱买不买，没人求你们来！

学生们深刻感受到了自由市场的残酷，但对策很快就有了：咱们搞团购吧。

是的，团购，行会的本质就是团购，所以大学的本质也就是团购。所有学生联合起来，以一个"集体"的身份向当地人压价。这种压价是有威慑力的，学生们的筹码是，你们不降价，我们就一起打包走人，看你们以后还做谁的生意！

这些学生没有校舍，没有任何不动产，当真可以说走就走。在当地人看来，哪能由得这些外地人想来就来、想走就走，把博洛尼亚当成什么了！好吧，既然这些小爷都是金主，价钱好商量……

就这样，一方总想抬价，一方总想压价，一方是"强龙难压的地头蛇"，一方是"不是猛龙不过江"，双方不断要闹出一点事情来挑战对方的底线。这就是传统大学的基本生存模式，所以他们总是和当地人矛盾重重。

不过，学生要组建行会，不仅仅为了对付当地人。他们还有另一群敌人，那就是，他们的老师。那些大学老师想要出城的时候，必须向学生交一笔钱。

中世纪的欧洲大学

(1) 大学和行会

请你发挥想象：当大学老师想要出城的时候，必须向学生交一笔钱，这是为什么呢？

答案是，这是一笔押金，为的是怕老师偷偷溜掉、一去不返。

老师们没有一点师道尊严。本质上说，他们是被学生们凑钱雇来的长工，学费是他们唯一的收入来源。学生们既然交了学费，也就是说，为一件商品付了钱，当然有理由要求这件商品保质保量。所以大学的校规是学生们定的——这很公道，谁出钱谁定规矩——学生们对老师有很多约束，比如要求老师未经请假不得缺席，学生太少的老师要被开除，上课铃一响必须开始讲课，下课铃响起后的一分钟之内必须下课，讲解的时候不允许遗漏课本里的任何一个章节，不允许把任何一个难点拖到一堂课的最后讲……

这在中国人看来简直逆天，但仔细一想，虽然太没人情味，但这不正是现代社会总在强调的契约精神吗？契约里没有称兄道弟的亲情润滑剂，只有冷冰冰的陌生人和陌生人之间"先小人、后君子"的约定。

学生行会太强势，教师们不堪忍受，怎么办？当然还是老办法，组织一个教师行会来对抗学生行会。如果教师的势力更大，也可以形成以教师行会为主导的大学，比博洛尼亚大学晚诞生五十年的巴黎大学就是这样的。

大学的规模起来了，政府要干涉，怎么办？又是老办法，学生和老师联手，成为更大的集体，一起向政府争权利。所以一些传统大学甚至有专门的校警，如果有学生和当地人起了纠纷，甚至有了死伤，学生必须交由校方处置，当地政府无权干涉。

我们看剑桥大学的历史：剑桥大学坐落在剑桥镇上，镇上的警察无权管辖校方人员，但校警有权逮捕镇上的居民。这种特权源远流长，建于1636年的哈佛大学和建于1701年的耶鲁大学至今都保留着独立警力。

中世纪的很长时间里，很多地方，政府的势力都很有限，有限到连司法权和执法权都不是独占的。如果发生了刑事案件，不会像今天一样有警察大批出动，而是要靠受害者本人或家属亲自到裁判所申诉。这还不算什么，等裁判所做出判决，更大的麻烦就来了：没有警力去逮捕嫌犯，受害者必须代替警察亲力亲为，甚至有时候连行刑都缺人手，需要受害者以公权力之名亲手处决犯人。

如果有人被杀，死者的近亲有报仇的义务。中国儒家也有这个传统，一直延续到汉朝。我在《春秋大义》这本书里详细讲过相关案例。如果死者无亲无故，他所在的组织，比如某个行会，就会指定某个人负责报复。

我们看回13世纪，在1260年，剑桥镇的居民和剑桥大学的学生发生了一场很激烈的冲突，结果16名居民被绞刑处决，28名行凶的学生却平安脱罪。吊诡的是，当初牛津镇和牛津大学也起过这样一场冲突，镇政府以强奸的罪名绞死了两名无辜的学者，但"无辜"不是重点，重点是，镇政府无权制裁校方人员——牛津大学受教堂管理，该由教堂依照宗教法来做审判才对。

大学和教会的关系也是由来已久的，因为早期大学没有自己的校舍，要租借私人会所和教堂，教师还要像神父一样保持独身。回到13世纪，一大批深受侮辱的牛津师生联合起来出走了，其中一支主力在1209年到达剑桥，从此就有了剑桥大学。

(2) "决不为国王或国家战斗"

我书房里有一幅装饰画——当然是印刷品——是2000年剑桥大学发行的限量纪念版，罗伯特·伐伦画的《1863年的毕业典礼》，画外标明"1350—2000，校庆650周年"。但我们对照一下上文提到的时间，就会发现有一百多年的出入，这是因为剑桥大学在1350年才有了自己的正规校舍，所以剑桥大学把这个时间当作建校的开始。而到了2009年，剑桥大学重新定义自己的历史，把时间追溯到了牛津师生来到剑桥的1209年。这样的话，它就跻身于欧洲最古老的大学之列，排行第八。

这件事也从另一个角度说明，大学是如何一种自下而上自发萌生的事物，不像自上而下的建设。

话说回来，自下而上地形成组织，争取特权，这种事情还会在大学的各个方面发生，比如大学内部的各个学院，它们也要争取独立的法律地位，要和大学平起平坐。再比如两个著名的学生辩论社团——剑桥联合会和牛津联合会，经常组织活动，公开辩论国家大事，连BBC（英国广播公司）都会全国转播。在他们那里，诸如"决不为国王或国家战斗"这种议题非但可以通过，竟然还可以赢得多数票的赞同。

我讲这些内容，其实另有一个缘故：我的《王阳明：一切心法》，后记里简单讲了讲"明朝资本主义萌芽"这个老而又老的话题，我的结论是："明朝所谓的资本主义萌芽，归根结底不过是出现了一些与西方资本主义社会相似的表象，既与资本主义无涉，更不是什么萌芽。当我们看到蝉在蜕皮的时候，谁能据此断言它将成长为一条蛇呢？"是的，在我看来，"明朝资本主义萌芽"这个问题本身就不成立。虽然这很违反常识，但是，我们不妨看看今天，市场经济发达到这种程度，岂不是远远超过明朝，但我们的社会显然不可能成长为资本主义社会。西方世界的自然环境和文化土壤都和东方世界大相径庭，从政治到伦理，连逻辑公设都是相反的。

资本主义的表象是市场经济，但本质是自发秩序。今天一些大牌资本主义国家正在逐渐远离这个本质，但我在这里就不展开讲了。今后还有一些内容会涉及资本主义的成形，这些问题以后可以慢慢来讲。

（3）逻辑学的影响

最后谈谈中世纪大学教些什么。

他们虽然不教"天理"这种高大上的知识，但也像中国分出"四书五经"一样分出"三科"和"四艺"。"三科"是基础性的，分别是语法、修辞和逻辑；"四艺"稍微高深一点，是算术、几何、天文、音乐。一共七门课，合称"文科七艺"。

大学既然是被学生主导的，那么哪些学科更"有钱途"，学生们就更愿意学，尤其是很多穷学生，一心想靠知识改变命运。今天我们也在讨论大学教育和社会需求脱节的问题，对策可以集思广益，但学科内容到底怎么调整，这完全要看领导怎么做主。而中世纪的大学更像自由市场，学生对社会需求高度敏感，教师又对学生的需求高度敏感，于是整个教育走向自动紧跟社会潮流。哈耶克讲的"自发秩序"，无非就是这个样子。那时候的大学确实很像行会，学生们没有多少崇高追求，只为了学一门谋生的手艺而已。

在贸易兴起的时候,算术和法律就变成了热门。博洛尼亚大学就是以法学著称的。还有一门学科被高度重视,但我们今天很难理解,那就是逻辑学。学逻辑学耗时耗力,学下来需要很多年,巴黎大学的逻辑课要求学生学完亚里士多德的全部逻辑学著作。当时的逻辑学就像今天的基础学科一样,不管你以后要专攻医学、法学还是神学,如果打不好逻辑学的底子,一切都是白搭。

我第一次知道这一点的时候,很有一种恍然大悟的感觉。以前看西方著作,总是不理解那些书名为什么两极分化。小说题目一般只是主人公的人名,比如《奥利弗·特维斯特》,中国人看不惯,要翻译成《雾都孤儿》。后来才知道这是《荷马史诗》的标题传统,《伊利亚特》《奥德赛》就是这样的。但另一方面,西方论说性的著作,题目极其烦琐。我们先看一下中国人取的题目,比如《大学章句》《大学衍义》《大学问》。再看西方的书名:《国富论》,好像言简意赅,但这是中译本的简化,人家原名叫《国民财富的性质和原因的研究》;《乌托邦》,这同样是中国式的简化,原名有点可怕,是《关于最完美的国家制度和乌托邦新岛的既有益又有趣的金书》;《物种起源》,原名更吓人,是《物种通过自然选择或在生存竞争中占优势的种群得以存活的方式的起源》——这是我从英文书名直译过来的,如果采取"信、达、雅"的标准,就必须断句,再重新组织语言。还好原书把"物种起源"几个字印成了大号、加粗,算是对读者最大限度的体谅了。

这就是高度重视逻辑学的后遗症,从中看出,他们为了精准的表达、规范的描述,付出了怎样的代价。这种语言的麻烦当然就是累赘,而优势也很明显,就是准确,并且便于交流。

（4）尾声

中国也有过逻辑学课，不过都是在佛教寺院里，是来自印度的因明学。佛教僧侣经常需要辩论佛经义理，这就需要大家都遵守一致的逻辑规范，否则很容易鸡同鸭讲。但中国人不很重视这个，古汉语又确实不适合逻辑思辨，所以因明学也没有发展很久。

中国人不大讲究逻辑，很大程度上是受了语言的制约。所以金岳霖当年提出"逻辑救国"这个口号，倒也不算荒唐。金岳霖的著作，以缜密的逻辑逐层推导中国传统哲学那些"无极而太极"的模糊概念，是一项难能可贵但费力不讨好的事业，所以他的学术远不如他和林徽因的关系那样广为人知。

本来我还很想讲讲巴黎大学，那是仅仅比博洛尼亚大学年轻约五十岁的古老大学，阿伯拉尔和爱洛依丝的爱情传奇就发生在那里，他们的一些诗歌匿名收录进了《布兰诗歌》——那是中世纪的《诗经》，被卡尔·奥尔夫用第一流的音乐再现，成为我最钟爱的声乐套曲。但是，借用玄学诗人安德鲁·马维尔的诗句——"但我总是听到，背后隆隆逼近的时间的战车"，我们毕竟没有"足够的世界和足够的时间"，假如有的话，我这书单里推荐的很多书籍，我都愿意讲上一年半载的。

我真的很想做个"时间的敌人"而不是"时间的朋友"，但没办法，读者一定不许我这样。阿伯拉尔和爱洛依丝的故事，还有《布兰诗歌》，就等我讲到卢梭《新爱洛依丝》的时候再讲。

※ 第九章

《论语》

《论语》从何而来

(1) 张禹一统《论语》世界

汉朝人最讲究经典的实用性,学《洪范》搞预测,学《禹贡》治水患,学《诗经》当谏书,学《春秋》审案子,那么,学《论语》有什么用呢?

答案:没什么用。

《论语》主要用作小孩子的入门读物,不属于"大学"教育的高深学问。

这种传统绵延很久,我们看陆游描写农闲时光的诗,有一句是"《孝经》《论语》教儿童"。但也不能小看这点学问——如果儿童能够认真学习,前途就会"乌巾白纻(zhù)待至公",从一个普通农村人做到政府高官。(《农事稍闲有作》)

这两句诗其实暗含着一个典故:西汉人张禹学习《周易》《论语》,学业有成,被人推荐做官。汉元帝立太子,安排张禹给年仅七岁的太子做《论语》教师。等到太子继位,也就是汉成帝即位,张禹加官晋爵,封侯拜相。张禹这一生富贵,就是从这一部《论语》得来的。

比陆游晚生六十多年的刘克庄也有一首农村题材的诗,偏巧也用到了《论语》和张禹的典故。诗的题目叫《村校(jiào)书》,描写一位乡村老教师的日常生活：

> 短衣穿结半瓢空，所住茅檐仅蔽风。
> 久诵经书皆默记，试挑史传亦旁通。
> 青灯窗下研孤学，白首山中聚小童。
> 却羡安昌师弟子，只读《论语》至三公。

这位老教师实在穷得不像话，但学问很好，不但儒家经典滚瓜烂熟，就连历史书也掌握得不错。这样的人才，怎么就委委屈屈地在穷乡僻壤教小孩子呢？诗的最后两句话锋一转：看看人家张禹师徒，只不过读熟了一部《论语》就做了大官。抚今追昔，怎不令人感慨啊！

第七句里的"安昌"说的就是张禹，因为张禹受封安昌侯。

乍读这首诗，似乎觉得诗人借古讽今，但事实上，情况完全不是这样的。

我在前面讲过，汉朝是个文化沙漠的时代，有一点点学术成就就很容易放光，但到了宋朝，已经是文化繁荣、思想解放的时代，知识精英的学术素养远不是汉朝人能比的。如果张禹生活在宋朝，早就被淹没在人海和书海里了。那位乡村老教师如果对张禹怀有醋意，这是很可以理解的。但是，我们要了解《论语》，还必须要从张禹开始。

(2)《论语》为什么叫《论语》

张禹属于"知识改变命运"的典范，但是，精通《论语》无非是有了一块敲门砖，真要博取富贵，靠的是过人的情商。

在张禹的求学时代，《论语》有齐、鲁两大系统。这并不奇怪，因为《论语》原本只是孔子的弟子和再传弟子零星做的笔记，当时非但没有著录成书的意图，就连整块文章都算不上。等孔子死后，不知过了多少代，后辈弟子把各种笔记编辑整理——用《汉书·艺文志》的原文来说："门人相与辑而论（lún）纂，故称之《论语》。"之所以"论"要读二声，因为它是通假字，通"伦理道德"的"伦"，而这个"伦"在古汉语里有"条理""整理"的意思。也就是说，孔门后辈把零散的笔记整理成有条理的一部语录集，所以取了《论语》这个题目。

事实上，《论语》看起来还是很缺乏条理的。但我们也没法苛求那些整理者，因为这些内容既有直系弟子记录孔子的话，也有再传弟子记录自己老师的话——老师又不止一位，这可比编辑单独一个人的语录难太多了。派系分裂和书籍传抄的过程中又出现了版本的差异，这当然也是正常的事情。

西汉流传的两大版本，《齐论》比《鲁论》的语句要多，除此之外还多出整整两篇。当时还从墙壁里出现过一部《古论》，是用先秦古文字抄写的，篇章次序和具体内容又与《齐论》和《鲁论》有很大差异。张禹当年学的是《齐论》，当他教太子读书的时候，需要给这个七岁的小孩子编订一部教材。如果换作我们，事情很好办，把《齐论》照抄一份也就是了。但张禹很奇怪，他删掉了《齐论》比《鲁论》多出来的两篇，然后两相参照，编订了一部《论语章句》。

这件事引起了后代学者很大的困惑，给出过很多模糊的解释。最有可能的解释是，张禹是个出名的大滑头，他一定知道太子的爸爸，也就是当时的皇帝汉元帝小时候学的是《鲁论》，如果自己拿《齐论》教太子，哪天皇帝考查太子学业，结果出现鸡同鸭讲的局面，那可是严重的政治问题！而直接照搬《鲁论》属于明目张胆地违背师传，在当时也是大事。

所以，张禹的做法，确实是一个稳妥的策略。

后来太子继位，张禹在官场上青云直上。

世道人心就是这么势利，张禹版的《论语》很快一统天下，号称《张侯论》，其他版本几乎没人再学了。我们今天的《论语》，来源就是这部《张侯论》。

(3) 定州汉墓竹简《论语》

1973年，西汉一位王爷的墓葬被考古学家发现了，挖出来的竹简里边就有一部残缺的《论语》，这就是定州汉简本《论语》。

汉简本《论语》究竟属于哪个系统，很难确认。最值得注意的反而不是它的文字，而是竹简的高度——它只有16.2厘米（约合当时的7寸）高，而抄写"五经"的竹简比它高出三倍。这种差别应该有两种原因：一是大人看大书，小孩子看小书；二是经典书籍用大竹简正式抄录，笔记之类的东西用小竹简随时抄录。

汉简本《论语》和我们今天读的《论语》，文字上有一些很有趣的差异。不过，无论如何，真正在中国历史上发挥影响力的《论语》就是一部《张侯论》——无论张禹做了多少有意无意的破坏性工作，这都是最值得我们重视的版本。

《论语》适合小孩子学，除了浅显，更重要的是生动。以今天的眼光来看，一部《论语》就像孔子学园里的小视频合辑，孔子和他的学生们活生生地在一起讲学问、发牢骚、闹矛盾、聊吃穿、碰钉子，还在背后说别人小话。这确实是一部杂乱无章的书，但杂乱得很有趣味。

然而我们必须小心，从《论语》理解孔子和儒学是一条很偏颇的路，毕竟它记载的只是各种花絮，不是儒家的正经学问。我们不该直接拿《论语》来代表孔子学说。

孔子和体育课

(1)"四体不勤"

孔夫子有没有开设体育课呢?

《论语》有这样一则故事:学生子路和孔子走散了,向一个务农的老汉打听:"您见过我的老师没有?"老汉说了很有名的一句话,原文是:"四体不勤,五谷不分,孰为夫子?"说完就不再理会子路,自顾自地锄草去了。

老汉的话究竟是什么意思,因为古汉语的模糊性,历代学者各有各的解释。今天我们可以排除各种意识形态的干扰,结合上下文来看,显然老汉看不惯这些假模假式的儒家分子。在"批林批孔"年代,"四体不勤,五谷不分"就是孔子的一大罪状——知识分子不如劳动人民可敬可贵。

井上靖写的小说《孔子》就把这段故事用了进去,然后以孔子学生的口吻反省说:"的确,别人批评我们四肢不动、五谷不种,这是公允正确的。这正是我们的不足之处呀。"

这当然是现代人的视角,孔子可不会觉得这是什么"不足之处"。

《论语》还有一段话,是说有人议论孔子,说他虽然博学,但样样稀松。孔子听说之后，对弟子们说："我有什么特长吗？我到底是精通驾车还是精通射箭呢？嗯，驾车是我的长项。"

这段话应该怎么理解，历代专家照例各执一词。但无论孔子到底想说什么，这番话都透露给我们一个线索：孔子确实能驾车，能射箭。

我们今天提到学者，心里往往浮现出"弱鸡"的样子。但是，拿今天的印象想象孔子，其实很不合拍。孔子身上有大力士的基因，身高远超普通人，读书的话，应该能做个体育特长生。当时的人看孔子，大约就像我们今天看姚明。更重要的是，今天"弱鸡"式的学者，比如《生活大爆炸》里的那些物理学家，是学科精细化之后的产物。而在孔子的时代，文科不但和理科不分家，甚至和体育也不分家。

（2）文武不分

我们还要回到《左传》。《左传》里的战争和后世有很多不同，其中之一就是不分文臣、武将。我们再看明朝，王阳明以文臣带兵，立下赫赫武功，让人感觉很了不起。而在春秋时代，同样一拨大臣，在朝廷里就是文官，出去打仗就是武将，角色随便切换，没人觉得奇怪。

《论语》还讲过"君子不器"的道理。君子天然就不该是某个领域的专家，专家是下等人做的。君子，或者说贵族，当然也要学习。他们的学业一般是六门功课：射、御、礼、乐、书、数，合称"六艺"。"射"和"御"就是射箭和驾车，在今天属于体育项目。

而在当时，射箭和驾车都是很实用的技能，"士"这个阶层以上必须掌握。我在前面讲过，打仗是当时贵族的特权，庶民只配当勤务兵，两者大约就是堂·吉诃德和桑丘的关系。打仗要靠战车，一辆战车上有三个人，中间是驾车人，驾车人左边是弓箭手，右边是长枪手（实际用的是戈），三个人必须配合得当。可想而知，操纵战车很不容易，在奔驰的战车上射箭就更不容易，所以开车和射箭都属于当时的高深武术。

今天我们说起武术，马上想到的都是少林罗汉拳、太祖长拳、八卦掌这些套路。这些武术说起来好像源远流长，其实它们的历史远没有一般人想象的那么久，甚至很多都是直到明清两代才出现的。而且就算在明清两代，高级武术也不是这些，而是骑射。

话说回来，春秋时代，一旦准备开战，国家就会发放战车、武器和甲胄，很多的"士"这时候就变成了兵——也就是"士兵"——穿戴停当就开赴战场。"士"要去作战，就变成了"战士"。这种生死攸关，还和同伴的生死高度攸关的事情，谁敢不认真呢？

当时的道德也会要求，一辆战车上的三个人应当同生共死。如果战友死了，自己活着回来，那就没脸见人了。这也属于当时的"礼"，所以"礼不下庶人"，庶人没那么多的道德压力，苟活是天经地义的事。

那时候的贵族阶层，完全可以说是一个武士阶层。孔子的门下甚至出过一位军事人才，名叫冉有。

冉有带兵战胜了齐国，主君问他："你的军事才干是天生的还是学来的？"冉有说："我是跟孔子学的。"冉有接着狠狠夸了老师一顿，孔子晚年被请回鲁国，就是因为这个机缘。孔子未必真的教过军事，但射箭绝对是他教过的。

孔子的箭术

（1）射箭比体育和武术更深刻

请你尽情发挥想象：孔子教射箭，会是怎样一种教法？

这一次的答案，不是三言两语能说完的。

《论语》里记录了孔子谈射箭的一段话："君子什么都不争，如果说一定要争点什么，那就是射箭比赛争名次了。比赛的时候，两位选手先要作揖谦让，然后登堂射箭，射完之后再作揖谦让一番，退到堂下，最后，输家要被赢家罚酒，又会有一番作揖谦让。就算是争，也不失君子的风度。"

这段话给我们留下了"君子之争"这个成语。

孔子要教人做君子，射箭是君子修养的必备一环。射箭不能乱射，一定要讲礼仪。这不奇怪，孔子一心复兴周礼，儒家的一切教育都有周礼做底子。

《礼记》专门有一篇《射义》，顾名思义，就是讲射箭的意义。开宗明义是这样一段话："古时候诸侯举行射箭比赛，必须先搞燕礼。卿大夫和士比赛射箭，必须先搞乡饮酒礼。燕礼为的是明确君臣等级，乡饮酒礼为的是明确长幼辈分。"

总而言之，礼仪的各种细节，都是为了强化人的身份意识和集体认同，让尊卑长幼各安其位。《射义》记录了孔子演习射礼的场面，说围观的人太多，挤成了人墙。

射箭的靶子叫"侯"，"诸侯"的"侯"。天子举行的最高规格的射礼叫作"射侯"。按照《射义》的说法，天子通过射侯来检验诸侯，射中的才够资格做诸侯，射不中的就不能做诸侯。

我们会觉得不解：难道做诸侯必须有好箭术吗？

不，这不是箭术的缘故。按照《射义》的说法，能否射中靶子并不取决于武艺，而是取决于道德。因为射箭的人，只要一举一动都合乎礼仪，内心和身体都端正，然后张弓搭箭瞄准，这才可以射中。所以说，通过射礼，可以观察一个人的品行。除此之外，还有一种制度上的缘故：古代的诸侯每年都要派一些士到天子那里，天子会给他们安排箭术考试，只有那些举止合乎礼、节奏合乎乐且射中次数多的士才有资格参加祭祀。士的质量决定了诸侯的待遇，所以诸侯国里的君臣就会认真练习射箭和礼乐。在这一点上做得好的君臣，从来没听说有流亡国外的。

(2) 射箭关乎国运

看来射箭不是一项单纯的体育项目，而是关乎国运的大事。

这貌似有些夸张，但我们必须想到，在周朝开国的年代，射箭的本领确实高于一切。我们可以从清朝看到一点影子：清军入关之后，即便在和平时期也非常重视骑射训练，甚至把它抬到"祖宗家法"的高度。比如我们熟悉的纳兰性德，写出"人生若只如初见"的那位多情贵公子，人家首先不是诗人，而是大内高手，从童年时代就开始接受严格的骑射教育。只不过比起八旗子弟，周朝贵族用了一整套礼乐仪式把射箭这项活动精美地包装起来了，赋予它更深刻的意义。

《射义》对往昔的描述，虽然未必合乎史实，但显然是为了针对春秋礼崩乐坏的社会乱象：很多诸侯国要么闹政变，要么被吞并，君臣四处流亡，流亡途中当然还要惦记着复辟，复辟就会造成更多的动乱。儒家也许会这样说：你们活该，谁让你们平时不好好射箭呢？！

孔子的一生志向就是复兴周礼，所以不管是文化课、音乐课、体育课，一切都围绕着古老的周礼打转。《论语》时常提到"仁"，很容易使人以为"仁"才是孔子思想的核心。这也难怪，毕竟汉唐以后，孔子和《论语》的地位一路飙升，周礼又和社会现实实在没法合拍，务虚的"仁"取代务实的"礼"也就顺理成章了。

(3) 治安隐患

听我讲了这些高大上的东西，你有没有注意到一种很实际的治安隐患呢？射礼既然可以经常举行，孔子既然可以拉着一批学生比赛射箭，那也就意味着，弓箭这种致命武器是私人可以自备的！这很像今天的美国，民间不禁枪。

当时没有任何人觉得不妥，直到汉武帝的时候，才有人建议禁止民间拥有弓弩。汉武帝把议题交给大家讨论，《春秋》学者吾丘寿王给出一份很长的意见，大意是说，搜缴天下兵器这种事，秦始皇干过，结果怎么样呢，大家拿起锄头把秦朝灭了。再看上古圣王，人家鼓励射箭，以射礼彰明教化，让老百姓也能有件防身的武器。到底是学古代圣王还是学秦始皇，陛下看着办。

虽然我们今天总是说"秦皇汉武"，把这两位当成雄才大略的帝王双星，但在西汉时期，秦始皇是举世公认的头号反派，每个人都要和他划清界限。吾丘寿王给出的二选一，相当于说"您想做好人还是坏人"。汉武帝当然要表态做好人，所以也就不禁弓弩了。

历朝历代，对民间拥有武器的禁令确实有过几次：王莽禁过，隋炀帝禁过，宋朝禁过，元朝禁过，明朝也禁过。专制君主总想调教顺民，但代价之一就是没法应急。孰轻孰重，各有各的掂量。

《论语》的读法

(1) 孔子为什么说怪话

现在谈谈《论语》的读法。首先我们要知道,《论语》不是一部系统化的学术专著,里边的很多话都只是孔子零零散散谈的人生经验。比如孔子说"别和不如自己的人交朋友",如果拿它当一个学术命题来看,怎么解释都解释不圆。好像孔子是个势利眼,又好像顶尖人物注定没朋友。所以历代学者不断想为孔子辩护,做出过各种稀奇古怪的解释。但我们不妨把自己想象成孔子的一个弟子,追随在老师身边,偶然听老师讲了这样一句话。这句话当然很好理解,无非是说近朱者赤、近墨者黑,一个有上进心的人应该有意识地和高水平的人相处。用评书里的话讲,这就叫"鸟随鸾凤飞腾远,人伴贤良品自高"。

但这并不妨碍那些没有上进心的人选择另外的交友方式,比如市井智慧会教人选择略低于自己的朋友。道理也很简单,这样的交往模式相处起来最舒服,自尊心容易得到满足,也不容易犯红眼病。

如果有草根阶层的教条主义者,偏要拿孔子的话当金科玉律,非要和精英交朋友,结果发现自己关心的话题是怎么换乘公交车最省钱,人家却在关心游艇的保养,两者实在没有共同语言,出现这种尴尬,真不能怪孔子。

孔子说过:"丢了官就该赶紧穷掉,死了就该赶紧烂掉。"请你不要查任何资料,仅从字面上想想孔子这两句话,你觉得孔子到底想说什么?

孔子死后,他的几个著名的弟子认真议论过这句话。曾子说:"我亲耳听老师这么讲过。"有子说:"不可能,这不是君子该说的话。"曾子不服气:"我和子游一起听到的,怎么会错?"有子说:"就算老师真的这么说过,一定有特定的语境。"

后来曾子遇到子游,提起这件事来,子游反而站在有子的一边。他对曾子说:"当年老师在宋国,看到桓司马督造自用的石椁(guǒ),三年都没做好。老师就说:'他这么奢侈浪费,死了还不如赶快烂掉的好。'南宫敬叔丢了官,出国转了一圈又回来,带着很多珍宝准备行贿,所以老师说:'像他这样,还不如丢了官就赶紧穷掉呢。'"

这里所谓的石椁,就是用石材做的外棺。古人丧葬,尸体放进棺材,棺材外面再套一层大棺材,这个大棺材就叫椁。棺和椁一般都是木材打造的,桓司马用石材来做椁,显然规格更高,希望等自己死后,尸体能得到更好的保护。

曾子把子游的这些话转告有子,很佩服有子的判断力。有子解释说:"老师做官的时候订过丧葬制度,要求棺厚四寸、椁厚五寸,所以我知道老师并不会希望人死后赶紧腐烂。老师当年在鲁国丢了官,准备去楚国做官,先后派了子夏和冉有探察情况,所以我知道老师并不会希望一个人丢了官就赶紧穷掉。"

(2) 基准线和旁证

这个故事出自《礼记》,让我们知道断章取义多害人。但是,我们读《论语》，恰恰最难避免的就是断章取义，因为《论语》收录的很多话都不带上下文的语境，还有不少前后矛盾的地方。怎么读，怎么理解，就真的成了一个大问题。

传统的读法，一般都是先把孔子想象成一位圣人，圣人当然胸襟开阔、目光远大，所以对那些貌似胸襟不开阔、目光不远大的话，一定要曲折地理解，切忌抠字眼。比如《论语》里，有人问孔子"以德报怨"对不对，孔子的回答是："如果'以德报怨'的话，该拿什么报德呢？应当'以直报怨，以德报德'。"

从字面来看，这段话其实并不费解，只是大家很难接受孔圣人竟然不赞同"以德报怨"，更难接受的是，他老人家竟然主张"以直报怨"，难道是让我们以眼还眼、以牙还牙不成？不，一定不可能。那么，"以直报怨"的"直"一定是指某种宏伟的、博大精深的"正直"才对！朱熹就是这样理解的，说"以直报怨"就是大公无私。

这当然是想多了。但我们怎样判断这是"想多了"呢？很简单，我们要养成有子的判断力，还要在子游那里寻找证据。也就是说，我们要从各种相关文献中，梳理出孔子言谈举止的基准线，拿这条基准线和各种旁证作为判断的依据。

（3）以直报怨，以牙还牙

"以直报怨"和"以德报怨"的话题在《礼记》里也出现过，还讲得很详细。孔子是这样说的："'以德报怨'，人们就会受到鼓励，从此更努力地做好事；'以怨报怨'，人们就会接受教训，从此不敢再做坏事。"接下来引用《诗经》和《尚书》的两段话，最后孔子说："'以德报怨'的人是但求消灾免祸、息事宁人的人，'以怨报德'的人该受刑罚惩戒。"

站在统治者的角度，当然要表彰好人好事，惩罚坏人坏事，否则社会就乱套了。不要说杀人放火这种事，就算是闯红灯、乱停车，如果不受制裁，交通秩序就不复存在了。在人际关系的角度来看，如果张三宠你爱你，李四打你骂你，你对张三、李四一视同仁，李四当然没意见，但你让张三怎么想？

我们看孔子的一生，别人怎样对他，他就怎样回报。如果在谁那里受了轻慢，马上打包走人，在谁那里受了威胁，马上背信弃义。他老人家既不会以德报怨，更不会顾全所谓的大局。我们必须想到，孔子出生的时候虽然家道中落，但那好歹是个低等贵族的家庭，他的毕生追求又都在贵族礼仪上。贵族尤其在意脸面，比小市民更不怕得罪人。"以德报怨"，只想息事宁人，这是草根阶层的道德。

我们看耶稣的登山宝训，教育大家"有人打你的右脸，连左脸也转过来由他打。有人想要告你，要拿你的里衣，连外衣也由他拿去"。这样的训诫之所以大行其道，这是因为耶稣的听众都是草根中的草根，一直以来都是以这种道德观念苟活的，否则早就起来反抗罗马人的统治了。耶稣的话，无非是给这种草根道德粉饰了一种神性，让他们不再觉得这么丢脸，反而觉得这很高尚。直到尼采出现，才揭示真相，痛骂这种奴隶式的道德。这方面的内容，等我讲到尼采的时候再仔细说。

（4）训诂、背景与心态

李零解释"以直报怨"，从训诂角度说"直"不是"正直"的"直"，而是"等值"的"值"，所以"以直报怨"也就是"以怨报怨"。孔子之所以不说"以怨报怨"，而是说"以直报怨"，是因为古文"德"的写法有三种，声旁都是"直"，孔子恐怕是玩了一个文字游戏。(《丧家狗》)

这是最合理的推测，因为从旁证来看，儒家伦理不但支持"以怨报怨"，甚至鼓吹血亲复仇。也就是说，如果你的亲人被人杀了，你不必经过公权定夺，自己就有义务手刃仇人。"杀父之仇不共戴天"，这句名言就是从儒家来的。

我们今天一定会问：这属于刑事案件啊，难道不该由政府解决吗？

那么，如果政府无能，或者怠工，那该怎么办？

这就取决于你生活在怎样的时代、怎样的社会了。

如果是在专制时代，统治者最希望培养顺民，大家能忍则忍，尽量别给政府添麻烦。个人是不是伸张了正义，不重要，重要的是社会要安定，受害者"以德报怨"也就是了嘛。

当然，我们确实可以从个人修养的角度批评孔子："'以直报怨'的人太小家子气，斤斤计较。贵族不是最讲风度吗？这样简直毫无风度可言。看看人家道家和佛家，要么闲云野鹤，要么万事不执着，多好！"还有另一种很典型的议论："你就算'以直报怨'了，除了给对方造成伤害，又改变了什么？对方给你造成的伤害已经是既成事实了，无论你怎么做都改变不了。你为什么就不能泰然接受、迅速释怀呢？"

是啊，为什么呢？也许只因为孔子做梦。

做梦事关重大

（1）孔子做梦吗？

孔子该不该做梦？

这个问题看似荒唐，其实相当重要。

明朝有一位自学成才的狂人王银，听说王阳明学术修为很高，便去拜访他。才一见面，王银有点自来熟，说前一天晚上自己梦见了王阳明。王阳明冷冷地回答了四个字："真人无梦。"这是《庄子》的话，暗示王银修为太低。

真是太不给面子了！王银确实出身低、读书少，但读书少也有好处，那就是读得精熟，对有限的几个典故可以随口就用。王银当即就反驳了一句："孔子是如何梦见周公的？"

这就像骑士比武，二马一错蹬就能分出胜负。王阳明本该中枪落马的，但他硬给自己找了一个台阶："这……这是孔子的真情流露！"

这个台阶找得实在不高明，等于嫌自己死得不够透，又在胸口补了一枪。但好在王银很质朴，王阳明的光环又太耀眼，而且论真实学养，王阳明远在王银之上，所以王银竟没有痛打落水狗，反而拜王阳明为师。王阳明为他改了名字，去掉了"银"的金字旁，王银变成王艮，后来开宗立派，成为泰州学派的一代宗主。

我们看王艮的反驳，"孔子梦见周公"出自《论语》，绝不是什么生僻典故。但王阳明为什么会一时失察，说出"真人无梦"这样的话来呢？这还真不是偶然，因为宋朝的理学先驱们就很纠结过这个问题。在他们看来，孔子根本不可能做梦！

逻辑很简单：做梦是修养低的表现，人家孔子是千古一圣、泰山北斗，以他老人家的绝世修为，怎么可能会做梦呢？这就像武侠小说的世界里，无论是少林主持还是武当掌门，谁都不可能发烧、感冒。

做梦怎么就不好呢？因为俗话说"日有所思，夜有所梦"，你在白天的各种焦虑，诸如房价又涨了，老板又扣你薪水了，秘书马大姐见你没前途，对你冷淡了，等等，"这次第，怎一个愁字了得"。

这些焦灼，就会不断在梦中纠缠你，化身成各种古怪的样子。

如果没有这些焦灼，自然也就不会做梦了。

必须承认，这是一种很进步的观念。

（2）原始思维

梦到底是什么，或者说，到底是怎么回事，很让古人困惑。

在文明的早期，人们一般把梦理解为"灵魂离开身体"。这太合情合理了，当你睡着之后，到另一个时空过了一种截然不同的生活，醒来却发现自己还在原地没动。太神奇了，这怎么可能？刚刚到别处生活的明明就是自己啊！谁是我，我是谁，是蝴蝶在梦中变成了我，还是我在梦中变成了蝴蝶？一定是沉重的肉身在睡着之后，没有力气再约束灵魂了，所以灵魂离开了肉体，漫游在另外的世界里。如果灵魂迷路了，没能及时返回肉身，人也就活不成了。

列维·布留尔的《原始思维》列举了很多"野蛮人"对梦的理解，最后他认为可以做这样一个简单的结论："野蛮人"相信，他在梦中的体验和在清醒时的体验一样真实。

所以，"日有所思，夜有所梦"的观念虽然很偏颇，但真的是一种进步。

宋朝学者受了佛家和道家的影响，格外注重心灵修炼，认为修养深厚的心灵应当像一面明镜，事情来了，镜子上就有相应的显现，事情过了，镜子上的影像也就随之消失。有一个很出名的故事，说大和尚带着小和尚过河，见到河边有个美女也要过河。大和尚和美女搭讪了两句，就毅然背着美女蹚过了河。小和尚也跟着蹚了过去，但心里总觉得不是滋味。等回到寺里，小和尚终于忍不住了，问大和尚："咱们出家人不近女色，可你刚才……"大和尚答道："我早就把人家放下了，你却还没放下！"

(3)"背美女过河"的真实版

大和尚的这种修养，就叫作心如明镜，了无挂碍。

没有挂碍，也就没有恐惧，远离颠倒梦想。这是《心经》里的话，今后我会讲到。

这种心态确实很好，最适合谈恋爱，每天面对的都是初恋，每次会面都是一场全新的恋爱，朝夕相处只如初见，但不适合出门，因为每次都会在同一个地方被绊倒。

相反的例子当然更多，毕竟"放不下"才是一个人的自然反应。比如《左传》记载吴国奇袭楚国，楚昭王带着妹妹季芈（mǐ）畀（bì）我仓皇出逃。"季芈畀我"是这个妹妹的名字，"季"表示排行，"芈"

是姓,"畀我"是名。先秦的称谓习惯和秦汉以后完全不同,为了叙述上的方便,我就简称她芈小姐好了。这次逃亡之旅真可谓一波三折,屡屡遇到危险,在最危险的一段路上,一个叫钟建的人背起芈小姐,一路紧跟楚昭王。今天的知识使我们知道,芈小姐的处境会使她心跳加速、掌心出汗、瞳孔放大,这是苯乙胺分泌过多的结果,和恋爱的神经化学反应是一样的,所以两者的感觉高度相似。

后来战乱平定,楚昭王要给妹妹选婆家。芈小姐拒绝了,义正词严地说:"男女授受不亲,钟建已经背过我了。"

楚昭王于是让妹妹和钟建成婚,还给钟建封官,让他掌管音乐(钟家是音乐世家,最著名的音乐人就是钟子期。即便他只是个传说中的人物,但之所以让他姓钟,并不是随意的)。

钟建如果有大和尚的修养,就应该对芈小姐说:"我早就把你放下了,难道你还没从我背上下来?"

俗人和得道高人,差别就是这么大。

(4) 圣人到底做不做梦

孔子和钟建是同时代人。那么,如果让孔子站在钟建的位置,他会不会在把芈小姐从背上放下的那一瞬间也从心里把她放下呢?

在那个时代,甚至根本没有人会提出这种问题。而到了文化发达的宋朝,这就真的是一个严峻问题了。学者们相信,孔子一定放得下。即便芈小姐美若天仙,孔子事后连做梦也不会梦到她。

是的,一个人到了超凡入圣的境界,当然不会做梦。

但《论语》明明讲过孔子梦见周公,这该怎么解释?

北宋大儒程颐矢口否认:"根本没这回事!"

但是,《论语》白纸黑字,证据确凿,哪容抵赖!

程颐当然不是抵赖,而是根据他所理解的孔子的"基准线"来做判断,给出了有子和子游式的解释:"孔子根本没有梦见周公,只是早年在寤寐间思念周公罢了,后来便不复思念了。如果他真的梦见周公,那他就不是圣人了。"

程颐的弟子不能理解:"难道圣人真的不做梦吗?"

程颐大概也觉得不能把话说得太绝,于是答道:"圣人也做梦的,但和常人不同。常人或者日有所思,夜有所梦,或者不思而梦。圣人的梦不是这样,比如殷高宗梦见傅说(yuè),结果真的有个傅说在傅岩那里。"

程颐的意思倒可以为民间传说中的"应梦贤臣"做背书,属于列维·布留尔所谓"原始思维"的一种,而通常意义上的梦显然与圣人无缘。今天我们知道,"日有所思"和"夜有所梦"没有必然联系。梦总会自然发生,这是神经系统的运作机制。但我们不能因此苛责古人,要知道直到近现代,弗洛伊德的《梦的解析》造成那么大的影响,但依然把梦的机制理解错了。

(5) 如果孔子打网游

我讲到这里,你应该已经能够感觉出汉朝和宋朝在学术风气上的一些差异了。是的,中国历史上,所谓汉学和宋学两大阵营,就是由这些差异逐渐建立的。

宋学比汉学更加重视人的"内在"。一个认真磨炼"内在"的儒家学者,乍看上去和修道或修佛的人没有显著的不同。所以他们理解孔子,总会不自觉地预设一个前提:孔子一定修炼成了至高无上的内功心法，心灵境界绝不会比不上佛陀和太上老君。

这就太难为孔子了。如果孔子复生，一定觉得程颐、朱熹那些人走火入魔了。

我们再看《论语》里的一段名言——"子在齐闻《韶》，三月不知肉味"，这是在说孔子听了《韶》这种音乐，一连几个月陷入沉迷状态，吃肉都吃不出味道。

今天看来，这明明是很正常的反应，任何一个沉迷过网络游戏的人都有过类似的体验。我们可以把《论语》这句话改成："孔子住在网吧打游戏，通宵大战，钱花光了还赖在网吧不肯走，吃什么都觉不出味道。"这虽然把孔子的层次拉低了，但心理规律与前者并没有任何不同。

我们可以像很多操心的父母一样，到网吧把孔子揪出来，狠狠训斥一顿。如果我们有宋朝理学家的学术素养，我们的训斥至少要这样说："你太执着了，不该让事物的影子成为明镜上擦拭不掉的烙印啊！"

是的，一颗"三月不知肉味"的心，显然不是一面无瑕的明镜。

儒家学者当然不会这样菲薄先圣，所以程颐提出训诂上的意见，说"三月"是对"音"字的错误抄写，《论语》原文应当是"子在齐闻《韶》音，不知肉味"；朱熹说"三月"之前脱漏了"学之"，《论语》原文应当是"子在齐闻《韶》，学之三月，不知肉味"。

看来这些第一流的学者也摆不脱先入之见的干扰。这样的儒学，已经很像基督教的经院哲学了。没办法，这就是时代风气使然，很少有人能够超脱。

今天又有今天的时代风气，我们怎样读书，怎样理解古代的经典和现代的世界，我们又能否摘得下鼻梁上那副几乎感觉不到的有色眼镜？消极一点来说就是各凭造化，积极一点来说就是开阔眼界，多看不同的东西。当然，本着实用主义的角度，如果今天读《论语》还读成程颐和朱熹那样，至少能获得一些来自信念的精神力量。

※ 第十章

《孟子》

孟子的两个标签：圣人和乱臣贼子

（1）孟子应当向谁效忠

《孟子》是"四书"的第三部。宋朝有人写诗讽刺孟子，有两句说"当时尚有周天子，何事纷纷说魏齐"。孟子满世界推行王道，但放着周天子不理，整天围着实力派的诸侯们打转，这哪是圣人，简直就是一个煽动叛乱的乱臣贼子啊！乱臣贼子竟然被标榜为圣人，这到底是为什么呢？

这两句诗很有名，因为它出现在《射雕英雄传》的一个重要桥段里：书生气十足的朱子柳拿孟子的话来讽刺黄蓉和郭靖的亲昵，黄蓉气不过，吟出这样一首诗："乞丐何曾有二妻，邻家焉得许多鸡。当时尚有周天子，何事纷纷说魏齐。"朱子柳"越想越对，呆在当地，半晌说不出话来"。

诗的前两句针对《孟子》的两则寓言。寓言有马脚，禁不住有心人的推敲，这倒不足为怪。最后两句却关乎大义，于是朱子柳心想："只怕起孟夫子于地下，亦难自辩。"

如果孟子真的复生，确实不会为自己辩解什么，因为他一定很困惑，不明白朱子柳何以哑口无言，更不明白这首诗到底在讽刺自己什么。很可能在愣了半天之后，孟子会狐疑着说："难道你要我效忠周天子？那不是让我做乱臣贼子吗？！"

是的，在周代礼制下，孟子如果向周天子效忠，反而会为正统道德所不齿。

社会结构不同，政治格局不同，伦理观念就不同。

我在前几章多次讲过，周代是宗法封建社会，逐级分封，逐级效忠，最核心的从属关系可以概括成一句话："主子的主子不是我的主子，仆人的仆人不是我的仆人。"如果你是某个大夫的家臣，那么你的效忠对象就是这位大夫。如果你的觉悟太高，想去向国君效忠，甚至向周天子效忠，那么你的处境就会是千夫所指、万人唾骂。秦始皇废封建，设郡县，从此中国社会的主流结构变成郡县制。在郡县制里，虽然行政结构上可以有逐级负责制，但全国上上下下所有人都只能向皇帝效忠。如果你是某位大臣家的总管，你发现这位大臣有某种非分之想，你就有义务向皇帝检举。

(2) 治国平天下，只靠一句话

孟子有这样一句名言，原文是："道在迩而求诸远，事在易而求诸难。人人亲其亲，长其长，而天下平。"这是说"平天下"是一件很容易的事，只要每个人都爱自己的父母，尊敬自己的君长，就足够了。但人们偏偏舍近求远、舍易求难。

这话貌似迂腐，但真的说在点上了。如果孔子能听到，一定会连连点头。因为周代的礼乐制度，无数的繁文缛节无非都在维护"人人亲其亲，长其长"这八个字。不需要你有多少爱国主义情操，不需要你有什么奉献精神，只需要你爱父母、敬君长。

那么，谁是你的君长呢？如果你是家臣，那一家的大夫就是你的君长；如果你是大夫，你们诸侯国的国君就是你的君长；如果你是国君，天子就是你的君长。家臣不必爱国，国君也不该跨过大夫直接支使家臣。在哪个级别就做好那个级别的本分，这就够了。"天下兴亡，匹夫有责"说得通，但如果说"国家兴亡，匹夫有责"就有点说不通了，匹夫的责任只是"亲其亲，长其长"，仅此而已。如果有谁号召匹夫们为国捐躯，那就属于"道在迩而求诸远，事在易而求诸难"。

（3）儒家和法家并不是为了解决同一个社会问题开出不同的药方

法家很看不惯儒家。

韩非子考察历史成败，觉得儒家喜欢的这种政治格局很不好，这会使全国人民心不往一处想，力不往一处使，国家还怎么富强呢？

儒家和法家的矛盾，其实还不能说是各自给社会开药方，都觉得自己的药最灵，而是在核心诉求上就有差异。如果一定要拿开药方来比喻，那就可以说，儒家开的是营养液，为的是让病人康复；法家开的是壮阳药，为的是让病人"能行"。病人康复之后能不能行，儒家不关心；病人"能行"之后健不健康，法家不关心。

也就是说，法家关心的是富强，儒家关心的是和谐。今天很多人觉得这两个目标并不矛盾，但在古代，秦朝就是富强但不和谐的典范。

《西西弗斯的神话》的孟子式荒诞

(1)"人和生活的分离,演员和布景的分离"

如果我们反问孟子,问他自己有没有"亲其亲,长其长",他会怎么回答?

我想,孟子会愣一下,瞳孔忽然收敛了光彩。如果他足够清瘦,那就会转过身,留给我们一个落寞的背影。如果他曾经穿越到我们的世界,读过加缪的《西西弗斯的神话》,他一定会用夸张的舞台腔背诵其中的段落:"在一个突然被剥夺了幻觉和光明的宇宙中,人就感到自己是个局外人。这种放逐无可救药,因为人被剥夺了对故乡的回忆和对乐土的希望。这种人和生活的分离,演员和布景的分离,正是荒诞感。"

孟子确实最容易生出这样的荒诞感来,最能对"人和生活的分离,演员和布景的分离"感同身受。他当然"亲其亲",却做不到"长其长"。宗法纽带早已被撕扯掉了,人变成了孤立的人,这就像农村遭了拆迁,原住民被分别安置在高楼大厦的新小区里,走出单元门,茫然看不到七大姑八大姨,身份认同感出现了严重的问题。

礼崩乐坏意味着旧有的组织结构瓦解了,到孟子的时代,已经瓦解得很不像样了。从西周到战国,恰恰就是一个从超稳定结构走向激烈竞争的过程。那些适应不来这种转变，失去了宗族依靠还放不下身段的人，最后就会落到"嗟来食"的下场。

孟子放得下身段，而且有本事，干劲十足，天生能在激烈竞争中大显身手，而战国七雄之间的激烈竞争，恰好给了游士们最好的舞台。"百家争鸣"这种事情，只可能在王纲解纽的时代发生。

（2）百家争鸣

自由竞争的环境还会助长对多元化的宽容。我们看战国七雄，国家战略目标很单纯：要变大变强，还要比竞争对手更快地变大变强。在严峻的竞争压力下，人才变得格外宝贵。各国争相开出高价，诚邀天下英才。所以孟子虽然处处碰壁，理想在哪里都行不通，但日子过得很富裕，哪个国君都没亏待过他。如果孟子不是一个理想主义者，而是像苏秦那样仅仅追求世俗眼里的成功，那么他已经很成功了。尤其当我们拿孔子与其做对比，孔子一会儿断粮，一会儿被人追杀，基本生活都很难获得保障。难道孟子比孔子水平高吗？当然不是，只是时代变了而已。

在孟子的时代，知识精英无论走到哪里，都会受到高规格的接待。那些国君并不傻，即便心里看不上谁，在待遇上也总要给足。这是做姿态。比如礼遇孟子，就是给天下人发出一个信号：大家好好看看，这么迂腐的老夫子在我这里都能吃香喝辣，如果有富国强兵真本事的人来了，难道我能亏待他？

我们不能小看这些诸侯的付出，因为接待一位孟子意味着接待一个庞大的团队。当时诸子百家周游列国，大牌学者会有很多弟子随行。孟子一动身，随行就是浩浩荡荡的车队，如果诸侯国的规模还停留在西周时代，孟子一行人吃也能吃垮一个小国。

大国诸侯很有大国风范，花重金把孟子供起来，但从不用起来。有事情的时候也会很礼貌地找孟子咨询一下，基本也能被孟子说服，但过后并不会真用孟子这一套。孟子真的是个西西弗斯式的英雄，如果加缪了解他，一定会拿他做点文章。

(3) 生存方案三选一

在加缪的作品里，《西西弗斯的神话》是被严重高估的一部。这本书很不好读，感觉就像一个青春期的敏感少年看了乱七八糟的哲学书，走火入魔之后写下的一封遗书。遗书写得太长，以致在终于收尾的时候，他已经忘记了自杀这回事。

当然，我们不该苛求文学家的学术素养和思辨能力，这两方面的欠缺正是他们文学创作的助力。

《西西弗斯的神话》抛出这样一个命题：世界是荒诞的。

好吧，我们就相信世界是荒诞的。接下来的问题是：我们该怎么应对这种荒诞？

方案一：自杀。这好像不太好，负能量太满。那么，方案二：信上帝。但是，知识分子的理性不允许。

太难了，没有出路了，不过，柳暗花明之际，我们还有方案三：学习西西弗斯。

西西弗斯是希腊神话里的一个角色，因为犯了错误，不得不接受一种永恒的惩罚：每天要把一块巨石推到山顶，但巨石还会落到山脚下，于是到了第二天，他还要照样把巨石推上去。如此日复一日，年复一年，永无止境。

我们知道月宫里的吴刚就是这样砍伐桂树的，所以《西西弗斯的神话》也可以叫《吴刚神话》。看来每个民族都有一些在毫无意义的工作岗位上苦熬时间的人啊。

加缪写《西西弗斯的神话》，满篇满纸都是哲学呓语，真正写到西西弗斯时只有很短的一段，那是全书最后的一段。偏偏这一段最闪光，最有力量。如果你能忍得下前面无穷无尽的啰唆，那么看到这里的时候，你会生出一种振奋的幻觉。

加缪重新解读了西西弗斯的故事，说他明明对命运无能为力，还偏要在每一天都认认真真地反抗命运。他用轻蔑对抗荒诞，用勇气在每一天的徒劳和失败中体验幸福。他知道自己是个输家，但就算是输，也要输出高贵的姿态。当我们拉回视线，看看孔子"知其不可而为之"，看看孟子"虽千万人吾往矣"，岂不正是西西弗斯的模样吗？

其实，孟子的头顶原本没有光环，直到唐朝，韩愈才"发现"他。但孟子真正受到重视还是在宋朝，从此儒家就从"周孔"（周公和孔子）并称变成了"孔孟"并称。

儒家的失守

为什么到了宋朝，孟子会受到格外的重视？

宋朝文化繁荣，知识分子的理论素养明显超过前代。但随着学术的发达，社会也越复杂了：佛、道两家高手辈出，不停在挖儒家的墙角，让儒家死忠分子很有紧迫感。

儒家阵营失守，有它内在的道理。就是说儒家的眼光只盯着当下的社会，看社会如何如何不好，我们要如何如何恢复古代制度。孔子最想恢复礼乐，孟子最想恢复井田制，满满都是社会责任感。但人不能只考虑社会，还要考虑自己。尤其是千百年斗转星移，小社会早就变成了大社会，一个人再有社会责任感，也往往有力没处使。

今天的心灵鸡汤在当年也很可口：改变不了社会，不如改变自己。

好吧，那就改变自己吧。但变成什么样呢？

儒家的答案很简单：变成君子。

君子是原则主义者，只要合乎道义的事情就放手施为，不计成败得失。

这个标准说来容易做来难。但这还在其次，更重要的是：凭什么要坚持这些原则呢？

如果把这个问题抛给孔孟，他们会说："凭什么，就凭这是先王之道呗。"

但是，时代早就变了，知识分子心眼多了。他们会想："凭什么先王之道就一定要遵守呢？先王也是人，和我一样吃五谷杂粮，见识还未必有我多。再说，都过去上千年了，老皇历真的不好用啊！"

这是宋朝社会的真实情况，很多儒者纷纷投向了佛教的阵营。

毕竟儒家对宇宙人生给不出终极答案，让人心没有踏实的着落。

儒家的致命伤

（1）需不需要终极真理

传统的儒家理论仅仅停留在政治和伦理层面，不能给人很踏实的心理依托，但孔子当时怎么就没觉得不妥呢？

孔子理性强，修为高，这当然是一个方面，但还有另一个方面：孔子的时代，宗法封建制还没有彻底崩塌，"人各亲其亲，长其长"的人际纽带还没有彻底断裂，儒家又最重视礼仪、高度仪式化的生活，如果再加上按部就班的稳定秩序（这是孔子所缺的），能在相当程度上弥补终极答案的缺乏。

反过来看，当环境中的不确定性越强，利害关系越大，人对心理依托的需求就越强。所以，古代的海员，现代的官员和明星，迷信心态会远超平均值。

在格外需要给心找个着落的时候，注定会遵循这样一条简单规则：有就比没有强。

我们看回宋朝，哪怕那时候的佛教理论还不完备，但也比儒家这种将终极问题悬置不论的情况要好，何况佛教的理论体系不仅完备，还分化出很多流派，不管你是城市文盲、乡下老太，还是高级知识分子，总有一派适合你。而且，人家不但给你着落，还给你指明了出路，让你能有求告的对象。

孔庙虽然也有孔子、颜回等人的塑像，但太不接地气了，没人会为升官发财的事给孔子像重塑金身，也没人为了求子去给孔庙上供，至于求姻缘、保平安，谁也不好意思去找孔子。

这也要怪儒家实诚，虽然不断给孔子封圣，但从没给他封神。所以，不管孔子地位再崇高，但毕竟没有保佑众生的本事。

这就是儒家的先天缺陷。必须把这个先天缺陷补好才行。

考虑到合法性问题，修补材料就不能自己凭空发明，必须要在原有的典籍里找。找来找去，他们发现《孟子》最合适。

(2) 性善论的诞生

在先秦诸子中，孟子的辩论能力特别出色，逻辑感明显比一般学者要强。这也体现着时代风气，那毕竟是个百家争鸣的时代，各大学派无论为了争理想还是争实惠，都需要靠唇枪舌剑把对手斩落马下，还要能把金主本人说服。我们看这一部《孟子》，感觉这位老先生一路披荆斩棘，不论挡路的是谁，就像上紧了发条一样。

在一次次高手过招时，孔子原本悬置不论的问题难免要被提及。我们来看一段《孟子·告子》原文：

> 告子曰："性，犹杞柳也；义，犹桮棬（bēiquān）也。以人性为仁义，犹以杞柳为桮棬。"
>
> 孟子曰："子能顺杞柳之性而以为桮棬乎？将戕贼杞柳而后以为桮棬也（yé）？如将戕贼杞柳而以为桮棬，则亦将戕贼人以为仁

义与（yú）？率天下之人而祸仁义者，必子之言夫！"

告子首先提出人性论的命题："人性就像柳树，仁义就像杯盘，把人性塑造出仁义，就好像拿柳树制作杯盘。"

这里需要交代一点背景：今天我们用的杯子、盘子，基本都是瓷器，但孟子时代还没有瓷器，用木材制作杯盘。

话说回来，孟子要反驳告子了："您是顺着柳树的天性制作杯盘呢，还是毁伤柳树的天性来制作杯盘呢？如果是后者的话，那就意味着仁义必须毁伤人的天性了？忽悠天下人来祸害仁义的，就是您这种言论啊！"

以我们今天的知识来看，告子当然比孟子占理。但关键问题是，孟子的话更让人爱听，更能满足人的自尊。

告子曰："性犹湍水也，决诸东方则东流，决诸西方则西流。人性之无分于善不善也，犹水之无分于东西也。"

孟子曰："水信无分于东西，无分于上下乎？人性之善也，犹水之就下也。人无有不善，水无有不下。今夫水，搏而跃之，可使过颡（sǎng）；激而行之，可使在山。是岂水之性哉？其势则然也。人之可使为不善，其性亦犹是也。"

告子又说："人性就像湍急的水流，哪边有缺口就向哪边流。人性没有善与不善的确定性，就像水并不会固定流向哪个方向。"

孟子反驳说："水的流向虽然不固定，但'水往低处流'总是固定的吧？人性没有不善的，就像水流没有不向下的。当然，你拍打水面，或者用什么机械，也可以使水往上流，但那是水的天性吗？不，那只是形势使然罢了。人改变本性做坏事，道理也是一样的。"

裁判打分：从辩论角度看，这一场孟子完胜。但从说理的角度看，两个人都不合格。用类比来说理是很不严谨的。凭什么说人性像水呢，我还想说人性像风呢，反正抓到任何一点相似之处都可以类比。即便人性和水性真的构成完美类比的话，人性为什么不是"水性杨花"呢？或者说，人性为什么就不是顽强地向着恶的方向发展呢？性恶论者完全可以套用这个类比，说"人往低处走，水往低处流"。

孟子和告子最大的失误是，没有把什么是善、什么是恶理解清楚。我们倒也不该苛责古人，必须想到那是一个价值一元化的时代，大家对善恶标准很有共识，觉得这是不证自明的东西。今天多元化的问题，他们还没有遇到。

从孟子到理学

(1) 坏人从哪里来

既然人性善,那么恶是从哪里来的,坏人又是从哪里来的?

以我们今天的知识,当然很容易回答这种问题,但在战国时代,第一流的知识精英都会很伤脑筋。

告子认为,人性无所谓善恶。

也有人说,人性既可以变善,也可以变恶。所以在周文王、周武王这样的明君时代,百姓全都向善;在周幽王、周厉王这样的昏君时代,百姓就全都变坏了。

还有人说,有些人天生就善,有些人天生就不善,所以,即便在尧圣人的统治时代,也出现过象("象"是人名,他是舜的弟弟)这样的坏蛋;即便是瞽瞍(gǔsǒu)这样的坏爹,也培养出了舜这样的圣人儿子。

孟子的学生搜罗来以上这些言论,请老师评论对错。

孟子用了一个比喻:"牛山曾经树木繁茂,是个郁郁葱葱的好地方,但它旁边就是一座大城市,结果很多人到山上砍树,牛山渐渐变成光秃秃的了。自然界确实有自我修复的能力,随着雨露的滋润,山上又生发出一些嫩绿的枝条,但禁不住人们又去放牧牛羊,所以牛山才变成现在这样光秃秃的。我们看见这座光秃秃的山，很容易便误以为山上从未生长过树木，却不知道山的本性何尝如此！人也是一样的道理，坏人不是生来就这么坏的，只是天生的良善就像牛山上的树木一样，天天被斧头砍伐，被牛羊践踏。每天黎明，他心里也会萌生一点点和普通人一样的善念，但日间的所作所为又把这一点点善念消灭掉了。'夜气'既不能存留，人也就和禽兽相去不远了。别人看到他那副禽兽的样子，会误以为他从不曾有过善良的资质，但这难道就是他的本性吗？"

孟子这番话里提到的"夜气"貌似一个玄妙的概念，其实倒不难理解：人在夜间或刚刚睡醒的时候，一般都会有一段静心澄虑的时刻，在孟子看来，这就像牛山上的新芽一样，饱受刀砍斧刹的善念没有死绝，略有一点萌动。只要抓住这一点善念的萌芽，悉心培育，总有一天牛山可以恢复以往郁郁葱葱的样貌。

（2）孟子的"四端"

孟子设计了这样一个场景：当你看到一个小孩子就要掉进井里，你的第一反应是什么呢？

孟子说，所有人立即都会产生惊惧和恻隐之心，而这种心情从何而来呢？是想要和这个小孩子的家长攀交情吗，是要在乡里博取名誉吗，是因为厌烦小孩子的哭声吗？显然都不是，这是与生俱来的心理反应，这就是所谓恻隐之心。

人有四种与生俱来的善心，除了恻隐之心，还有羞耻之心、恭敬之心、是非之心，它们分别是仁、义、礼、智的萌芽。人有这四种萌芽就像有手足四肢一样，如果将它们培养茁壮并推广开来，便足以安定天下，倘若任由它们凋萎，这样的人就连侍奉父母都做不到。

这四种萌芽,《孟子》的原文叫"四端",就是"四种端倪"的意思。

我们确实有一种对他人的遭遇感同身受的能力,这是我们与生俱来的心理反应。情况甚至是这样的:即便马上就要掉进井里的不是小孩子,而是小猫小狗,后者的哀鸣声也会激发我们同样程度的恻隐之心,这是孟子不曾考虑到的问题。

今天的动物学家会告诉我们这样一个事实:各类哺乳动物在婴儿期的哭声极其相似,就连动物妈妈都无法分辨。最有可能成立的解释是,从幼崽角度而言,哭声能吸引到的关注越多,自己的存活概率也就越大;从妈妈的角度而言,听到哭声之后的反应速度远比反应的准确程度重要。这可以解释不同物种之间常见的领养现象:一个刚刚失去宝宝的动物妈妈在听到动物幼崽的哭声时,极有可能向它倾注全部的母爱,而无论它的相貌和自己所属的物种多么不同。是的,如果传闻可信的话,罗马的血统要溯源到一位伟大的狼妈妈身上。

再者,如果我们沿着孟子的逻辑再进一步,就会发现人性的"端倪"好像不止四种。比如,在玩电子游戏的时候,屏幕上机枪狂扫,血光四溅,你竟然觉得兴奋。你的心底为何这样龌龊?如果请孟子解答,他会说这是你的善念被邪念遮蔽了的结果。显然,事情并非如此。

(3) 善根与恶根

善和恶是很难定义的概念。仅仅从生物学角度来看,善可以说是群体协作能力的指标。一个人善的程度越高,自然也就越合群,同伴都愿意找他合作。善,当然是一种生存优势。但是,恶竟然也是生存优势。一个人如果不够恶,不忍心投入你死我活的争夺,那么在资源高度匮乏的原始生存状态里，结果只能是饿死。

不同的生存优势在亿万年进化中积累成天性，继而在不同的时代，被不同立场的人贴上不同的道德标签。

孟子当然想不到这些，他只是归纳出自己最欣赏的四种品质，把它们当作人的全部天性。然后，既然找准了善的根源，接下来的事情就是把它们小心呵护，使萌芽成长为参天大树。这就引出一整套心灵修炼的方法，我就不讲得更仔细了。

《孟子》的这些内容，恰恰是宋朝儒家最需要的。性善论为儒家落实了终极依据，心灵修炼的方法填补了儒家的空白。这套方法被重新包装，完全可以和佛、道两家的修行功夫媲美。但是，好像还有一点缺憾：就算人的天性是纯善的，但这个天性从何而来呢？如果只是爹妈给的，那可不如佛教的解释来得高端。佛教讲业力，讲轮回，道理不但高深，解释力还特别强。那么，当务之急，需要把人性的来源追溯到尽头，追溯到再也不能往前追溯的程度，给它的来历造一份闪光的家谱。

孟子讲过，天下人心都有相同之处，那就是理，就是义。

这话讲得太朴素，宋朝儒家接过话头，深化处理，终于打造出了一个"天理"。

(4) 终极真理的出现

理学家讲的概念里，"理"和"气"是成对的。简单来说，"理"是抽象的规律，"气"是具体的物质。人的身体属于"气"的范畴，人性属于"理"的范畴。朱熹在《孟子集注》里解释人性善，说从"气"的角度来看，人无非是一种普通的活物，有知觉，能运动，和动物没多大区别，但是从"理"的角度来看，人心中的仁、义、礼、智完全具备，这就是动物比不了的。告子没想通这个道理，误以为人性属于"气"的范畴，这就把人和动物看得一样了。

今天我们从生物学角度看，人和动物又何尝不一样呢？但是，要接受如此残酷的现实，不是古人的心理素质能够承受的。即便在今天，人们还是愿意畅谈人性的高贵，毕竟有谁真心愿意把自己降格为猴子的亲戚呢？人很势利，嫌"老家"的亲戚丢脸。

话说回来，理学家发现了"天理"，而且"万物皆是一理"。这是很了不起的发现。今天的物理学家致力于统一引力、强力、弱力、电磁力这四大基本作用力，很想凝练出解释一切物理现象的大一统理论。前沿物理学家们至今没能做到，但宋朝的理学家做到了。禁不禁得起推敲是另一回事，但它至少是一种"终极真理"，具体而微，解释力惊人，完全有资格和佛教、道教的"终极真理"媲美。

这回如果再有人问："人性为什么善？"

你就可以回答："天理至善。"

如果对方再问："那为什么有恶？"

你就可以回答："人性一分为二，有天命之性，有气质之性。前者来自天理，所以善；后者来自肉身，所以恶。"

对方再问："人为什么有好有坏？"

你可以回答："肉身就像天上的云，天理就像阳光。有人是白云，有人是乌云，透出的阳光就不一样。"

对方再问："坏人怎么才能变好？"

你可以回答："修炼心灵。"

对方再问："怎么修炼心灵？"

你可以回答："存天理，灭人欲，就像拨云见日一样。"

对方再问："好色明明就是天性，这到底是好是坏，是天理还是人欲？"

你可以回答:"天理和人欲的区别往往很微妙,需要具体问题具体分析。就拿好色来说吧,如果你本着'不孝有三,无后为大'的念头去好色,这就是天理,如果你想学西门庆,那就是人欲。"

总而言之,掌握了这套理论,基本就能够解答当时的一切问题。

请注意,是"解答",不是"解决"。

当然,它也能"解决"一些问题,甚至是很实际的问题,比如你要参加理学时代的科举考试,对《孟子》一科的题目就要用这种思路去答。如果你像今天很多国学爱好者一样,只读过《孟子》,但没读过朱熹的《孟子集注》,你就没办法去古代做官了。

宋朝的儒学,几乎全是在孟子的基础上发展而来的。假如孔子复生,一定看不懂。

※ 第十一章

《中庸》和《中庸章句》

"中庸"说不清

(1) 从望文生义到约定俗成

今天说起"中庸"这个词,人们一般都作贬义的理解,"中庸之道"就是中国人特有的和稀泥的处世原则。这种反差是怎么回事呢?

答案很简单:今天的理解,显然是望文生义的结果。

事实上,从望文生义到约定俗成,这是语言发展演变的一种很显著的规律。今天我们对很多词的理解都是从这条规律来的,除了"中庸",再比如"朝三暮四""望洋兴叹""出尔反尔"。被这样误解的名言也很多,比如"言必信、行必果",原本是批评小人的。更有意思的是一句俗语——"量小非君子,无毒不丈夫",明明是耳熟能详的话,但稍稍仔细一看,就会注意到上句和下句完全是矛盾的。学者们给出两种解释,要么说"毒药"的"毒"原本是"度量"的"度",这两句话是教人放宽胸怀;要么说"毒"字没错,但它在古汉语里有"忠厚"这个引申义,这两句话是教人宽厚待人。但是,很遗憾,这两种解释也一样属于望文生义。

考察出处,这个俗语原是元曲当中的常用语。既有上下文,又有故事情节,含义一目了然。"量小"原本是"恨消"(或"恨小"),整句话是"恨消非君子,无毒不丈夫",是说好男儿不该好了伤疤忘了疼,仇怨不但要报,还必须下得去狠手,君子不该有妇人之仁。

那么,说到我们本章的主题"中庸",望文生义地看,既"折中",又"平庸"。再仔细一想,好像中国人确实喜欢这种做派,那么"中庸之道"一定就是"和稀泥之道"了。

在古汉语里,"中庸"确实有贬义的用法,比如汉朝人贾谊有一篇名文《过秦论》,其中讲到"揭竿而起"的陈胜,说他"材能不及中庸"——这是原文,意思是说,陈胜的才能比平常人的平均水平还不如。但是,《礼记》里有一篇,题目就叫《中庸》,显然作者不会谦虚到这种程度。

(2) 钢琴风格的语言

"四书"中的《中庸》原本只是《礼记》的一篇,很长时间以来并不显山露水。从北宋以来,儒家对《中庸》的兴趣越来越浓,等到朱熹编写《中庸章句》,合刊"四书",《中庸》从此再也不"中庸"了。

如果我们把《礼记》通读下来,会感觉《中庸》在里边确实很出挑,很有一种高屋建瓴的气势。而且,它的文笔非常好,满篇都是对仗、排比,还尽用大词。文章虽然不长,但给我们创造了很多的成语和名言。恐怕在制造成语和名言的密度上,再没有一篇古文能超过《中庸》。所以,文中讲的那些道理一经铿锵有力、掷地有声的表达,哪怕你根本看不懂,也会发自内心地觉得"太有道理了"。

从语言学的角度来看,声音本身就有含义,语言结构本身也有含义,这一点经常被人忽视。我写古典诗词方面的书,编辑总会禁止我谈诗词格律,怕读者不爱看。但是,格律才是诗的本质,这是我在第四章谈《诗经》的时候提到过的。

文章其实也有隐含的格律，比如表达同一个内容，选择发音不同的字，选择顿挫感不同的语言结构，会在很大程度上影响表现力。

拿乐器来做比较，这就像大键琴和钢琴的区别：大键琴是钢琴的前身，在巴洛克时代风靡一时。它的模样很像钢琴，但发音原理是拨弦而不是击弦，所以演奏者无论用多大的力，音量几乎不会有变化。巴洛克时代没有录音设备，贵族吃饭、睡觉需要背景音乐，这正是由大键琴主导的乐队施展四平八稳风格的场合。我们听巴洛克音乐，它们之所以经常都是四平八稳的，一来因为那都是背景音乐，二来是乐器的特点所致。而在现代音乐会上，如果让观众聚精会神地欣赏大键琴的演奏，观众就会觉得很无聊，就需要有钢琴这种在音量上有丰富变化的乐器。

《中庸》的语言就属于钢琴风格的语言。清朝古文有一个桐城派，特别讲究"因声求气"的方法，教人看古文不能只是看，而是要大声诵读出来，从抑扬顿挫中体会文章的气脉。这个方法，特别适合读《中庸》。

(3) 开篇三句话：天命之谓性，率性之谓道，修道之谓教

我们看《中庸》一开篇："天命之谓性，率性之谓道，修道之谓教。"这三句话是全书的纲领，必须仔细解释一下。劈头就谈"天命"，这是最高级别的大词，而接下来又是"性"又是"道"，同属最高级别的大词，而且语气斩钉截铁，三个短句就是三个论断，没商量，没余地，绕过理性，直指人心。如果今天有人这样讲话，八成都在传播伪科学，讲完就该卖保健品了。

但我们仔细琢磨一下，会发现这貌似论断的语言其实是在界定概

念。"天命"并不是一个词,而是由名词"天"和动词"命"构成的一个主谓结构,所以"天命之谓性"是在给"性"下定义:所谓"性",就是上天赋予人的特质,或者说是人天生的特质。"率性",这个词我们现在还在用着,说一个人很"率性",是说他活得无拘无束,想怎样就怎样。《中庸》里的"率性"确实可以这样理解,它是动宾结构,"率"的意思是"依循","性"已经被"天命之谓性"定义过了,所以"率性之谓道"是给"道"下定义:什么是"道",就是依循天性而行。

"修道"依然是一个动宾结构,"修"指的是"整治""办理","道"已经被"率性之谓道"定义过了,所以"修道之谓教"是给"教"下定义:什么是"教",就是把"道"做到位。

这是从字面上、从语法结构上做出来的理解。你有没有感觉这种解释有些问题呢?

是的,如果"性"就是天性的话,孔子说过"吾未见好德如好色者","好色"就是人最根本的天性,那我们率性而行,将"好色"进行到底,男人变成西门庆,女人变成潘金莲,难道这就是"道"?偷偷摸摸地好色还不行,因为那会缺乏教育意义,不能做世人的楷模,要做就要把苟且之事做得大张旗鼓,要自信,要高调,要为万世师法。

当然,这太不符合儒家伦理了。

你一定可以想到,《中庸》开篇三句话,一定有性善论作为隐含的不证自明的前提。正因为人性本善,所以"率性"才是好的,才值得推广。

但是,即便用上这个前提,历代儒家大师对这貌似简单的三句话依然莫衷一是。不仅如此,就连对"中庸"这个词的解释,分歧也大到绝对无法调和的地步。如果我们抛开一切解读,只从原典文本入手,是不是可以得出比较靠谱的理解呢?但遗憾的是,文本太简略、太模糊,让我们很为难。这也就意味着,"中庸"到底是什么,"性"与"道"究竟是什么，除非原作者复生，否则我们只能粗略地理解。

不过，这并不重要，重要的是古人是如何理解它的。

所以我一直强调，对于这一类的经典，读原典当然必要，但只读原典是绝对不够的。经典如何发挥影响，与其说取决于它本身，不如说取决于谁的解释取得了话语权。

一部《中庸》，两套解释

(1) 五行和黄道十二宫

对"中庸"这个概念，对"天命之谓性，率性之谓道，修道之谓教"这三句纲领，汉学和宋学分别会做怎样的解释？

我们回忆一下之前讲《尚书》的内容——对的，汉朝人总喜欢讲天人感应、五行生克之类的神秘知识。东汉末年的大宗师郑玄——我们已经很熟悉这个名字了——在汉朝学者里并不算很迷信的，而且他的学问常常让人感觉很扎实、很朴素，不像他的名字那么"玄"。即便是他，也会拿五行来解释"天命之谓性"，说木、金、火、水、土分别带来仁、义、礼、智、信。借用一点现代概念来说，如果你的基因里"木"的成分比较多，那你就会比较"仁"，天生更适合做孔子的学生。

郑玄虽然用到五行的概念，但用得还算朴素。他的意思无非是说，人的禀赋各不相同，虽然都是善的，但在仁、义、礼、智、信这五个方面各有偏重。原始思维具有共通性，古希腊名医希波克拉底也用很类似的方法，把人的四种主要性格归因于四种体液的比例不同。

但是在概念的界定上，五行说可比四体液说含混太多了。如果我们非要较真，追问郑玄："你凭什么这么说呢？我就很'仁'，天生宅心仁厚，最喜欢关爱别人，但我没觉得自己和'木'有什么关系！"

这种较真的事情，唐朝人替我们做过了，道理是这样的："木"在方位上对应东方，东方对应的季节是春天，春天催生万物，这正是"仁"的特质。这个逻辑可以类推："金"对应西方，西方对应秋天，秋天是肃杀的季节，"义"表现出来的果敢决断就像秋天一样。更通俗一点说，这就像今天的女孩子们从星座看性格，认为性格是星座决定的，这就是"天命之谓性"，区别无非是五行扩大了规模，变成了黄道十二宫。

(2) 朱熹"性即理"

我们再看朱熹的解释。朱熹当然站在理学立场，说"性"就是"理"。这是一个很重要的理学命题。

我们讲过《孟子》，你已经知道人性和天理的关系。天理当然是纯善的，如果"性"就是"理"，那么人性当然也是纯善的。

我们每个人都是天生纯善的，这真是令人鼓舞的哲学啊！

朱熹继续解释，天通过阴阳五行创生万物，"气"赋予万物形体。

你现在也已经知道，"气"是物质性的。如果把人比作一台电脑，那么"理"或者"天理"就是软件，是抽象的，没有实体；"气"就是硬件，看得见、摸得着。如果没有硬件，软件就没处存储，没处运作；如果没有软件，硬件就没法运行。

天通过"气"和"理"来创生人类——"气"给了形体，"理"给了人性，这才有了完完整整、能动、会思考的人。至于"道"，朱熹的解释很朴素，就是"道路"，人循着天性而行，走在该走的路上，这就是"率性之谓道"。每个人的"性"和"道"都是一样的，但"气"不一样——这是前面讲过的——所以有人走过头了，有人却没跟上，两者都没能正确地发扬天性，所以圣人用礼乐、刑罚、政治这些手段来教大家用正确的步伐走正路，这就是"修道之谓教"。

(3) 中和：情绪千万别失控

至于什么才是"中庸"，郑玄说"庸"就是"功用"的"用"，所谓"中庸"就是"中和"的功用。这话有一点费解。所谓"中和"，"中"和"和"是两个概念，《中庸》原文这样讲："喜怒哀乐之未发，谓之中，发而皆中节，谓之和"，接下来讲"中"和"和"如何重要、如何了不起，只要把这两点都做到了，天地就摆正了，万物就生长了。

我们看宋朝以后的儒家学者探讨学术，动不动就是"已发""未发"这些词，这就是从《中庸》来的。不把《中庸》读熟，看他们的辩论就很吃力。

话说回来，"中和"确实很重要。今天我们去故宫旅游，看故宫三大殿，中间那个就叫中和殿。皇帝如果要去太和殿主持大典，一般会先来中和殿休息。皇帝如果祭祀天地，前一天也要在中和殿做准备。这倒真的很符合"中和"的意思。喜怒哀乐这些情绪总是随着一个人遭遇的事情而生发的，比如你拿到巨额奖金，就会喜出望外，老板送你一本《谁动了我的奶酪》，你就会火冒三丈。所以说情绪是被或好或坏的事情诱发出来的，而情绪未发的时候，当然也就是心里淡然无虑的时候。

或好或坏的事情总会出现，所以情绪总会发作，这是避免不了的。但重要的是，无论哪种情绪发作，发作起来都不能失控，必须很有节制才行——哭不是撕心裂肺地哭，笑也不是倒在地上打滚地笑。搞典礼，搞祭祀，要的正是这种心态、这种仪态。君子的日常生活，也需要时刻保持这种心态和这种仪态。

根据"中和"的要求，你必须让自己的怒火有节制地释放出来，不能失控。你应该会问："凭什么！这到底有什么好处呢？"

好处不但有，而且很大，那就是"天地位焉，万物育焉"，天与地秩序井然，万物生长，欣欣向荣。

读者的错位

(1) 书到底是写给谁看的？

如果你自己不断提升修养，真的达到"中和"境界了，难道天地就会因此有秩序了，难道万物就因此欣欣向荣了？还不要说你我这样的凡夫俗子，即便是孔子这位大成至圣先师肯定够得上"中和"境界，但结果呢？他自己还不是处处碰壁，他那个时代还不是礼崩乐坏？

铁证如山，似乎无法辩驳。那么，难道我们被《中庸》骗了不成？

郑玄心地单纯，给《中庸》作注的时候并没有想到这个问题，后来唐太宗编修官方教科书，统称"五经正义"，由孔子的后人孔颖达主持全局，统一思想，《礼记》用的底本就是郑玄的注本。孔颖达很细致，不但发现了这个问题，还真的给出了很合理的解释。大意是说，"中和"这番话是对君王讲的，如果君王把"中和"精神发扬光大，使阴阳不乱，那么天地自然会秩序井然，社会自然会欣欣向荣。

孔颖达的这个意见，应当让我们在读书的时候有一种警醒，首先要搞清楚这些书是写给谁看的。这个道理说来简单，但我真的发现很多人缺乏这种警醒，而很多误解正是由此而来的。《老子》就很典型，很多话明显是写给君王看的，重要的是，在《老子》的逻辑里，君王要奉行的道理和大臣、百姓要奉行的道理往往是截然相反的。在那个古老的年代，知识分子搞出一套思想，并不会想到刻版印刷，全国发行。今天我们看这些书，总会按照我们这个时代的常规，不自觉地把自己摆错了位置。

古人其实也存在这种问题。我们看孔颖达，他站在官方意识形态权威的立场，还能想到经典文献里的很多内容都是对君王的进言，但朱熹没有这种立场，他和草根靠得更近，而天下千千万万靠着儒家经典考科举的草根读书人当然更没有这种立场。给君王一个人讲的道理，忽然变成了给千千万万人讲的道理。这种错位，常常会造成理解上的尴尬。

（2）月印万川

我们再看朱熹对"中和"的解释，那些话玄而又玄，很难用现代汉语转达出来。大意是说，一个人应当时时刻刻谨小慎微，修身养性。等功夫精纯之后，自然就会天地有序、万物繁荣。之所以这样讲，是因为天地万物和我们每个人原本都是一体的，你的心端正了，天地之心也就端正了，你的气顺了，天地之气也就顺了。

这是不是过于神奇了呢？从常理来看，确实匪夷所思。天地哪里有心，天地万物和我们怎么是一体，这到底是怎么回事？

朱熹毕竟不是和尚，不会拿一句"用心去悟"来搪塞我们。所谓"天地之心"，这个词倒不是朱熹的发明，《周易》就说过"复"卦表现出了"天地之心"。"复"的卦象，直观看上去是五个阴爻压住一个阳爻。怎么解释，就看各人的心态了。

你可以说，这表示阴盛阳衰、乾纲不振、久阴不晴、男人被女人压制。但也可以从积极的一面去看，虽然阴盛阳衰，但阴走到尽头了，一点点阳开始冒头了。古人一般会作这种积极的理解,说这种情况叫作"一阳来复"。冬至就是一个典型的例子,那是一年中夜晚最长的一天,只要过了这天,白天就会一天比一天长,这不就是阳在复苏了吗?大理段氏的一阳指,名号的出处就在这里。

这个卦象让朱熹很感动,觉得在阴的积聚之下,天地之间仿佛已经断绝了生机,忽然却有生机萌发,这正体现出天地强大的生育欲望。

如果可以给天地赋予人格的话,这分明是一对生育欲望极强的夫妻,一有机会就要生,没有机会就创造机会还要生,生生不息,这就是古人所谓的"天地生生之德"。以今天的眼光看,这就是大自然蓬勃的生命力。但古人缺乏现代知识,对这种生命力越想越感觉奇妙,所以用上了"天地之心"这种很有奇幻色彩的大词。

接下来,天地万物和我们一体,这又是怎么回事呢?

从朱子理学的立场来看,这个说法倒也算是合情合理。终极天理只有一个,我们可以叫它"太极"——从字面理解,"极"就是顶点,"太极"就是绝对顶点,再也没有比它更高的了。万物之中都有这个"太极",所以从"太极"的角度看,天地万物和我们确实是一体的。

很多人不理解:"难道'太极'分裂成千千万万份了吗?"

"当然不是,"朱熹借用佛家"月印万川"的比喻,这样说道,"天上的月亮只有一个,但倒映在江河湖海,随处可见。"

古人很难转得过这个脑子,总会不自觉地认为"理"或者"太极"是一种实实在在的东西。朱熹自己也被绕进去了,"月印万川"这种解释反而弄巧成拙。今天我们可以借助物理知识:万事万物都遵循四大基本作用力,但没人会问这些力是不是被分裂了,原本是不是只有一份。

即便在理学框架里,我们仍然会有困惑:"就算我的心端正了,我的气顺了,那也只能说明倒映在我这一片小水塘里的月亮明亮起来了,天上那轮月亮难道也能跟着亮起来吗?"

(3) 神学腔调的儒学

按照理学的修养原则，我们可以把自己的内心当作一个肮脏的水池，我们每天每刻都要劳心劳神地把脏东西清理掉——除了清理旧有的脏东西，还要清理每天每刻新落上的脏东西，等完全清理干净了，月亮的倒影分外光明，和天上那轮明月一模一样。这个时候，我们的心就是只有天理而毫无人欲的状态，这就是理学家心目中的理想状态。

当你清理好自己这片小水池，池水中倒映的月亮和天上的月亮，以及千千万万个水池倒影中的月亮都是同一个月亮。从这个意义上说，天地万物和你是一体的，你的心端正了，天地之心也就端正了，你的气顺了，天地之气也就顺了。

但问题是，这又如何呢？当你放眼四望，别人该歹毒还是歹毒，世界该无序还是无序，除了你自己，你没有改变任何人、任何事。

更要紧的是，你有没有觉得朱熹这套道理太迂回呢？

之所以这样迂回，正是因为《中庸》原本那些话是写给君王看的，朱熹却要把它的读者变成天下人。读者变了，原来的道理就说不圆了，只能用上九曲十八弯的办法。

今后我会讲到基督教神学，中世纪神学大师托马斯·阿奎那，他生活的时代只比朱熹略晚一点，我们向西方读者介绍朱熹，会说他是中国的托马斯·阿奎那。阿奎那的代表作《神学大全》就很有朱熹的风格。反过来看，可以说朱熹这套理学很有神学腔。如果说儒学是中国人的宗教，可以称之为儒教的话，那么这话拿来说理学倒还有几分在理。

从理论上说，依靠个人的修身养性，最后达到正天地之心、顺天地之气，这样的人当然最有资格治理天下。但是，在科举的时代，这该让主考官怎么判断呢？

是啊，天地之心到底正了没有，天地之气到底顺了没有，这种事玄而又玄的，好像真的没法检验。现在，请你好好设想一下：如果你是朱熹，你会怎么解决这个问题？

中庸需要笨功夫

(1)《中庸》从哪里来

怎么才能知道一个人是不是达到了"中和"境界,正了天地之心,顺了天地之气呢?

还真的没有好办法,不过,有榜样人物可以供我们仿效。

朱熹说:"学问做到极致才会有这种效验,圣人就是我们的榜样。"

这就需要谈谈《中庸》的由来。朱熹为《中庸章句》写的序言在一开始就浓墨重彩地渲染了《中庸》的神奇来历,说它的作者是子思——孔子的孙子。子思担心真理会失传,于是把它记录下来。上古以来,圣人神王根据天道确立真理的标准,使它代代相传,这就是道统。尧把"允执厥中"四个字传给了舜,舜添了三句话,凑成"人心惟危,道心惟微,惟精惟一,允执厥中",然后把这十六个字传给了禹。其实"允执厥中"四个字已经足够了,舜添上的那三句话只起到解释这四个字的作用。

朱熹这一小段话,为元、明、清三代的读书人确立了儒学大方向。首先,在儒学里发明了一个"道统",这完全是从佛教学来的,仿佛是高僧传授衣钵。其次,"允执厥中"那十六个字被表彰成圣人心法,号称"十六字心传",今后儒家阵营内部很多辩论都围着这十六个字打转。

我们简单回顾一下:朱熹这段话讲了三个内容:第一,子思是《中庸》的作者;第二,道统;第三:圣人心传。他说对了多少呢?

很遗憾,一点都没说对。

第一,《中庸》的作者到底是谁,其实考证不出。

第二,儒家从来就没有道统。朱熹看佛教有法统,有衣钵相传,感觉很神秘,就"拿来主义"了。

第三,所谓"十六字心传",我在前面讲过,出自《尚书》中的《大禹谟》,是一个伪造版。退一步说,即便它是真的,但在尧、舜、禹那个原始部落时代,部落领袖再怎么英明神武,也说不出这种话来。

(2) 两大概念:"十六字心传"和"慎独"

"十六字心传"首先区分"人心"和"道心"。按照朱熹的解释,人当然只有一颗心,属于"人欲"的那部分叫"人心",属于"天理"的那部分叫"道心"。"人心"是坏的,充满私欲,总是诱人犯错,这就是"人心惟危";"天理"是好的,至善至公,但总是被"人欲"遮蔽,很难显露出来,这就是"道心惟微"。做人就应该全心全意地"存天理,灭人欲",这就是"惟精惟一"。最后一句最关键:奉行中庸之道,这就是"允执厥中"。

当然,汉朝人和唐朝人不会做如此深刻的理解。但朱熹的解读,有一个很突出的优点,那就是给上进的人指明了修养的方法,或者说指明了通往中庸之道的途径。再具体一点说,"人心惟危,道心惟微",这两句点明了天理和人欲的关系,"惟精惟一",这是用功的方法,"允执厥中",这是"惟精惟一"最后能够达到的目标。"精"就是"精明",

能分清自己的心里哪些是天理、哪些是人欲;"一"就是"专一",始终守住天理,没有一刻放松。

这种功夫说来容易做来难。我们待人接物,永远做到有礼有节已经很不易了,所以独处的时候总需要放松一下,比如动动歪脑筋,拉上窗帘,看一点让人脸红心跳的节目。这不伤害任何人嘛,有什么不可以?但是,朱熹会说:"这当然不可以!"独处的时候也不能放松自己,因为《中庸》说,"道"是片刻也不能离开的,如果能离开,那就不是"道"了。所以,君子即便在没人看得见、听得见的地方也会谨小慎微。

这就是儒家的经典概念"慎独",要求一个人在独处的时候也不能放松自己。

你一定会发出一声长叹:"这么活着也太累了吧!"确实很累,所以《中庸》引述了孔子的很多感叹,从各种角度说"中庸"太难了,在现实社会里完全见不到。比如这句话,一定要从原文中体会:"天下国家可均也,爵禄可辞也,白刃可蹈也,中庸不可能也。"这是说治理天下不难,辞掉高官厚禄不难,上刀山、下火海也不难,就数中庸最难。

但是,请你收起畏难情绪,因为老话说得好,"梅花香自苦寒来"。何况中庸之难,既不在于理解含义,也不在于掌握方法,更无关天资优劣,仅仅在于坚持,简言之,要的只是笨功夫。好比佛教修炼闭口禅,你不说话也就是了,一点都不难,难就难在几十年如一日地不说话。

所以,理学家有一门经典的修心技术——没事的时候就静坐,平息一切情绪,这就是"喜怒哀乐之未发"的状态,也就是"中"的状态,手边摆着两盒围棋子,如果心里动了一个善念,就拿出一个白棋子,如果心里动了一个恶念,就拿出一个黑棋子。一开始的时候,肯定黑棋子多,白棋子少,久而久之,白棋子就会超过黑棋子。等到纯白一片的时候,那就是功夫练成的时候,你就算用天理把自己洗白了。

这就是理学的贡献,让儒家也能像佛教、道教一样,有一门很具体的内心功夫可以修炼。对照孔子的教学,那些无非都是学礼仪,学射箭,学音乐,再难也只是粗浅的外功。进入理学时代,儒家才终于有了内功心法。这份内功上通终极天理,也就是上通太极,这才是真正的太极神功。

(3) 孔子区分"中庸"和"乡愿"

现在你应该能够顺利理解理学家眼中的"中庸"概念了。

朱熹对"中庸"有过简明的解释:"中"就是不偏不倚,"庸"就是恒常不变。

天理就是这样的,既不偏不倚,又恒常不变。

如果我们再看孔子和孟子,他们对"中庸"的理解就朴素得多。

在孔子看来,"中庸"是最高的修养,它意味着"无过无不及",也就是说,一切都刚刚好,恰如其分。好比吃毛肚,火候最讲究,差一丁点就不熟,过一丁点就咬不动。

用毛肚打比方并非对圣贤不敬。《中庸》有名言——"道不远人",真理始终就在我们身边。那我就继续用毛肚打比方了:如果毛肚店要找形象代言人,那么位列"唐宋八大家"之首的韩愈最合适不过。韩愈,字退之。"愈"的意思是"超过",出类拔萃当然是好的,但不可过头,所以需要"退之"。这一进一退之间,就是中庸。

孟子向弟子万章讲解孔子的人际交往观念,说孔子最想结交的是"中道之士",也就是达到儒家最高人格标准"中庸"的人,如果实在寻不到这样的人,那么退而求其次,"狂者"和"狷(juàn)者"也是好的,前者锐意进取,后者有所不为,孔子最讨厌的人是"乡愿",认为这些人才是真正贼害道德的人。

"乡愿"是这样一种人：想指责他却挑不出他多大的错误，想斥骂他却也骂不出个所以然来，大家都觉得他是忠厚老实的好人，他自己也以正直、廉洁自居，只有当你真正拿尧舜之道来衡量他的时候，才会发现他是何等地令人厌恶。

这样的人，其实正是最宜群居生活的人。他并没有内心坚守的道德准则，只是与世浮沉而已，总能够零障碍地融入任何社会评价体系。所以，除了尊敬和喜爱，我们很难对他摆出别种态度。

是不是觉得这种人很眼熟呢？我们通常理解的"中庸"，其实正是孔子最讨厌的"乡愿"。

当然，在今天的社群主义者看来，"乡愿"简直没有半点不妥，而任何社会中的绝大部分人，如果不是全部的话，或多或少都是"乡愿"。我们每个人的价值观，都是在自幼生活的社会环境里潜移默化来的，成为我们待人接物的第二本能。即便有一点特立独行的念头，总可以很好地掩饰起来。

所以，"乡愿"比起"中庸"，更让人感到可敬可爱，这让孔子很愤怒，因为似是而非的东西最容易混淆视听。"乡愿"就是"中庸"的似是而非版，就像紫色是朱红色的似是而非版。

你是不是又觉得眼熟呢？没错，《天龙八部》里的阿紫和阿朱，名字就是这么来的。

我曾写过一本谈古人取名字的小书，举过阿紫和阿朱的例子：如果分别来看，这实在是再寻常不过的名字。但是，只要你熟悉儒家传统，把这两个名字结合起来看，就会一下子明白作者的深意，也会一下子晓得阿紫注定无法和乔峰走到一起。

学习中庸之道,会有惊人收获

(1) 和天地肩并肩

当你仔细辨别"中庸"和"乡愿",把"惟精惟一"和"慎独"进行到底,付出这么大的代价,到底能够得到什么呢?当你真的正了天地之心,顺了天地之气,把人欲斩尽杀绝,心里全是天理,你究竟会变成什么样呢?人家佛教修炼下来,可以跳出轮回;道教修炼下来,可以白日飞升;儒家修炼到极致难道不如它们?

答案是,你的成就当然很大,绝不亚于成仙成佛。

我们看《中庸》的一番逻辑推演:如果你的地位低,得不到领导的支持,你就没办法治理百姓;要想得到领导的支持,就必须先得到朋友的信任;要想得到朋友的信任,就必须先孝顺好父母;要想孝顺好父母,就必须先具备真诚的心;要想有一颗真诚的心,就必须知善知恶。

这段话里提到了一个很重要的概念:"诚","真诚"的"诚"。接下来,《中庸》仔细讲解"诚"和"诚之"这一对概念。简言之,前者是与生俱来的"诚",后者是后天努力修炼来的"诚"。《中庸》这样讲道:"诚",是天之道;"诚之",是人之道。圣人天生就"诚",毫不费力就能依照中庸之道生活。努力上进的人都走的是"诚之"的路线,也就是努力使自己变"诚"。

宋朝有个人叫李师中,字诚之,名和字就是从这段话里来的,其含义彼此呼应。所谓"师中",就是"师法中庸之道"。怎么师法呢?那就是"诚之",努力上进。

怎么努力呢?《中庸》给出的答案是每个人都耳熟能详的:"博学之,审问之,慎思之,明辨之,笃行之。"如果做到了这五点,你就达到了"至诚"的境界,也就是"诚"的极致,也就是中庸之道了。这个时候,你不但可以尽情地发扬自己的天性,还可以尽情发扬所有人和所有事物的天性,你就能和天地肩并肩了,和天地一起繁育万物。

这个结论,其实很合逻辑。你既然达到"至诚"境界了,当然会把父母孝顺好,当然会得到朋友们的信任,当然会得到领导的支持,当然就能升职。

(2) 能懂预测,能做天子

《中庸》继续讲:当你修炼到"至诚"的境界,就可以预知未来。

为什么可以呢?理由又是一段大家耳熟能详的名言:"国家将兴,必有祯祥;国家将亡,必有妖孽。"

你也许会这样疑惑:"我当然想未卜先知,可国家兴亡关我什么事!我只想知道自己的官运、财运、桃花运!"

你之所以这样想,只是因为你还没达到"至诚"的境界,没脱离低级趣味。一个"至诚"的人怎么可能关心这些呢?他唯一关心的就只有国家兴亡、万民福祉。

《中庸》举出了舜的榜样:舜是个大孝子,他有圣人的高尚品德,也有天子的尊贵地位,富有四海,死后还世世代代接受宗庙的祭祀。所以,《中庸》断言,有大德的人一定会得到相应的地位、财富、名誉和寿命,成为天命之君。

榜样的力量是不是很鼓舞人心呢?你有没有跃跃欲试呢?

但我相信你的心地一定没有古人那样纯朴。你多半会想:舜的履历表多半都是传说,还不如看看孔子,孔子这位大圣人怎么就一生碰壁呢?

(3)《中庸》的一点矛盾

这是个严峻的问题,但朱熹没有解释。

还是孔颖达敢于直面敏感问题,援引汉朝人的说法,说在五行生克的系统里,周朝属于木德,而孔子是黑龙之精,两者不存在迭代关系。还有一种说法,孔子虽然没做成天子,但作《春秋》为万世立法,这也算是彰明了天地之心。

当然,这种解释就算说得通,也很让俗人沮丧。

但是,不要紧,《中庸》还有一些充满正能量的段落可以安慰我们,比如孔子这样讲:"如果只有靠着奇谈怪论和特立独行才能赢得后人的称道,那么我不会做这种事。君子一生都要走正路,我不会半途而废的。君子时刻守着中庸之道,就算全世界都不理解他,他也不会后悔,这才称得上圣人啊!"

成语"半途而废"就出自这段话。儒家君子是原则至上的,只论道义,不论成败。前些年周润发主演的电影《孔子》,孔子在历尽沧桑之后深沉地说:"如果你无法改变这个世界,你就要学会改变自己的内心。"这种话其实是儒家最不爱听的。真实的孔子会说:"无论能否改变世界,无论自己遭遇了什么,无论成败得失,都不要改变自己的内心。"

这并不是说孔子在碰壁的时候就会一边生闷气，一边死硬到底，而是说，在儒家的君子修养里，一个人在磨难中照旧会活得怡然自得、随遇而安，并不会生闷气，既然不生闷气，当然也就不需要改变心态。

《中庸》讲过这番道理，这又是一段名言："素富贵，行乎富贵；素贫贱，行乎贫贱；素夷狄，行乎夷狄；素患难，行乎患难；君子无入而不自得焉。"意思是说，君子处在什么地位就安心过什么地位的生活，对任何境遇都能怡然自得，不生非分之想。

下边一段话也很有名："在上位不陵下，在下位不援上，正己而不求于人则无怨。上不怨天，下不尤人。"这就是成语"怨天尤人"的出处。用今天心灵鸡汤的话说，君子永远生活在一个不抱怨的世界。当然，人家不仅不抱怨，还时刻保持高风亮节。做领导的时候不欺负下属，做下属的时候不巴结领导，严于律己，宽以待人。这确实是难能可贵的品格啊。

再接下来的一段话更有名："君子居易以俟命，小人行险以徼幸。"意思是说，君子本着原则行事，有一贯的操守，会选择安稳妥当的生存方式，做好自己的本分，至于穷通贫富则听天由命；小人是奔着明确的功利目的行事的，宁可冒险来贪图侥幸的成功。

白居易的名字就出自这里。白居易，字乐天，"乐天"出自《周易》"乐天知命故不忧"，意思是说，君子懂得天命，很清楚哪些事情是可以通过努力来达到的、哪些事情不是人力可以左右的，所以生活态度非常通达。"居易"和"乐天"正好配对。

白居易死后不久，唐宣宗写诗缅怀，其中有这样的句子："浮云不系名居易，造化无为字乐天"。白居易的一生确实人如其名，如浮云不系，不被名缰利锁所羁绊，宠辱不惊，乐天知命，从来既不会苛求什么，也不会勉强自己。但是，他始终坚守着自己的生活原则，这对儒家君子是最重要的。

至于有大德必有大位，这还真不是儒家的一贯主张。《中庸》掺杂着一些背离儒家基本立场的话，也许是其他学派的人作的批注被误收进正文里了吧，或者有些内容出自儒家功利分子之手，或者那只是劝人向善的善意谎言。

无论如何，如果你真的怀有儒家君子的追求，不计较功利性的收效，那就努力试一试吧。这条路上，当然不乏很实际的榜样，而这样的生活状态更不乏很诗意的表达。比如北宋大儒程颢有一首很著名的七律：

> 闲来无事不从容，睡觉东窗日已红。
> 万物静观皆自得，四时佳兴与人同。
> 道通天地有形外，思入风云变态中。
> 富贵不淫贫贱乐，男儿到此是豪雄。

富贵不能给君子带来更多的快感，贫贱也不能给君子带来更多的苦恼。人活到这个境界，自然不会再有辛辛苦苦上班赚钱的折磨了。所以，当你真的付出多年的艰辛，终于走上了中庸之道，那么，能不能收获和你的德行相配的名和利，对你来说已经不重要了。

在朱熹的道统里，程颢、程颐兄弟上接孟子，下接朱熹他自己。朱熹的《中庸章句》就是上接二程而来的。最后要说的是，《中庸》给我们留下很多名言，除了之前讲到的那些，再比如"君子之道，辟如行远必自迩，辟如登高必自卑"，"自卑"一词就出自这里，但原义是说登山要从山脚开始。再比如"其人存，则其政举；其人亡，则其政息"，这是"人亡政息"的出处。再有"好学近乎知，力行近乎仁，知耻近乎勇"，再有"凡事预则立，不预则废"，再有"人一能之己百之，人十能之己千之"，这是教你比别人付出百倍的努力。再有"尊德性而道问学，致广大而尽精微,极高明而道中庸",儒家心学和理学的对抗就是"尊德性"和"道问学"的对抗,总在争这两个概念。再有"万物并育而不相害,道并行而不相悖",西方自由主义者拿这两句话来纪念哈耶克。

※ 第十二章

《老子》

比比谁更损

（1）对于不可言说者的言说

"道可道，非常道"，这是每个人都耳熟能详的句子。似乎"道"是不可言说的，那么我最正确的言说方式应该是保持沉默。然后，你就在我的"一默如雷"中深刻体会了"道"的本质。你我相视一笑，会然于胸，相忘于江湖。

有一种常见的误解，认为"道"表示"言说"的意思是到唐宋年间才在口语里出现的。其实并不是，早在《诗经》里就有这样的用法了。但是，对于不可言说者的言说依旧可以成立，这里有三点问题最值得我们留意。

第一，作为世界上最美的女人，海伦的美丽是无法言说的，而荷马在史诗里这样描写海伦之美：特洛伊战争结束之后，希腊的长老们商议着如何处置海伦，是把她送回她丈夫那里，还是把她作为战犯处死。正在争议不决的时候，海伦被带了进来，刹那间，从没有见过海伦的长老们全都惊呆了，他们说，为了这么美丽的女人，再打十年仗也值。

荷马以他高超的文学技巧成功处理了这个不可言说的言说，那么，荷马对海伦之美做出了正确的描写吗？如果这个描写是正确的，那么我们可以根据这个描写来为海伦塑一个惟妙惟肖的雕像吗？

第二，对于不可言说者的言说，不一定等于错误的言说。

在基督教神学的世界里，上帝是不可言说的，人类的理性、概念、逻辑等都无法穷尽上帝，所以，文艺复兴时期的德国神学家库萨的尼古拉集"否定神学"之大成，论证"上帝超越了任何概念"。但这绝不意味着《圣经》是错的，也不意味着《圣经》对于基督徒的生活缺乏实际指导性，更不意味着《圣经》是不讲逻辑的。

第三，"道可道，非常道"并不意味着"道"不可说，一说便错。"错"与"不完备"常常被人混淆。

所谓"不可说，一说便错"，这是禅宗的思维，而不是《老子》的。这种思维如果用在"道可道，非常道"上，本身就会构成一个悖论：如果你认定"道"是"不可说，一说便错"，并且《老子》全文都在论道，那只能证明《老子》全文都是错的，更加令人为难的是，就连"道可道，非常道"这句话本身也是错的。《胜天王般若（bōrě）经》说，一切诸法皆不可说。

所以，我没法偷懒，还是要说说。

《老子》的哲学思辨趣味始终令人着迷，但这部书所讲的，其实并没有那么神秘，一切玄而又玄的哲思无非是为了给接地气的统治术开道。所以，我想，在这有限的时间里，抛开玄虚，直奔主题。

（2）易懂易行的道家哲学

我们先来看一下这个问题：汉朝文景之治很大程度上要归功于道家哲学，那么，明明是一套行之有效、被实践检验过的办法，为什么春秋战国的时候没人用，文景之治以后也被人冷落呢？

我们知道，秦朝全用法家政策，到了汉武帝"独尊儒术"，以后的历朝历代基本都是外儒内法。而与儒、法两家齐名的道家，只在汉朝初年的政治舞台上昙花一现，然后就一分为二：一支成为知识分子永恒的精神家园，往难听一点说就是心灵鸡汤；另一支发展为道教，太平年景就炼丹修仙，世道不宁就聚众造反。

　　最蹊跷的是，道家虽然在政治舞台上仅仅昙花一现，但现得很惊艳，"文景之治"就是它的伟大成果。后来汉武帝之所以能够北征匈奴，还能耗费巨资求仙，就是因为有"文景之治"打下的家底。今天我们知道，人对成功经验很容易产生依赖性，哪怕局面变了，老皇历不灵了，还是舍不得改弦更张。"守株待兔"的寓言，说的其实就是这个道理。那么，道家学说明明一试就灵，成功经验明摆着，怎么就没人依赖这条路径了呢？

　　是不是这套办法太耗时耗力呢？我们已经见识过儒家的烦琐，必须承认，要按照儒家那套方法来搞，肯定付出很大，见效很慢。但道家完全不存在这个问题。道家的政治哲学是诸子百家中最简易的，不仅易懂，而且易行。

　　说它易懂，是因为它的要领和操作方式用两三句话就能讲明白，最多半小时就能讲透；说它易行，是因为只要你想做，基本就能做到。为什么这样简单呢？道理更简单：因为它不是教你"做"，而是教你"不做"；不是教你"怎么做"，而是教你"为什么不做"。

（3）少做就比多做好，不做就比少做好

　　《老子》有一句名言："为学日益，为道日损。"学习求知是做加法，比如我们学英语，对单词总要一个一个地背，每天都有增益，背得越多，水平就越高。而对"道"的追求是做减法，每天都在丢东西，直到

丢光了，就算得道了。

关于怎么理解"为学日益，为道日损"，专家们的解释五花八门，常见的解释是把这里的"道"当成一种精神境界，"为道"就是修炼这种境界。这类解释为什么不对？原因是我之前讲过的"读者错位"。《老子》的内容是讲给统治者听的，是针对统治术的，不是为了刻版印刷，发行十万册，教大家修道的。这里的"道"，就是政治之"道"。我们结合上下文来看："为学日益，为道日损。损之又损，以至于无为。无为而无不为。取天下常以无事，及其有事，不足以取天下。"

很明显，"为道"的目标是"取天下"，不是让你修身养性。作为"取天下"的方法，"为道"就是要不断做减法，这也不要，那也不要，这也不做，那也不做，最后"以至于无为"，两手一揣，无所事事。但这有什么好处呢？好处就是"无为而无不为"。虽然你两手一揣，无所事事，但你竟然什么事都没耽误，只有这样，才能够"取天下"。如果你忙忙碌碌，这也管，那也管，你就取不了天下。

你一定会想，无所事事还不简单，我可以天天在家睡大觉、玩游戏，但这种"无为"怎么可能"无不为"呢？长此以往的话，你肯定连饭都吃不上了，哪还有可能"取天下"呢？

(4)《老子》不是写给你看的

你之所以会这么想，只是因为你不是《老子》的目标读者。

《老子》是写给统治者看的，人家最不会发愁的就是赚钱、吃饭的问题。

统治者的"为道日损"，当然是从政策层面上而言的，并不影响吃喝玩乐。在我们的常规理解上，一个有责任心的统治者应该废寝忘食、殚精竭虑、焚膏继晷、忧国忧民、日理万机。秦始皇就是典范，他从早到晚要批阅很多奏章。后来的皇帝里，雍正也是这种勤政风格。儒家推崇的周公，号称"一沐三捉发，一饭三吐哺"：洗头洗不踏实，吃饭吃不安稳，一听说有贤人来了，要么马上关掉水龙头，握着湿头发，要么把才吃进嘴里的饭匆忙吐出来，反正不管干什么都要停下来，忙不迭地出去搞接待。

在道家看来，这纯属费力不讨好，严重点说就是南辕北辙，国君越勤政，国家就越搞不好。那怎么才能搞好呢？很简单，只要今天少管一点事，明天少管一点事，"为道日损"嘛，最后什么都不管了，国家自然就管好了。

政府的价值

（1）自发秩序

《老子》那套"为道日损"的哲学，怎么看怎么都像是在鼓吹怠政或不作为，应该被人民群众深恶痛绝才对，但汉朝初年的几代皇帝真的照方抓药，收效不但显著，而且立竿见影，这到底是为什么呢？

我们回忆一下中学历史课关于"文景之治"的关键词，四个字：休养生息。

《史记》中有一篇《货殖列传》，专门记载商业现象。司马迁对商业的自发秩序感到惊奇，他先是列举了各地的特产，然后说这些东西都是人们很需要的，粮食需要农民来种，山林水泽的特产需要专人弄出来，器物需要工匠来制作，而这一切物资又都需要商人来做流通。如此复杂的系统运营，难道是政府安排的吗？当然不是，人们只是各展所长，各用各的办法来获取自己需要的东西。所以，买的人要货比三家，不想买贵了；卖的人在这里贱买，到那里贵卖，不想卖便宜了。大家各尽各的力，各做各的事，就好像水永远要往低处流一样。不用政府征召，货物自动就会出现在价格合适的地方；不用政府逼迫，人民群众自动就会创造物产。难道这不就是"道"的体现，是自然之理的证验吗？

司马迁只差说出"看不见的手"这几个字了。是的，从《货殖列传》的这番话里，一个惊人的结论呼之欲出，那就是，如果没有政府指手画脚，老百姓自然可以安居乐业。再推衍一步就是，那还要政府做什么？

(2) 没有政府会如何？

为什么一定要有政府，或者说为什么一定要有统治者，没有的话会怎么样？这种问题，是政治哲学里的经典议题。日后我会讲到霍布斯的《利维坦》和克鲁泡特金的《互助论》，它们分别是正反两方阵营的经典名著。

对这类问题，民间有民间的智慧。俗话说："人无头不行，鸟无头不飞。"意思是无论要做什么事情，必须有个领头人。

但只要稍微深入一想，凡是需要领头人的事情，都是那种所有人联合起来完成一个目标的事情，比如大到治理水患，小到围捕猛兽。但经济现象显然不是这样，正像司马迁观察到的，人人各自为政，各谋私利，竟然自发地在全国范围里形成了一种秩序，不但井井有条，而且欣欣向荣。这不是皇帝的圣旨造成的，也不是政府的管理造成的。也就是说，只要政府不生事，民间自动自发地就会形成这样的秩序，就会在很短的时间里万物生长，万象更新。这就是所谓的"休养生息"，只要静养就够，既不需要吃猛药，也不需要剧烈运动。怎样静养呢？很简单，"为道日损"，政府尽量少管事，不生事，假装自己不存在，这就够了。

反对派无法理解："这个社会，先是经过秦朝的折腾，接着又经受楚汉战争，实在残破得不成样子，好不容易天下太平了，政府当然应该负起振兴经济的重任，带领全国人民团结一致，努力发展生产才对。道家竟然要政府不作为，居心何其险恶！"

道家会反驳说："政府越是负责任，越是努力，效果反而会越坏。"

在这里，我们仿佛看到了亚当·斯密和他的《国富论》，也看到了哈耶克和他的《自由秩序原理》。

公地悲剧

(1) 洛伊德《关于控制人口的两课讲义》

1833年，英国一位业余数学家威廉·福斯特·洛伊德发表了一本小书：《关于控制人口的两课讲义》。在这本小书里，洛伊德凭着观察和想象做了这样一番逻辑推衍：有一片牧场，每个人都可以在里面放牧。作为一名牛仔，你想养多少牛就养多少牛。数百年来，这里似乎相安无事，因为战争、偷猎和疾病总会把人口和牛的数量保持在土地的承载能力以下。终于有一天，人们长久渴望的和平降临了，但是，这竟然导致了意想不到的悲剧——每个人都想多养一头牛，然后再多养一头，牛的数量很快便超过了土地的承载能力。每个人都自发地追求个人利益最大化，而每多养一头牛，收益全归自己，过度放牧的代价却由所有人分担。这当然是划算的买卖。但是最后，土地抛荒，所有的牛都饿死了。

洛伊德的这本小书和这个故事在当时并没有引起多大的重视，直到1968年，美国生态学家加内特·哈丁在《科学》杂志上发表了一篇影响深远的论文，题目直接就叫《公地悲剧》("The Tragedy of the Commons")。哈丁借用了哲学家怀特海对"悲剧"的定义："悲剧的要素不是悲伤，而是不可避免。任何逃避都是徒劳的。"

哈丁发展了洛伊德的故事，他分析道："理性的牧人只有一个选择：多养一头牛，再多养一头……但这也是分享这片公共牧场的每一个牧人都会做出的选择。悲剧因此而起。在一个信奉公地自由的社会里，每个人都追求本人的最大利益，而整体会走向毁灭的终点。公地自由带来整体毁灭。"

（2）杀人放火金腰带，修桥补路无尸骸

我遇到过一些天性纯良的人，他们不相信这样的事情会真的发生。是啊，难道牧人们看不到过度放牧的风险吗？即便他们真的短视，有人把这个道理讲给他们总可以吧。当他们知道了风险，自然就会收敛，难道真有人会蠢到自掘坟墓？

好吧，让我们想象一下：你已经很清楚公地悲剧的因果关系，你的牛仔同伴们也都明白。这甚至不需要讲什么道理，只要眼睁睁看着牧场一天天变得荒芜，对它的下场自然心知肚明。你决定不再多养牛了，甚至杀掉了几头。你的朋友也纷纷效仿，你们的牛被控制在一个合理的数量。但是，总会有些不自觉的牛仔，见你们养得少了，牧场的状况逐步改善了，他们就乐得再多养几头。现在，牛的总量对牧场依然不构成威胁，但从个人收益来看，自觉的人赚得少了，不自觉的人赚得多了，简言之，好人吃亏，坏人受益。

于是，那些意志不够坚定的好人越想就越想不通，仰头问苍天："凭什么？"痛定思痛之下，他们终于背弃了操守，开始多养牛了。牛越来越多，牧场越来越荒。每个人都知道这是在自掘坟墓，但同样知道的是，即便自己不掘，别人也会掘，所以掘也是死，不掘也是死，那么多掘一点，至少还能死得好看一点。

而你，作为一个捍卫中庸之道的儒家牛仔，始终不计得失成败，牢牢限制自己的牛群规模。可想而知的是，用不了多久，你就会变成养牛最少的牛仔，而养牛又是你全部的收入来源。作为整个牧场收入最低的牛仔，你的抗风险能力当然最弱。还没等牧场彻底变荒，你就在残酷的生存竞争中第一个被淘汰了。而那些最肆无忌惮的人，自家的牛群规模却排名第一，抗风险能力最强。所以，虽然大家一起走向灭亡，而他不但是最后一个咽气的，还是在咽气之前日子过得最富足的。

无为而治的限度

(1) 小乡村的牛和大城市的车

洛伊德对公地悲剧的那番推衍并不是对客观现实的描述，那么，现实中的公共牧场当真发生了那样的悲剧吗？

答案是，在洛伊德那个时代的英国乡村，牧场其实并不曾恶化到这种程度。习俗制约着公共生活方式，如果有谁胆敢冒全村之大不韪，把自家牛群的数量扩大到"不道德"的规模，他就该留下一封"人言可畏"的遗书了。

我在前面多次讲过，这就是小社会的生活模式，大家抬头不见低头见，谁和谁都能拐着弯攀上亲戚，并且世世代代这样生活，邻家的老汉可以笑谈你的曾祖父少年时候如何调皮，而他的表侄女——一位慈祥的老奶奶——每次谈起你的祖母时总是带着一脸幽怨。在这种环境里，一个人要想特立独行，实在难于登天。真正特立独行的人必须走出乡村，到大城市闯荡，而前提是，大城市给了流动人口这样的机会。

大城市或者说大社会的生活，和小社会的有本质上的不同。规模的扩大带来了质变，曾经纯属纸上谈兵的公地悲剧终于有了自己的理想舞台。在我生活的城市里，乱停车就是一个随处可见的例子。

如果可以免费停车，没人愿意付费。很多小区的地下车库严重空置，但人行道、绿化带、马路，乃至公交车站，都变成了免费停车场。有时会遇到交管检查，过来贴一下罚单，但综合计算成本，被罚几次款到底比租买车位便宜，更何况罚款纯属小概率事件，是理性的人不该担心的。

乱停车的受害者不仅是没车的行人，也包括每位车主。他们自己开车进出总要大费周章。更加危险的是，消防通道被挤压成一条窄缝，一旦发生火灾，消防车几乎不可能迅速到位。每个人都知道这些不便和风险，但就算你不乱停车，别人马上就会把车乱停在之前你占的位置。只要你是理性的，利益最大化的方案就是继续乱停。

舆论压力可以忽略不计。大城市的居民小区，彼此都是陌生人，最多和对门的邻居有点头之交。如果这位邻居不识趣，劝告你不要乱停车，你也可以大大方方地甩出一句"关你屁事"，直接堵住他的嘴。

（2）为了避免公地悲剧，能否无为而治

到了哈丁生活的时代，也就是在洛伊德的时代一个世纪之后，大社会背景下的公地悲剧已经相当普遍了。哈丁想到了几个解决方案：可以把公地卖给私人，如果不卖，那就对公地的进入权做出限制，不能让每个人都可以随便进入。哈丁很清楚，每一个解决方案都会令人反感，但还能怎么办呢，毕竟不能听任公地毁灭啊。

如果把这个问题抛给亚当·斯密，他会有些困惑。在他看来，每个人追求私利，在"看不见的手"的引导下，最终必然会促进公共利益。但是，在公共牧场里，这只"看不见的手"竟然把每个人对私利的追求推向了整体毁灭。这是怎么一回事呢？

道理很简单，亚当·斯密生活的时代比洛伊德的还早，他虽然目睹了工业革命和海外贸易的蓬勃，但当时小社会的比重依旧很大，而一些大规模的协作是由许多彼此分立的小社会在自觉不自觉中联手完成的。

我们回看《货殖列传》，司马迁描述的景象与此颇有几分相似。在广土众民的大汉帝国，无数个小社会在自觉不自觉中分工协作，公地悲剧在相当程度上被小社会的习俗力量挡在门外。但是，它就像一头饥饿的猛兽，一直在门外徘徊，只要那扇门稍稍出现缝隙，它就会在第一时间夺门而入。我们也可以把公地悲剧比喻成被河堤束缚住的洪水，只要河堤上出现一个蚁穴，很快就会一溃千里。

这个蚁穴是什么呢？经济学家一般会想到"利益"。曾经为马克思援引的一段名言是众所周知的："如果有百分之二十的利润，资本就会蠢蠢欲动；如果有百分之五十的利润，资本就会冒险；如果有百分之一百的利润，资本就敢于冒绞首的危险；如果有百分之三百的利润，资本就敢于践踏人间一切法律。"

那么，在公共牧场里多养一头牛，利润只要超过百分之三百，习俗的力量注定约束不住这种行为。而我们知道，权力恐怕是古往今来性价比最高的东西，说它"一本万利"都不为过。

(3)《老子》哲学的内在矛盾

然而，除了利润，更常见的瓦解小社会习俗的力量是人的眼界。

小社会越封闭，也就越稳定。社会的流动性越强，破坏稳定的力量也就越强。所以，站在皇帝的立场，闭关锁国，最大限度地限制流动性，最容易使人心稳定、社会和谐，换言之，统治成本最低。然而，汉朝施行休养生息，政府既然无为而治，民间的流动性也就越来越强了。《货殖列传》开篇就引述《老子》的话："至治之极，邻国相望，鸡狗之声相闻，民各甘其食，美其服，安其俗，乐其业，至老死不相往来。"《老子》的政治理想，就是各个小社会都是高度封闭的，老百姓都觉得自己的伙食很好，衣服很美，工作很舒心，不和邻近的小社会来往。司马迁感叹说："如果在今天追求这样的政治理想，除非堵住老百姓的耳朵和眼睛，否则根本实现不了。"

所以说，《老子》的政治理念是从最古老的小社会的生活方式发展来的，放到大帝国里就会显出内在的矛盾：它一方面似乎在支持亚当·斯密的经济原理，听任"看不见的手"主导一切，一方面又不喜欢流动性，鼓吹一种封闭的、自给自足的社会结构。然而，大帝国一旦无为而治，民间当然会表现出惊人的流动性。《老子》完全没有意识到流动性的问题，几乎可以说是误打误撞地阐释了与斯密的"看不见的手"和哈耶克的"自由秩序原理"相似的道理。也正因为是误打误撞，正因为《老子》的思想根底还是在旧日美好的小社会里，所以，从斯密和哈耶克的角度来看《老子》，当然会发现无法调和的矛盾。

现在我们看到，彻底的无为而治，或者说彻底的自由放任政策，可以让经济高速繁荣，但发展到一个临界点之后，就会出现各种各样的公地悲剧。我们的老问题又出现了：要政府有什么用？

看来政府总该做一些事，至少要维护公地的秩序。也就是说，警察是很必要的。

还是用今天的乱停车来举例好了。如果警察能够负起责任，人们当然会有秩序地停车，这对所有人都有好处。亚当·斯密也认为，警察是必要的，但其作用仅在于维护治安。如果要警察不仅仅维护治安，还要维护秩序，这到底应不应该呢？

如果请哈丁来答，他一定会说"应该"。

"欲取先予",既是规律,也是权谋

(1) 养猪与牧民

从文景之治到汉武帝的高度干预,国家大政发生了一百八十度的大转弯,这是不是违背了道家哲学呢?其实并不违背。为什么这样说呢?

因为《老子》中有这样的名言:"将欲歙(xī)之,必固张之;将欲弱之,必固强之;将欲废之,必固兴之;将欲取之,必固与之。"其含义可以一言以蔽之:反其道而行才是达到目的的最佳手段。

这是最有《老子》特色的话,在那个时代足以颠覆普通人的三观。

其实,古代的普通百姓也有同样的智慧,只是表达方式太市井气,更重要的是没能举一反三地把规律抽象出来。比如大家都知道的一句民谚:"棒打出孝子,慈母多败儿。"想让孩子好,就要下得去狠手,否则"三天不打,上房揭瓦";如果对孩子百般疼爱,千依百顺,孩子的性格就毁了,前途也就跟着毁了。

其实,把治理百姓当作父母管教小孩子,这是古人的共识,标榜仁爱的儒家也不例外。理想型的地方官要"爱民如子",怎么爱呢?当然不排除"棒打出孝子"。这就叫刚柔并济、文武之道。我们不要拿现代社会的公民意识去想象古人。

"爱民如子"其实在道理上很难成立,因为"民"有千千万万,一个人的爱不可能分给那么多人。柏拉图的《理想国》设计了理想国家的蓝图,其中有一个惊世骇俗的共产共妻计划:对于最高阶层,废除家庭制,婚配和育儿交给公职机构管理,让孩子和亲生父母互不相识,于是所有长辈是所有晚辈的父亲,所有晚辈是所有长辈的儿子,大家亲如一家,多好。后来亚里士多德在《政治学》里反驳柏拉图,说这太违背人之常情了,人们宁愿是某人的嫡亲堂兄弟,也不愿意成为柏拉图意义上的儿子。

柏拉图毕竟生活在城邦时代,那时人口规模不大。而在广土众民的大汉帝国,要让皇帝"爱民如子"更是完全不可能的。汉朝初年的几位皇帝接手的是一个满目疮痍的天下,因此,哪怕不是出于对千千万万不知名的百姓的爱,而仅仅出于管理家业的心,休养生息无论如何都是正确的选择。等到几十年过去,民生复苏了,经济繁荣了,这些民生与经济又何尝不是帝王的产业呢?所以,到了汉武帝时代,家产已经足够丰富了,皇帝也是时候"后天下之乐而乐"了。"将欲取之,必固与之",连养猪的人都知道这个道理——要想过年吃上肥肉,总要花上很长时间和很多饲料来把猪养肥。休养生息的代价比养猪更低,人的主观能动性在自由放任的政策下最容易释放出来。所以,治大国不是养肥猪,而是——用《老子》的话说——"若烹小鲜"。

我们今天读历史,往往不自觉地就会套用现代国家的概念来理解古代国家,事实上,当我们把皇帝"治国"理解为"齐家",或者"打理家业",对许多问题就更容易理解了。

(2) 垄断也许不难忍受

今天的经济学家和政治学家常会高估道家哲学的现代意义。只有还原历史境况，在"欲取先予"的前提下查看"无为而治"，才能明白为什么休养生息的政策虽然很成功，但注定没有延续性。

在帝制结构里，权力压倒一切，再大的财富在权力面前也脆弱得不如一张纸。专制永远有"任意性"，今天一个政策可以使百废俱兴，明天一个政策又可以让千万富户一夜返贫。在"秦皇汉武"身上，我们最能看到这种特质。

人民群众也不是傻子，很快就看出来致富不如做官保险。秦汉以后，两千年的历史上，全国的人才都往做官这一条路上挤。在中国的传统里，人们总是期待明君贤相，庄子的一则故事就是讲给他们听的：跳蚤生活在猪的鬃毛里，冬暖夏凉，安居乐业，活得美滋滋的，没想到有一天厨子杀猪烧肉，一把火就把猪鬃烧光了。

反对派常常有一种顾虑：假如把休养生息的政策进行到底，还有警察管着公共资源，不必担心公地悲剧的发生，这条路就一定是光明大道吗？在自由竞争的世界，物竞天择，适者生存，大鱼吃小鱼，小鱼吃虾米，最后各行各业一定都会形成垄断。垄断以后当然就是提价，垄断价格难道还是普通人承受得起的？

然而，事实上，人们对垄断有着超乎想象的忍耐力。版权就是一种垄断行为，比如我这本书，出版方拥有它的版权，换言之，出版方垄断了它的版权。你要么付费购买，要么愤然离开，但你甚至不会意识到这是一种垄断行为。即便意识到了，你也不会觉得这有任何不妥。药品专利是一个更大的垄断市场。书你可以永远不买，生了病却必须吃药。这种垄断抬高了我们每个人的医疗成本，但如果取消药品专利，恐怕我们就只能靠练气功来治病了。

最突出的例子其实不是对任何一种商品的垄断，而是对权力的垄断。对帝制时代的普通百姓来说，连他们自己都是被皇帝垄断的人力资源。而皇帝要想敛财，垄断那些攸关民生的重要物资，比如盐和铁，多数时候大家习以为常。虽然站在儒家的角度,这叫"与民争利",不是善政,反对派会说:"这么重要的物资,可不能被掌握在私人手里,否则一旦形成垄断,岂不是可以予取予求,呼风唤雨?"

这番话有一个隐含的前提,那就是"权力必须被垄断",正所谓"天无二日,民无二君",权力市场绝不可以是充分竞争的自由市场。

为什么不可以呢?因为这不自然。就连老子都会这样回答,毕竟"道法自然"嘛。

"道法自然"这四个字常被过度解读,其实从《老子》全书来看,它所提出的政治哲学的合法性依据就是天地自然的运行规律。钱锺书在这一点上看得很透,他说《老子》所谓师法天地自然,不过是借天地自然来做比喻罢了,并不真以它们为师。从水的特性上悟到人应该"弱其志",从山谷的特性上悟到人应该"虚其心",这种出位的异想、旁通的歧径,在写作上叫作寓言,在逻辑学上叫作类比,可以晓喻,不能证实,更不能作为思辨的依据。

话说回来,汉朝一度为了盐铁政策举行过一场辩论,民间代表和政府发言人唇枪舌剑,搞得火药味十足。后来有人把辩论内容整理成书,这就是著名的《盐铁论》。

除了"道法自然",一个很重要的原因是人们的心态:相信经营者都是逐利的,为富则不仁,而统治者是天下人的恩主,是"天地君亲师"这个序列里的光辉存在,每个人都应该对恩主怀有感恩戴德之心。我们看陈天华在《警世钟》里用的比喻:"国家譬如一只船,皇帝是一个舵工,官府是船上的水手,百姓是出资本的东家。"

当然,这已经属于近代思维,皇帝对这种论调肯定嗤之以鼻。

（3）"无为而无不为"

老子也会对陈天华的论调嗤之以鼻，只不过是从另外的角度。

当然，老子不会认为"百姓是出资本的东家"，这倒在其次，重要的是，老子不会认为"皇帝一个舵工"。所谓"无为而无不为"就是一种不要舵手的航行，由得大船随波逐流。如果老子读过奥克肖特的《巴别塔》，一定会把他引为同道。

奥克肖特同样把国家比作一只船，但这只船是这样行进的："在政治活动中，人们是在一个无边无底的大海上航行，既没有港口躲避，也没有海底抛锚，既没有出发地，也没有目的地，他们所做的事情就是平稳地漂浮。大海既是朋友，又是敌人，航海技术就在于利用传统行为样式的资源化敌为友。"

回望近现代的世界，我们会发现很多名流都是道家的同盟军，就连泰戈尔这样的诗人都是。实话讲，泰戈尔的诗歌并不是我喜欢的，但他在政治学上的一些见地真的很让我吃惊。他写过一部《民族主义》，就是在这本书里，泰戈尔似乎比奥克肖特更早地注意到"社会本身就是目的"，而不是某个达到长远目标的手段。他是这样讲的："就人们在政治经济上的联合意义而言，民族就是全体居民为了机械目的组织起来的那种政治与经济的结合。这样的社会没有长远的目的，它本身就是目的。作为一种社会存在，它是人的自发的自我表现。它是人类关系的自然准绳，使人们能够在互相合作中发展生活理想。它也有政治的一面，但那只是为了特殊的目的，也就是为了保存自我。这仅仅是力量的那一方面，而不是人类理想的方面。"

西汉辞赋大家王褒写过一篇《四子讲德论》，是一篇漂亮文章，后来被收进《昭明文选》——我今后会讲到《昭明文选》的——王褒用了很简要的四句话概括政治法则："养鸡者不畜狸，牧兽者不育豺，树木者忧其蠹，保民者除其贼。"治国就像养鸡，不能在鸡窝旁边还养黄鼠狼，或者像是放羊，不能在羊群里还养狼。统治者牧养百姓，只要把坏人坏事除掉就够了。王襃接着说，汉朝的国策是"崇简易，尚宽柔"，所以君臣上下相安无事，安享太平。

我们兜兜转转一番，又回到了亚当·斯密的"守夜人政府"，但你的感觉应该已经不一样了。

《老子》是最让现代的政治学家和经济学家感兴趣的，所以，我在这短暂的时间里围绕着这两个方面来谈《老子》，对那些玄而又玄的内容反而没时间照顾到。如果你对《老子》有着更全面的兴趣，可以看看我写过的一本《道可道：〈老子〉的要义与诘难》。

※ 第十三章
《庄子》(上)

《庄子》的鸡汤：
把生死、祸福、亲情、廉耻都看淡

原本不想这么快就进入《庄子》的，因为从《老子》开始，无为而治的理论是东西方共有的一大思想。老子的理论很粗略，一旦在大社会里遇到具体问题，就会出现斯宾塞、克鲁泡特金、李嘉图、高尔顿等人操心的那些事，这是传统国学深入不到的地方，也是我在序言里强调的"跨界读经典"的意义所在。

说回《庄子》，这部书很重要，内容也特别丰富，所以我想分两章来讲。本节要谈的主题是"《庄子》是一本什么书"。你只需要记住一个观点：《庄子》是一部货真价实的心灵鸡汤，是人生输家的心灵港湾。

当然，《庄子》有一定的哲学高度，也是第一流的文学作品，但归根结底，它就是一部心灵鸡汤。

我们知道，心灵鸡汤中有一种反人性的类型，《庄子》就是，因为反人性，所以论证起来就要格外地别出心裁。如果你接受起来很轻松，一般说明你最近不太顺，所以特别喜欢接受那些能宽慰自己的道理。而当你走出逆境，飞黄腾达了，你又会看不上这些道理。一个人会接受怎样的人生哲学，往往是由他当下的处境决定的。

庄子本人就是一个人生输家、一个边缘化的知识分子，和他的时代格格不入。他看不惯他的时代，常常发牢骚，还很喜欢用极尽刻薄的话来讽刺那些成功人士。如果你是他的邻居，你不会觉得他是一个讨人喜欢的家伙。这种人整天在朋友圈发各种负能量的段子，更可气的是你还很难反驳他。如果你还有一点进取心的话，你一定会和他绝交。如果你的孩子正值青春期，你一定会学孟母三迁的榜样，有多远搬多远。

其实战国时代正是知识分子最值钱的时代。我们看到孟子周游列国，受尽礼遇，门人弟子浩浩荡荡。我们还看到墨家势力遍天下，俨然一个国际性的组织。但凡你有一点文化，有一点抱负，只要投奔一位学派领袖，混吃混喝就能混成中产阶级；就算你没文化，只要拉得下脸，投奔大贵族去做门客，也能过得人模狗样。但庄子不一样。我们今天说起战国思潮、百家争鸣，庄子学派是响当当的一大阵营，但只要我们还原到历史情境里去，就会发现庄子和他的支持者们全是非主流。他们从不去积极地游说诸侯，只会冷冷地在一边，说别人的闲话，挑别人的毛病。

如果我们说儒家是保守派，法家是激进派，那么庄子这一派道家既不保守，也不激进，他们就是拆台派，对谁的台都拆。当然，拆台也需要很大的本事。但问题是，你说张三不行、李四不行，大家也驳不倒你，那显然你最行，但真的请你来干，你又推三阻四，还能说得出一大堆推三阻四的道理，这不是很让人来气吗？

如果你是一位政治家，庄子这种人会是你最恨的键盘侠。如果你在组建一个团队，庄子这种员工会是第一个被你开除的害群之马。如果你只是一名小女子，庄子这种老公就会是最没有家庭责任感的男人。如果庄子是你的领导，你就应该赶紧跳槽。如果庄子是你的朋友，你没法和他分享升职加薪的喜悦——没错，他除了冷嘲热讽，不会说别的。总之，在任何一种常规的人际关系里，你都不会想和庄子这种人有任何瓜葛。所以，在整个历史上，往往越是有正能量的人越讨厌庄子。鲁迅就是典型，他说庄子哲学是腐蚀国民精神的思想毒素。

鲁迅这种时刻都要"呐喊"的人当然看不惯庄子，同样，一个热衷庄子哲学的人也很难忧国忧民。我们今天读《庄子》，一个很重要的注本就是晚清名人王先谦的《庄子集解》。王先谦原本是个忧国忧民的实干家，特别看不上《庄子》，但在经历了一连串的打击之后，终于也和文化圈里的俗人一样，跑到《庄子》的世界给自己舔伤口去了。但也正是因为这样的经历，王先谦特别能够理解庄子，他说《庄子》那些话如果孤立来看，都是一些荒诞不经、驴唇不对马嘴的怪话，任何正常人都没法正常理解，而庄子之所以总说怪话，是因为他生活在一个动荡的时代，满眼全是各种丑态。庄子写书不是为了给后世立言，而是愤世嫉俗，发泄不满。王先谦还说，庄子对社会很伤心，很绝望，所以言辞才会过激。如果让他生在好时代，他一定会好好出来做事的。但遗憾的是，后世的读书人追慕庄子的言论却不考虑这些特定的背景。这不是庄子的错，而是那些后人的错。

王先谦的这个看法，我认为是最精辟的，是我们读《庄子》要了解的第一件事。我们千万不要把诸子百家等量齐观，觉得庄子和其他学派领袖一样积极给社会开药方。

所以我们会看到孔子门下有"三千弟子，七十二贤人"，孟子的高徒有万章、公孙丑等等，墨家的名人也不少，但庄子有哪些高徒，谁都不知道。

唐朝末年的名人罗隐写过一篇寓言体的杂文叫《庄周氏弟子》，说庄子以其学术闻名于楚国和鲁国之间，但爱听的人多，真正入门从学的一个都没有。终于有个叫无将的人前去拜师。庄子对他说："要想跟我学，就必须抛弃仁、义、礼、智、信。"无将真的做到了，也学成了。既然学到了这么厉害的学问，无将就很想把它发扬光大，传授给所有的亲戚。但亲戚们竟然不领情，他们聚在一起议论道："我们都是儒家出身的，如果真去学了庄子那套，岂不是从此就要灭绝人伦了吗？"于是，大家离开无将，回到鲁国。鲁国人听说了这件事，也都

打消了拜庄子为师的念头。所以庄子的书摒弃儒学，儒家也不愿意做庄子的弟子。(《谗书》)

罗隐的文章虽然只是一则寓言，却道出了这样一个关键：庄子之学虽然听起来海阔天空，令人无限神往，真正要学起来却是另一回事。所以，在严肃的学者中，比如朱熹，甚至认为庄子没有什么追随者，只是在一个远离人烟的地方自说自话罢了。

那么，王先谦到底从庄子那里学到了什么呢？答案很简单：淡然。

用王先谦的原话来说，就是"喜怒哀乐不入于胸次"，也就是说，无论遇到金榜题名还是洞房花烛，无论升官发财还是中了彩票，无论父母健康还是孩子当了高考状元，无论国家富强还是宇宙和谐，你都不在意。

你可不要以为这是教你控制情绪。不是，如果你心里笑开了花，但脸上能绷得住，这属于儒家和法家的修养，重在控制。而你从庄子这里学到的是，你不是在很勉强地控制情绪，而是你由衷地不觉得这些事值得高兴。

当然，如果你一辈子顺风顺水，每天都有开心事，你一定不想学这种本事。所谓"喜怒哀乐不入于胸次"，真正重要的是"怒"和"哀"。如果你每天在单位里眼睁睁看着小人当道，家里是妻不贤、子不孝，你能怎么办呢？很简单，既然改变不了世界，就改变自己的内心好了。读读《庄子》，只要接受了那套道理，凡事也就都看淡了。只不过"凡事看淡"是一把双刃剑，谁也做不到只把坏事看得淡，对好事还能照样兴高采烈。

我们从庄子那里得到这样的生活教益：如果你不想经历伤心、沮丧、愤怒这些负面情绪，你就应该慢慢把所有事情看淡，只要这个世界上没有任何人和任何事是你在意的，那就没什么能打击到你。只要你彻底不要脸了，也就没有谁还能羞辱你了。

如果视死如归是好的，
为什么不能视别人的死也如归呢？

《庄子》是一部寓言大全，你要体会寓言背后的道理，但不要把情节和人物当真。

一个人如果能做到视死如归，总会让我们敬佩，但如果他视别人的死如归，甚至视自己亲生儿女的死如归，就有点可怕了。我们必须知道，伤心是一种情绪化的反应，情绪化的反应都是不理性的。古往今来有很多心理技巧都在教我们如何控制情绪，比如古罗马的哲学家皇帝马可·奥勒留早就告诉我们，理性是情绪的天敌，所以一个人在任何时候都应该依赖理性，这样的话，哪怕是子女夭折了，他也会镇静如常。

但是，该怎么用理性来驯服情绪呢？庄子给我们讲了这样一个故事：魏国有一个人，叫东门吴，特别爱自己的儿子，但有一天儿子死了，他却一点都不伤心。相国大人很不理解，非要跑去问个究竟。东门吴于是做了一番解释，虽然不太合情，却非常合理。他是这么说的："以前我没有儿子的时候，并不觉得伤心，现在儿子死了，我等于退回到当年既没有儿子也不伤心的状态，所以我当然不伤心啊！"

我们可不要小看这个故事，因为它可以让你举一反三，轻松化解任何烦恼。比如你破产了，你就应该这样想："我出生的时候就是一个赤条条的小婴儿，什么都没有，也不伤心，现在虽然破产了，无非是退回到原先的状态，无所谓嘛。"再比如你快要死了，你就应该这样想："我不过是退回到出生之前的状态,那时候我根本就不存在,当然没有任何伤心和恐惧,现在当然也不应该伤心和恐惧啊。"你只要能掌握这个简单的逻辑,一辈子都不会有烦心事了。

当然,这会属于很典型的知易行难。弱智也能轻松理解这个道理,但即便是最聪明也最有学问和毅力的人,也很难做到。这就好比我们苦口婆心地劝告一个青春期的男生,说美女如何如何讨厌,千万不能接近,哪怕他完全信服了我们的话,但在看到美女的时候依旧克制不住冲动。这就解释了为什么这么多人推崇庄子,却没有几个人真能做到安贫乐道、无忧无惧。靠理性来驯服天性,说来容易做来难。在这个问题上,佛教就比庄子高明,发明出一套训练方式,真能让青春期的男生厌恶美女。

话说回来,如果你实在看不惯庄子的这套说辞,你会怎么反驳他呢?通常的做法是检查他的逻辑和论据有没有破绽。逻辑上似乎看不出问题,那就从论据下手好了,核实一下东门吴这个人的生平事迹,因为他的反应无论怎么看都不像正常人会有的。

如果你这么想,那你就错了。因为你要么找不到东门吴这个人,要么即便能找到,发现他根本就没有儿子,庄子也满不在乎。因为庄子只是一个讲寓言故事的人,所有的人物都只是他编排的角色——有些人物纯属虚构,有些人物虽然都是大家熟悉的名人,但庄子给他们安排的履历是假的。

事实上,"寓言"这个词就出自《庄子》。《庄子》这部书分为内篇、外篇、杂篇三大部分,杂篇中有一篇,题目就叫"寓言",其中有一段很关键的话:"寓言十九,重(chóng)言十七,卮(zhī)言日出,和以天倪……"

这一段是概述《庄子》的创作风格,说寓言占了十分之九,重言占了十分之七,卮言层出不穷。所谓寓言,是假托外人来发言。庄子解释说,这就像父亲不会亲自为儿子说媒,只有拜托别人来夸儿子的优点才更容易取信于人。庄子还说,自己用这种方式来写作实在是不得已的,因为大众心理就是这样,自己必须顺着来。所谓重言,是德高望重的长者的发言。他们的话很有权威性,足以制止争论,说服别人。所谓卮言,就是无心之言,是没有主观成见的言论,汪洋纵恣,海阔天空,东拉西扯。

所以,虽然书里写到很多名人,甚至包括庄子本人,但所有的事迹你都别信,只需要体会故事背后的道理。也正是因为这个缘故,庄子的生平事迹才会扑朔迷离。司马迁写《史记》,把庄子的传记附在《老子韩非列传》里,相当简略,下面简单翻译一下:

庄子是宋国蒙地的人,名叫庄周,曾经在老家做过漆园的小吏,与梁惠王、齐宣王是同时代的人。他的学问很驳杂,而主干本于老子。他虽然写了十几万字的书,内容却大多都是寓言。他写了《渔父(fǔ)》《盗跖(zhí)》《胠箧(qū)(qiè)》这些篇章来讥讽孔子之徒,阐明老子之术;还写了《畏累虚》《亢桑子》这些文章,说的都是些没有事实依据的空话。但他的文笔很出彩,得心应手地攻击儒家和墨家,就算当时的学术泰斗也招架不住庄子的鞭辟。他的学说汪洋恣肆、随心所欲,只顾着自己舒心,所以王公大人们找不到可以应用这些学说的地方。

楚威王听说了庄周的贤名,派出使者带着厚礼去请他到楚国为相,而庄子笑对使者说:"千金虽然是大钱,卿相虽然是大官,但您没见过郊祭时用作牺牲的牛吗?这样的牛享受过好几年的喂养,这时候还会披上华丽的衣服,然后被送进太庙等待宰杀。到了那个时候,它就算只想做一只没爹没妈的小猪也不可能了。您赶紧回去吧,不要玷污了我。我宁愿在污水里游戏,也不愿被国君管着。我这一辈子都不想做官,只有这样我才高兴。"

以上就是《史记》对庄子一生的全部记载,但可靠性究竟多高呢?

这还真不好说。我们只要翻开《庄子·外篇·秋水》和《庄子·杂篇·列御寇》，就会发现《史记》那段楚王礼聘庄周的内容就是从这两段材料里来的。故事里的庄周究竟是本色出演，还是扮演了一个和自己同名的角色，我们其实完全无法分辨。

这种怀疑，古人早就有过。比如宋代学者黄震说，楚王聘庄周的事情纯属虚构，那些键盘侠总是喜欢编造这种故事自我标榜，何况这件事很可能只是个寓言。再说，当时的诸侯崇尚的是攻战和权术，未必做得出礼聘隐士的事来。即便像孟子这样的名人，也是听说了魏国和齐国的国君有礼贤下士之风以后才跑去游说，而不是被人家聘去的。退一步说，就算真是礼聘，哪会一上来就给安排卿相这样高的职位呢！（《黄氏日抄》）

黄震属于怀疑派，宋朝学者普遍都有怀疑精神，而在对立的阵营里还有一个笃信派，代表人物首推唐代的玄学大师成玄英。成玄英怀着温情与敬意，为庄子一派梳理传承谱系，竟然找出了庄子的老师：长桑君。

长桑君不是凡人，在道教的神仙谱系里，他的地位举足轻重。他是入天门、养丹田的名家，曾向扁鹊传授过起死回生的秘方。扁鹊之所以成为神医，全靠长桑公子的成全。于是我们知道，扁鹊和庄周是一对师兄弟。扁鹊做了神医，庄周做了神仙。

庄周是一个学者型的神仙，所以在仙界不太出名，老百姓最认的神仙永远都是吕洞宾、赵公元帅那种接地气的。其实庄周未必愿意成仙，因为仙界是一个很庞大、很复杂的官僚体系，以庄周那种性情，一不小心就会得罪同僚和长官。

元朝的道教名人赵道一曾经为历代真仙作传，给庄周设了一个词条，内容先是照抄《史记》，然后引述道教名著《真诰》说："庄子师从于长桑公子，学得了玄妙的道理，著成《庄子》一书。他隐居在抱犊山中，吃了一种叫北育火丹的仙丹，于是白日飞升，在天庭谋了一个叫太极闱编郎的官做。"赵道一还说："世人如果知道庄子是这样一号真仙，一定会非常重视他的著作。"

这也算是一种用心良苦的作品推广吧。但是，《庄子》真的都是庄周写的吗？

道士一般不会深究这个问题，但学者会。

删书不是皇帝的专利

今天我们看到的《庄子》并不是《庄子》原貌，而是晋朝学者郭象做的删节版，只保留了原始版本的一半到三分之二的篇幅。

在缺少可靠史料的情况下，该怎样辨别《庄子》的著作权呢？

这是一个学术方法论的问题，我们先来看看郭象是怎么判断的。

古代的书，永远都存在版本上的混乱，所以我们千万不能拿今天图书出版的常态去理解古书。如果我们要用很认真的态度来读古书，首先要做的事情就搞清楚版本问题。《史记》说《庄子》有十几万字，这就意味着司马迁看到的《庄子》和我们今天看到的《庄子》很不一样，篇幅大约多出一倍。今天我们看到的《庄子》，总共还不到7万字。《汉书·艺文志》是汉朝的权威图书目录，说《庄子》有52篇，但今天我们看到的《庄子》只有33篇。

这33篇分成三大部分，也就是内篇7篇、外篇15篇、杂篇11篇。

这种编排并不是《庄子》的原貌，而是晋朝学者郭象确立的。缺的那些篇章，也是郭象删的。当时郭象为《庄子》做注释，主观能动性太强，看到不合意的地方就直接删掉。当郭象版本的《庄子注》成为权威注本之后，原始面貌的《庄子》也就渐渐失传了。

今天我们常说古人如何崇古、如何厚古薄今，但常常被我们忽略的是，古人的崇古和今天的崇古并不一样。今天我们说起保护古籍、保护文物，最重要的就是维护原貌，哪里有古建筑就尽量保留。但古人不是这样的。书可以删，可以改，只要你有正当理由就行；前朝宫殿一般都要毁掉，为的是不给大家留念想。

删改《庄子》的学者其实不止郭象一个。删书不算特立独行，而是学术风气使然。唐代学术权威陆德明讲过，原始版本的《庄子》有很多荒诞的内容，有像《山海经》的，有像占梦书的，所以注释者们常会按照自己的意思来作删订，只有《庄子》内篇，各家的注本才都一样。在所有的注本中，以郭象所注最合《庄子》的本旨，所以才最被世人重视。

世人最看重的版本留存下来，而其他版本，包括原始版本，就这样消失不见了。

人们还会在一些古书里看到摘引《庄子》的话，而这些话如果在郭象版里找不到，那就应该属于原始版本的内容了。这些内容，叫作"佚文"，也就是丢失的文字。搜集佚文是研究古代文献的一项重要工作，比如我们从先秦文献里搜集《诗经》的佚文，就会发现一个很有趣的现象：佚文的数量竟然很少。然而按照传统说法，孔子删订《诗经》，是从三千多首诗里大删特删，只保留了305首。如果这种说法是对的，那么《诗经》的佚文不应该只有这么少。所以，孔子到底删没删诗，就需要重新考虑了。

话说回来，最早搜集《庄子》佚文的学者是宋朝人王应麟，他是《三字经》的作者。王应麟最有名的著作是《困学纪闻》，我今后会讲到。《困学纪闻》是古代学术笔记的典范，和顾炎武的《日知录》、钱锺书的《管锥编》同属一类。这种风格的笔记都是博闻强记的人才能写出来的，而这种风格的学者也最能搜集佚文，最能从冷门材料里发掘宝藏。我在前面讲到的东门吴的故事，就是一则《庄子》佚文，是从《列子》里搜罗来的。

这个故事明明很有《庄子》范儿，为什么要被删掉呢？我们很难想得出缘由。《庄子》佚文还有很多精辟的见解，比如给"自然"下定义，原文说"不知所以然而然，故曰自然"。我们之前讲了很多次的"道法自然"，如果用《庄子》佚文的这个定义，我觉得是再贴切不过的。

还有一段话解释梦的原理："梦者，阳气之精也。心所喜恶，则精气从之。"要理解这段话，我们需要先理解什么是阳气、什么是精气，无论如何，《庄子》发现了情绪和梦境的相关性。

郭象到底为什么要删掉这些内容呢？他自己是这么解释的：庄子闳才命世，有许多英文伟词，正言若反，而有些低水平的人领会不了庄子的境界，妄自增篡庄子的文章，搞出不少貌似深刻实则鄙俗的文字，足足占了全书的三成，这只能给后来的学人增添烦恼，所以他才把它们都删了。

现代学者一定很想告诉郭象：你觉得哪些段落不好，标注出来也就是了，哪能自作主张都删掉呢？这正反映了古今治学的一大差异，正像上文讲到的，现代学术重视求真，古代学术讲究实用。所以，对今天的学者来说，对古人的至理名言要了解，对荒谬之见也一样要了解，这才能串起思想的脉络，而对郭象来说，没用的学问当然不必要存在，留着它们只能给后人添乱。不过，即便按照郭象自己提出的标准，以今天的《庄子》本文和佚文来看，恐怕既有不少该删却没删的，也有不该删却被删掉的。

事情往往这样，一旦太在意实用性，功利心太强，眼界就窄了，见识就浅了。

但也有人嫌郭象删得不够多，比如明朝学者王世贞就拿《庄子》举例说：写书不宜写长，一部十几万字的书，要领只要几百字就能说清楚，写那么长只会使人厌烦。

不过，大家别轻信他，因为他自己作为一代文坛盟主，特别能写。今后我讲《明实录》和《明史》，还会用到他写的书。但是，王世贞的这个观点也蕴含了一些真理。我们看先秦的道家著作，《老子》五千言，言简意赅，《庄子》的篇幅超出《老子》十几倍，又是寓言故事又是哲理思辨，很有雄辩家的风格。《老子》为什么简洁，《庄子》为什么啰唆，都是有道理的。

我们不妨想象一下，有一个怨妇写了一本几十万字的书，王世贞看完之后说："何必这么啰唆呢？全书的中心思想只有一句话：男人都不是好东西。"怨妇一听，有道理啊，那就删改一下吧，然后把几十万字都删掉了，只保留了一句话："男人都不是好东西。"某读者看完之后，很不服气："这么说没道理啊，我家男人就很好。"于是两人各自证明自己的观点，反驳对方的观点，一不小心就讲了几十万字出来。

所以说，表达观点是很容易的，但论证观点是很难的。老子当年不需要和人辩论，但《庄子》的时代是百家争鸣的时代，知识分子既要反驳别人的观点，又要捍卫自己的观点，既要拿着放大镜去挑别人的马脚，又要筑起密不透风的篱笆来保卫自家的阵地。而且《庄子》讲的道理特别反常识，更需要长篇大论。

另一个原因是，《老子》很可能是一部私人著作，但《庄子》应当是很多人的作品合集。既然是合集，你写两篇，我写两篇，内容也就多起来了。古人没有今天的著作权意识，很多学派都有不少无名英雄。郭象删《庄子》，就是觉得有些内容是妄人增补进去的，水平太差，不该留着。

我们当然有理由质问郭象："你说水平差就是水平差吗？你也太主观了吧？人家也许是水平太高，你理解不了。就算退一步说，你删的那些内容都是水平差的，但庄周毕竟不是完人，说错话也是正常的，怎么能因为水平差就断定这些话不是庄周自己说的呢？"

《庄子》的鸡汤：怎样活才逍遥

现在谈谈《庄子》的第一篇《逍遥游》，你只需要记住一个观点：逍遥不应该向外寻求，而应该向内心寻求。

如果把《庄子》交给你，让你辨别著作权的归属，你有什么办法来判断哪些内容是庄周本人写的、哪些内容是后人增补的呢？

这是一个老大难的问题，相关的史料既简略又零乱，莫衷一是。郭象的办法显然不可取，但要想找到更高明的办法，似乎也不容易。要做判断，总得对史料有些取舍，但到底取哪些、舍哪些，基本找不到扎实的依据。所以，传统上的说法，无论是哪一种，可以说都建立在某种假设的基础上，当然也就谁都说不服谁。真正盖棺论定要到20世纪80年代，刘笑敢发表了一篇很重要的博士论文，引入统计学方法，从《庄子》文本的词汇、词频入手，判断出内篇的作者和外篇、杂篇的作者绝不是同一个人，内篇是战国中期的文章，和庄周的生活时代重合，外篇、杂篇是晚出的文章。

这是用可靠方法得出的可靠结论，也是现代学术方法研究古籍的一个成功范例，是传统风格的国学家们搞不出来的。所以，今天我们才可以比较有把握地说，《庄子》内七篇基本代表庄周本人的观点。如果你想读《庄子》原文，但实在啃不下来，那么你可以把范围缩小，只读内7篇就好。

《庄子》内七篇，各有各的重点。如果你只能读一篇，那就读第一篇《逍遥游》好了。《逍遥游》是《庄子》最出名的一篇，后文的很多内容其实都是在阐释和深化《逍遥游》的观点。

《逍遥游》提出了一个很诱人的问题：生而为人，怎样才能逍遥自在？

这个问题好像有点庸俗，但毫无疑问，它是绝大多数人都关心的。大家之所以努力工作，辛苦挣钱，无非是想让自己和家人过得更逍遥一点，至少希望逛超市的时候不用再看价签了。如果梦想可以更大一点，比如不想上班就不上，想买什么就买什么，想和谁好就和谁好，多好！一言以蔽之，活得随心所欲，神佛和王法都奈何不了自己，这应该就是逍遥的极致吧？

在常人的理解里，一个人掌握的资源越多，逍遥的资本也就越大，所以中产阶级比穷人逍遥，千万富翁比中产阶级逍遥，亿万富翁比千万富翁逍遥。所以，为了多逍遥一点，争夺社会排序就是至关紧要的事情。但庄子出来告诉大家：这条路走不通，你们都错了，逍遥不应该向外寻求，而应该向内心寻求。借用哈姆莱特的台词："即便我被困在果壳之中，仍自以为是无限宇宙之王。"

霍金就是我们的榜样，他的身体虽然被困在轮椅上，就连说话都要借助机器，但头脑比我们健康人驰骋得更远，解决着最尖端的宇宙奥秘。他有一本科普读物，叫作《果壳中的宇宙》，书名就是从哈姆莱特这句话里来的。

人的身体很容易受到物理条件的羁绊，但心灵不会，至少庄子是这么想的，所以他应该很欣赏霍金。但霍金以有限的智慧探索无限的宇宙，这可不是庄子会喜欢的。是的，庄子不喜欢学习，更不会向终生学习者致敬。他用寓言来论证自己离经叛道的观点，《逍遥游》一开篇就是一段很奇幻、很瑰丽的寓言：

> 北冥有鱼，其名为鲲。鲲之大，不知其几千里也。化而为鸟，

其名为鹏。鹏之背，不知其几千里也。怒而飞，其翼若垂天之云。是鸟也，海运则将徙于南冥。南冥者，天池也。……

这段话的大意是说，北海有一只叫作鲲的大鱼，不知有几千里大。鲲变成鸟，叫作鹏，也不知有几千里大。海风吹起来的时候，鹏就顺势而飞，飞到南海。有一本专门记载怪事的书叫作《齐谐》，这书上说："当鹏鸟飞向南海的时候，乘着六月的大风，激起三千里的水花，直上九万里的高空。"水不深就浮不起大船，风不大就载不动大鹏。

小鸟和蝉很不屑："我们飞到树上就够了，有时候飞不上去了，落到地上也无所谓，飞九万里那么高干吗？"这两个小家伙哪里晓得，路程越远，准备工作就越要充分。

小知不及大知，小年不及大年。怎么知道是这样呢？朝生暮死的小虫子不知道什么叫一个月，活不过一季的蝉不知道什么叫一年，这就是所谓的"小年"。楚国有一只灵龟，以五百年为一春，五百年为一秋；上古有一棵大椿树，以八千年为一春，八千年为一秋，这就是所谓的"大年"。直到今天彭祖还以长寿闻名，可他不过活了几百岁罢了，世人都想学他，这不是很可悲吗？

一般人读《逍遥游》，首先会被文采迷住，然后会被大鹏展翅高飞的意象迷住，恨不得自己也能水击三千里，扶摇九万里。小鸟和蝉似乎都是反面形象，自己境界太低，理解不了大鹏，还对大鹏说三道四。怀才不遇的人最容易被这个寓言吸引，李白就是典型。李白在诗文中常常自比大鹏，最著名的一首诗是给李邕写的。前几句是"大鹏一日同风起，扶摇直上九万里。假令风歇时下来，犹能簸却沧溟水"，这是夸自己像大鹏一样了不起，有风就能上天，就算风停了，自己落下来，只要翅膀扇几下，大海里的水就被扇没了。诗的后几句是"世人见我恒殊调（diào），闻余大言皆冷笑。宣父（fǔ）犹能畏后生，丈夫未可轻年少"，这是说俗人讥讽自己就像小鸟讥讽大鹏一样，就凭这些人，他们配吗？李白虽然很有道家风范，却没能正确理解《逍遥游》的含义。没办法，大鹏的文学魅力太大了。但是，如果小鸟可以为自己辩解一下的话，它会对大鹏说："你有你的大志向，我有我的小确幸。你真的就比我活得逍遥吗？"

如果我们把大鹏和小鸟的形象还原到人的身上，就会发现故事的味道好像变了。大鹏很像国王，国王出一次门一定兴师动众，前呼后拥。小鸟就像平民百姓，老百姓说出门就能出门，交通工具就是两条腿，活动范围出不了自家所在的村子。

我们可以试着把庄子那套小不如大的道理重新表述一遍：百姓不如小科员，科员不如科长，科长不如局长，局长不如部长……草民出门，骑上自行车就走，就算车坏了，坐公交车或者步行也无所谓，但总统出行必须有浩浩荡荡的车队和严严实实的安保。草民对车的认识仅限于飞鸽、永久、捷安特，哪知道富豪开的是法拉利或者阿斯顿·马丁呢？小区里有位贤达停了一辆奥迪，就引来了所有人的羡慕，这不是很可悲吗？

是的，如果小不如大，那么做老百姓就不如做国王，这就像每个人在工作岗位上都想升迁，都想从小鸟变成大鹏。但是，这个道理太符合常识了，难道还需要长篇大论来证明吗？

《庄子》的鸡汤：幸福不依赖任何外部条件

《逍遥游》里的大鹏和小鸟的关系到底应该怎样理解呢？

前文讲过的李白代表了一种典型的理解方式：大鹏是正面形象，小鸟是负面形象，做人应该像大鹏一样展翅高飞，不要理会小鸟的叽叽喳喳。如果我赞同这种理解，我就应该我行我素，对各种批评意见不屑一顾，堂堂大鹏难道还要看小鸟的脸色做事？

之前讲过的王世贞代表了另一种典型的理解方式：小鸟活得也挺好，幸福感并不比大鹏低。为什么非要追求九万里的高空翱翔呢？那太累了。在树枝上扑腾两下不也挺好的？王世贞把自己的住处命名为"鹖（yàn）适居"，还专门写了一首诗说："大鹏九万苦不足，尺鹖抢榆恒有余。除却逍遥真际在，便应方朔羡侏儒。"意思是说，做人就该学学小鸟，知足常乐，活得不累。

这样的理解更主流一点，直到冯友兰还在延续这个传统。冯先生说："《逍遥游》里讲了一个大鸟和小鸟的故事。两只鸟的能力完全不一样。大鸟能飞九万里，小鸟从这棵树飞不到那棵树。可是只要它们都做到了它们能做的，爱做的，它们都同样地幸福。"（《中国哲学简史》）

但这样的解释有一个问题，它是基于《庄子》第二篇《齐物论》的观点，却背离了《逍遥游》的文本本身。我们必须明确一个认识：寓言集不是论文集，逻辑一贯性没有那么强，所以看寓言集就别太在意矛盾。《逍遥游》和《齐物论》就是存在一些矛盾，这也难怪，庄子要论证的哲理都很反常，顾此就难免失彼。

从《逍遥游》的上下文来看，小确实不如大，境界高的也真的有理由看不起境界低的。《庄子》继续讲道，商汤向贤人夏棘请教，问上下四方有没有尽头，夏棘说无尽之外还是无尽，然后又把小鸟笑话大鹏的故事讲了一遍，说这就是小和大的分别。接下来是庄子的一段议论，说有些人论才智可以做官，论行为能够符合一乡一土的道德标准，论品性可以投合一国之君的心意而取得一国的信任，这些人因此而自鸣得意，其实就像故事里的小鸟一样，所以境界更高的宋荣子才会嗤笑他们。宋荣子的境界已经很高了，世人无论是非议他还是赞美他，他都无动于衷，他对名利毫不上心，但他的修为也就到此为止。列子对名利也不上心，他还会御风而行，连走路都免了，但就算这样，他还是有所依恃的，不刮风就没法御风而行。如果顺应自然的规律，把握六气的变化，以游于无穷之境，又还有什么必须依恃的呢？所以说，至人没有偏执的主观态度，神人没有功业，圣人没有名声。

讲到这里，《逍遥游》的逻辑就清晰了：小的确实不如大的，大的不如更大的，而真正的问题在于，无论小的、大的还是更大的，一概有所依恃，也就是"有待"，更高一层的境界就不以大小来区别了，而是以"有待"和"无待"来区别，终极的境界不是"最大"，而是"无待"。

这里会有一点费解，我来慢慢解释一下。

所谓"有待"，就是说需要外部条件才能达到目的。大鹏要起飞，必须等到合适的风。成功人士能做官，必须依靠别人的信任。宋荣子境界更高，不在意别人的看法，也就是说，别人是喜欢他还是讨厌他，是信任他还是怀疑他，对他都毫无影响。但即便是他，做很多事也必须要靠外部条件，比如出远门就必须有车。列子的境界比宋荣子还高，连车都不用，风就是自己的车，乘着风东游西逛。按说一个人活成列子这样，应该算得上逍遥了吧？不，还算不上，因为在没有风的天气里，列子就被困住了，风就是他必须依靠的外部条件。

真正的逍遥，就是"无待"的状态，也就是不受任何外部条件的影响。

这就是很反常识的道理了。我们往庸俗一点去想：比如我饿了，必须找到食物才能吃饱，食物就是我要达到"吃饱"这个目的所依赖的必要条件。任何人都要吃饭才能活下去，哪可能真正"无待"呢？

但是，庄子要解决的是精神层面的问题，不屑于考虑吃饭这种俗事。

如果你非要较真，非要缠着吃饭问题不放，那么《庄子》佚文有一段接舆先生的故事可以参考。接舆是楚国人，过着自给自足的农耕生活。楚王听说他很贤良，就派出使者以重金礼聘，要他做官。接舆笑一笑，也不拒绝，而等使者一走，自己就远远地搬家了，没人知道他去了哪里。

汉朝刘向的《列仙传》记载了接舆的去向，说他擅长养生之道，吃一些稀奇的果子，遍游名山，最后落脚在峨眉山。几百年来不断有人见到过他。一言以蔽之，他成仙了，所以饿不着。

成仙可以算是一种"无待"的生活方式。"无待"的人生到底是怎样的呢？用《逍遥游》的原文来说，就是"乘天地之正，而御六气之辩，以游无穷"。这话说得既荡气回肠，又高深莫测。到底什么是"天地之正"，又该怎么去"乘"？什么是"六气"？什么是"六气之辩"？这些概念谁都搞不清。《庄子》里有太多这种话，所以很难用白话翻译。就以我自己的经验来说，《庄子》我算熟读了，历代经典注本和研究专论也看过不少，但你让我把"乘天地之正，而御六气之辩，以游无穷"这种话翻译成白话，我还是做不到。大家能见到的各种白话译本，都是不准确也没法准确的。如果你有足够的时间和精力，最好还是读原文，自己体会。

至于眼下"乘天地之正"这句话到底该怎么理解，往玄妙的角度讲，大约就是修炼成仙的状态，既然成了仙，吃不吃饭也就真没所谓了；往实在的角度讲，有人说"六气"就是天地四时，也就是"天、地、春、夏、秋、冬"，一共六个，也有人说是"阴、阳、风、雨、晦、明"。但大家都是靠猜，谁也搞不清楚庄子的本意。好在我们能从这句话里体会出大意，那就是顺应自然的规律。再联系"至人无己，神人无功，圣人无名"，庄子给我们普通人指出的通往逍遥的方案就大体明朗了：不成仙也没关系，只要顺应自然规律，抛弃主观上的成见和执着，不建功，不求名，与时俯仰，随波逐流就好。

打个比方，"有待"的最下乘境界好比一只小船驶向目的地，要顶风，要破浪，要扬帆，要转舵；高级一些的"有待"是"心如不系之舟"，随风随浪，没有固定的目标；而到了"无待"境界就没有这只小船了，你就是一滴水，世界就是大海。

这样一种人生哲学，好像说白了无非是教人随大流。这既不高明，也不高贵。但我们必须想到《庄子》的时代背景，那是战国乱世，作为老派知识分子的庄子看不惯这个世界，所以常说一些偏激的话。在那样一个时代，对于庄子这样的人，随大流既是一项很重要的本领，又是一道很需要克服的心理障碍。

这倒不难理解，因为守旧的知识分子难免会有一点心理洁癖，如果世道太坏，只有同流合污才能过上安宁日子，那就放下身段，去同流合污好了。不吃嗟来之食的君子不是饿死了吗？那种人不该成为榜样。

如果你做不到，那是因为你心里的成见太深。你该多念几遍"至人无己"这句话，放下执着。

※ 第十四章

《庄子》(下)

《庄子》教做人：外圆内方不如里外都圆

善念是不是成见和执着呢？你该不该放下善念去做坏事呢？

答案是，善念的确是成见，坚持善念的确就是执着。

那该怎么办呢？当然是放下成见，抛弃执着。救死扶伤不一定是好的，杀人放火也不一定是坏的。大家怎么做，你就怎么做，随大流永远没错。

你也许会怀着善意，相信庄子是在教我们内方外圆的道理，内心有底线和原则，处世则不妨圆滑权变一些。我读《庄子》有一个体会，就是千万别把他往好处想。庄子的想法往往大悖常理，庄子自己也知道这个问题，在文章里也多次谈到。普通人会觉得为人处事不妨外圆内方，但庄子不要内方，他要的是内圆外圆，全是圆的。如果心里有了判断是非对错的标准，还怎么"至人无己"呢？

我们可以看看《庄子·内篇·人间世》的一个故事，说的是孔子的得意门生颜回准备去卫国，劝说暴虐的卫国国君。既然这位国君暴虐，颜回就必须预先做好安全防范的工作。他很有信心，说自己会"内直而外曲"，这也就是内方外圆的意思。结果孔子很不以为然，说这样做只能够勉强保住性命，不会有更好的结果。

庄子借孔子之口贬低了内方外圆的人生观，但让我们变成里外都圆，真的很难。想想看，我们觉得助人为乐是对的、杀人放火是错的，这就是主观成见；我们觉得清廉奉公是好的、贪污腐败是坏的，这也是主观成见；我们觉得岳飞是好人、秦桧是坏蛋，这还是主观成见。这些主观成见也就是我们心中的是非美丑的准绳，也就是我们的道德标准，而道德标准不是"自然"赋予我们的，而是"社会"赋予我们的。而庄子要的恰恰是自然，反的是社会。

这就是庄子教我们认真反思的一个问题：我们的成见或价值观从何而来？

很少有人认真去做这种反思，因为我们从一出生就被社会环境包围着，在潜移默化中接受了成年人的一套价值观，于是我们生活在这套价值观里，就像鱼生活在水里一样，感觉不到水的存在。只有在发生了文化碰撞的场合，比如我们移民到国外去了，才会对固有的价值观反思一下。如果我们年纪太老，性格太固执，在新环境里就难免看什么都不顺眼，看不顺眼又没有力量去改变，心里就越来越憋闷，当然也就逍遥不起来了。

《庄子·内篇·大宗师》讲了一个故事，大意是说，意而子去见隐士许由，许由问他："尧教了你什么？"意而子说："尧教我一定实行仁义，明辨是非。"许由说："那你还来找我做什么？既然尧已经给你套上了仁义是非的枷锁，你还怎么能够悠游于逍遥无穷的境界呢？"

心中有了是非，就是有了成见，就是"有己"，而庄子推崇的至人境界是"无己"。因为有了是非也就有了牵绊，有了牵绊也就无法逍遥。比如很有文艺趣味的老板写了一首诗拿给你看，这可引起了你激烈的思想斗争：阿谀奉承吧，良心不安；直言不讳吧，饭碗难保。你的心之所以不能逍遥，就是因为你心里有一个是非美丑的准绳，如果没了这个准绳，你还会感到焦虑不安吗？老板既然期待你夸他，那你就顺着他呗。

如果遵从鸡汤学的常规套路，至此就应该总结一下"庄子的思想给我们现代人的启发是……"。其实这个启发很简单，就是教我们见人说人话，见鬼说鬼话，不管来的是谁，我们都能心平气和，宠辱不惊。

这绝不是危言耸听或者存心揶揄，事实上，《庄子》后文确有大段篇幅就是直截了当地教人怎么见人说人话、见鬼说鬼话的。我们读《庄子》的时候总要记住这样一个前提：《庄子》是乱世之书、过激之辞，很多话很有可能只是反讽。

古人对《庄子》往往不会像我这样宽容，所以激烈的批判声音一直从先秦延续到晚清。之所以会这样，是因为古人对道德格外重视，他们相信道德是社会生活的基石，政府对全社会的道德负有不可推卸的责任。道德来自风俗，所以政府不但要使全国"书同文，车同轨"，还要"行同俗"，也就是说，所有人都应当遵从同一种风俗、同一种道德。而《庄子》既是道德相对论者，又是反道德的，而且文采和辩才都很好，很容易蛊惑人心，败坏社会风气。

我们看今天的国学家们推崇《庄子》，强调的都是个人的心灵修养，比如教你知足、清心寡欲，让你相信自己虽然一贫如洗，却比世界首富活得更幸福，让你相信那些高官厚禄、金钱美女完全不值得追求。王先谦晚年读《庄子》，也正是从这个角度来获益的。而对于《庄子》里很核心的反道德的内容，这些国学家就不太关注了。

但是，有社会责任感的知识分子一定不会放过这些内容，他们见不得有这样一锅毒鸡汤败坏世道人心。可不能因为《庄子》教人知足常乐就把它当成一本好书，必须认清它的"毒素"远远大于"营养"。

荀子就说《庄子》"猾（gǔ）稽乱俗"。"猾稽"就是今天的"滑（huá）稽"，原意是能言善辩。《庄子》特别能言善辩，歪理邪说一套一套的。荀子虽然看不惯，但他毕竟是一位大学者，不会只拿道德大棒砸人。既然批评，就要指出《庄子》在学术上的漏洞。荀子说，这个漏洞就是"蔽于天而不知人"，也就说，庄子只会片面强调顺应自然的道理，却不晓得人类生活的人文秩序。

更通俗一点来讲，在荀子看来，人和动物是不一样的，动物有动物的活法，人有人的活法。动物不能按照人的活法来活，反之亦然。而在庄子看来，人和动物之间并没有严格的分野，人曾经活得像动物一样，而现在之所以大不一样了，是因为有些人无事生非，好心办坏事，设计出各种文明枷锁来束缚人，所以，人要想重获自由，回归逍遥，就必须打破这些文明枷锁，回到原始的动物式的生存方式。用今天的话说，这就叫回归自然。梭罗回到瓦尔登湖，就是我们的榜样。

荀子会对庄子说："照你的主张，人就会变成禽兽。"

庄子会反唇相讥："照你的主张，人就会禽兽不如。"

我们到底要做禽兽，还是禽兽不如呢？这是一个严峻的人生选择。无论如何，荀子的批评可谓一针见血，确实说到了《庄子》哲学的关键。至于到底怎么选择，那就是每个人自己的事了。当然，绝大多数人拥进大都会，就是受不了名利的诱惑，少数人挣脱了名缰利锁，去瓦尔登湖过自己的小日子。这样看来，《庄子》应该变成一本小众读物才对，但是，偏偏是名利场上的多数人更喜欢《庄子》，他们并不会真的喂马劈柴、周游世界，但他们会以梦为马，用《庄子》哲学帮自己放松，然后，在放松修整之后，继续踩足油门，追名逐利去也。

《庄子》教做人：放空自己，扔掉三观

如果其他人都为了赚钱不择手段，做餐饮就用地沟油，做服装就用黑心棉，种菜就用剧毒农药，你该怎么办呢？你的底线应该在哪里呢？

《庄子》真的给你画了一个底线，原文是"为善无近名，为恶无近刑"。

从字面上看，这两句话一点都不难理解，是说做好事要注意别给自己招来名声，做坏事也要注意别给自己惹上官司。为什么要注意这些呢？因为这样活才最安全。其言下之意似乎是说，只要不惹上官司，坏事尽可以放手去做。

这话说得太赤裸裸了，以至于让许多喜欢庄子的人都会感到错愕不解。幸好注释家总是有一些自由发挥的余地，当初郭象给这句话作注，就阐释得非常高妙而缥缈。郭象的意思是这样的："忘记善也忘记恶，处身于善恶的中间地带，任万物自行发展，不声不响地与大道合而为一，于是乎刑罚和名誉都会远离自己，大道就在自己的身上。"

这就是世道人心的规律使然，只有情感上容易接受的道理才是最有流行潜力的道理，而刻意拔高，把人和书供上神坛，最能给人情感上的依托。

我们先看一下《庄子》这两句话的上下文，它的具体出处是《庄子·内篇·养生主》。劈头一句话是大家最熟悉的"吾生也有涯，而知也无涯"，一些中小学校常拿这两句话来当标语口号，但《庄子》接下来说："以有涯随无涯，殆已；已而为知者，殆而已矣。"这是说生命有限,知识无限,以有限的生命追求无限的知识,这是很危险的事,知道危险还要做,这就更危险了。

原文里的"殆"字可以解释为危险,也可以解释为疲惫,无论我们取哪种解释,求知都是要不得的。我们必须留意的是,这可不是文化程度不高的人在倡导读书无用论,而是一位第一流的知识精英痛定思痛之后的忠告,所以尤其值得重视。

为什么会这样呢?一来因为在乱世里,高级知识分子总是乱臣贼子们争抢的对象,如果从了,心里不舒服,如果不从,安全没保障;二来因为知识一旦过多,就脱离自然而进入文明了,也就从生活小帮手变成危害世道人心的诱惑和枷锁了。

《庄子》接下来说的,就是"为善无近名,为恶无近刑",然后还有一句"缘督以为经"。"缘"是"缘分"的"缘","督"是"任督二脉"的"督",这是教人把"督"作为准则。但到底什么是"督"、到底"缘督以为经"是什么意思,我们已经不得而知了。注释家们各说各话,有人说是顺应自然之理,也有人说是奇经八脉之类的,我自己感觉是"遵循中道"的意思。做到了这些,就"可以保身,可以全生,可以养亲,可以尽年"。那么整段话的意思就是说,只要我们不以有涯之生追求无涯之知,做好事别让人知道,做坏事别被人抓住,遵循中道,就可以保全性命,奉养双亲,安享天年。

这些内容是《养生主》的开篇,是《庄子》养生之道的核心纲领。

如果让市井百姓来看《庄子》的这个养生清单,他们一定不屑一顾,用奚落的语气说:"这不都是废话吗?我本来就不爱看书,讨厌学习,没事就爱打麻将,再议论几句别人家的闲事。我既没心思去扶危救难,也没胆量作奸犯科。做过的最大的好事,无非就是帮隔壁家的张三修理篱笆;做过的最大的坏事,也无非就是占对门的王寡妇几句口舌上的便宜。而除了张三和王寡妇,从来都没人注意我的存在。那么,《庄子》讲的这套大道理，难道不就是千千万万个像我一样的普通百姓的普通生活吗？"

是的，还真就是这么个道理。老百姓不用刻意去随大流，他们自己就是大流。只有庄子这样的知识分子，满腹才学，一身傲骨，求知欲还特别强，社会责任感还特别重，才需要调整心态，刻意去学随大流的本事，或者用一套随大流的哲学来自欺欺人，解释自己在这个肮脏世道里的无助与失败。

如果真的把这套人生哲学贯彻到底的话，那么在世道不好的时候，你就应该同流合污。比如你在某个衙门里供职，同僚全都贪污腐败，偏偏你洁身自好，那你就太显眼了，就属于"为善近名"了，别人一定会想办法除掉你。所以，古代官场有一个很经典的生存之道，就是所谓"自污"。顾名思义，"自污"就是自己把自己弄脏，这样做的意义有两个：一是向同僚表示诚意，以后有福同享，有难同当；二是向领导纳投名状，因为"自污"意味着主动把自己的把柄交给领导，只要领导对自己不满，随时都可以拿这个把柄惩治自己。这是古代官场最重要的一项关系攻略。

但是，你这样追随领导和同僚为非作歹，毕竟很有风险。当官本来就是高危职业，一不小心就被政敌一锅端了，这就是"为恶近刑"。要想真正做到"为善无近名，为恶无近刑"，最好别去做官，要去选择低风险、低回报的职业，比如隐士。《庄子》里有大量篇幅都在论说官场如何高危，聪明人不该受到高回报的诱惑。

《庄子》推崇的隐士是那种泯然于众的真隐士，毫无存在感。他也许就是你的邻居，也许就是你的同事，也许就是路边的某个小商贩。他如果一不小心露出很厉害的一面，被你看到了，那么当天夜里他就会打包搬家，从此你再也见不到他。我们不难想到，儒家一定很看不惯《庄子》这些论调。是的，程颐就很决绝，说自己一辈子不读《庄子》。朱熹稍微豁达一点，但也批评庄子不顾道义，一门心思计较利害得失，完全是一副小人嘴脸。

儒家的君子标准是只论是非善恶，不论成败，更不计较个人得失。这个标准的反面，就是小人。这样来看的话，《庄子》确实很小人。

庄子才不管什么道义呢，在他看来，这世上的好人和坏人都是一回事，君子和小人都是一回事。《庄子·外篇·骈拇》专门用一则寓言来讲这个道理，说有两个放牛娃，一个因为读书而弄丢了牛，另一个因为赌博而弄丢了牛，虽然理由不同，但还不是都把牛弄丢了？伯夷是道德楷模，结果为名誉而死，盗跖是最出名的强盗，结果为财利而死，理由不同，结局一样，为什么世人偏偏把他们分出君子和小人呢？

前人说《庄子》败坏世道人心，这就是一例。我们还是得回过头去考虑庄子当时的社会背景：那是战国乱世，身处其中的庄子只看到杀人的战争，却看不到正义的战争；看到大盗以仁义窃国，自然连仁义也不信了；看到强盗因为分赃不均而争执是非对错，自然再看待是非对错时也就不那么有所谓了。不幸生活在那样一个大时代的小人物，只要能全身保命就已经是上上大吉了。

难道你没发现，其实你和富豪一样有钱？

如果严格遵守《庄子》的养生纲领也保不住性命，那又该怎么办呢？

有办法的，那就是，一死生、齐彭殇，生如寄、死如归。

所谓"一死生"，就是说死和生是一回事；所谓"齐彭殇"，"彭"是彭祖，传说中的老寿星，活了800岁，"殇"是指夭折的人，两者并没有区别。这个意思如果用大白话来说，就是说活着和死了是一回事，长寿和夭折是一回事，活着就像来人世间旅行一趟，死了就像回家，所以死了未必不如活着。只要想得开，就会不怕死；只要不怕死，保不住性命也就无所谓了。

当然，这又是很反常识的道理，所以需要很费力地论证。这些论证，集中体现在《庄子·内篇》的第二篇《齐物论》中。

"齐物论"这个标题到底是什么意思，历史上有五花八门的说法，最简单的理解就是，万事万物无所谓是非对错，无所谓孰优孰劣，彼此都差不多。只要你能想通这层道理，人生的幸福感就会迅速飙升。就拿眼下来说，现在是市场经济时代，绝大多数人都想赚到更多的钱，你已经毕业两年了，你的收入一直没能赶上同班同学，这让你很沮丧。午夜梦回的时候，你总在咬牙切齿地想着："凭什么他们一个月都能挣到两千块，我却只赚一千五？"等你理解了《齐物论》，你就能想通了：两千和一千五有区别吗？还不都是一回事嘛！

等你抬头看看在九天翱翔的大鹏，比如某某富豪，你也能想得通：

吃低保和当首富有区别吗？还不都是一回事嘛！

我这样讲，你可能觉得荒谬，但如果你看看历朝历代的名家诗词，就会发现这种价值观其实在诗词里特别常见。举一首大家都熟悉的，《三国演义》的开篇词，一开始是"滚滚长江东逝水，浪花淘尽英雄"，这是说在宏大的时间尺度里，多少古往今来的英雄豪杰都灰飞烟灭、无声无息了。"是非成败转头空"，这是说无论英雄们做出过多么辉煌的事业，他们的人生受到多少赞美和非议，转眼都不重要了。时间总会冲淡一切。"青山依旧在，几度夕阳红"，不管人们怎么建功立业，怎么为非作歹，青山还是那样的青山，太阳还是那样的太阳，一切都不曾改变。"白发渔樵江渚上，惯看秋月春风。一壶浊酒喜相逢。古今多少事，都付笑谈中。"多少丰功伟业、悲欢离合，都会变成人们可有可无的谈资。你今天特别在意的这些人、这些事，很可能连后人的谈资都做不了。

为什么诗词里边常有这样的论调呢？因为古人常常在倒霉的时候写诗填词来发牢骚，《庄子》哲学太适合发牢骚了。

《庄子》提出了一个概念，叫作"朝三"。人们殚精竭虑地思考、辩论，想论断出一个是非对错，却不知道是非对错本来都是一回事，这种现象就叫作"朝三"。所谓"朝三"，来自这样一则故事：有一个人用栗子喂养猴子，对猴子公布伙食标准说："早晨三个栗子，晚上四个栗子。"但猴子很生气，不答应，这人只好改口说："那就早晨四个，晚上三个吧。"猴子们这才高兴起来。我们看到，无论是朝三暮四还是朝四暮三，其实都是一样的，猴子的态度却截然不同。

这就是成语"朝三暮四"的出处。

《庄子》为我们贡献了很多成语，但其中很多成语原本的意思和人们通常理解的意思并不一样，这里的"朝三暮四"就是一个例子。再比如"呆若木鸡"，这原本形容的是绝世高手的风范，是最高级别的褒奖。还有"沉鱼落雁",原本并不是形容美貌,而是指鱼儿和大雁看到美女只会逃跑,并不会像男人一样动心。同样一位美女,男人看了会动心,鱼儿看了会逃跑,这说明什么呢?恰恰就说明了立场不同、角度不同,态度就会不同。

"沉鱼落雁"的成语正是从《齐物论》里来的,《齐物论》还说:"物无非彼,物无非是。自彼则不见,自知则知之。……是亦彼也,彼亦是也。彼亦一是非,此亦一是非。"

这段话很长,大意是说,世界上所有的事情既都是"彼",也都是"此",既都是"是",也都是"非",这就看你站在哪个角度了。彼就是此,此也是彼;是就是非,非也是是,各有各的道理。如果我们在认识上抛弃是非彼此之见,这就会合于道的枢纽,就像处在一只圆环的中心一样,悠然顺应那是非彼此的无穷变幻。一切事物都有"是"的一面,所以,从道的角度来看,无论是小草还是大树,无论是丑八怪还是西施,都是一回事。万事万物有所分则必有所成,有所成则必有所毁,而从整体来看,就没有什么成与毁,整体始终是那个整体。

这种意见,如果仅仅作为人生哲学来指导我们的生活,那就真的有点荒唐,但只要我们不那么功利,从纯粹的哲学思辨的角度来看,就会发现它的高明。它给了我们一种整体眼光,于是我们看到的世界完全变了。比如我和你抢面包吃,我多吃一口,你就少吃一口,所以我觉得你是强盗,你觉得我是坏蛋,我们彼此仇视,互不相让。下一口面包究竟是谁的,这是一个很严峻的问题。但如果置身事外,通观全局,就会发现无论谁多抢了一口面包,面包的总量永远是那么多,无论我们抢得如何头破血流,它也既不增一分,也不减一分。

难道是非对错真的不存在一种普世性的标准吗?儒家认为是有的,那就是孔子提出来的"己所不欲,勿施于人"。

梦蝶和物化：我们自身和这个世界真的存在吗？

如果你看到一个正要自杀的人，那么本着"己所不欲，勿施于人"的原则，你该不该去救他呢？

答案是，这要取决于你的人生态度。

如果你是一个悲观厌世的人，常常都想自杀，只是缺乏勇气，那么当你看到别人自杀时，最合理的反应就是衷心祝他自杀顺利。如果哪天你也鼓足了勇气，准备去死，你也不会希望有人阻拦自己。

儒家阵营里有很多人不愿意接受这样的推论。他们会说："虽然你自杀的时候不希望有人阻拦，所以你不愿意阻拦别人自杀，没错，这合乎'己所不欲，勿施于人'的原则，但是，'天地之大德曰生'，生命重于一切，这是大前提。"

但你也有足够的理由反驳："如果生命真的重于一切，儒家为什么要宣扬舍生取义的人生哲学呢？"

儒家可以这样辩解："根据《周易》精神，所谓'义'，就是集体利益。为了大家能活而牺牲自己，这依然是把生命放在第一位的。"

但你还可以继续反驳："'田横五百壮士'的故事一直都是道德表率，五百人不愿意忍受屈辱，集体自杀，他们这个组织从此就绝后了。难道'好死不如赖活着'才是他们更好的选择？"

如果放在《庄子》哲学里看，问题就会变得轻松很多。自杀首先是没必要的，因为活着和死了其实都是一回事。当我们站在太空俯瞰世界，地球不过是一粒尘埃，至于寄生在尘埃上的某一个小生命是死是活，有什么所谓呢？救他或者不救他，又有什么所谓呢？他这个人，或者你这个人，是不是真实存在的都还不一定呢。

当思考进行到这里，就触及了一个很深刻的问题，那就是，我们其实只能认识现象，却不可能认识到宇宙人生的本质。世界是真实存在的吗？不一定，印度的婆罗门教就认为世界只是幻象，这套道理后来被佛陀和叔本华学了去，又发展出来新的宗教和哲学。普通人当然会觉得这种观点太荒诞了，比如我们眼前有一张桌子，看得见、摸得着，实实在在的，怎么就是幻象了呢？但是，我们是依靠视觉和触觉来确定桌子的存在，而视觉和触觉难道就不会欺骗我们吗？在水杯里插一根筷子，我们会看到它断成两截，这是光线的折射给我们制造的错觉。我们在同一个房间里同时触摸一个铁块和一个木块，会觉得铁块更凉一些，但两者的温度其实是一样的，只不过铁的导热性更好，所以欺骗了我们。这样的例子很多，都说明我们的感官是不可靠的。

最强有力的证据就是做梦。我们明明睡着了，眼睛是紧闭的，却看到了各种人和各种事；身体明明躺在床上，却经历了各种各样的奇幻冒险。在梦里，我们并不觉得梦到的一切都是幻象，也会因为遭遇的不同而生出各种喜怒哀乐，只有在醒来之后才恍然大悟。那么，清醒之后的世界难道不会是更大的一个梦吗？

《齐物论》讲了庄周梦蝶那个很著名的故事：庄周回忆自己曾经梦为蝴蝶，翩翩飞舞，悠游自得，当真觉得自己是只蝴蝶，而不知道庄周是谁。突然醒觉，自己分明是庄周，不是蝴蝶。这真让人迷惑呀，到底是蝴蝶梦为庄周呢，还是庄周梦为蝴蝶，何者是真，何者是梦？庄周和蝴蝶分明是两回事呀。这，就叫作物化。

梦的主题在《庄子》后半部分的文章里不断重现。《庄子·内篇·大宗师》里有一段孔子与颜回的对话，很适合我们参照。故事的大意是说，颜回请教孔子："孟孙才以善于处理丧事而闻名鲁国，但我看他丧母之后哭泣不见眼泪，心中不见悲戚，居丧不见哀痛，这不是名不副实吗？"孔子答道："孟孙才对丧礼的领悟已经到了极致，比那些只晓得繁文缛节的人强多了。丧事本该从简，只是在现实中做不到罢了，孟孙才已经尽量从简了。他不知道生命是怎么回事，也不知道死亡是怎么回事，既不贪生，也不怕死，只是顺其自然，如果死而物化，那就随便自己变成什么东西好了。变化总是不可知的，你我是否只是梦中的角色呢，这也是不可知的。孟孙才认为，人死之后，形体虽有变化，心神却不会损伤，精神也不会死亡，所以他并不怎么伤心，人家哭他就跟着哭，仅此而已。世人似乎都知道自己是谁，但这真能确定吗？比如你梦到自己是鸟，在天空翱翔；梦到自己是鱼，在水底嬉戏，你真的知道自己是谁吗？现在谈话的你我到底是醒着呢，还是正在酣然的梦中呢？"

其实直到今天这个科学昌明的时代，我们也没办法确定世界是不是真实存在的。中国的哲学家普遍比较务实，很少有人会像庄子这样探究这种问题。而在西方，这就是一个非常经典的哲学问题，吸引了很多哲学家做出很多烦琐的论证。大家最熟悉的就是笛卡儿"我思故我在"的命题，从"我思"这个肯定存在的前提出发，论证出"我在"。但如果请庄子来审查笛卡儿的论证，庄子一定会找到逻辑破绽，然后诘问笛卡儿："你怎么断定那个思考的主体就是你自己呢？那也许只是错觉。"

另外，从梦蝶引发的"物化"概念还存在一种很朴素的解释，那是《庄子·外篇·至乐》讲到的。大意是说，有一种极小的生物叫作几（jī），到了水里就会变成继草，在潮湿的土壤里就会长成青苔，若是生在高地上，就会长成车前草。车前草在粪土里会变成乌足草，乌足草的根会变成蝎子，叶子则变成蝴蝶。……羊奚和久不生笋的竹子结合会生出青宁，青宁生程，程生马，马生人，人又变回到几。万物都是从几演化出来的，最后也都会回到几的状态。

《庄子·杂篇·寓言》也讲到这个问题，有一句纲领性的话说："万物皆种也，以不同形相禅，始卒若环，莫得其伦，是谓天均。天均者，天倪也。"大意是说，万物都有种子的性质，彼此转化，首尾如环。

这是两千多年前的古人对世界的一种朴素思考。知道哪种东西能够变成另外一种什么东西，这被看作相当高级的知识。古代的知识分子们很把这种知识当一回事，以后有机会我会详细讲讲。在《庄子》谈到的这些转化里，除了血化为磷，其他的转化在今人看来都不能接受，不过，当时庄子所在意的并不是这些具体的知识，而是其背后那个抽象的规律。在《庄子》看来，人之所以成为人，并非出于造物主的特殊安排，只不过是一种偶然罢了，没什么值得骄傲的。人和蝴蝶、虫子、老鼠等没有什么本质的不同。你不要感到受了侮辱，反而应该感到宽慰，因为你和富豪显然更没有什么不同。所有的生老病死、贫病贵贱，都是自然的运转，你唯一该做的就是"安时而处顺"。用大白话来说，就是逆来顺受。

你有没有注意到，在对"物化"这个概念的阐释上，内篇讲得更玄妙，外篇和杂篇讲得更朴素，也更用力？

虚舟的哲学：别把自己当人

《庄子》哲学里有一个重要概念：虚舟。虚舟，就是空船。你只需要记住一个观点：人应该像空船那样随波逐流，别把自己当人，这才是最安全的生存策略。

《逍遥游》描述得道高人的特征时说，就算滔天的洪水也淹不死他，能令金石熔化、土山焦枯的大旱也热不坏他，这就是玄妙风格的说法。如果要你用唯物主义的朴素风格来解释这段话，你能怎么把话说圆呢？

前面讲过，《庄子》内篇是庄子本人的作品，外篇和杂篇是后人的补充。内篇讲的道理往往玄而又玄，让人很难领会，外篇和杂篇就总是想方设法把这些道理拉回现实来解释清楚。内篇讲的那些得道高人都和神仙一样，大水淹不死，大火烧不死，雷霆怒号也不会使他受伤，惊涛骇浪也不会使他惊惧，他乘着云气，骑着日月，遨游于四海之外。

读《庄子》如果真能学成这样一身本领，花再多的时间都值。但我们先要弄清两个问题：第一，庄子这么讲，你信吗？第二，无论真人也好，神人也罢，究竟怎么做到这一步的。

信或不信的问题，不仅与个人有关，更与时代有关。在我们轻看古人的见识之前，不妨回顾一下20世纪80年代的那场举国狂欢式的气功和特异功能热。这仅仅是大约三十年前的事情，小到耳朵识字，大到呼风唤雨，一代代大师也像庄子一样"独与天地精神相往来"，甚至可以和宇宙高等智慧生命直接以语言沟通，区区下水不湿、入火不热又算得了什么呢?

活生生的至人、神人、真人摆在我们的眼前,活生生地给我们发功,活生生地赚我们的钱。到了今天,他们中的大多数赚得盆满钵满的人已经真正地远离俗务了,不经意间就淡出了公众的视野,也许正在仙山上吸风饮露吧。他们也许早已在暗中拯救地球很多次了,只是本着"神人无功,圣人无名"的心态,功绩不为我们所知罢了。

至于第二个问题,虽然看似朴实得令人讨厌,却是每一位认真的读者都绕不过去的,就连庄子和他的追随者也绕不过去。《庄子·外篇·秋水》描写北海若教育河伯,说极高修养的人之所以能水火不侵、禽兽不伤,这不是写实,而是形容他们有敏锐的眼光可以辨别处境的安危,有平和的心境可以应对好运和厄运,他们的一进一退都小心谨慎,所以才能免于伤害。

这真是彻头彻尾的唯物主义的解释,一定会击碎很多人心中美丽的憧憬。雪上加霜的是,在《庄子·外篇·达生》里,列子向关尹问出了这个横亘在我们心中的问题:"所谓至人,水里也行得,火里也行得,他们是怎么才达到这般修为的?"关尹说:"人家不是靠智巧和勇敢,而是懂得保守纯和之气。"关尹还讲了这样一个很形象的比喻:"喝醉酒的人从车上掉下来,虽然会受伤,但不会摔死。同样都是人,为什么喝醉的人反而没有清醒的人摔得重呢?这是因为他的精神凝聚,乘车也不知道,摔下来也不知道,死生惊惧根本烦扰不到他。"

《庄子·外篇·田子方》拟了一段孔子的议论,说古时候的真人穿越大山而不受阻碍,踏入深渊而不被淹没,处在卑微的境地而不沮丧。这本该给我们一些鼓舞,但可惜这里说的并非真人的身体,而是他的"神"。换言之,得道高人之所以酷暑时节可以不吹空调,不是因为修炼成了寒暑不侵之体,只不过"心静自然凉"而已。

那么,这是不是意味着倘若真的用水淹、用火烧,就算至人、神人也活不了呢?

是取朴素的解释还是华丽的解释,这主要就看一个人属于道教还是儒家了,道教以此修仙,儒家以此处世。秦朝末年,陈胜造反的时候,诸将都忙着抢地盘,只有周市(fú)五次向陈胜辞谢魏王之位,坚称"天下昏乱,忠臣乃见(xiàn)",一定要立魏国的王室后人,最后自己只做了魏国的总理。王夫之评价这段历史,认为周市这番话就属于《庄子》所谓的"大浸稽天而不溺,疾雷破山而不震",也就是水淹不死,雷劈不死。儒家读《庄子》,总有自己特殊的眼光。

用朴素的眼光来看,我们可以把水淹不死、雷劈不死那些内容当作寓言,而它们的寓意无非是说一个得道高人足以在乱世中求得自保,任凭城头变幻大王旗,他总能活得安安稳稳。五代时期有个典范人物,名叫冯道,无论谁来当皇帝,无论来的是本族还是外族,他照样能做宰相,是个真正的政坛不倒翁。所以儒家很鄙视他,骂他寡廉鲜耻。但在道家哲学里,仁义和名利一样都是枷锁,都是不自然的、不该要的东西。

怎样修炼出这样的境界呢?《庄子》提出了一个很重要的方法:虚舟。虚舟就是空船,用大白话来说,就是不把自己当人。只要你不把自己当人,别人也不把你当人,你就不会冒犯到别人,别人也就不会害你。

我们知道,人是要过社会生活的,所以一辈子不冒犯人、不得罪人,根本就不可能。《庄子》很明白这个道理,所以教你如何在冒犯了别人之后却不让别人感到被冒犯了。

虚舟来自《庄子·外篇·山木》的一个故事,说的是鲁侯忧劳国事,市南宜僚劝他放弃国君之位,远离俗务,去南越的建德之国。鲁侯担心路远,市南宜僚就开导他说:"只要减少费用,节制欲念,就算没有粮食也饿不着您。待您渡过大江,浮游海上,回头已经看不见海岸,越向前越看不见边际。岸边送行的人都回去了,您从此远遁而去。所以说,占有别人的人就有负累,被人占有的人就有忧患。所以,尧既不占有别人,也不被别人占有。我希望您能够摆脱负累,解除忧患,与大道遨游于无穷的境界。试想乘船渡河的时候,有一只空船撞了上来,这时候就算急性子的人也不会发怒;但如果撞来的船上有一个人,这边船上的人自然会喊着叫他把船撑开。如果喊了一声不见回应,再喊一声仍不见回应,第三声就一定会恶言相加了。生气还是不生气,取决于撞来的船上有人还是没人。人如果能'虚己以游世',有谁能够伤害他呢?"

市南宜僚提出了"虚己以游世",也就是教人要像那只空船一样,就算冒犯到别人,别人也不会怪你,不会有路怒症发作。

如果你还是不得要领,就可以看看《庄子·外篇·山木》的另一则故事。故事说的是孔子被困,饿了七天,太公任去慰问他,教了他一个不死之道,话是这么说的:"东海有一种鸟,叫作意怠。意怠飞得很慢,好像没有气力的样子,飞行的时候成群结队,栖息的时候夹在众鸟之间,'进不敢为前,退不敢为后',吃饭一定吃别的鸟剩下的,所以它在行列里不受排斥,外人也伤不到它。"

太公任所谓的"不死之道"其实是"不横死之道",不会让你修炼成仙,长生不老,只是让你低调做人、安全苟活而已。这时候我们如果回顾一下《逍遥游》,会不会生出一点苦涩的感觉呢?

对《庄子》就讲到这里了。它的内容非常丰富,深入下去的话也会非常烧脑。

※ 第十五章

《荀子》

一部好书是如何被边缘化的

（1）小人读物

大家都知道儒家有荀子这号人物，也知道他最著名的观点就是性恶论，还知道李斯和韩非都是他的学生，但除此之外，对他就没有更多的了解了。前几年国学热的时候，孔子最当红，孟子紧随其后，但很少有人提到荀子。其实在古代也是这样，从汉朝以后，荀子很少被人重视，他的书也很少有人认真去读。提起儒家，最早是说"周孔之道"，后来改称"孔孟之道"，总之都没荀子什么事。这倒不是因为荀先生水平低，而是因为他的观点既不纯粹，又伤感情。

所谓不纯粹，就是说他不像孔子、孟子那样属于标准意义上的儒家。所谓伤感情，就是说"人性本恶"和无神论的论调谁都不爱听。不纯粹，就得不到盟军的力挺；伤感情，就得不到多数人的支持。如果伤感情却能有利可图，大家总会接受的，但荀子的观点属于既伤感情又带不来立竿见影的效益，坐冷板凳也就在情理之中了。

大家在中学历史课上应该都背过这样的知识点：荀子是先秦时代的最后一位大儒。这话大体没错，但如果我们较真一点的话，请教一下孔子和孟子，他们还真未必会接受荀子。当然，任何一种思想主张总会与时俱进，但也总该有一些核心概念是永恒不变的，正是这些永恒不变的基础概念能够使人辨认这种学说。

儒家的核心概念还算比较好找，"仁"和"礼"显然都是。但性善论是不是呢？如果不是的话，"仁爱"就会显得理据不足，话就不容易说圆；如果是的话，主张性恶论的荀子就不该算儒家。《三字经》就是典型的儒家立场，第一句就是"人之初，性本善"，开宗明义。

所以，到了唐朝，韩愈怀着"铁肩担道义"的责任感来整理儒家道统，认为孟子之后就是自己，完全没给荀子留位置。他是读过《荀子》的，评价是"大醇而小疵"，也就是说，大体上没毛病，但有小缺陷。那应该怎么办呢？当然是老办法：删。

韩愈想把《荀子》中那些违背儒家正道的内容删掉，搞一个《荀子》洁本，列入圣贤经典。幸好韩愈很忙，这件事想一想也就算了，不然今天我们又该为《荀子》的版本问题大伤脑筋了。

荀子对天道的见解也和孔孟不同，所以到了宋朝，程颐很嫌弃韩愈的老好人做派，说《荀子》算什么"大醇而小疵"呢，明明从根子上就和儒家唱反调。苏轼算是二程兄弟的大对头，不但学术派系不一样，更要紧的是性情截然相反，所以彼此都看不惯对方。但就连苏轼这样很宽和的人，对荀子的批评也很尖锐。他说自己以前有一件事一直看不懂，就是李斯明明是荀子的学生，但帮着秦始皇又是焚书，又是彻底废除古圣先贤的政治体制，这不是和老师的主张对着干吗？等后来自己读了《荀子》，才明白李斯那么做一点都不奇怪，有其师必有其徒。荀子这个人啊，最喜欢标新立异、惊世骇俗，所以他的观点特别能讨小人的喜欢。

荀子的标新立异、惊世骇俗有时候很像人身攻击，确实容易招人反感。比如子思和孟子是举世公认的贤人君子，但荀子偏说他们是祸乱天下的人。我们要知道，子思是孔子的孙子，儒家认为他就是《中庸》的作者，而孟子宣扬舍生取义的哲学，后来被尊为亚圣。荀子这样批评他们，等于在砸儒家的招牌。儒家也不可能既供奉子思和孟子，同时还供奉荀子。

至于性恶论，善男信女都不爱听，而奸诈小人听了之后当然会去为非作歹。按照苏轼的分析，天下明明有那么多仁人义士，荀子却视而不见，非要说什么人性本恶，所以桀、纣那些暴君都是性情中人，尧、舜那些圣王都是虚伪之徒。能想出这种荒唐观点的人，一定是刚愎自用、目中无人的。荀子是这种人，李斯更是这种人。李斯就是因为听老师骂遍了天下的仁人君子，这才觉得别人都是傻瓜，古代圣王也一样是傻瓜。他就没想到，老师那些话只是就一时一事而论的，并不是放之四海而皆准的真理。

（2）迟来的平反

在苏轼看来，荀子是个很偏激的人，正因为孟子提出了性善论，他才故意标新立异去讲性恶论。后来有人拿苏轼的话去请教朱熹，朱熹直截了当地回答说："荀子就是一个糊涂蛋，你们别理会他那一套，只要跟着孟子体会性善论也就是了。人性到底是善是恶，这是明摆着的事，哪还用得着争论呢？"

朱熹的意见绝对是重量级的。后来程朱理学一统天下，朱熹和二程既然都看不上《荀子》，《荀子》也就更加没人关注了。

直到清朝，才有考据学家为《荀子》鸣不平。到编修《四库全书》的时候，官方正式为《荀子》正名，说它完全算得上儒家体系里的经典著作，至于宋朝人的那些批评，要么是不顾历史背景，要么是感情用事，要么是断章取义，要么是训诂水平不高，把好好的概念理解错了。

还是韩愈"大醇而小疵"的评价最中肯,《荀子》只是有些小毛病罢了,无伤大雅。

以上这些意见,出自《四库全书总目提要》。这部《提要》是把《四库全书》收录的每一部书都做了一个很简单的介绍和评述,一般只有千字左右。所以我们读古书,看《提要》是一个捷径,只不过单是这部《提要》,篇幅就已经很可怕了,足够你消磨几年时间。

这么多内容,其实就连古人也看不下来多少。就说《荀子》吧,虽然名誉恢复了,但读者照旧不多。原因很简单:考试不考。

知识的传承很大程度上是由市场决定的。能帮人升官发财的和收效立竿见影的知识总会成为热门。热门书毕竟是少数,所以历史上绝大多数的书就算不被政府烧掉,就算一直都有流传,也没几个人看。这很容易让我们想起王阳明指着岩中花树讲的那段名言:"你未看此花时,此花与汝心同归于寂。你来看此花时,则此花颜色一时明白起来。"

读《荀子》到底有什么用呢?在古代没用,在今天一样没用。荀子自己都说老皇历翻不得,他的著作对于我们就更是老皇历了。但我们读上一读的话,总会在字里行间发现一些漂亮的花朵。

老学究的纸上谈兵

（1）丛林世界里的正义必胜论

无论东方还是西方，绝大多数的经典著作其实都是前辈失败者的高谈阔论。这到底是为什么呢？又为什么人们很难接受同时代的失败者，却很愿意供奉失败的前辈呢？

司马迁讲过，流传下来的那些经典，都是圣贤们在郁郁不得志的时候写下来的。他自己这时候正好受了刑，受了辱，前途一片黑暗，那就学习圣贤好榜样，关起门来写自己的《史记》好了。

的确，成功人士不写书，也没时间写书。比如儒家原本"周孔"并称，把周公排在孔子的前边，还有"周公制礼"的说法，孔子心心念念要实现周礼的伟大复兴，那整套的政治格局都是周公设计的。周公是孔子的偶像，是儒家牌位里真正意义上的第一人。但周公不写书，只是有些特定场合的重要讲话被人记录下来，后来收录在《尚书》里了，又有孔子这些后人努力整理他的伟大思想。但周公贵为"国家总理"，是真正的实权派、改革家，也是贵族系统里最核心、最尊贵的人物，既要忙着给周朝这个新兴政权建立典章制度，又要肃清反对派，安顿前朝的遗老遗少，还要应对各种流言蜚语。他是一位真正意义上的成功人士，一定有很多很宝贵的成功经验，但就是没时间讲出来，更没时间写下来。

我们还必须想到，书写在古代是一件很吃力的事情，远不像我们今天用电脑打字这么轻松。尤其在先秦时代，要把字写在竹简上，用刀子当橡皮擦，想想都累。所以像《庄子》和《荀子》这种鸿篇巨制，不知要坐多久的冷板凳才能熬制出来。

当时荀子也像孟子一样，周游列国，向诸侯们兜售自己的政治学说。当时学者和诸侯的关系，很像当代经济学家和政界领袖的关系。领袖们面对棘手的经济难题，急需高明的解决方案，他们也很愿意礼贤下士，但问题是，大牌学者一人一个说法，听起来都很在理，验证起来都很困难，真不知道到底该听谁的。

但无论如何，领袖们大都有一个很基本的判断标准：凡是见效慢的，不管听起来多美，一概要往后放。这倒也不能怪他们急功近利，因为竞争压力实在太大，短期利益才是唯一有意义的。如果短期不见效，根本就不会有长期可谈。荀子虽然看不惯孟子，但他和孟子的主张同样属于见效慢的，所以两个人的结局也差不多，都是白忙活大半辈子，自己的学说一直卖不出去，最后索性闭门著书，期待后人的赏识。

其实他们也会向世俗妥协，并不是食古不化的老学究。诸侯既然都想富国强兵，都想打败对手，孟子和荀子就会把儒家学说换个包装来卖。我们看孟子到齐国，齐王说自己贪财好色，孟子就顺着他说，把缺点说成优点，然后一步步推演，最后说到国君的贪财好色会让全国男人都有钱花，都有老婆娶。齐王听得很爽，也不好反驳，但最后还是没用孟子那一套。这段故事有没有让你想起《庄子》里的一段内容呢？颜回要用"内直而外曲"的办法游说一位暴君，孔子很不以为然，说这样做只能够勉强保住性命，不会有更好的结果。孟子就是"内直而外曲"，没触怒齐王，但也没有真正地说服齐王。

内外都曲的人也是有的，最典型的就是商鞅。商鞅游说秦王，先是兜售王道，意思应该和孟子、荀子的学说差不多，但秦王不爱听。商鞅赶紧见风使舵，把王道扔到一边，开始兜售霸道，结果大获成功。今天我们更欣赏商鞅这样的人——既然想获得成功，就不能认死理，不能和时代潮流对着干，更不能和金主对着干。但儒家是最讲原则的，随机应变不能没有底线。具体在让国家富强这项事业上，儒家的底线就是王道。也就是说，可以搞扩张，可以搞侵略，可以钳制思想自由，这些非但是可以变通的，甚至很应该，但"正义必胜"这个原则不能有一丝一毫的动摇。

这话在今天听起来有点古怪，因为我觉得扩张、侵略之类的勾当已经不正义了。但是，这只是我们今天的价值观，不能拿来要求古人。

(2) 军事取决于政治，政治取决于国君

在孟子和荀子的时代，打仗已经变成家常便饭，所以诸侯最关心的问题就是把仗打赢，把敌人灭掉。所以，即便是温文尔雅的儒家，也必须有一点军事见解。我们可以对照一下春秋时期，卫灵公曾经向孔子请教军事问题，孔子马上告辞，说自己是礼学专业的，不懂军事。

战国时期儒家没法这么高调，他们必须谈军事，这是必要的变通。他们的军事主张就是"王道"，简单来说就是"仁者无敌"。《荀子》专门有一个《议兵》篇，谈的全是军事见解。荀子在书中回忆当年，说自己曾经和临武君在赵孝成王面前讨论军事问题。当时赵孝成王想听听用兵的要领，临武君说："上得天时，下得地利，看清楚敌军的动向，三者兼备才能出兵，比敌人后行动但比敌人先到达，这就是用兵的要领。"

这话很实在，很像一位将军讲的，但荀子说："你说的不对。我听说古人的用兵要领是要取得民众的拥护。"

临武君当然不服气，反驳说："人家孙武、吴起都是名将，用兵神秘莫测，天下无敌，谁打仗都没像你说的这样。"

荀子说："你讲的那些，层次太低，是诸侯级别的兵法。我讲的是天子级别的兵法。你那个级别的人打仗，靠的是智谋和欺骗，而在我讲的这个级别，你那套办法就不管用了。圣人用兵，全军上下心往一处想，劲往一处使，无坚不摧，无往不胜，任凭敌人用什么阴谋诡计都无济于事。敌国的老百姓看见我们的仁义之师，喜欢我们就像喜欢亲爹亲妈一样；而看他们自己的君王和长官，就像看见仇人。这，才是最高级的兵法。"

荀子从没有带兵打仗的经验，在战术层面上未必讲得过临武君，但儒者搞辩论就是有这个特点，高你一个层次来看问题，让你有力无处使。但如果庄子也来参与辩论，站的层面就会比荀子更高。庄子会说："打赢了又如何，打输了又如何？滚滚长江东逝水，淘尽你们。"

所以实干家会觉得庄子那些观点很宏大，但也很没用。相比之下，还是《荀子》更接地气。赵孝成王和临武君追问荀子："好吧，王者之师所向无敌，这个我们认，但怎么才能组建一支王者之师呢？"

荀子给出的方案很有儒家气质："君王最重要，将帅很次要。只要君王贤明，崇尚礼义，爱护百姓，其他都会水到渠成。"

这样的观点，其实就是我们熟悉的"修齐治平"的次序，自上而下，从中心到外围，逐步发生影响，最后国泰民安、天下太平。荀子倒也不是只谈原则，他在谈过这些原则之后，才慢慢进入战术层面，又讲了很多军事上的道理。

道理听起来都很好，最大的问题就是和现实太不合拍。所以赵孝成王就算当时被说动了心，过后也不会真的照办。就连荀子的学生也不都相信老师的话，比如李斯同学，他可是个很现实、很功利的人，到荀子那里拜师学艺不是为了追求真理，而是为了升官发财。李斯在《议兵》

篇里露过一面,他问老师:"您看秦国,一连四代都很强盛,军事力量四海第一,谁都怕它。秦国能有这样的局面,可不是凭着您说的仁义,而是追逐利益的结果。"

李斯的话很难反驳,因为他说的都是事实。

富强只应该是正义的副产品

(1) 仁义是"大便"

李斯用秦国强盛的现实来质疑老师荀子的王道兵法，如果你是荀子，你会怎样教育李斯这个功利心太重的学生呢？

如果孔子遇到李斯这种质疑，最有可能的反应就是不理不睬，或者很简单地回答一句："咱们学的是礼义，别总去想功利。"但荀子面对的是不同的时代，功利问题无论如何都避不开，所以要想宣扬礼义的话，一定不能空谈，不能只论对与错，而要讲明得与失。这是百家争鸣时代的言论技巧，要点有两个：第一，并不讳言利益；第二，先顺着对方说，赞同对方的一部分观点，然后提升一个层次，也就是今天我们常说的"高维打低维"。荀子对临武君，用的就是这个技巧。我们还可以回想一下孟子，就连庄子这种隐士型的学者都爱这么说话。那么，李斯既然谈利益，荀子就会说："没错，我们就是应该追着利益走，只不过你讲的利益都是蝇头小利，我讲的才是大利益。"

所谓利益，原文用的字是"便"，"便利"的"便"。荀子的回答，我们看原文反而更容易记牢。他是这么说的："女（rǔ）所谓便者，不便之便也；吾所谓仁义者，大便之便也。"这就是说，单纯追求利益的话，反而得不到利益，追求仁义才能获得最大的利益。利益只是"不便"，最多只是"小便"，仁义才是"大便"。

这番话是讲纲领、讲结论，接下来该怎么解释才是最要紧的。

因为李斯讲的全是活生生的现实。秦国原本只是西部偏远地带的落后国家，再落后一点就该归为蛮夷了，既没实力又没文化。但就是这么一个人口少、底子薄的国家，一门心思求发展，还真就发展起来了，虽然文化水平还是那么低，人口素质还是那么差，但生产效率高，作战能力强。秦国到处为非作歹，渐渐成为天下第一号强国，这真是没天理了。如果说某一代国君英明神武，出类拔萃，这才造就了秦国的富强，那还好理解，但李斯眼睁睁看着秦国已经一连四代，一代更比一代强，这显然不是国君特殊的个人能力能解释的。所以，李斯认为，这要归功于秦国的基本国策很单纯，仅仅追逐富强，没什么条条框框。"富"就是发展经济，"强"就是发展军事，除此之外，不操心其他事，仁义道德全靠边站。不管你用道德的办法还是无耻的办法，不管你仁义为怀还是不仁不义，只要你能种田，能打仗，服从国家指令，祖国就为你骄傲，还会提高你的待遇。

秦国人其实很适应这样的生活，因为秦国本来就没有什么文化底子，但中原人很看不惯，更看不惯的是，如此一个最寡廉鲜耻的国家竟然成为天下最富强的国家，真让人情何以堪。荀子要想纠正李斯，首先必须承认这难堪的现实，但他接下来提醒李斯：一个国家追求富强，无异于饮鸩止渴，最后一定倒霉。秦国虽然强大，但每天都在担心其他国家会联合起来灭掉自己，这种日子有什么好？我们看看历史，夏朝曾经很强大，结果被商汤王灭了；商朝曾经很强大，结果被周武王灭了。商汤王和周武王的成功并不是仅仅靠着一场决定性的战役，而是长期推行礼义的结果。等真的打起仗来，仁义之师当然所向披靡。

荀子的这段话里有一个很根本的儒家逻辑，那就是好的政治应该追求仁义道德，不计得失成败，只要做到了这一点，富强自然就会随之而来；而如果急功近利，把富强作为国家目标，虽然见效快，也有一定的持久性，但问题会越积越多，矛盾会越积越深，最后一定会垮掉。个人修养的原则也是这样的，要把仁义道德当作最高准则，成功只是副产品，即便失败了，也算求仁得仁，无怨无悔。

（2）凝聚人心的三种手段

如果荀子只是拿商汤王和周武王来举例子，那毕竟是太久远的事，说服不了李斯这样的功利主义者，所以荀子很务实地找了一个身边的例子。那是发生在公元前301年的垂沙之战，楚国被齐国、魏国、韩国的联军打败，名将唐蔑被杀。这件事李斯一定知道，因为他就是楚国人，在他出生的时候，垂沙之战刚刚过去二十来年。那时候的楚国既有易守难攻的险要地形，又有精兵强将，武器装备更是出名地精良，但还是打败了。然后又有人在国内作乱，楚国很快就陷入了四分五裂的局面。

在荀子看来，楚国为什么会失败，失败以后为什么会陷入内乱和分裂，这不是因为国力不强，也不是因为敌人太强，而是因为楚国没有以礼治国。如果一个国家失去了礼的约束，那么人心既不会齐，也不会稳，一点小动荡就很容易引发大溃败。

如果李斯有机会反驳，他应该会这样说："依照法家的思想，赏罚是最有效的控制手段。只要赏罚制度设计好了，人心就会齐，也会稳。秦国就做得不错，种田和杀敌都有提成制度，实行起来也很规范，所以大家都愿意多种田，多杀敌。"

荀子会这样回答："赏罚政策确实立竿见影，但它只会培养人们的商人心态，做事之前先算计一下，怎么才能利益最大化、损失最小化。如果是在打仗的时候，敌人给你开出了更好的条件，你就会想，投降才能得到最大的利益，还能逃避本国的惩罚，何乐而不为呢？只有信念才能形成最好的凝聚力，而要形成共同的信念，就要靠礼。礼，才是治国的最高原则。"

这样的想法还是很合理的。今天的管理学也会遇到同样的问题：赏罚虽然最有效，但谁都无法确保对手不会开出更高的价钱。怎么解决这个问题呢？有些人就是按照荀子的思路，讲道义，讲情怀，塑造共同的信念，但也有人，比如很多军阀，喜欢认干儿子，上阵父子兵，用人造的亲情来维系团结。还有人会设计制约机制，手下人如果有谁跳槽或者叛变，一定会付出惨痛的代价。

以上三种路径其实并不矛盾，甚至可以相辅相成。朱元璋就是典范，一方面用大情怀来凝聚广大民众；一方面认干儿子，用亲情笼络能人；一方面把重要将领的家属扣留下来当人质，谁叛变就灭谁全家。荀子肯定看不上这种黑社会做派，但朱元璋毕竟赢了。

如果只论成败的话，乱世就是拼下限的时候。谁更没下限，谁的赢面就更大。用《周易》的辩证精神来看，坏事做到极致，就会物极必反，变坏为好，这也就是《庄子》所谓的"窃钩者诛，窃国者为诸侯"。荀子是赵国人，讲学主要在齐国，而赵国也好，齐国也好，都属于"窃国者为诸侯"，来路都不正。

来路不正也没关系，只要努力学习、一心向善就好。我们在初中语文课上都学过《荀子》的《劝学》篇，你大概还记得"青，取之于蓝而青于蓝"这些句子。但初中生不会深究荀子为什么要劝学，以及劝学和周礼、人性有什么关系。

《荀子》性恶论：一切的善都是伪善

（1）你真的喜欢耿直的人吗？

如果我说"性恶论"和"性善论"并没有本质上的区别，你能够接受吗？

这个问题，要从《劝学》篇说起。

《荀子》全书，第一篇就是我们都很熟悉的《劝学》篇，成语"青出于蓝"就出自这里。《劝学》篇的第一句是全文的纲领："君子曰：学不可以已。"意思用白话来表达，就是"向终身学习者致敬"。我们马上就能想到上一章刚刚谈过的《庄子》名言，人不应该以有限的生命追求无限的知识。是的，《庄子》和《荀子》常常针锋相对。

荀子为什么要提倡学习？原因很简单，因为人性本恶。换言之，我们每个人天生都是坏蛋，如果不学习，不上进，就会一坏到底，从小坏蛋变成大坏蛋。

关于人性本恶，《荀子》专门有《性恶》篇集中论述，指名道姓地批判孟子的性善论。《性恶》篇开宗明义的第一句话就是："人之性恶，其善者，伪也。"意思是说，人天生就是坏蛋，善良的那些表现其实都是伪装出来的。

这个观点当然很难听，很伤感情，所以在后来的日子里，不是被批判，就是被冷落。当然，公开场合是这样，而在私底下，还是有很多人相信它的。所谓"外儒内法"的政治传统，正是表面上宣扬仁爱，暗地里以"人性本恶"的想法作为执政基础。

《荀子》把"善"定义为"伪"，显得特别刺眼。我们如果说一个人虚伪、爱装，肯定是嫌弃他；如果说一个人坦率、直率，肯定是赞美他。但是，只要我们抛开感情因素，耐心把荀子的论述看完，就会发现他的话很难反驳。

我们真的会喜欢直率的人吗？如果某人真够直率，讲话直来直去，一点都不掩饰，他肯定会把所有人都得罪光。他会为所欲为，不会在意别人的感受，也不会考虑后果。如果他年纪还小，大家就会给他贴上"熊孩子"的标签。如果他已经长大成人，就会处处受人嫌弃。他会和所有人一样贪财好色，但他不会有节制，追求财色不择手段。最低限度来说，他完全没有公德意识，在公共场所大声喧哗，随地吐痰，乱停车，乱插队，架起高音喇叭跳广场舞……今天我们身边真的有很多以"直率"自居的人，让我们既惹不起又躲不起。

我们会说这些人从小缺乏家教。没错，在很大程度上的确是这个缘故。正因为教养的缺失，才使他们活得更本真，更像动物，不像我们那么"虚伪"。

"伪"这个字究竟是什么意思呢？它一般是指虚假和欺诈，但荀子重新解释说："可学而能，可事而成之在人者，谓之伪。"也就是说，"伪"不是与生俱来的，而是后天习得的。比如文明礼貌，这就是后天习得的，也就是"伪"。从训诂角度来看，唐朝学者杨倞（jìng）作过一部《荀子注》，说"伪"是一个会意字，单人旁加一个"为"，表示"人为"。但凡不是出于天性而是出于人为的，都可以用"伪"来形容。后来《四库全书》的编辑们很推崇这个见解，说那些骂《荀子》的人搞不懂训诂，误以为《荀子》提倡"伪"这个概念是教人欺诈。

的确，"伪"在《荀子》那里就是"人为"的意思，但杨倞和《四库全书》的编辑说对了结论，却搞错了训诂过程。"伪"应该是个形声字，右边的"为"是它的声旁。这种错误很常见，经常有人把汉字用会意字的解读方法解读出深刻的含义来，其实呢，很多字都不是会意字。

（2）礼义生于圣人之伪

如果人性本恶，那么礼义是怎么来的呢？《荀子》回答说："凡礼义者，是生于圣人之伪。"要了解这些内容必须看一下原文，才能体会它对世道人心的冲击力。

在荀子看来，所谓善，就是指符合礼义，符合社会规范，相反就是恶。人的天性明明就不是符合礼义和社会规范的，如果符合的话，那圣人的存在还有什么意义呢？古代的圣人看得很明白，人的本性就是恶的，就是会受欲望的驱使，你争我抢。我们可以回顾一下霍布斯的观点，天性状态下的人类社会就是所谓自然状态，是一切人对一切人的战争。荀子继续说，圣人为了改变这种恶劣的局面，这才树立君主的权威来统治人们，彰明礼义来教化人们，设置刑罚来制止为非作歹，使天下成为善的局面。如果没有圣人的这些良苦用心，我们的社会就会是众暴寡、强凌弱的样子。

现在你可以回顾一下克鲁泡特金的《互助论》，看看《荀子》的说法是不是站得住脚，或者哪些在理，哪些不在理。

在荀子看来，如果人性本善，社会就不需要圣人，也不需要礼义，只要每个人都顺着天性发展，社会自然就很美好。但现实显然不是这样的，战国七雄今天你打我，明天我打你，都在抢地盘，抢人口，抢财货,即便在不抢的时候,大家也都惦记着抢。为什么会有这样的乱象呢?当然是因为天下缺少圣王,礼义约束不住人心,恶的本性都被释放出来了。

圣人都是擅长作伪的人,也就是擅长扭转天性的人。圣人和坏蛋的天性其实完全一样,也就是说,圣人也和我们一样是天生的坏蛋。只不过圣人认识到了这一点,通过后天的努力变恶为善,还能影响别人来效法自己。君子和小人的区别也在这里,天性其实没区别,但后天教养不一样。高尔顿不会赞同这样的观点,但今天我们多数人还是很容易理解荀子的。

但我们还知道,二程和朱熹也是彻底的性善论者,为什么程朱理学既推崇孟子的性善论,又批评荀况的性恶论,还要教人努力读书呢?貌似很矛盾,其实并不矛盾。我曾经讲过,他们把人的天性分成了天命之性和气质之性,前者是善的,后者是恶的,所以人要通过学习,摒弃气质之性里的恶,恢复天命之性里的善。说得浅白一点,天命之性有点像个幌子,是一个理想值,气质之性才是每个人真真切切最能感受到的。所以,从这个角度来看,性善论和性恶论并没有本质上的不同。性善论也要强调天性之恶,但因为有了天命之性这个美好的理论值,最能照顾人类的自尊心。

我们可以联系一下前面讲过的内容。荀况和霍布斯同样生活在乱世,同样得出了人性本恶的结论,同样想到,在原始的自然状态里,人和人的关系必然是一切人对一切人的战争。但是,在这些基础上,霍布斯推出了绝对主权论,荀子却推出了圣人制礼的说法。如果我们请克鲁泡特金来评理,他会说:"这两位都忽视了人类最重要的天性,那就是合群。"

霍布斯于是迟疑起来,但荀子一定会很不服气地说:"严复翻译西方社会学,把'社会学'译成'群学',把斯宾塞的《社会学原理》翻译成《群学肄言》,这都是从我的书里学来的。我才是社会学真正的祖师爷!克鲁泡特金先生,我在天堂读过你的《互助论》,你确实很会论证人类的合群天性,但你有没有认真想过,合群需要怎样的条件?"

如果人们真的理解平等，就不会想要平等

（1）等级和名分

合群需要怎样的条件？如果庄子和佛陀也在场的话，他们会发表怎样的评论？

让我们继续发挥合理的想象，营造这场虚拟的辩论：眼看着荀子、霍布斯和克鲁泡特金争执不下，有位听众扯了扯庄子的衣袖，请他谈谈看法。庄子豁达地一笑："有什么可谈的？此亦一是非，彼亦一是非。"

佛陀在一边微微摇着头，自言自语着："这几位施主，分别心实在太重啊。"

荀子耳朵很尖，立即迎战佛陀说："你这个反人类的家伙，分别心重又怎么了？礼的核心，我们儒家精神的核心，就是分别心。如果没有了分别心，人就无法形成社会。"

《荀子》有一段著名的论述，大意是说，水火有气但没有生命，草木有生命但没有知觉，禽兽有知觉但没有礼义。人既有气，又有生命和知觉，还有礼义，所以是最尊贵的。人的力气比不上牛，速度比不上马，但牛马都被人类役使，这是为什么呢？因为牛马不能形成组织，人却可以。人到底凭着什么才能组织起来呢？凭借等级和名分。等级和名

分如何才能施行呢？这就需要有礼义。人类依靠礼义来施行等级和名分的制度，人与人就会和谐共处，团结起来力量大。

我们可以参照一下佛陀时代的印度，当时的种姓制度就是靠着等级和名分来维系社会秩序的，所以佛教那种"人人平等"乃至"众生平等"的主张真是很有颠覆性的。印度的种姓传统太强大，佛教终于抵挡不住，所以当玄奘取经的时候，才会很惊讶地发现佛教在印度竟然没落了。直到今天，佛教在印度的影响力依然不大。也正是因为同样的原因，当佛教传入中国之后，儒家知识分子如临大敌。儒家推崇的礼制虽然和印度的种姓制度很不一样，但其核心精神仍然是强调人与人的平等。不平等主义者遇到平等主义者，可想而知矛盾会有多大。但中国人有一个特点，就是宗教性不强，所以遇事不较真，特别会变通，于是儒家佛教化，佛教儒家化，《庄子》还在暗中发挥着和稀泥的作用。

当然，荀子反对平等，真实的对手并不是佛教，而是墨家学派。墨家很推崇平等，而且墨家学派真的变成了一个有着高度平等精神的互助组织，很有一点西方中世纪行会的味道，所以克鲁泡特金应该会和墨子很聊得来。

而在儒家看来，"人人平等"和"礼崩乐坏"是一回事。竟然有人鼓吹平等，简直丧心病狂！所以，在百家争鸣的时代，孟子从性善论的立场痛打墨家，荀况从性恶论的角度再一次猛攻墨家，角度不同，但殊途同归。

从《荀子》的逻辑来看，资源是很有限的，人的欲望却无穷无尽，如果每个人天生都讲文明、懂礼貌，问题倒容易解决，但偏偏人性本恶，谁都想抢到更多的资源，全不管别人的死活。幸好圣人应运而生，用等级和名分给每个人规定出资源分配的相应份额。

你从前面的内容里边应该已经知道，儒家有一套非常复杂的礼学，给生活的方方面面都做了很详细、很烦琐的规定，这都是为了强化一个人的社会角色意识，要他发自内心地相信自己处在这个庞大的社会等级网络的某个节点上。但荀子并不迂腐，他还充分考虑到阶级流动性的问题。《王制》篇里有这样的内容：即便贵为公子王孙，只要言行不合乎礼义，就该降为平民；即便只是平民子弟，只要努力学习，言行合乎礼义，就应该升入士大夫的行列。

（2）有序的不平等与无神论

人人平等的社会一定是你争我抢的社会。《荀子》分析说，人与人之间，无论是名分相等、权势相等还是地位相等，都没法形成统属关系，于是你不服我，我不服你，一切只能靠拳头说话。荀况生活的时代确实是这样的，看到的景象和霍布斯看到的一样，但他是从儒家惯有的名分问题上找原因。遥想周朝初年，天子统治天下，诸侯统治自己的国家，但到了战国，诸侯竟然开始称王，和天子平起平坐，而且秦王是王，齐王也是王，到底谁尊谁卑，全凭实力说话。诸侯和天子都平等了，社会也就彻底乱套了。

社会怎样才能和谐有序呢？荀子认为，这全要靠最高统治者的圣明。从这个角度来看，荀子比孔子走得更远，远得甚至有一点靠近霍布斯了。也正是因为这个缘故，晚清的变法名人们掀起过一场批判《荀子》的文化运动，把中国两千年的专制统治追溯到《荀子》思想，说《荀子》在历史上只是"貌似"不被重视，其实就是幕后黑手。

在荀子看来，有序的不平等才能成就和谐的社会，这也算是取法自然的结论。

是的，天是高的，覆盖着地，地是低的，承载着天，这才和谐。如果天和地齐平，那就是天塌地陷的灾难。从"天尊地卑"出发，推论出男尊女卑、君子尊小人卑等结论，看上去很自然，很合理。另一方面，天虽然尊贵，但如果失去了地的承载，我们就必须"杞人忧天"了。同样的道理，统治者虽然高贵，但如果失去了平民百姓的承载，就会从高处跌下来。《荀子》引述了一段古书上的名言，原文是："君者，舟也；庶人者，水也。水则载舟，水则覆舟。"

这段话后来被说成"水能载舟，亦能覆舟"，成为我们每个人都很熟悉的名言。但很少有人深究这段话的背后其实隐含着无神论的前提。

早在殷商时代，人们相信天命，相信统治者是天在人间的代理人，结果商朝被不信天命的周族人推翻了。周朝建立以后，意识形态基础是不明说的无神论，统治者需要揣着明白装糊涂，以一颗无神论者的心去推行有神论，这就是所谓的"神道设教"。但迷信毕竟是人的天性，于是久而久之，统治阶层的很多人也相信了自己的宣传。后来孔子一心恢复周礼，就很有周朝初年的风格，不把无神论的窗户纸挑破。

孔子这么做，在当时还能行得通，但到了荀子的时代，社会很动荡，百家争鸣也很激烈，多少学派的多少高手都盯着别人的鸡蛋要挑骨头，逼得人必须把话说透。这也是孔子和老子的地位特别高的理由之一——这两位的生活时代更早，没有学术辩论的压力，很多观点都说得很简略，解读空间格外大，很难说他们哪里出纰漏了。荀子不一样，哪怕是对待一个小问题，也要掰扯得特别清楚。所以，他来讲无神论，那就是彻彻底底、黑白分明的无神论。

《荀子》的无神论名言是"天行有常，不为尧存，不为桀亡"，这就是说，天道其实就是自然规律，那么天人感应、君权神授也就不成立了。人只要顺应天道，也就是顺应自然规律，再有勤劳节俭的美德的话，那么就算发生天灾也饿不死人。

这种观点在当时很伤感情，因为人在乱世，对生活的不确定感会特别强，也就特别需要迷信一点什么。荀子不仅说天没有意志，还说鬼神不存在，相面不可靠，风调雨顺求不来，简直不给脆弱的人类留一处心灵港湾。这样的思想，从来都很难讨好众人。后来在无神论这条路上，汉朝王充和唐朝柳宗元都是荀子的继承人，结果也都被人冷落。我们中学历史课上还把王充的《论衡》当成经典著作来讲，其实这部书虽然水平很高，见地很了不起，但从来没赢得过经典地位，属于很冷门、很小众的读物。

对《荀子》就谈到这里了。

※ 第十六章

《管子》

政策应当顺应民心

（1）畅销书的消亡

《管子》是一部托名管仲的论文集，有很多超前甚至奇幻的经济思想。管仲贵为"国家总理"，哪来的时间精力写出《管子》这样的大部头专著呢？

答案很简单：《管子》不是管仲写的，就像《周公解梦》不是周公写的，《黄帝内经》不是黄帝写的。就算我们采取极端谨慎的态度，至少也可以断言《管子》的绝大部分内容都不是管仲写的。

《管子》的真正作者到底是谁呢？不知道，但可以肯定的是，作者非但不止一个，而且来自不同的时代，时间的下限很可能是汉朝。这些作者应当都是管仲的仰慕者，喜欢研究政治学、经济学和政治经济学。正是因为作者太多，创作的时间下限又太靠后，所以书中的观点和立场五花八门，诸子百家的内容哪家都有一点，很像一部汇集成书的论文集。这就造成分类上的麻烦：它到底算是道家、法家还是别的什么家呢？分到谁家都有理，分到谁家也都不合适，那就算它杂家好了。

从战国到汉朝初年，这部论文集很可能以不同的形式流传着，既有单篇论文的单行本，也有这几篇或那几篇论文的合集。司马迁在他的

《史记》里给管仲作传的时候，说自己读过《管子》的某篇某篇，最后说："《管子》太流行了，到处都有，我就没必要多介绍了。"

司马迁偷这一点懒，给后人带来了很大的麻烦，因为时代风气很快就变了，《管子》很快就不流行了，它的身世就越发让人看不清了。到了汉成帝的时候，皇家图书馆整理图书，皇族学者刘向到处搜罗《管子》名下的论文，一共找到564篇。

我们不要被这个数字吓到，因为其中很多篇章都是重复的。经过刘向的编辑、审定，最后确定为86篇。但是，刘向的儿子，我们已经很熟悉的刘歆，提到过在法家著作的分类下另有《管子》18篇。这很可能是从那564篇原始素材里单独分离出来的。

从刘向整理之后，86篇本的《管子》就成为定本。但天下已经"独尊儒术"，乱世的热门书也就变成了大一统时代的冷门书，慢慢变得残缺不全。今天我们读到的《管子》就是以刘向86篇为底本的，但有些篇章只剩下题目，全篇内容一个字都没留下来。

（2）管仲和争霸时代

管仲虽然不是《管子》的真正作者，却可以算是这部书的形象代言人。所以，我们在读《管子》之前，有必要简单了解一下管仲。

如果你想对管仲有一个粗略的时间定位，可以这样来记：管仲和孔子分别生活在春秋时代的一头一尾，春秋以后是战国，荀子生活在战国末年。

当历史进入春秋时代，周天子对全国的控制力严重减弱，权力厌恶真空，于是实力派诸侯积极争夺霸主地位。今天我们提到"霸"这个字，很容易想到称王称霸、横行霸道、霸权主义这些负面意思，其实原本不是这样。我们看"霸"的字形,上面是雨字头,下面是"革"和"月",这个字原本是指一种和月亮有关的天象。把它当成霸主之霸,其实是因为同音假借,代替了伯父的"伯"。我们读先秦古书,会发现"伯"和"霸"通用,"伯"应该读成"霸",意思是"老大"。所以,"霸主"的意思是,虽然各位诸侯都是平级关系,但他是大哥,别人都是小弟,小弟就该跟着大哥混,听大哥的话。

"伯"的本字其实是白色的"白","白"的古音是bó。它是象形字,表示大拇指,所以引申为"老大",用来表示颜色是后来发生的假借。今天我们听京剧和评书,"白"的发音仍然是bó,这就是古音的延续。更严格一点来说,bó应该读成入声。入声在现代汉语的四声系统里已经消失了,如果勉强读一下的话,那么它和第四声bò比较接近。在诗词里,这个字属于平仄系统里的仄声,押韵的话属于入声韵。这些内容等我讲诗词的时候再仔细介绍,现在你只需要知道,白、伯、霸这三个字原本的读音很可能都一样,而且最接近bò的发音,于是发生了文字学里所谓的同音通假。我们初中语文课讲古文里的通假字,只讲某个字和某个字通假,但不讲为什么通假,我这里讲的就是通假发生的一种原因。

当你单独看"霸"这个字,从雨、革、月的组合来分析它的含义,你可以做出很复杂、很深刻的解读,但汉字的构成和演变其实远没有这么单纯。

话说回来,春秋争霸主,就是争做诸侯们的大哥。做大哥既要有实力,也要讲江湖道义,所以春秋时代的诸侯争霸和战国时代的列强互殴完全不是一回事,前者还很有道义感和贵族精神,后者完全没有底线。

春秋先后出现了五位霸主,合称"春秋五霸",第一位是齐国的齐桓公。

齐桓公很好地扮演了"世界警察"的角色,带着诸侯小弟们敬奉周天子,维护世界和平,而他之所以取得了这样的成就,主要原因就是他用对了"国家总理",这位"总理"就是管仲。

(3)"与俗同好恶"

齐国在今天的山东一带,原先并不算强大,直到有了管仲。管仲的治国方略,用《史记》的原话来说,就是"通货积财,富国强兵,与俗同好恶"。"通货积财"意味着发展商品经济,增加物资储备;"富国强兵"不用解释;"与俗同好恶"意味着一种社群主义外加保守主义的立场,顺应民众的喜好。换言之,经济发展先于意识形态。所以,管仲虽然大张旗鼓搞改革,却不像王莽、王安石那些改革家那样遇到那么多的阻力。管仲的新政既不唱高调,也没有好高骛远,更没有站在道德制高点上,每项新政都很顺应民心。

我们看《管子》第一篇《牧民》讲治国纲领,有一句名言是"四维不张,国乃灭亡"。所谓四维,就是礼、义、廉、耻。单从这话来看,我们似乎看到了一个道德家的样子。但是,完整的表述是这样的:"国多财则远者来,地辟举则民留处(chǔ),仓廪实则知礼节,衣食足则知荣辱,上服度则六亲固,四维张则君令行。"意思是说,国家富裕了,远方的人自然会来归附;土地开垦得多了,民众就会安居下去;储蓄够多了,大家才会讲究礼节;吃穿不愁了,民众才会要脸;君主不违背礼义,贵族集团才会和谐稳固;四维得到伸张,君主才容易治理国家。

这几条纲领真的很有管仲风格,虽然也重视礼义廉耻,但一来不把礼义廉耻当成目标本身,而是当成一种行政工具,二来不把道德优先化、绝对化,而是认为先有物质基础才有礼义廉耻,所以经济发展要放在道德建设之前。一切都是为了让民众更好地为国家服务,而不是相反。换言之,民众生活水平的提高,是富国强兵的副产品。

"有为之治"与"藏富于民"

(1) 大机器上的螺丝钉

一般来说，人越富裕，就越是不愿意战争。怎么才能让这些富裕起来的老百姓拼死作战，这是一个管理学上的难题。如果你是管仲，你会怎么解决这个难题呢？

管仲的办法是一套系统工程，要点有三个，分别是城乡双轨制、户籍制和职业世袭制。首先，把百姓分为士、农、工、商四类，无论你属于哪一类，你的子子孙孙都必须继承你的身份，工人的孩子还是工人，农民的孩子还是农民，除非特别出类拔萃，才可以升级。然后让城市和农村分治，四类人各自聚居，不能混杂，由政府逐级管理。不仅人的身份要被钉死，居住地和邻里关系也要被钉死，政府用军事编制管理户籍，严禁自由迁徙。每年春秋两季举行狩猎，其实就是练兵。

这样做的好处有很多，首先职业技能被高度强化了，比如你是一名铁匠，不但你的祖祖辈辈都是铁匠，你的左邻右舍也都是铁匠，你的手艺想不好都难。第二个好处是，每个人都很容易满足，不生非分之想。我们可以继续想象一下：你从小到大见到的世界基本就是打铁的世界，你会和铁匠的孩子从小玩到大，你会娶铁匠的女儿，生的儿子继续做铁匠，生的女儿嫁给铁匠，你根本想不到生命中还存在其他的可能性，你也没机会跑去大城市打拼。每一个小户籍单位的人都要过一种准公社化的生活，有福同享，有难同当。所以，真到了打仗的时候，你身边的战友就是你的街坊邻居，是祖祖辈辈都和你祸福与共的人，你们会有高度的默契，也会有深厚的感情。这种默契会增加你们的战斗力，这种感情会让你们愿意冒更大的风险来救援彼此。

这是一种很高明的想法。

我们看古代的各种兵法，或者就想想《三国演义》和"三十六计"里的那些军事谋略，很容易以为战术谋略才是重点，以为打仗要靠"斗智"。但无论你有再好的谋略，只要军队的组织化程度不高，军人的战斗意志不强，失败的概率就会很大。一般情况下，谁更豁得出去，谁更敢玩命，谁就能赢。所以说，能不能迅速有效地激发军人的战斗意志，这才是衡量指挥官能力的重要指标。政治家就要高一个层面来做事，预先就要设计好一种在战时最能激发战斗意志的制度，最大限度地让别人肯为自己的事业拼命。我们看全世界的军事文化不约而同都在这方面用力，有用宗教感召的，有鼓励同性恋的，也有用严刑峻法让你不拼命就送命的。管仲的做法很高级，但继承人竟然不多，这是一个很奇怪的现象。

为什么会这样呢？你应该不难想到答案。我在第一章就讲过编户齐民和宗族自治的矛盾，而管仲的政策把人的生产和生活固定到这种夸张的程度，可想而知人们会形成比宗族关系更强的凝聚力。一旦有些人对政府或长官不满意，马上就可以形成一股不容小觑的力量，面对政府镇压也一样能发挥玩命精神。

到了专制时代，统治者心里的理想值是这样的：每个人都只对自己忠诚，赴汤蹈火在所不辞，但他们彼此之间满是猜忌和防范，甚至互相坑害也是好的，那时候自己就可以出来主持公道，刷刷存在感，笼络人心。

(2) 矛盾重重

　　管仲确实是一位成功的政治家、改革家，所以不断被后人追捧和神化，很多人托古立言，把自己的政治、经济见解当成管仲已经成功实践过的丰功伟绩来讲。这种话越说越多，渐渐地也就真伪难辨了，史家也分不清。我们看《管子》这部书里，管仲的言论和事迹丰富到不近情理的程度，有些内容完全脱离管仲当时的时代背景，还有很多观点彼此矛盾，各有各的立场。所以，历来都说《管子》很难读，一方面是因为它的文字常常读不通顺，二来就是因为它的观点太丰富，太离奇，也太混乱了。

　　关于矛盾和混乱，我再举一个例子。《管子》第二篇，题目叫《形势》，很有道家无为而治的色彩，而且讲得很有实用意义。我们先来回顾一下《老子》的经典命题——"天地不仁，以万物为刍狗"，这是天道，聪明的统治者在看懂天道之后，就应该效法天道，于是"圣人不仁，以百姓为刍狗"，至于儒家推崇的"以德治国"，即便行得通，也只会事与愿违。我们再来想想《庄子》的虚舟哲学，在《庄子》的语境里，这只是一种个人修养的准则，是乱世里明哲保身的办法，但我们只要稍稍拓宽一下思路，就会发现它和"天地不仁""圣人不仁"的道理其实是相通的。这就是说，虚舟哲学也可以作为一种治国纲领。但是，"圣人不仁"和虚舟哲学都是务虚，具体该怎么落在实处呢？这就是《管子·形势》篇要发挥的地方。

　　《形势》篇开宗明义这样说道："大山巍峨高耸而不崩塌，人们自然就会拿羊去祭祀它；水潭很深，从不干枯，人们自然就会拿玉祭祀它。……蛟龙得水才能显示神威，虎豹凭着丛林才能被人畏惧。风雨没有固定的方向，所以不会被人怨恨。人在尊贵的地位就可以发号施令，在卑贱的地位就会欣然服从尊贵的人。"

　　这段话说的就是天道和人事的关系。如果你是一片平地，想让别人尊崇你，你就必须很费力地威逼利诱，结果往往费力不讨好，招来大家的怨恨，但你只要变个形状，隆起成一座山，人们自然就会杀牛宰羊，在你面前拜服。统治者就该这样，所谓"上无事，则民自试，抱蜀不言而庙堂既修"，统治者只要无为而治，老百姓自然就能发挥出生产劳动的积极性，统治者抱着礼器不说话，仅仅表明自己的尊贵，底下的人自然就会把国家搞好。

《形势》篇还举例说，如果房梁断了，房子倒了，房子的主人怨不着谁，但如果有小孩子爬上屋顶揭瓦，亲妈也会抽他。这话意味着，好的政治应该也有《庄子》虚舟的风格，让一切自然而然，淡化政策的主观意图。

这完全是道家哲学，而到了《管子》第三篇《权修》，立场马上就变了，特别强调"有为之治"，还很重视赏罚。这一篇貌似是法家学者写的，但一路读下来，偏偏又能看到儒家风格的"藏富于民"的主张。这篇文章讲到什么样的政治才是最好的政治，是特别值得一看的。

《权修》篇说，最好的政治有这样几个特点：国内没有荒地，国库没钱，市场上没人，朝堂上也没人。

在今天看来，只有第一个特点容易理解。没有荒地，那是因为国家重视农业。但后面三个特点，理由就比较奇特了：国库没钱，是因为藏富于民；市场上没人，是因为家家户户都能自给自足，不用出门买东西；朝堂上没人，是因为分片治理，百官各司其职，用不着时不时地召集起来议事。

这下我们就看懂了，所谓最好的政治，也就是最彻底的小农经济。如果管仲当年真是这样搞的，齐桓公绝对不可能称霸。

我讲到这里，你应该已经对《管子》这部书的杂家特色很有直观感触了，所以就不要去想这部书的中心思想、核心主张是什么了。《管子》最有趣的内容是关于经济方面的那几篇，有些观点真的成为后来历朝历代的基本国策。

"利出一孔"

（1）彗星来了

你有什么锦囊妙计可以贡献给齐桓公，让他可以马上就盘剥一笔巨款，还不会激起民愤呢？

对统治者来说，这确实是一个很实际的问题。最常见也最笨的办法就是直接加税：要么税率上调，要么税种增加。举例来说，南唐就搞过很荒唐的税种增加，母鸡多下一只蛋都要加税。再比如晚唐诗人陆龟蒙写过一首小诗讽刺税制，诗是这么说的："渤澥（xiè）声中涨小堤，官家知后海鸥知。蓬莱有路教人到，应亦年年税紫芝。"这是说地壳运动使海面上升起一座小岛，税务官比海鸥还敏感，第一个发现了它。如果蓬莱仙山有路可通的话，官府肯定年年都要找神仙征收仙草税。

《管子》早就强调过，敛财一定要注意技巧。

到底该怎么做呢？管仲给齐桓公讲了一些天文知识："地震和风暴都是瘟疫的预兆。如果天枪星出现在某个国家的分野，那个国家的国君就要受辱。出现彗星，就是战争的预兆。这是有前例可循的，当初浮丘之战，天上就出现了彗星。"

我先简单讲一点古代天文学的知识背景。今天普通人的星象知识都是西方的黄道十二宫系统，按生日定星座，每个星座都有对应的性格特点和运势。但是，中国古代的天文学完全没走这条路，而是成为统治者的专属学术，各地天文台都是中央直属机构，星象和普通人的个人命运完全无关。天空的分区是所谓三垣二十八宿，二十八宿各有对应的地理范围。王勃的《滕王阁序》是大家熟悉的古文，文章开头说"豫章故郡，洪都新府；星分翼轸，地接衡庐"，滕王阁在江西南昌，南昌对应的星宿是翼和轸，这就是"星分翼轸"的含义。如果翼和轸这两个星区出现彗星，就预示着南昌地区要发生战争了。

现在，齐国对应的星区出现了彗星，所以管仲告诉齐桓公："您发财的机会来了。"

怎么发财呢？管仲对齐桓公说："请您下令召集功臣世家，还要对全国发布号令说：'彗星出现啦，看来我要出兵讨伐敌国啦，所以，请储藏粮食和布匹的人家不要自由买卖，要给国家平价收购。'这样的号令一出，功臣世家和民众都会把粮食和财物献给国家的，帮助您完成大业。"这种办法，用《管子》的原话来说，叫作"乘天灾而求民邻财之道"，翻译过来就是"利用天象来敛财的办法"。它的底层逻辑是，制造紧张感来提高凝聚力。

这样的办法之所以行得通，还需要一个前提条件，那就是各级官员、贵族和民众对国家和国君有足够的认同感。如果认同感不足，自觉性就不足，钱就不容易收上来。这也是统治者要大力宣传"礼义廉耻，国之四维"的缘故。

齐桓公其实意识到了这个问题，他问过管仲："大夫们都把钱包捂得紧紧的，宁愿粮食烂掉，也不肯拿出来救济穷人，我该怎么办呢？"

管仲回答说："您把城阳大夫找来，骂他一顿就好。"

齐桓公问："可我骂他什么呢？"

管仲说:"您就这么骂他:'你的小老婆穿着绫罗绸缎,家里的鸭子和鹅吃的都比穷人好,但你的同胞都进不了你的家门,过着挨饿受冻的日子。你这样做能算是对我忠心吗?你不要再来见我了。'您这样骂完他之后,再取消他的爵位,封起他家大门。这样一来,那些功臣世家都会争着拿出财物救济穷人。"

齐桓公和管仲之所以要救济穷人,并不真的出于菩萨心肠或者什么荣誉感和责任心。如果仅仅是救济穷人,他们是不愿做的,他们的重点其实是"劫富济贫","劫富"比"济贫"更重要,甚至很多时候"济贫"只是"劫富"的手段。为什么要这样呢?因为一个人有钱就会有势,财大就会势大,就会形成自己的号召力和向心力,分散国君的权力,机会合适的话甚至可以篡位。

在真实的齐国历史上就发生过这样的事情,一个姓田的外来家族越来越有钱有势,还特别讲文明,懂礼貌,充满爱心,爱做慈善事业,全国百姓都喜欢他们。结果田家人顺利篡位,窃取了齐国的政权。这种事往好处说就是"得民心者得天下",往坏处说就是"窃钩者诛,窃国者为诸侯"。

(2)"利出一孔"

对统治者来说,老百姓的死活并不十分重要,至少没有自家权力的稳固性重要,所以执政的最高原则永远都是维护政权的稳定性,力求把一切潜在的威胁都扼杀在摇篮里。《管子》很清楚这个要领,所以在政治经济学的大原则上给出了两句名言。第一句是"利出一孔",也就是说利益的来源只能有唯一的渠道,第二句是"予之在君,夺之在君,贫之在君,富之在君",也就是说任何人的祸福利害必须完全取决于统治者的心意，只有这样，才会"民之戴上如日月，亲君若父母"，老百姓把统治者当成太阳和月亮一样崇拜，当成亲爹亲妈一样依赖。

我们已经知道《孟子》是民本主义的极致，它的对立面正是《管子》这套逻辑，这可以说是君本主义的极致。统治者要想安安稳稳地治理天下，就要掌握好对天下人生杀予夺的力量。怎样掌握呢？要双管齐下，既要使自己更强大，还要使别人更弱小，也就是所谓国富民穷。这里的要点是，弱小要有一个合理的限度，不能太弱。具体来说，统治者既不能让民众太富裕，也不能让民众太贫穷，更不能容忍贫富分化。这个限度，拿捏起来还真是有点微妙。

治国理想的状况是，国家有十年的粮食储备，但老百姓还是缺少口粮；君主垄断着盐铁利益，但老百姓还是缺少财用。

这种论调在今天看来很反常识，但管仲自有他的道理：只要生活资料和生产资料都被国家控制着，老百姓就必须各尽所能从统治者那里换取必需品，否则就没法生活。统治者凭借着国家的富足来控制百姓的匮乏，以富制贫，所以人人都要依附统治者。人要有饭吃才能活着，要有钱花才能购买日用品，而擅于治国的君主会操纵钱币来控制粮食的生产和流通，这才可以最大限度地利用民力。

大家一般都以为法家代表作《韩非子》最会教统治者使坏，其实比起《管子》，《韩非子》都算温和派。历史上一些血汗工厂的管理方式就暗合《管子》的教导，首先限制工人的人身自由，给他们的待遇一概维持在吃不饱也饿不死的水平，工厂主可以根据自己的意愿而不是任何规章制度来赏罚任何人，让他们对自己既爱又怕，最大限度地榨取他们的劳动力。

对于这样的统治者，大家怎么爱得起来呢？当然爱得起来，这一方面有斯德哥尔摩综合征的缘故，一方面得益于管理技巧。管仲是这样说的："人都是趋利的，你给他好处他就高兴，你抢了他的东西他就生气。

以前的统治者就懂得这种人情世故，所以每次给老百姓好处的时候，就大张旗鼓地宣扬，而剥夺他们利益的时候，就做得不着痕迹。"

做点好事就要大肆宣传，这好理解，也不难做到，但不着痕迹地剥夺老百姓的利益，这就很需要技巧了。我们中小学的历史课总是讲统治者横征暴敛，终于激起民愤，农民起义改朝换代。看来这些统治者都没有认真学过《管子》。其实征收盐税、铁税也好，利用天象制造紧张气氛也好，都属于不着痕迹的好办法，但这还不够，管仲还有一计，原文叫作"御神用宝"，从字面上看，就是说操纵神灵，运用珍宝。

"御神用宝"之计

(1) 乌龟的身价

　　管仲有一条"御神用宝"之计，操纵神灵，运用珍宝，来不着痕迹地盘剥民财。究竟该怎么做呢？看你有没有足够多的坏心眼能想出来。

　　管仲是这么说的："在北郭那个地方，曾经有人挖洞挖出来一只大乌龟，这一只乌龟的价值就抵得上方圆几百里的土地。"

　　齐桓公没听懂，不理解一只乌龟凭什么值这么多钱。

　　我在讲《周易》的时候讲到过乌龟的价值，你应该还记得，在周代的预测体系里，人们相信龟甲占卜是最灵验的，蓍草只是龟甲的廉价替代品，《周易》被神化是后来的事。大乌龟很值钱，这倒在情理之中。然而在《管子》的语境里，龟甲也好，天象也好，都是统治者愚弄百姓、强化统治力的工具，并未真正得到重视，所以齐桓公才不理解一只乌龟凭什么值这么多钱。

　　管仲解释说："当时的国君一听说这件事，立即派出特使，规格很高，阵仗很大，去给那个挖到乌龟的人封大官，赏重金，然后对他说：'你挖到的不是普通的乌龟，而是东海之神的儿子。赏赐你这么多财物，是要你好好供养它。'就这样，乌龟马上变成无价之宝，被当成祖宗一样好好伺候着。四年之后，这位国君准备攻打邻国，他听说大富翁丁氏家里存的粮食足够一支军队吃五个月，于是就召见丁氏，对他说：'我现在准备出国打仗，想用一件无价之宝做抵押，借你家的粮食充当军粮。'丁氏赶紧把粮食交出来，但不敢接受国君的抵押品。国君很厚道地说：'这些粮食，我不知道什么时候能还给你。我已经老了，我儿子恐怕将来也记不清到底借了你多少，所以你就安心收下我的抵押品吧。'"

这位国君摆明了是要抢富人的财产，根本没打算有借有还。国君只付出很小的成本，就从富人那里换来很大一笔财富，富人貌似也没有被亏待，用有数的粮食换来无价之宝，显然还赚了不少。丁氏到底有没有吃亏，就取决于那只乌龟还能不能进入市场流通，换回等价的粮食。

当然，这是不可能的。即便国人都相信那只乌龟是无价之宝，都相信丁氏赚到了，也真的有人愿意用更多的粮食来交换那只乌龟，但是，乌龟的身份是抵押品，而在抵押的时候，双方并没有约定抵押期限。这就意味着，国君可以把归还粮食这件事一直拖下去，子子孙孙地拖下去，和乌龟比长命，直到把乌龟拖死，而丁氏和他的子子孙孙只能一直把乌龟供养下去，完全没法出手变现。

管仲的"御神用宝"之计的背后，暗含着现代经济学对价值的定义：价值并不是由劳动必要时间决定的，而完全取决于人的主观感受。这也就意味着，政治权力可以在相当程度上决定商品价值。

管仲建议齐桓公："您现在就可以有样学样，收礼只收大乌龟，对三个品种的乌龟分别定价，当然，定的都是超高价。国家有危难的时候，就拿乌龟去抵押；国家安定的时候，就用乌龟调控市场。"

这种办法并不只是纸上谈兵，汉武帝真的用过。汉武帝规定，皇亲国戚来首都朝觐，必须用一种皮币垫着美玉来完成礼仪。皮币，顾名思义，是皮革做成的钱币，面值四十万钱。当然，四十万这个数字是怎么算出来的，全凭皇帝高兴。这种皮革确实特殊，是一种白鹿皮，而白鹿是皇家园林的特产，别处见不到，所以皇亲国戚们只能按照面值拿真金白银向朝廷交换皮币。

以我们今天的经济常识来看，所谓皮币，本质上就是纸币。一张小纸片，面值可以随便印，大家对纸币的接受程度来自对纸币印发机构的信任程度。大家都不相信皇帝，但没办法。

(2) 可控的蝴蝶效应

在《管子》的经济思想里，不仅盘剥可以不着痕迹，宏观调控也可以不着痕迹。举一个例子，齐桓公看到郊区的农民太穷，城里的商人太富，很想劫富济贫，但不知道该怎么办。管仲出了一个奇怪的主意："您可以下令，将洼地的积水引到两条主要商业街中间的低地。"齐桓公太信任管仲了，虽然不明白这是怎么回事，但果断照办。结果不到一年，郊区的农民渐渐富裕起来，城里的商人渐渐穷了下去。齐桓公这才向管仲请教缘故，管仲解释说："把水引到低地之后，街上那些肉铺和酒家的肥水都会流进去，各种漂亮的鸟儿就会来这里觅食、栖息。水边会形成一片风景区，人们就很愿意在黄昏时分来这里饮酒休闲。商人面对这样的景致，哪还有心做买卖，都想赶紧收摊去喂鸟玩。商人既然急着收摊，采购的时候就懒得压价，卖货的时候也懒得还价，于是商人不断这样高买低卖，就变穷了，农民不断低买高卖，就变富了。"

事情还不算完。齐桓公又发现很多老百姓的衣服和鞋子都很破旧，一定是纺织品太贵，大家买不起的缘故。该怎么压低纺织品的价格呢？管仲有办法："请您下令，剪掉路边的树枝，不留一点树荫。"齐桓公照办了，结果不到一年，大家都穿上新衣、新鞋了。

这到底是为什么呢？管仲解释说："以前路边都有浓密的树荫，青年男女就很喜欢出来逛街，逛完街又喜欢在树荫下谈情说爱，不想回家。壮年男女到了树荫底下也会盘桓很久，打情骂俏。年长的人也喜欢在树荫底下聊天，一聊就聊到很晚。这样的话，大家还剩多少时间用来工作呢？自然土地得不到开垦，五谷得不到播种，也没人养蚕，没人织布，纺织品的价格怎能不贵呢？"

《管子》的这些想法在今天看来当然荒唐可笑，但只要我们想到这是两千年前的见识，就不由得心生敬佩了。《管子》还有很多关于贸易战的设想，比如哄抬某种商品的价格，诱使邻国百姓放弃本职工作，农民也都不再种地了，一窝蜂地去生产这种商品，然后再突然关闭贸易通道，等邻国闹起饥荒，再高价出售粮食，最后邻国百姓纷纷投奔过来，邻国的国君也请求归附。不战而屈人之兵，听起来很美。

杜绝黑市和走私，是经济史上的老大难问题。单看盐政，有盐铁专卖制度，就有铤而走险的私盐贩子。《管子》确实看到了经济问题的复杂性，看到了经济现象里牵一发而动全局的奥妙，这很了不起，但问题是，经济的复杂性远比《管子》所看到、所想象的还要复杂得多。我们看看真实的历史，以汉武帝的集权程度和雄才大略，搞过很多《管子》风格的经济政策，有些确实能收效于一时，但终归变成乱上加乱的局面，无论穷人、富人，人人不堪其扰。

对《管子》就讲到这里了，关于《管子》的"御神用宝"之计，你只需要记住一个观点：《管子》有一种天不怕、地不怕的精神，无论天地神灵还是仁义道德，都可以拿来当作维护集权、愚弄百姓的统治工具。

※ 第十七章

《国语》

《国语》：一部伟大的德育教材

（1）时间线

先秦时代有三部史学经典，分别是《左传》《国语》和《战国策》。有些人对历史年代比较模糊，所以我先讲一点背景。所谓先秦，顾名思义，就是秦朝以前。

在历史分期的系统里，"先"和"后"或者"前"和"后"的称谓稍有一点混乱。比如"先秦"是指秦朝以前，但"后秦"是指五胡十六国时期的一个政权。再比如汉朝分为前后两段，前段的刘邦一系称为前汉或西汉，后段的刘秀一系称为后汉或东汉，这是最规矩、最容易理解的称呼方式。再比如大清在入关之前曾经建立"金"的国号，但和宋朝同期已经有一个金国了，所以历史上就称呼清人建立的金国为后金。这些称谓并没有很严格的一定之规，我们只要遵循约定俗成的习惯就好。

话说回来，"先秦"成为一个约定俗成的历史分期概念，是因为秦朝是中国历史上的一个重要分水岭。从秦朝开始，郡县制正式取代了封建制，然后一直沿袭到清朝。毛主席诗句里的"百代都行秦政法"，讲的就是这回事。

秦朝以前，先后有夏、商、周三个朝代，合称"三代"。夏朝的历史基本都是传说,商朝的历史稍微丰富一些,周朝的历史分为两段,前半段的政治中心在今天的陕西,后来发生了一场很大的动乱,天子在陕西待不住了,政治中心就搬到了今天的河南。陕西在西边,河南在东边,所以周朝的前半段称为西周,后半段称为东周。

关于西周的历史,留下来的记载也不太多,但东周的史料就很丰富了。东周又分为前后两段,前半段称为春秋时期,《春秋》和《左传》两部书基本涵盖了这个时期。你应该还记得,在春秋时期的历史舞台上有一个很活跃、很强大的晋国,位置在今天的山西一带。山西的简称是晋,这个称呼就是从晋国来的。在春秋时期结束以后,晋国内部的韩、赵、魏三大世家瓜分了晋国,然后得到周天子的认可,成为三家新的诸侯。从此晋国就没有了,但多出来了韩国、赵国和魏国,这又是一个"窃国者为诸侯"的例子。这件事史称"三家分晋",标志着战国时期的开始,《资治通鉴》就是从这里开始讲的。回看西周初年分封的诸侯国,经过几百年的大吞小、强吞弱,到战国时期已经所剩无几了,其中最强大的有七个国家,合称"战国七雄",其中就有韩、赵、魏三国。《战国策》记载的,就是战国时期的历史。

《国语》记载的历史时段,绝大部分和《左传》记载的重叠,所以这两部书很适合参照着看。不同的是,《国语》的时间跨度还要长些:从西周中段开始,到"三家分晋"结束,总共历时五百多年。五百多年有多长呢?就是从今天倒推到明朝中叶。

我们已经知道,《左传》是中国最早的编年体史书,逐年记事,但《国语》不一样,它是中国最早的国别体史书,按照国别记事,比如齐国的事情通通归在一起,晋国的事情通通归在一起。

《国语》是个大部头,总共七万多字,篇幅和《庄子》差不多,按照国别,分为周语、鲁语、齐语、晋语、郑语、楚语、吴语、越语八个部分。《国语》和《左传》最直观的不同是,《左传》偏重记事,《国语》偏重记言。所谓"国语"，顾名思义，就是各个国家的名言选编。

这些名言很少有三言两语式的格言体，几乎都是清一色的长篇大论，既有苦口婆心型的，也有生动活泼型的，上下文还会简要交代语境。总体风格，一言以蔽之，就是教育统治者要学好，要尊重传统。这个传统，就是孔子想要复兴的周礼。

按说这种主打教育牌的经典应该很有流行潜质才对，但《国语》总是被边缘化。当然，它不是考试必读书，这是一个重要原因，而另一个重要原因是，它的教育对象很明确，就是统治阶级，而且是封建制里的统治阶级，对绝大多数人都不适用。《国语》确实饱含着古老的政治智慧，但这些智慧往往过于古老。其实，过于古老、不合时宜的道理一样可以流行，只要务虚就有潜力，但《国语》很务实，总是把背景交代得很清晰，人物刻画得很鲜活，语言表达得很具体，也很生动。种种优点，反而都变成了流传的阻碍。只有当我们抛开急功近利的心，拿它当一本闲书来慢慢欣赏的时候，才特别能够体会它的妙处。

(2)《国语》和《左传》的瓜葛

《国语》的作者是谁？我们照例不知道，那时候的人还没有著作权意识。司马迁在《史记》里曾经提过一句"左丘失明，厥有《国语》"，是说左丘先生遭受失明的打击，于是闭门著书，写成了《国语》。这位左丘先生，貌似就是传说中《左传》的作者左丘明。所以很长时间以来，人们相信左丘明既是《左传》的作者，也是《国语》的作者。

我们已经知道，《国语》和《左传》涵盖的历史时期高度重合，那么事情就蹊跷了：左丘明为什么要就同一个题材写出体例不同的两本书呢？于是有人推测，左丘明的写作重点是《左传》，写作过程中剩余了一些材料，浪费了很可惜，所以就重新编辑整理了一下，弄成一部完整的书，这就是《国语》。很多人还相信《左传》是《春秋》的"传"，也就是帮助人们理解《春秋》的参考书，那么《国语》既然和《左传》同源，当然也可以被当成《春秋》的辅导书了。所以，历史上还有一种说法，把《左传》称为《春秋内传》，把《国语》称为《春秋外传》。

还有一种说法，认为《左传》和《国语》不应该是同一个人写的，而是分别属于先秦史官的两大体系，前者属于记事体系，后者属于记言体系。《汉书》说过："左史记言，右史记事；事为《春秋》，言为《尚书》。"《礼记》也有这种说法，但左右对调，变成"左史记事，右史记言"。无论如何，这都说明先秦史官分成两种，一种是负责记事的，要把国内、国际新闻记录在案；另一种是领导的随身书记，负责记录领导的重要讲话，至于他们会不会替领导写发言稿，我们就不得而知了。

我们以今天的眼光来看，基本可以确定这样几个结论：第一，《左传》和《国语》不属于同一个作者；第二，《国语》的作者应该读过《左传》，所以，在记录同一个历史事件的时候，《国语》总显得在对《左传》的说法做增补；第三，《国语》成书于战国初年；第四，《国语》采取儒家立场。

《国语》和《左传》在风格上最大的不同是，《国语》的每一篇都在突出教育意义，所以塑造出很多模范形象：既有模范国君，也有模范大臣，还有模范母亲。

官太太的两难选择

（1）模范母亲

《国语》谈到一位模范母亲教育儿子的名言，大意是说，古代圣王安置百姓，特地把他们安置在贫瘠的土地上，存心让他们受苦受累，这才有了长治久安。这个道理究竟如何才能解释得通呢？

说这话的模范母亲是鲁国的敬姜夫人，她是整部《国语》里最闪光的人物形象。《国语》按照国别做内容分类，属于鲁国的内容归入《鲁语》。《鲁语》一共37篇，敬姜夫人一个人就占了8篇。后来到了汉朝，刘向编写《列女传》，又把敬姜夫人浓墨重彩地歌颂了一遍。我们常说"中国传统女性""贤妻良母"这些词，但到底什么才是真正意义上的"中国传统女性""贤妻良母"，很多人其实没概念。所以，我们很有必要认真看看敬姜夫人这个榜样。

如果你对《论语》还有印象，应该记得孔子和"三桓"之间有很多不愉快。所谓三桓，就是鲁国的三家世家，势力最大的一家是季孙氏。季孙氏的族长"八佾（yì）舞于庭"，越级使用天子礼乐，所以孔子很愤怒，说出那句"是可忍也，孰不可忍也"的名言。

我们的主人公敬姜就是季孙氏的女人，是从莒国嫁到季孙氏的。她的儿子公父文伯论资排辈在鲁国做官,和孔子还有过交集。话说这一天公父文伯退朝回家,看到母亲正在织布,一下子就不高兴了,对母亲说:"您儿子大小也是个官,以我们这样的家庭,主母难道还要亲自纺织?这事如果传出去,族长该骂我不孝了!"

敬姜叹了口气,开始教育儿子了:"让你这种不懂事的孩子当官,鲁国怕是要亡国了吧!古代圣王安置百姓,特地把他们安置在贫瘠的土地上,让他们为了活命不得不辛勤劳作。只有这样,君王才能得心应手地使用他们,国家才能长治久安。"

接下来的话很值得看看铿锵有力的原文。如果你做的是管理工作,可以把它抄下来当座右铭。原话是这么说的:"夫民劳则思,思则善心生;逸则淫,淫则忘善,忘善则恶心生。沃土之民不材,淫也;瘠土之民莫不向义,劳也。"大意是说,受苦受累能培养人的美德,相反,安逸的生活会让人丢弃美德,生出各种坏念头来。这也就是俗话说的"饱暖生淫欲"或者"饱暖生闲事"。在土地肥沃、物产丰富的地方,人就不容易成材;在资源匮乏、生存不易的地方,人反而会健康成长。

换言之,这就是我们熟悉的"生于忧患,死于安乐"的道理。我们今天用到这条格言,一般都只为了自我激励,就算取得了小成绩也不能松懈。但站在统治者或管理者的角度,这个道理的意义就在于不要让你的手下人太安逸了,否则就不好管理。就算某段时间真的没事,也要没事找事让大家忙起来;就算你开得出更高的薪水,也要想方设法别让大家赚得太多。

敬姜接下来又有一番长篇大论,都是在讲圣王留下的政治传统。总而言之,"君子劳心,小人劳力",谁都不能闲着。从天子到庶民,工作都不能松懈;女人从王后到普通人妻子,都要在家做纺织。这种艰苦朴素的优良传统,一定不能丢掉。最后,敬姜夫人把话题转到自家情况:"孩子,你还真把自己当成官二代啊?我是个寡妇,你的官阶也不高，你竟然就有贪图安逸的想法了，我真担心我们家要在你这孩子的手上败落了。"

孔子后来听说了敬姜的这番教诲，赶紧让弟子记录下来，还做了一句点评，夸敬姜严于律己。

但是，这样的严于律己真的好吗？有一位鲁国名人，绝对的正面楷模，用行动表达了与之相反的价值观。究竟孰是孰非，需要你仔细斟酌。

(2) 模范总理

这位鲁国名人名叫公仪休，学问很大，做官做到鲁国的总理。《史记·循吏列传》把他当作官员的表率，"循吏"的楷模。所谓循吏，就是奉公守法、清正廉明的好官。

公仪休的人生准则可以概括成四个字：抓大放小。

有人听说他爱吃鱼，就特地送鱼给他，但他拒不接受。送礼的人说："您不是最爱吃鱼吗？"公仪休说："正因为我爱吃鱼，所以才不要你送的鱼。我现在担任国家宰相，薪水足够买鱼。但我如果因为要了你的鱼，受了你的贿，把官丢了，谁还会再送鱼给我？"

虽然这个故事的真实性很值得怀疑，但故事里的逻辑还是合情合理的。但公仪休接下来的表现，就有一点超出常情和常识了。某天他在家吃饭，发现蔬菜很美味，一问之下，这菜竟然是自家菜园里种的。他很生气，跑到菜园里，把蔬菜都拔掉扔了。他又发现妻子很会纺织，织出来的布非常精良，这回他发了更大的脾气，果断离婚，还把家里的织布机烧了。

这到底是为什么呢？普通人很难想得通，女人就更想不通了。我们看公仪休的妻子,这么高贵的身份,但还是勤俭持家,勤劳能干,一点也不亚于敬姜。但公仪休有一个很正当的理由,原话是"欲令农士工女安所雠(shòu)其货乎",也就是说,如果我们穿衣吃饭都自给自足的话,那么农民该把粮食卖给谁,纺织女又该把纺织品卖给谁呢?

这种原则,叫作"食禄者不得与下民争利,受大者不得取小",也就是说,作为管理者,做的应该是"劳心"的事,也就应该专心去"劳心",付出辛勤的脑力劳动来换取俸禄,不该再去"劳力"和老百姓争利。做高官,拿高薪,这就够了,不要贪心不足,连蝇头小利也要去赚。

这样看来,公仪休的做法貌似也是合情合理的,既重视专业分工,又关怀弱势群体。所以,不但司马迁表彰公仪休,后来武则天主持编修《臣轨》,给官员和有心做官的人搞思想品德教育,也收录了公仪休的故事。

我们可以回顾《论语》里的一个争议性问题:樊迟问老师怎么种粮食,又问怎么种菜,孔子很不高兴,觉得樊迟是小人。讨厌孔子的人常拿这段记载来证明孔子歧视劳动人民,其实孔子也和公仪休一样重视专业分工,认为君子就应该专心去"劳心"。《礼记》记载孔子的话说"君子仕则不稼,田则不渔",也就是说,君子即便干体力活,也只赚本行的钱,绝不跨界经营。

那么,公仪休和敬姜到底谁对谁错呢?古人早就有这种疑惑。清朝学者方濬师写过一部《蕉轩随录》,书里就把两件事摆在一起说,说公仪休是官员表率,敬姜是模范母亲,但我们到底该学哪个模范呢?

方浚师只讲问题,不给答案。答案就只有靠你自己琢磨了。

让我们看回敬姜。我们会想,这样一位大家闺秀,出身好,嫁得好,全身都是美德,教育也很用心,儿子也很争气,生活应该很美满才对。《国语》既然把她当成榜样,那么本着劝善的原则,最后应该讲讲好人有好报之类的结局。但是,敬姜的一生其实相当不幸,中年丧夫,晚年丧子。她克制了一生,最后会不会情绪失控,咒骂苍天的不公呢?

真正的大家闺秀是这样的

（1）寡妇不夜哭

在儒家的价值观里，敬姜究竟应该以什么样的姿态来应对中年丧夫、晚年丧子的巨大不幸呢？

答案只有一个字：礼。

详细来说的话，就是一举一动、一言一行都要合乎礼的规范，要对悲痛的心情做充分的节制。

在公父文伯刚刚过世的时候，敬姜严厉告诫儿子的所有妾室："我儿子死得太年轻，我不愿意人家说他沉迷女色搞坏了身体，所以你们不要有过分悲伤的表现，不要默默流泪，更不要号啕大哭。你们服丧要比礼法规定的规格略低一些，绝对不能更高。你们要安安静静地行礼，这才能够表彰我儿子的德行。"

这番话不知怎么又被孔子听到了，所以孔子又做了一番点评，高度赞美敬姜的大智慧。

当然，告诫别人是一回事，约束自己是另一回事。中年丧夫、晚年丧子的不幸是任何人都很难承受的。所以敬姜也会哭，但哭法绝对和祥林嫂不一样。她不是情绪一来就开始哭，而是分门别类地哭：白天哭丈夫，晚上哭儿子。

严格来说，晚上哭儿子也是可以的，但晚上绝不可以哭丈夫。《礼记》有明文规定，原话叫"寡妇不夜哭"，意思是说，寡妇不能在夜里哭泣，否则就会让人以为她在怀着情欲想念男人。

在儒家的礼仪规范里，和寡妇相关的内容并不算少。我们首先要知道两点背景：第一，那时候的人，结婚和生育都很早，所以两代人之间的年龄差距并不很大；第二，夜晚才是发生夫妻生活的正确时间，"白昼宣淫"是好大的罪过。

我们可以推断，公父文伯活着的时候很难交到朋友。为什么会这么讲呢？我们看《礼记》的内容，孔子说过，寡妇的儿子如果不是特别优秀的话，大家就不要和他交朋友，这就免得和寡妇有过多的接触。

(2) 男女之大防

人的性欲是尤其难以克制的，所以礼学想方设法在两性之间设置防线。今天如果你去找朋友玩，朋友恰好没在家，女主人招待你吃饭，你一般也不会拒绝。但在儒家的礼仪里，这种情况下你是无论如何也不该迈进朋友家大门的。只有唯一的例外，那就是朋友死了，你去他家里哭丧。再比如朋友的妻子住院了，朋友一直在医院陪着，你带着一篮子水果去探望，这是可以的。但探问病情是绝对的禁忌，你只能泛泛问问对方的身体是好了一些还是坏了一些。如果你问得具体了，那就显得太亲昵，没有把分寸拿捏恰当。

周代的贵族礼仪，并不要求女人三贞九烈，但特别强调以礼自防，一举一动都合规矩才好，否则就容易被人说闲话，名誉扫地，而贵族最在意的就是名誉。

敬姜就是表率，即便在最悲伤的时候，哭得也很有节制，白天哭丈夫，晚上哭儿子。这事又被孔子听说了，所以孔子又给了一个很好的评语，说敬姜很懂礼。

当然，这种做法在我们看来有点不近人情。道家会给出两种方案，"合情"的方案是想哭就哭，让天然的感情做天然的流露；"合理"的方案就是换个角度想问题，想想自己本来既没有丈夫，也没有儿子，过着高高兴兴的单身生活，现在丈夫和儿子死了，无非是回到了过去的单身状态，为什么要难过呢？

荀子会站出来反驳说："第一种方案把人降低为动物，第二种方案把人变成机器。要想让'合情'与'合理'兼顾，礼才是最好的解决方案。"

现代人会觉得敬姜活得太做作，但正是这种做作，才使人活出了一种美感，使人在最恶劣的境遇中也不会穷形尽相。这个道理只要稍稍引申一点的话，就是孔子所谓的"君子固穷，小人穷斯滥矣"，也就是说，君子无论境遇好坏，永远保持着君子的心态和做派，小人却会在得志的时候飞扬跋扈，失势的时候穷凶极恶，穷困的时候就变成刁民。

管仲会说："仓廪实则知礼节，衣食足则知荣辱，人穷当然就会变得刁蛮。先让百姓吃饱穿暖，礼义廉耻自然就会有了。"

孔子和荀子会一起反驳："真是这样吗？同样是穷，为什么有的地方民风淳朴，有的地方却是所谓'穷山恶水出刁民'呢？为什么同样是富，有的地方富而知礼，有的地方为富不仁呢？无论是穷是富，只要人们不能自安其位，总想更快、更高、更强，社会就不会和谐安定。怎么才能让人们各安其位呢？只有一个办法，那就是礼。怎么推行礼呢？方法很多，树典型就是很重要的一种方式，敬姜就是一个好典型。"

《国语》正是出于树典型的意图，从各个侧面刻画敬姜这位守礼女性的全貌。女人的礼节，最要紧的就是所谓"男女之大防"。女人的日常生活虽然是大门不出、二门不迈，但总会和男人的世界有些交集。比如族长来家里拜访。季氏的族长是季康子。论辈分，敬姜是季康子的祖母辈。虽然隔了两辈，但男女之别还是要讲。谈话的时候，敬姜会在里屋打开门，季康子站在门外，谁都不能跨过门槛说话。如果到了祭祀的时间，全族男女老少都要一起活动，这时候就更要讲究。季康子要把祭肉分给敬姜，但敬姜不能亲手来接，这就是所谓"男女授受不亲"。在最后的饮酒礼上，敬姜一定会在人还没有全散的时候率先退场。这样做的意义就是，不能和男人独处。

这些事偏巧又被孔子听说了，所以孔子又给出好评，夸敬姜懂得男女之别。

我们看先秦的儒家文献，会发现一个很有意思的现象，那就是儒家看待男女关系就像看待洪水猛兽，严防死守到近乎变态的程度。在那样一个男权社会里，女人真的那么可怕吗？

答案是，真有那么可怕。我们知道"礼"的意义，按荀子说法就是"伪"，"伪装"的"伪"，是要用理性压抑天性，要把动物性的人调教成循规蹈矩的不自然的状态。但是，天性当中的冲动哪么容易被压制下去呢？它们无时无刻不想冲破藩篱。

食欲和性欲是两种最原始的欲望，相应地也是最难压制的。上流社会的男性，满足食欲非常容易，对山珍海味想吃就吃，但满足性欲就不那么容易了。美女虽然很多，但有些已经嫁了人，有些和自己差了辈分，有些就是自己的同胞姐妹，还有一些既差了辈分，又是近亲。而在男权社会里，男人的地位越高，权力越大，突破禁忌的阻碍也就越小，这也就意味着，能否洁身自好，基本全看个人修养。我们熟悉的齐桓公就是一个修养和地位成反比的典型，连姐妹和姑妈都不放过。我们也许会说，对政治人物不看私德，他品行坏又如何，他毕竟带领齐国走向繁荣富强了嘛。是的，但是，等齐桓公一死，继承人争夺权位事件不仅导致兄弟相残，还引发了内战和小规模的国际战争，国本动摇。追本溯源的话，这都怪齐桓公在女色问题上没处理好。

于是在男权社会产生了这样一种强盗逻辑：如果女人都像敬姜这样洁身自爱，齐桓公那种色狼就不会有可乘之机。

儒家高度重视男女之大防，把女人看成洪水猛兽，把《诗经》里的朴素情歌解读为后妃之德，因为在他们看来，政治上的第一件大事就是教育女人。

超出本分的好处该不该要？

（1）旅途中的一场艳遇

请你假想自己是一位高富帅的国君，有好几名爱慕你的美女一起来投奔你，你该怎么做才对呢？

在《国语》里，这个问题有标准答案。

西周恭王的时候，在今天的河南境内有一个很小的诸侯国密国，国君是密康公。密康公有一次陪周恭王外出旅游，意外有了艳遇，三位美女一起来投奔他。密康公当然来者不拒，但他的母亲深明大义，给儿子认真分析了一番利害得失，大意是说，密康公只是一个小人物，何德何能承受这么大的艳福呢？正确的做法就是把三位美女一起献给周恭王，否则……

否则到底会怎样，这位母亲的原话很有分量，叫作"小丑备物，终必亡"。《国语》重点就在记录名言，这句话就是一句言简意赅、铿锵有力的座右铭。

所谓"小丑"，意思和今天不同。"丑"，繁体字的写法是笔画很多的"醜"。这两个字在今天是简体字和繁体字的关系，但在古代，它们其实是两个字，意思完全不同。笔画复杂的"醜"，有一个义项是"类别"，这不是它的本义，而是同音通假，从"俦"通假来的。"小醜"的意思就是统称"小人物们"。"小醜备物"，就是说小人物享受的好东西太多了，而结局就是"终必亡"，一定会倒大霉的。

这位模范女性并没有讲任何仁义道德的大道理，只是给儿子分析利害得失。在礼制社会里，尤其重视一个人的"本分"，每个人都必须知道哪些事是自己分内该做的、哪些好处是自己分内该得的，对分外的事情想都不要去想，这就是曾子所谓的"君子思不出其位"的道理。

今天的社会上也流行着类似的价值观，比如很多人都说"不该我拿的，我一分也不多拿，但该我拿的，我一分也不少拿"。但问题是，哪些是你该拿的、哪些是你不该拿的，往往并没有严格的界定。为什么呢？因为今天已经不是价值一元化的时代了，就连在公交车上该不该给老人让座这种事，都会有正方、反方、第三方发表不同的看法。而在礼制社会，价值高度一元化，每个人的"分内"和"分外"都很明确，完美的生活方式就是毕生恪守本分，活得既不更高一点，也不更低一点。如果论资排辈，你熬到升级的时候了，你的生活规格才可以相应地升级。

今天我们会想，越级表现是不太好，但一个地位高的人平易近人，和民众打成一片，这总该是美德吧？

在礼制社会里，礼贤下士是好的，但和群众打成一片就不好了。我们可以看看《论语》里一个很有争议的例子：孔子的得意门生颜回死了，需要筹备丧事，但颜回家里太穷，没能力把丧事办体面。颜回的父亲就请孔子帮忙，让孔子把自己的车卖了，给颜回买一个椁。这里需要交代一下背景：人死之后，尸体要放在棺材里成殓，如果死者的身份高贵，还会把这个棺材放进一个更大的棺材里。这个更大的棺材，就叫椁。孔子虽然对颜回的感情特别深厚，但还是毫不含糊地拒绝了颜回父亲的请求，理由有两个：第一，自己的儿子孔鲤死的时候，就只有棺，没有椁，因为以孔鲤的身份就不该有椁。颜回的身份并不更高，所以不配用椁。第二,自己好歹做过官,还是高官,出门坐专车是这个级别该有的体面。如果把车卖了,以后出门只能靠腿,这成何体统!

《论语》的这段内容,在今天看来特别没有人情味儿。但孔子一生致力于"复礼",要把礼崩乐坏的世界恢复到礼乐和谐的从前,所以,无论私人感情多深厚,无论他的心里多想倾家荡产给颜回风光大葬,但这种感情一定要受到礼制的约束。也就是说,颜回的丧葬规格必须合乎他的身份,孔子自己的出行规格也必须合乎自己的身份。一切刚刚好,这就是中庸之道。如果孔子真的卖了车给颜回厚葬,那就应了密康公母亲的那句话,"小丑备物,终必亡",一定没有好下场。

密康公色欲熏心,听不进母亲的良言相劝,结果一年之后,周恭王灭掉了密国。

当然,密康公耽于女色和密国亡国到底有没有因果关系,这倒不一定,但无论如何,《国语》就是这样解释的,用密康公的下场警示后人,让大家知道抵御诱惑、恪守本分是多么重要的事情。

(2) 虚名比实利重要

即便做了霸主,也应当恪守本分。我在前面讲过,霸主相当于诸侯中的大哥。大哥虽然统领各位小弟,但大家都还算是平辈关系,在大哥和小弟之上还有一位"父亲",也就是周天子。春秋时期,周天子的势力已经越来越衰弱了,但余威尚在,至少会受到名义上的尊敬。管仲帮齐桓公称霸,打出"尊王攘夷"的口号,这就是高调表示齐国在尽本分,一下子就占据了道德制高点。继齐桓公之后,晋文公成为霸主,也用"尊王攘夷"的办法来提高自己的威望。在《国语》里,《晋语》占的篇幅最多,晋国的史料最完备,在《晋语》之外也有不少内容涉及晋国。在晋国的内容里，又以晋文公称霸的记载最详细。

话说晋文公执行"尊王攘夷"策略，替周襄王夺回了王位。要论功劳，再没有比这更大的了，所以周襄王拿出很多土地赏赐给晋文公。晋文公貌似一点都不贪心，回答周襄王："土地我就不要了，我只希望将来我的坟墓里能挖一条地道。"

这里我们又需要补一点背景知识。丧葬规格同样各有各的本分，埋葬天子才用地道。所以，晋文公真正想要的，是一部分天子的礼仪。在今天看来，如果周襄王同意了这个请求，能省下大片的土地，没有任何实际利益上的损失。虚名和实利到底选哪一个，貌似不言而喻。

但是，这是平民社会的想法，而在贵族社会，虚名远比实利重要。如果没有地道带来的这点虚名，晋文公再有实力也只是霸主，是诸侯们的大哥，但以他的实力，再加上这一点虚名，他就隐隐然比其他诸侯高了一个辈分，和天子平辈了。周襄王不能容忍这种事情发生，于是冒着得罪实力派的风险，长篇大论讲了一番拒绝的理由。晋文公倒也没有翻脸，不情不愿地放弃了地道，接受了土地。

在周襄王的理由里，有一句话叫"改玉改行（xíng）"，特别能表现讲规矩的重要。

我们知道，中国传统上有所谓的玉文化，认为玉石体现着君子的美德。最常见的古装剧里，公子王孙们风度翩翩地拿着折扇，折扇上总要挂一个玉扇坠。这个传统是从周朝来的。那时候没有折扇，但只要是有点身份的男人，全身从上到下都有好多玉石挂件，倒有几分像今天旅游景区里的小贩。举一个小例子，大家都知道"充耳不闻"这个成语，"充耳"其实就是一种玉石挂件，是冠冕两边垂到耳朵上的装饰品。如果别人对你说话，你的"充耳"没听见，那你的耳朵肯定也没听见。

今天我们把玉石挂件仅仅当成装饰品，但在周朝人那里，它们有着很实际的功用。

(3) 改玉改行

玉石挂件在周朝会有什么实际功用?

正确答案:为了让你保持优雅并且合乎本分的仪态。

你可以想象一下之前讲到的充耳,如果你的仪态不够端庄,头的摆动幅度稍稍大一点,耳朵两边的充耳就会打你的脸。

有身份的人,身上的玉石挂件绝不止一对充耳。身上既然挂着那么多玉,走起路来自然就会发出环佩玎玲的声音。你可以想象自己拿着一串风铃走路,你的脚步越平缓,风铃的声音就越有节奏感,越动听。如果你赶着上班,追公交车,风铃的声音就会很嘈杂。你之所以要追公交车,当然是因为你的身份不够高贵,所以"小人",也就是平民百姓,是不适合佩玉的。即便他们买得起玉,也不违背礼制,但用起来一点都不优雅,玉也就失去了玉的意义。这个道理在今天也还成立:奢侈品最奢侈的地方不是它的价格,而是它的使用场合。普通白领咬咬牙也可以买一套高定版的晚礼服,但一辈子也没有场合去穿。

你可以温习一下"小丑备物,终必亡"这句格言,"终必亡"虽然未必,但"小丑备物"难免让人力不从心。

周代礼制,不同身份的人,佩玉有不同的规格。平民百姓没有佩玉的自由,贵族也没有不佩玉的自由,这就是《礼记》所谓"古之君子必佩玉……君子无故,玉不去身"的道理。玉佩最重要不是质地的好坏,而是碰撞的时候发出的声音。用五声音阶来判断的话,戴在左边的玉佩要发出宫声和羽声,右边的要发出角(jué)声和徵(zhǐ)声。到了大夫这个阶层,出门必须配车,车上必须有铃铛。所以走路的时候身上响,坐车的时候车上响,要想响声动听,走路和开车就必须平缓。在交际场合,要用怎样的姿态和速度前进、后退、转身、作揖,玉佩发出的声音最能体现一个人的修养。

在祭祀这种重大典礼上，对步态的要求最苛刻。走路该迈多大的步子，不同级别有不同的标准。规则很简单：地位越高，步子越小。国君的步子叫"接武"，每一步只迈出半只脚的距离；大夫的叫"继武"，长度加倍；士的叫"中武"，长度再加倍。"武"就是"武术"的"武"，这本来是个象形字，指的就是足迹，后来字形演变，在春秋时期就已经很像今天的写法了，所以春秋五霸中的楚庄王把它当成会意字来理解，说出过一句名言："止戈为武"。意思是说，"武"这个字是由"止"和"戈"构成的，意味着制止战争才是"武"的真谛。这个理解虽然不对，但很深刻，所以影响很大。

话说回来，步子迈多大，和身份直接挂钩，而为了适应不同的步伐，佩玉也要有相应的改变。前面讲到，周襄王回绝晋文公的话里，所谓"改玉改行"，说的就是这回事。你要想升级你的佩玉，就必须升级你的步伐，而要升级步伐，想把步子迈得更小一点，就必须先升级你的身份。对玉佩这种随身的小物件，尚且有这样严格的规矩，更何况挖地道这种改变丧葬规格的大事。

礼制社会就是这样，必须防微杜渐。敬姜、密康公和晋文公的例子都说明了这个道理：细节决定成败。无论是情欲的苗头还是野心的苗头，都必须被扼杀在摇篮里。儒家之所以把个人修养强调到了近乎变态的程度，就是因为在礼制社会里，对贵族的约束力主要来自两个途径：一是习俗，二是自觉。无论习俗还是自觉，都没有硬性的约束力，稍不小心就会被私欲突破，一旦突破就很容易泛滥成灾，然后就是礼崩乐坏。法家正是看透了儒家的这个弱点，所以主张严刑峻法，不把贵族当贵族，谁犯规就让谁付出惨痛的代价。

(4) 越级诉讼

礼制社会要人人各守本分，每个等级都有不同的本分。那么，如果上级欺负了下级，下级该怎么为自己讨还公道呢？

晋文公就遇到过这么一场官司。当时晋文公打算攻打曹国，向卫国借路，卫国不肯，晋国军队只好绕道走，但在不情不愿之下，终于和卫国发生了武装冲突。随即，晋文公和齐昭公举行结盟仪式，卫国国君卫成公请求加盟，却被晋文公拒绝了。晋国是强国，卫国是弱国，弱国的生存之道主要就是搞好外交。在弱国的外交手段里，抱强国大腿是很重要的一种，所以卫成公想，既然晋国把自己踢开，那就去抱楚国的大腿好了。但他没想到，卫国臣民还是心向晋国。大家要讨好晋国，就要纳投名状，结果就把卫成公赶走了。

这件事当然会激怒楚国，结果引发了春秋历史上著名的城濮之战。简言之，晋国打赢了，晋文公会盟诸侯，当上了实至名归的霸主。流亡在外的卫成公听说楚国战败，知道自己没法回国了，就先后到楚国和陈国避难，一边等待时机复辟，一边安排大夫元咺（xuān）辅佐自己的弟弟叔武摄政，由叔武代表卫国去参加诸侯盟会，接受盟约。

然而事情一波三折，就在元咺出发之后，有人向卫成公进谗言，说元咺已经在国内立叔武为国君了。偏巧这个时候，元咺的儿子元角正在卫成公的流亡政府里做事，卫成公一怒之下，既然奈何不了元咺，就把元角杀了。

得知儿子的死讯之后，元咺依旧忠实地执行卫成公的命令，侍奉叔武摄政。不久以后，晋文公摆出霸主应有的宽宏大量，允许卫成公回国复位。卫国贵族们这下慌了，生怕卫成公回来以后搞清算。于是，卫成公身边的宁武子出面，和留守国内的贵族们订立盟约，约定追随卫成公流亡的人不可居功，留在国都的人也不必畏罪，自此之后要抛弃成见，和睦相处。盟誓之后，留守派放宽了心，准备迎接卫成公回国复位。

卫成公却没有因此放下猜忌，特意提前进城。当时摄政的叔武正在洗头，听说哥哥回来，赶紧握着湿淋淋的头发，高高兴兴地出去迎接，没想到却被卫成公的卫士一箭射死。元咺见势不妙，拔腿就跑，赶往晋国去了。

以上是《左传》的记载，《公羊传》的说法略有不同，是说晋文公赶走了卫成公，立叔武为国君。叔武本来不想即位，但担心如果立了别人，卫成公恐怕就回不来了，所以才暂代国君，这样才好以国君的身份参加诸侯盟会，用外交手段帮哥哥回国。卫成公后来当真归国复位了，却恩将仇报，以篡位的罪名杀了叔武。元咺为叔武申冤无效，无可奈何之下只好离开了祖国。

元咺是臣子，卫成公是国君，两个人是直属的上下级关系。那么元咺到底该不该申冤？该的话，又该怎么申冤？造反和暗杀当然也是办法，但我们要考虑的是"正当办法"。也就是说，在那个礼制社会，或者说等级社会里，上级欺负了下级是不是就白欺负了？

事情的后续是，元咺去找晋文公申诉，霸主在这种时候就该出来主持公道。晋文公很仗义，派人传唤卫成公出庭受审，和元咺当庭对质。当然，国君和大臣对质，这太没体统，所以事情是这样发展的：宁武子辅佐卫成公出庭，鍼（zhēn）庄子充当卫成公的替身，士荣代表卫成公做法庭答辩。

一番唇枪舌剑之后，法庭判决卫成公败诉。接下来就请你推测一下，在礼制原则下，败诉者会被怎样处罚，判决又会被怎样执行。

"君臣无狱"与正义的优先级

(1) 续播元咺诉卫成公案

在礼制原则下,败诉者会被怎样处罚,判决又会被怎样执行呢?

接下来让我们看看后续报道:晋文公派人把卫成公押解到周天子那里囚禁起来,然后,处死了士荣,砍了鍼庄子的脚,唯独赦免了宁武子,让他贴身服侍卫成公。

如果你已经不记得士荣和鍼庄子是何方神圣,我可以提醒一下:在法庭上,鍼庄子充当卫成公的替身,士荣代表卫成公做法庭答辩。

这二位确实很冤枉,但没办法,这就是当时的规矩。

之所以将败诉的卫成公押往周王城,是因为从法理上讲,只有周天子才有最高的裁决权,最后该怎样处置卫成公理应由周天子决定。《国语》记载了周襄王对卫成公的发落经过:晋文公请求处死卫成公,但周襄王拒绝了,理由是"君臣无狱"。也就是说,君臣之间不应该有官司,元咺虽然理直,但毕竟是臣子的身份,所以他的意见并不重要。倘若君臣之间可以诉讼,那么父子之间岂不是也可以诉讼了吗?这就败坏了上下尊卑的次序,动摇了社会根基。何况为了臣子的缘故而杀掉君主,根本找不到适用的法律。

在周襄王看来，元咺作为臣子，虽然绝对占理，但"顺服"才是第一义。所以周襄王的观点看似有点自相矛盾，他一方面承认元咺理直，另一方面认为即便元咺理直也不可以伸张这个理。这样的判决是把等级秩序置于具体是非之上，也就是说，认为在具体是非之上还存在着一个更为基本的道德原则，它同时也是最基本的政治原则和法律原则。

那么，晋文公有没有被周襄王这一席话说服呢？不同的史料给出了不同的说法。《左传》的版本是，卫成公虽然没被治罪，但还是没能恢复人身自由，元咺则回到卫国，拥立公子瑕为君。又过了两年，晋文公大约是想彻底解决掉卫成公这个麻烦，就安排一名医生暗中对卫成公下毒。奈何消息走漏，宁武子贿赂医生，让他减少了毒药的剂量，卫成公这才保住性命。后来鲁僖公为卫成公求情，终于促成卫成公获释。鲁国为什么会插手，稍后再讲。卫成公自由之后，派人回国贿赂两名当权的贵族，请他们帮自己复辟，许诺事成之后给他们加官晋爵。这两人便杀了元咺和在任国君，迎卫成公回国。任务完成，两大功臣喜滋滋地穿好礼服，准备接受任命。没想到其中一个忽然在太庙门口得急病死了，另一个赶紧扮低调，不敢居功邀赏。

从《左传》的一贯风格来看，交代这两位复辟功臣不光彩的下场，应当暗示了对卫成公的谴责以及对元咺等人的同情。

（2）相对的正义

以今天的眼光来看，元咺确实值得同情。他在儿子被冤杀之后仍然继续履行着卫成公交托给自己的使命，不可不谓公而后私；为叔武之死寻求公道，也算得上对国家大事的赤诚。

但是，《公羊传》给出了不同的道德评价，认为错在元咺，因为他作为臣子，没和国君步调一致，这就是所谓的"不臣"。这就是说，在《公羊传》的道德序列里，君臣秩序是首级道德，公平是次级道德，或者公平只能在本阶层之内寻求，绝对不可以跨越等级秩序，这和周襄王的看法一致。这就意味着，人们在判断一件事道德与否、正义与否的时候，首先应当考虑的是道德序列或者公平的适用范围，然后才可以在道德序列的框架之下，或者在公平的适用范围之内，寻求一种"相对的正义"。

最后再来讲讲在元咺诉卫成公一案里，鲁国到底为什么插手。

这在《国语》里有详细记载，但我们要特别留意《国语》的编排方式：周襄王的意见在《周语》部分独立成章，鲁国的意见在《鲁语》部分独立成章，只有摆在一起才能看出前因后果。这就是国别史的写作特点。

话说晋文公在毒杀卫成公失手之后，并没有惩罚医生办事不力。消息传到鲁国，鲁国大臣臧文仲对鲁僖公说："卫君大概是无罪的，因为刑罚无非五种，并没有私下毒杀这一种，既用私刑必有顾忌。……现在晋国人毒杀未遂，却不追究执行人，这就说明他们有所顾忌，害怕担上擅杀诸侯的恶名。那么，如果有哪位诸侯为卫君求情，卫君必定可以得到赦免。我听说，地位相等的人彼此顾惜，这才会有亲近之情。那么，当某一位诸侯遭遇不幸，其他诸侯表示关怀，这才可以当人民的表率。您何不为卫君求情，以此向诸侯表示亲近，同时还可以打动晋国呢？晋国刚刚称霸，如果他们因此能想到'鲁国不背弃应该亲近的人，所以我们应该和鲁国搞好关系'，这不是很好吗？"

鲁僖公深以为然，就带上美玉作为礼物，亲自说情去了。自此之后，晋国对鲁国果然亲近了许多，对鲁国的礼仪也要比对其他诸侯高出一等。

臧文仲这番冠冕堂皇的理由颇有几分后世百姓眼中"官官相护"的影子，但在当时却是再道德不过的，尤其考虑到卫国的始封君康叔封和鲁国的始封君周公旦是同胞兄弟，顾念祖先的手足之情自然也不失为一种美德。

我们再看看周襄王，他看上去是一个孔孟式的人物。但就在几年之前，他还是一个"非礼"的形象。当时周襄王与郑国交恶，准备借助狄族的力量攻打郑国，大臣富辰极力劝谏，主要理由是，狄族毕竟是外人，是夷狄之属，郑国不但是亲族，还有大功于周王室，所谓"兄弟阋墙，外御其侮"，不该因为一点小怨而引夷狄来攻打亲族。但周襄王不听劝谏，一意孤行，后来为了感谢狄族的战功，又想把狄君的女儿立为王后。富辰再次苦劝，周襄王依旧我行我素。

《国语》很详细地记载了事件经过，精心展示出富辰才是一个苦口婆心的守礼典范，富辰尤其强调"夫礼，新不间旧"，也就是说，不能让新关系的出现疏远了老关系，这才是合乎"礼"的，但周襄王不但不信任故旧，还肆意破坏旧秩序，做事完全只从眼前利益着想。

我们把元咺案和富辰的进谏结合起来看就会发现，在周襄王那里，当礼阻碍了利益，他就可以完全无视礼的存在；当礼可以维护利益的时候，他讲起话来就和富辰同一个腔调了。周襄王对晋文公谈礼，这礼终归还是为自家利益服务的。其时周王室只是名义上的天下共主，周襄王对晋文公据"礼"力争，外交辞令几乎就是唯一的斗争手段了。礼，维系住一分，周王室的利益便维系住一分。元咺最终不能和国君分庭抗礼，诸侯便也不能和周王室分庭抗礼。

《国语》的话题就说到这里吧。

※ 第十八章

《新书》

如果万事俱备，只缺《关系攻略》……

(1) 贾谊的时代

本章我们要讲的是西汉年间的一部名著：贾谊的《新书》。

贾谊这个人和《新书》这部书，在今天的知名度都不太高，但是，从西汉直到晚清，贾谊始终都是和屈原一样的精神符号，被无数文人墨客无数次写诗凭吊，而他的这部《新书》，既有第一流的文采，又有第一流的见识，在今天读起来仍然心生钦佩。我们的一些常用词，比如"阶级""投鼠忌器"，就是从《新书》来的。

本节不谈《新书》，只谈贾谊这个人。

司马迁写《史记》有一个体例，是把同类人物放在同一篇里，即便他们生活在不同的时代。比如《刺客列传》，写的是古往今来的著名刺客，而贾谊和屈原被安排在一起，篇名叫作《屈原贾生列传》，也就是说，贾谊是一位和屈原一样的悲剧人物。后人写诗怀古，也常常把屈原和贾谊放在一起来讲。今天贾谊的名声之所以远远不如屈原，大约是因为三个原因：第一，爱国主义是当今社会的主旋律，而贾谊的悲剧和爱国主义无关；第二，屈原留下的《离骚》有永恒的文学价值，而贾谊留下的《新书》过于务实，完全针对汉朝的实际问题，所以时代变革之后，这本书的价值也就弱了；第三，屈原和端午节的民俗挂上了钩，而贾谊关注的问题太高端，不够接地气。

贾谊生活在汉朝初期。我先简单交代一下时代次序：秦朝灭亡，刘邦建立汉朝；刘邦死后，他的儿子刘盈继位，是为汉惠帝；汉惠帝死得很早，刘邦的遗孀吕后代理朝政，差一点就把刘家江山变成吕家的；吕后一死，刘邦时代的元老们铲除了吕家的势力，拥立刘邦的另一个儿子继位，这就是汉文帝。贾谊的政治生活就发生在汉文帝一朝。如果我们只看帝王世系表，会看到汉朝统治者已经换了很多人，其实时间并没有过去很久，只是一代人的间隔而已，社会上还残存着不少秦朝的遗风遗俗。

贾谊出生在汉朝刚刚建立的几年之后，少年时代是在家乡洛阳度过的。他自幼学习儒家经典，十八岁上就崭露头角，被当地长官吴公看中，当成好苗子来重点培养。贾谊还有一个更厉害的老师，他就是荀子的学生张苍，也是李斯和韩非的同门师兄弟，这样一个人物能活到汉朝，自然就是第一流的学者。张苍倒也实至名归，他特别好学，什么领域都想学，还都学得很透，对数学、历法、音乐都很精通，而传授给贾谊的独门绝学就是我们已经熟悉的《左传》。

(2) 大起大落

等到汉文帝继位，吴公被调到中央政府担任最高法官，贾谊也跟着沾光，入朝当了博士官。那一年，贾谊才二十二岁，是所有博士中最年轻的一个。对汉文帝有拥立之功的张苍很可能也是贾谊的推荐人之一。我们看看这时候的贾谊，不但有第一流的才华、学养和见识，还有第一流的人脉，得到了一个前途无量的职位，偏偏那么年轻。上天的一切眷顾，已经完全集中在他身上了。贾谊接下来要做的，就是在皇帝面前争表现了。

天才最需要的就是展现天才的舞台，他真的站上舞台时，马上光彩四射，把其他所有人都比了下去。汉文帝对贾谊越看越爱，不断破格提拔他，大有一种刘备得到诸葛亮的感觉。

当汉文帝把贾谊升到太中大夫好议国家大事的时候，一些老臣终于坐不住了。当时的元老重臣都是汉文帝的长辈，是追随刘邦打天下的功臣，也都是些大老粗，特别看不惯年轻知识分子耍嘴皮子。在他们眼里，贾谊这种人为了自己升官，想方设法给国家生事。哪能由着他乱搞呢？

这种想法其实也有道理。道家哲学讲究无为而治，多一事不如少一事。现状纵然有很多问题，但只要不去管，自然就会变好。汉文帝和贾谊都还年轻，很容易高估自己，而接二连三搞改革的结果，难免会按下葫芦起来瓢。

反对的声浪太大，汉文帝终于妥协了，把贾谊调离京城，派到湖南去做长沙王太傅。

长沙王是当时仅存的异姓诸侯，所以跟着他做事绝对没有前途。贾谊突然遭到这么大的打击，又怕自己适应不来南方的潮湿天气，所以一路上心情恶劣。途经汨罗江的时候，他想到屈原的遭遇，忽然很有共鸣，于是写下一篇《吊屈原赋》，表面上为屈原鸣不平，暗地里发自己的牢骚。

等真的到了长沙，贾谊更加郁郁寡欢。某天有一只鹏鸟飞进房间，按照传统的说法，鹏鸟是不祥之鸟，它飞进谁的房间谁就要死。贾谊很沮丧，写下一篇《鹏鸟赋》，这篇文章后来和《吊屈原赋》一起成为千古名文。

贾谊在长沙住了三年，终于被召回长安。汉文帝请他谈谈对鬼神的看法，贾谊讲得很精彩，两人一直聊到深夜。这件事后来成为一则著名的典故,被文人们用各种方式解读。其中最有名的就是李商隐的一首诗:"宣室求贤访逐臣,贾生才调更无伦。可怜夜半虚前席,不问苍生问鬼神。"这是批评汉文帝不重视人才,对天下苍生的关心不如对鬼神的兴趣大。

无论如何,汉文帝这次虽然没有让贾谊满血复活,但调任他去做梁王太傅了。梁王是文帝很疼爱的小儿子,梁国就在河南,离贾谊的家乡不远。

这次调任给了贾谊一些希望,他在梁国的任上不断给文帝上书,对朝廷大政提出建议。偏偏造化弄人,没过几年,梁怀王不小心从马上掉下来摔死了。贾谊陷入深深的自责情绪,不久便忧郁而死,终年三十三岁。

自此以后,贾谊就成为一个精神符号,代表着天妒英才、怀才不遇。文人一旦遭受挫折,最喜欢把自己比作贾谊。但也有一些理性的人,比如苏轼,认为贾谊有一点咎由自取。在苏轼看来,贾谊的一身可谓万事俱备,唯一欠缺的就是没订阅熊太行老师的《关系攻略》,不知道怎么和单位里的老前辈相处。以他这样少年得志的天纵奇才,不但皇帝看好他,同僚也佩服他,只有那几个不再能发光发热的老头子不喜欢他。贾谊应该多和老头子们接触,只要走得近了,处得好了,人家的猜忌自然就没有了。到那个时候,贾谊就可以充分施展才华,用不了十年就可以实现抱负。怪只怪他心气虽高但气量太小,才华有余但见识不足。

文科天才总会遇到这样的难题:你的才华比别人高,别人就很难理解你,一旦不理解你,就很容易用他们自己的小肚鸡肠来揣测你的意图。所以,要想顺利发展,就必须锁定那些看不惯你的核心人物,放低姿态和他们交往,让他们虽然还是不理解你,但至少不讨厌你。

苏轼很有资格批评贾谊,因为他也和贾谊一样天纵英才、少年得志,朋友圈里却有好多元老级的人物。但苏轼的仕途并没有因此就比贾谊更好，因为随着王安石上台，北宋著名的新旧党争拉开序幕，苏轼就跟着自己朋友圈里的元老们一损俱损了。世事无常，白衣苍狗，毕竟不是人的智力可以完全把控的。借用清朝词人顾贞观的话说："魑魅搏人应见惯，总输他，覆雨翻云手。"

虽然贾谊英年早逝，但他留下来的思想遗产影响很大。汉朝从一个半封建的政体发展成集权帝国，靠的就是贾谊的办法。

对贾谊的生平就介绍到这里了。

贾谊的阶级论

(1) 新鞋子和破帽子

贾谊的《新书》里有一个重要观点：对于上层的违法乱纪人士，既打不得，也杀不得。你能想出其中的道理吗？

事情还要从一位看不惯贾谊的朝廷元老说起。这位元老，就是汉朝的开国功臣周勃。周勃出身低，没文化，也看不起文化人，一路靠军功升迁。后来铲除吕家势力，拥立汉文帝，他居首功，史称"周勃安刘"。周勃知道自己功劳太大，威望太高，所以生怕被皇帝猜忌，日子过得忐忑不安。结果这种忐忑不安的样子反而更让人怀疑。终于有人告他谋反，皇帝很重视，派人把他抓起来审问。周勃这样的大官，被小法官审得七荤八素。等获释之后，周勃发出了一句著名的感慨："我曾经统帅百万大军，到今天才知道小法官的厉害！"

当时贾谊正在长沙，听说这件事以后，完全没有幸灾乐祸，反而感觉汉文帝做得不妥，于是打了一份报告上报给朝廷。这份报告，后来被收入《新书》，标题叫"阶级"。我们今天所谓的阶级，就是从这里来的。这篇文章，对我们理解古代中国的政治结构特别有帮助。

所谓阶级，本义就是一级一级的台阶。古人修建宫殿，是先在平地上筑起台基,再于台基上修建殿堂,所以要想走进殿堂必须拾(shè)级而上,整个过程是一级一级登高的过程。天子正如殿堂,高高在上,所以显得很尊贵。但如果不筑台基,直接把殿堂盖在平地上,那么尊崇感也就荡然无存了。用原文来说,就是"高者难攀,卑者易陵,理势然也"。

要保障殿堂的尊崇感,就必须使每一级台阶都具备与其高度相应的尊崇感。贾谊借用了一句谚语"欲投鼠而忌器",这是管理学的一大原则。就算打死了老鼠,但家里的瓶瓶罐罐也被打碎了不少,得不偿失;就算周勃真的有罪,但皇帝这样审他,这是会动摇国本的。这个国本,就是殿堂的台阶。

对违法乱纪的上层人士施加惩罚,当然有必要,但必须有所顾忌,要给他们留足体面,因为伤害了他们的体面,也就连带着伤害了天子的体面;如果将上层阶级与下层阶级同罪同罚,这就等于殿堂没有了台基,变成平房了;更何况对于士大夫阶层,只有以礼相待,充分顾全他们的体面,才能够有效地激励他们保持节操。

那些上层人士,平时上蒙天子恩宠,下受下级官员和庶民百姓的恭顺侍奉,而他们一旦有了过错,可以撤他们的职,可以让他们死,但不应该像对待普通囚犯一样任由小法官和狱吏这些小人物来捆绑、囚禁、辱骂、鞭打他们,更不该让老百姓看到这些。

贾谊又引用了一句谚语,原文很精彩:"履虽鲜弗以加枕,冠虽弊弗以苴履。"意思是说,鞋子再新也不能戴在头上,帽子再破也不能穿在脚上。同样的道理,王子犯法就不该与庶民同罪。有身份的人哪怕罪行再重,也不该让他们受到下层人士的凌辱。

我们还是以周勃为例,如果老百姓看到他受审的狼狈相,心里会怎么想呢?他们会想,原来开国元勋、大将军也无非是像我们一样的人啊,亏我们以前还拿他当个人物!

这种心理一旦产生，尊卑秩序就离瓦解不远了。所以，作为管理者，一定要最大限度地避免这种情况发生。贾谊想得很周到，在他看来，就连给上层人士议定罪名，都应当像古人那样使用含蓄而文雅的措辞。比如某位高官贪污腐败，罪状里可不能真的说他贪污腐败，而要说成"簠簋（fǔguǐ）不饰"，这是很古雅的委婉语。

簠和簋都是古老的装粮食的器物，也用作祭祀典礼上的礼器。饰，在古语里有"擦拭"的意思。"簠簋不饰"，字面意思就是装粮食的容器没擦干净。没擦干净，就意味着里边有一些不该有的米粒，引申义就是贪污、不廉洁。

达官显贵如果犯了淫乱罪，也不能直接说人家有作风问题，而是要说"帷箔不修"。所谓帷箔，就是帐子和门帘，引申为私生活的场所。"帷箔不修"，就是说私生活不检点。

之所以要用这样古雅的委婉语，一是本着"士可杀不可辱"的初衷，给犯罪的人留足面子，二是不让下层阶级对上层阶级生出轻慢之心。

那么，上层阶级如果被皇帝用这些委婉语问罪了，该怎么办呢？

核心要点只有一个，那就是"识趣"。

如果犯的是轻罪，那就头戴白冠，拿一个盘子倒上水，把剑放在盘子上，到一个专门的场所去请求处罚。这样的话，皇帝就不必派人抓他，更不必拿绳子捆着他招摇过市地押回来。如果罪行比较重，犯人就该自己把自己捆起来，别让皇帝派人扭送。如果犯了重罪，那就直接自杀了事。不是说上层人士享有免罪的特权，而是说对他们的刑罚应当充分顾全他们的体面。如果天子对待士大夫如同对待庶民一样，那么士大夫难免会以庶民的心态来回报天子。

贾谊的办法确实不伤面子，但有一个很致命的问题：如果所谓的犯人是被冤枉的，那该怎么办呢？

(2) 声辩比蒙冤更糟

比如周勃这种情况，谋反罪显然是十恶不赦的大罪，但他确实是冤枉的。如果按照贾谊的说法，当皇帝派人很委婉地说了他的罪状，他就应该直接自杀，那还怎么去申诉冤情呢？

正确答案是，一个要脸的人是不会去申诉冤情的。

一起谋反冤案恰好就发生在周勃的儿子周亚夫身上。周亚夫是一代名将，是平定七国之乱的首功之臣，后来被诬告谋反。皇帝派人抓他的时候，他确实准备自杀，却被妻子拦住了。

案子当然是要审的，法官问案当然也是正常的，但不管法官问什么，周亚夫都用很正确的方式对待，那就是一句话不说。贾谊一定会赞许他的。

无论理直还是理屈，受审这件事本身对君子来说就是奇耻大辱。因为一旦对簿公堂，就不得不接受刀笔小吏等卑贱者流的审问和摆布，甚至会在拘押期间接受狱吏的喝骂和看管，就算最后得以申冤、脱罪，重回朝堂，但尊严早已经丧失殆尽了。所以，士大夫一旦获罪，无论蒙受多大的冤屈，有廉耻的做法就是不做任何申辩，直接自杀了事。周亚夫最后绝食五天，呕血而死，维持了君子最后的尊严。更著名的例子是飞将军李广，同样不肯为自己申辩，直接自刎，遗言里说"终不能复对刀笔之吏"。

但如果犯罪的人是皇帝的近亲，自杀的话，皇帝是不是显得太不近人情了呢？毕竟孝道也是国本，投这只鼠也要忌器的。

到底该怎么办？当然也有办法：对皇亲国戚最好的安置，就是既尊崇他们的身份，又不给他们犯罪的机会。汉章帝建初二年，外戚重臣马防受命讨伐羌人。第五伦上书劝谏，提出了一个很有技术性的意见：对于皇亲国戚，可以给他们尊贵的爵位，可以使他们富有，但不可以委派官职。因为一旦居官就难免犯错,那时候如果依法制裁就会伤害感情,以亲徇私就会罔顾国法。如今太后仁慈,皇上孝顺,而马防这次西征,万一有个行差踏错,处置起来恐怕会伤到亲情。

第五伦的办法加上贾谊的阶级论,这就兼顾了儒家高度重视的"亲亲"和"尊尊"之道。其实早在第五伦之前,贾谊就已经想出很高明的办法来剥夺皇室宗亲的势力了,这个办法就是多多分封诸侯。

《治安策》：西汉第一雄文

（1）从封建制到郡县制，再从郡县制到封建制

贾谊希望多多分封诸侯来剥夺皇室宗亲的实力，这个貌似南辕北辙的办法里到底藏着怎样的良苦用心呢？

首先要交代一点背景。周代搞的是封建制，《封神榜》里的封神其实就是对分封诸侯的神话表达。周武王把子弟、合伙人和功臣们分封到全国各地，建立各自的诸侯国。到了春秋时期，礼崩乐坏，传统的封建制开始松动，然后到了战国，几大诸侯国内部越来越集权化。谁的集权程度越高，谁的战斗力就越强。结果，秦国的集权程度最高，所以秦始皇统一六国，建立秦朝，正式废除封建制，改行郡县制。

用今天的话说，封建制有点像合伙人制度，郡县制有点像经理人制度。在郡县制里，诸侯国就不存在了，郡县长官都是皇帝雇用的经理人，没有股权，只领薪水，职位更不能世袭，从性质上看其实就是高级临时工。所以郡县长官对皇帝的依附性就特别强，刮地皮的动机也特别强。到了秦二世继位，为了稳固皇权，首先把兄弟们都清洗掉了，这就意味着整个国家都没有贵族了，只有一个皇帝管理着很多临时工，这些临时工又帮皇帝管理着很多老百姓。

皇帝和临时工之间没有亲缘关系，临时工和老百姓之间也没有亲缘关系，所以儒家推崇的"亲亲之道"就算有人想推行，也根本找不到土壤了。儒家礼仪原本都是针对君子来讲的，我在前面讲过，"君子"的本义就是"封君之子"，是封建制下的贵族。这时候封建制没有了，贵族也没有了，君子礼仪自然也就"皮之不存，毛将焉附"了。皇帝管理临时工，靠的就是赏罚；临时工管理老百姓，靠的也是赏罚。人与人的关系就是陌生人对陌生人的关系，一切都变得很冷漠。

等到陈胜、吴广揭竿而起，反秦势力越滚越大。这种时候，合伙人制度最能激发大家的战斗积极性。所以，项羽恢复了分封制，后来刘邦也沿用了分封制，这是大势所趋。诸侯分为同姓王和异姓王，前者是子弟，后者是功臣。但问题是，这个时候，人心早就不像周朝初年那么纯朴了，更何况刘邦出身低下，思维方式和贵族很不一样。我们看整个中国历史，出身低下的开国皇帝最有黑社会做派，翻脸快，手段狠，后来的朱元璋也是一个典型。

所以，刘邦在坐定江山之后，陆续铲除异姓王，最后只留下一个无足轻重的长沙王，也就是贾谊不情不愿去做太傅的那一家。但刘邦没想到的是，同姓王也不让人省心。今天有一句俗话叫"一代亲，二代远，三代四代不相见"，现代社会的亲戚关系往往是这样的。分封的意义，本来是要亲戚之间多多照应，不要像秦朝那样，最后秦二世落得孤家寡人，临时工没有卖命的积极性，偌大一个秦帝国说垮就垮。

《新书》里最著名的文章叫作《过秦论》，分析秦朝迅速败亡的原因，其中一条就是说秦二世应该纠正秦始皇的郡县制，拿出土地和人口来分封功臣的后人。

贾谊显然是支持封建制的，但汉朝运行了几十年，眼看着亲亲之道约束不住同姓王了，实力派开始自我膨胀，觉得自己也是帝王贵胄，不比当今天子差。照这样发展下去，春秋战国的局面恐怕就要加速到来了。

应该怎样防患于未然呢？儒家的老办法，就是由上至下地开展思想品德教育，大力推行道德建设。首先要从皇帝本人抓起，皇帝正心诚意，做一个无瑕的道德楷模，然后慢慢感染皇后，感染身边的皇亲和元老重臣，再感染外地的诸侯王。同时，也要挑选道德楷模给诸侯王当老师，贾谊本人就做过长沙王和梁怀王的老师。当然，我们都知道时代变了，社会格局变了，人心也败坏得太久了，这种办法肯定行不通。

（2）削藩

和平方法既然行不通，来硬的是不是可以呢？后来在汉景帝的时代，晁错力主削藩，就是要真刀真枪来硬的，强行剥夺诸侯王的权力和财富。今天我们会觉得这是为了维护国家统一，维护中央政府的权威，完全站在道义的制高点上，但当时的人不会这么看问题。很多人都会觉得皇帝不地道，强抢同胞兄弟的福利。儒家的标准想法会是，皇帝对自己的同胞兄弟都这么无情，对我们这些外人难道还能好？怕是皇帝失心疯了，要学秦始皇搞集权吧？

所以，问题的难点就在于：分封制还是要维持下去的，但诸侯国的规模一定要削减，如果每家诸侯的势力都很弱小，除非几十上百家联合起来才能和中央抗衡，那就不足为虑了。请你回想一下我在第一章讲过的编户齐民的社会格局，皇帝最想让老百姓变成一盘散沙，同样也最想让诸侯们变成一团散沙。如果能有这样的办法，还一定要注意不能硬来，要站在道德制高点上才好大张旗鼓地推行下去。

贾谊就此提出了一个非常著名的主张，原文是"众建诸侯而少其力"，意思是说，要分封更多的诸侯来削减单个诸侯的势力。

贾谊的这个主张，是在担任梁怀王太傅的时候写给汉文帝的。原文很长,全面畅谈当时核心的社会危机和解决之道,一开篇就给人一种危言耸听的感觉。我们从原文来体会一下:"臣窃惟事势,可为痛哭者一,可为流涕者二,可为长太息者六,若其它背理而伤道者,难遍以疏举。"大意是说,当今的国家形势很糟糕,要为之痛哭的事情有一件,要为之流泪的有两件,要为之长叹的有六件,其他各种坏事数也数不过来,我就先不提了。

接下来贾谊又说,别人都说天下已经安定了,那不是蠢话就是谎话,其实都火烧眉毛了,请皇上听他慢慢讲。

这种语言策略是我们今天格外熟悉的,是电话诈骗的经典套路,特别容易俘获人心。贾谊这篇文章,谈的是天下的"治"与"安",所以称为《治安策》。我们要留意的是,古文里的"治安"是"治"与"安"两个词连用,分别指"治理"和"安定",和现代汉语里的"治安"不一样。

《治安策》的内容,在贾谊《新书》里也有,还更丰富。文章首先谈到的"可为痛哭者一",这件最严重的事情就是诸侯王势力太大。解决方案一言以蔽之,就是"众建诸侯而少其力"。贾谊还解释说:"力少则易使以义,国小则无邪心。"意思是说,诸侯的势力弱,皇帝就便于用道义来使唤他们;封地的规模小,诸侯就不会产生非分之想。

你有没有觉得这话很熟悉呢?是的,上一章讲《国语》,敬姜在教育儿子的时候说过:"古代圣王安置百姓,特地把他们安置在贫瘠的土地上,让他们为了活命不得不辛勤劳作。只有这样,君王才能得心应手地使用他们,国家才能长治久安。"之前我还讲过《淮南子》里的一种观点,用劳民伤财来维护政权稳定。这些道理,本质上都是相通的,举一可以反三。

从《治安策》到《推恩令》

（1）继承法

贾谊主张"众建诸侯而少其力"，具体该怎么"众建诸侯"呢？

要谋划一件损人利己的事，一定要充分考虑可能遇到的阻力。这就像收税一样，从别人口袋里拿钱，神不知、鬼不觉才是上策。前面讲过，当时的天下人心是很认同封建制的，如果皇帝直接剥夺诸侯的封地，在道义上就站不住脚，等于明火执仗地损人利己，损害的还都是自己的近亲，一点人情味都没有。

所以贾谊说，咱们不抢，非但不抢，还要付出更多感人的亲情。现有的封建制度，只有嫡长子才有继承权，诸侯王的其他儿子都只有喝汤的份儿。

如果你不记得什么是嫡长子，我就再解释一遍：简单来说，嫡长子就是正房夫人生的大儿子。所谓正房夫人，也就是妻子，只能有一个，妻子死了，丈夫可以续弦，继室的身份仍然是正房。俗语里所谓的"三妻四妾"只是形容女人多，男人并不会真有三房妻子，妻子只能有一个，其他女人都是妾。妻子生的儿子叫嫡子，嫡子中的老大叫嫡长子。妾生的儿子都叫庶子，庶子中的老大叫庶长子。即便庶长子的年龄比嫡长子大，排序也要排在后面。大户人家里，老爷只要兴之所至，丫鬟就很容易升级成妾，所以庶子的生母常常是丫鬟出身。北京方言有一句骂人的话叫"丫的"，它的意思就是"丫鬟生的孩子"，这种孩子身份卑贱，虽然出生在大户人家，貌似有几分光鲜，但既没钱又没地位。

一个有钱有势的男人，比如诸侯王，可以娶很多女人，生很多儿子，但即便儿子再多，爵位和封地也只能由嫡长子继承。如果可以抛开传统，换一个思路，让所有的儿子都有一份继承权，都能得到一块封地，那么除了嫡长子，所有人都会高兴，而诸侯国越分越碎，自然也就威胁不到皇权了。

我们看《三国演义》，刘备总说自己是中山靖王之后，这位中山靖王就是一位超生模范，生了一百多个儿子。如果给他的每个儿子一块封地，中山国就会被细分成一百多份，而这一百多位新诸侯每人只要再生十几个儿子，封地就会再以十几倍的规模细分下去。当然，实际情况不会这么理想，因为要考虑到风俗和礼制，庶子无论如何都不该得到继承权，细分只能在嫡子的范围里发生。

即便是这样，封地细分的规模也相当可观。只要经过一两代人，诸侯对皇权就不会再构成威胁了。但如果偏偏有一些诸侯，嫡子就是很少，那该怎么办呢？贾谊建议，不能干等着，要预先把他们的封地细分出来，给他们的子孙留起来，皇帝并不会强占这片土地。就算皇帝拿了哪家诸侯的土地，也应该在其他地方划拨相应的土地作为补偿。这就等于向天下表态，皇帝这样做并不是要损人利己，并不是见不得亲兄弟发达，恰恰相反，皇帝是很廉洁的，而且特别疼爱兄弟和侄儿，生怕那些没有继承权的孩子过得不开心。

这确实是很高明的见地，即便在实施的过程中会遇到阻力，但诸侯嫡长子的那些亲兄弟天然就有动力为自己争取合法权益，几乎用不着皇帝多操心。

（2）设局与造势

贾谊自己说这叫仁政，免得将来骨肉相残，不过，从学派特点来看，这倒很像法家"法、术、势"三大件里的"势"，用今天的话说叫作"造势"，也可以理解成"设局"。当势造好了，局设好了，所有人都会自动自发地按照你的预期去做事，不再需要你费时费力、手忙脚乱地去解决一个个具体问题。

道理很好理解，如果你想挖一条水渠，最好顺着地形，从高处一路往低处挖，这就属于因势利导，你利用的是"地势"。如果反过来做，就会事倍功半，隔一段距离就必须安排一台抽水机。我在前面讲《新书·阶级》，原文有一句话是"高者难攀，卑者易陵，理势然也"。强化社会层级意识，让层级多一些，这也是造势，造好之后，自然就会"高者难攀"，底层百姓只能仰视上流社会，不容易生出僭越的心思。

我们都知道刘备说过一句教子名言："勿以善小而不为，勿以恶小而为之。"这话并不难懂，但它的含义绝不仅仅限于个人修养。这句话其实不该算是刘备的原创，贾谊早就讲过。贾谊《新书》有一篇《审微》，强调统治者要特别留意事物的萌芽状态，开篇就说："善不可谓小而无益，不善不可谓小而无伤。"意思是说，对一件善事，不要因为它太小就以为做了也没好处；对一件恶事，也不要因为它太小就以为做了也没坏处。贾谊接下来有解释：这并不是说做了一点好事就对天下有利，做了一点坏事就对国家有害，而是说，如果对事物的萌芽状态不够重视，任它发展下去，将来很有可能会有大祸。所以，一定要防微杜渐、曲突徙薪，还要因势利导。

"众建诸侯而少其力"的方案正是以这样的哲学来指导的，但是，汉文帝竟然迟迟没有采纳。等到贾谊死后四年，文帝才开始拆分了两个诸侯国。诸侯势力过大的问题，一直到文帝驾崩也没能解决。后来汉景帝继位，听了晁错的建议来削藩，激起七国之乱。如果不是有周亚夫这样的良将，叛军很可能就成功了。

局面虽然稳定下来，叛乱分子也都被肃清了，但问题仍然没有得到根治。要等到皇位再传一代，到了汉武帝的时候，贾谊的方案才真正得以实行。

倒不是汉武帝突然想起了贾谊这位前辈，而是当时有一个投机分子主父偃上疏，把贾谊当年的长篇大论浓缩了一下，当成自己的想法。汉武帝是个雷厉风行的人，马上照办。这项政策，就是武帝一朝著名的"推恩令"。所谓"推恩"，就是让诸侯们把养育之恩推广到嫡长子的各位弟弟身上，不让嫡长子独享爵位和封地。

政策果然很成功，诸侯国被越拆越小。汉武帝还嫌不够，又想出各种办法给诸侯们找碴儿，找了碴儿就能定罪，定了罪就能顺理成章地剥夺爵位，收回封地。汉朝的中央集权，在汉武帝时代终于彻底实现。

如果我们回看汉文帝，不禁追问，文帝当时为什么迟迟不实行贾谊的方案呢？最有可能的缘故是，文帝心软，完全不像武帝那样果决，而且当时汉朝开国不久，文帝和诸侯们的关系远比武帝和诸侯们的关系要亲。文景之治的核心是休养生息，不属于当务之急的事情不妨拖一拖再办，也许拖久了就大事化小了。

所谓休养生息，就是政府少干预，少生事，听任民间经济自行恢复。那么，货币的发行和管理、灯塔之类的公共设施的建造、国家法定的宗教信仰、慈善事业、普及教育、邮电服务，以上这些事情，哪些是国家和政府不应该做的？

这个问题如果拿去问汉文帝，他会说："信仰应该管。"

贾谊就会上疏劝谏："货币您也该管啊！"

汉文帝会摇摇头说："还是无为而治好了。"

那么，在货币问题上，你站在汉文帝一边还是贾谊一边呢？

货币发行必须由政府垄断吗？

(1) 劣币驱逐良币

　　汉文帝觉得放任民间自由铸币可以休养生息，贾谊认为中央政府必须从原料、生产到发行，彻底垄断货币生意。

　　那么，货币该不该由中央政府统一控制呢？

　　我们知道，货币并不是被某位古圣先贤计划出来的东西，而是随着交易规模的扩大，就这么自然而然地出现了。货币是所谓的一般等价物，可以很方便地交易各种东西。某一个数量的货币到底能换来多少东西，全靠约定俗成。

　　随着时间的推移，铜钱渐渐在各种货币中胜出。严格意义上说，铜钱的价值并不是"钱"的价值，而是"铜"的价值。我用一枚一两重的铜钱买你的一斤大米，这其实意味着我用一两重的铜来换你的一斤大米，本质上仍然是以物易物。所以，早期铸造铜钱，有所谓"重如其文"，也就是说，铜钱的面额如果是"一两"，那就意味着它的重量就是一两。

　　在这种局面下，就算货币不统一也关系不大。铜钱无论是齐国铸造的还是楚国铸造的，无论是方的还是圆的，只要成色一样，品质一样，就能通用，就算有差异，也能折算着用。后来秦始皇统一六国，书同文、车同轨，统一度量衡，货币当然也要统一，但这项政策推行得很慢，一直到秦亡国，民间还有很多地方在沿用战国年间的旧币。这不像纸币，政府说换就能换，换币的期限一过，旧纸币就再也无法流通，只剩下收藏价值了。

等到汉朝建国，总要标榜自己和秦朝不一样。秦朝搞专制，汉朝就搞封建；秦朝垄断铸币权，汉朝就开放铸币权，民间可以自由铸造铜钱。反正铜钱就值铜的钱，铸成钱的样子只是便于交易而已，谁来造都无所谓。

不过，政府很快就从铸钱事业里嗅到了利益的味道，自己也加入进来了。当初秦朝的铜钱是半两钱重半两，面额也是半两，汉朝政府就把这个传统打完折延续下来，面额还是半两，但分量减少了3/4。这是一个很有历史意义的创举，它意味着名和实的脱离，使铜钱在性质上向着纸币靠拢了。不过，它仍然比纸币好的地方是，减重3/4，基本等于贬值3/4，不会贬值更多，而纸币贬值起来是没有底线的。虽然说也存在着发现新铜矿，或者开采和冶炼技术大革命，导致铜钱供给量暴增的可能性，但这毕竟和印钞机的效率没法比。

给铜钱减重的做法，儒家肯定最看不惯。孔子讲过，搞政治的第一件事就是"正名"。当然，"正名"一般是指"君君臣臣父父子子"，名分要搞清楚，但这种礼制原则用在经济问题上也是一样的，半两面值的铜钱就该半两重，否则就会礼崩乐坏。

果然礼崩乐坏了。政府够奸，民间铸钱的人也一样不老实，大家变着法子偷工减料，铜钱越来越轻，结果当然就是通货膨胀。这种通胀和纸币时代的通胀不同，毕竟有铜本身的价值在那里维持着。但刘邦还是看不下去了，因为民间铸钱比政府更黑心，导致政府并没能从铜钱减重的做法上占到便宜。于是下有对策，上出政策，刘邦一纸政令，禁止民间铸钱，但诸侯还是可以享有铸钱的特权。

到了汉文帝时期，政策放开，又允许民间铸钱了，这也是成就"文景之治"的基本国策之一。文帝吸取了刘邦时代的教训，颁布了两项规定：第一，大家必须按照国家法定货币的标准来铸钱，由基层官员审核；第二，针对市场上流通的各种减重铜钱，大家用钱的时候可以用天平称重。

天平称重貌似是个好办法，但一来太麻烦，二来斗不过民众的无穷智慧：重量不减，成分掺假，多掺一点廉价金属是很难被察觉的。先是掺铅，后来又掺了比铅更便宜的铁。风气实在刹不住，最后索性出现了铁钱，这总不能再掺假了吧？

这一段铸币史，是一段名副其实的"劣币驱逐良币"的历史。不过也出现了两个诚信经营的铸币大户：一个是吴王刘濞，另一个是汉文帝的宠臣邓通。这两家铸的钱，是全国公认的良币。

（2）垄断的意义

这样搞下去到底好不好呢？汉文帝感觉不错，但贾谊《新书》有《铜布》和《铸钱》两篇文章，反对当时的货币政策。在贾谊看来，允许民间铸钱首先不算仁政，而是陷阱，因为铜钱如果"重如其文"，铸钱的人就没多大赚头，要想赚钱，就必须掺假，掺假越多，赚的才越多。掺假当然违法，违法就要判刑。但掺假的利润实在太高，就算严刑峻法也杜绝不了，所以搞这种政策就等于给老百姓设陷阱，诱使他们违法，而且太多人去铸钱，种地的人就少了。

你也许会认为贾谊接下来要建议禁止民间铸钱，但是他说，如果禁止民间铸钱，钱少了，币值就会增高（这也就是我们今天所谓的通货紧缩，钱更值钱了）。钱一旦更值钱，铸钱的利润也就更大，那样的话，就算政府再如何三令五申，也一定会有很多人偷偷铸钱，根本禁止不住。

这种见地，比很多受过大学教育的现代人都要高明。那到底该怎么做才好呢？贾谊的看法其实很保守，在他看来，所有麻烦的根源就在于民间有铜，所以釜底抽薪之策就是把铜变为政府的垄断物资，使铜矿国有化。

政府垄断，可以得到七项好处，贾谊称之为"七福"，其中最重要的一项就是政府可以很方便地用货币来调节经济：通货膨胀的时候就回收货币，通货紧缩的时候就加大货币投放量，这就可以保持经济的平稳有序。

贾谊讲这些话的时候，又回到了很正统的儒家立场，相信统治者都是君子，比老百姓觉悟高。所以他没有想到，统治者也和老百姓一样在暴利的诱惑下把持不住。早在春秋时代，《国语》记载周景王要铸造大面值的钱币，单穆公做了一番长篇大论的劝谏，核心意思是说这种做法等于变相地搜刮民财，太不地道。但周景王不听劝。

另一个问题是，市场上究竟需要多少货币，其实没人能算清楚。尤其在交通不便的古代，地区之间的差异很大，通信也不发达，于是最能影响货币投放量的因素其实就是政府的胃口，往往铜钱会越造越差，纸币会越印越多。我们从前面讲过的贾谊对"势"的理解里，完全可以推出这个结论。

从积极一面来说，通货膨胀确实能够刺激经济。因为大家眼看着手里的钱一天比一天贬值，索性都花出去买东西算了。原来可买可不买的，甚至根本不想买的，这时候也通通买回来了。通货膨胀所反映的，其实正是一种并不荒谬的破窗谬论。

从另一面来看，政府不搞垄断的话，汉文帝时代明明也出现过吴王刘濞和宠臣邓通铸造的良币，人人爱用。如果无为而治，任其发展的话，这些良币会不会最终打败劣币，就像后来一些大钱庄发行的银票那样？遗憾的是，历史没有给它们机会。贾谊很想没收刘濞和邓通的钱来怀柔匈奴，虽然文帝没听，但他的儿子景帝真的抄了邓通的家，灭掉了以刘濞为首的七国之乱。后来汉武帝强化集权，严禁铜钱私铸。

※ 第十九章
《近思录》(上)

入门书的入门书

（1）博学而笃志，切问而近思

《近思录》被誉为"性理诸书之祖"。今天要讲的是《近思录》书名的来历和书的来历，你只需要记住一件事：第一，在理学的经典系统里，《近思录》属于入门书的入门书，也正是因为这个缘故，它成了红遍元、明、清三代的超级畅销书；第二，《近思录》不是原创性的著作，而是朱熹和吕祖谦一起摘录的北宋周敦颐、张载、程颢、程颐四位学者的语录。我会重点讲解周敦颐和张载的学术，正是这两个在今天不太知名的人，为宋、元、明、清四代儒学建立了两大理论支柱。

《近思录》的书名，"近思"，顾名思义，思考身边的事情。没错，含义就是这么简单，但不简单的是，它出自《论语》，原话是"博学而笃志，切问而近思，仁在其中矣"，意思是说，学习要广博，志向要坚定，关注身边的小事，"仁"就在这里面。

这话不是孔子说的，而是孔子的学生子夏说的。子夏的名望、地位、待遇其实比老师高得多，所以后人很为这种事情迷惑。《昭明文选》里有一篇李康写的《运命论》，探讨人的命运的问题，就拿这件事举过例子，说以孔子的伟大，却到处碰壁，而他的学生子夏，属于只登堂但没能入室的弟子，层次比孔子差远了，但国君把他高高地供起来，老百姓把他当成圣人，这还有没有天理了？

李康把这种现象归结于既不可控制也无法理解的命运，其实道理没那么玄妙，孔子是开拓者，也可以说是创业者，筚路蓝缕很不容易，当局面终于打开之后，子夏，还有一些同门师兄弟，踩在巨人的肩膀上，当然事半功倍。《论语》里收录子夏的话，并不会降孔子一等看待。现在要讲《近思录》，所以我借这个书名顺便帮你温习一下《论语》和《昭明文选》，希望能让你把知识不断关联起来。

《近思录》是怎样一部书呢？顾名思义，就是教人去"近思"的。儒家学术博大精深，上通宇宙真理，中达治国平天下，下到"黎明即起，洒扫庭除"，太深太博太杂，初学者不知道该从哪里入门，所以，过来人告诉大家，从"近思"入门是最好的，不要好高骛远，小心欲速则不达。

南宋孝宗淳熙二年，公元1175年，这年夏天，吕祖谦从浙江金华来到福建建阳，找朱熹一道读书聊天。这几年里，朱熹一直在读北宋学者周敦颐和张载的书，正好和吕祖谦探讨一下。结果两个人只用了很短的时间，就从周敦颐、张载还有程颢和程颐兄弟的书里摘录出六百多条语录，分成十四卷，编成一部书，取名《近思录》。

这就是说，《近思录》并不是什么原创性的著作，只不过是四位北宋学者的语录摘编，而这些语录的出处，也就是这四位学者的原著，基本上也没有失传，谁都看得到。但事情就这么蹊跷，《近思录》问世之后，迅速成为畅销书，然后一直畅销了元、明、清三代，有了各种刻本和注释本。程朱理学之所以成为思想风尚，官方科举教材的力量来自前面讲过的《四书章句集注》，民间力量就来自这部《近思录》。《近思录》为什么能这样流行呢？道理很简单，它是儒学入门书的入门书。

（2）学习的次序

我在前面讲过，一切儒家经典里，地位最高的是"五经"。"五经"太高大上了，读书人轻易啃不动，朱熹为大家着想，编写《四书章句集注》，把"四书"作为进入"五经"之前的入门书。"四书"也分次序，从易到难依次是《大学》《论语》《孟子》《中庸》。如果还嫌难，没关系，现在有《近思录》了，谁要是连《近思录》都嫌难，那就干脆别读书了。

这就是朱熹给定的学习次序：从《近思录》到"四书"，再从"四书"到"五经"。你会发现，我们"熊逸书院"的次序是反过来的。为什么会这样呢？很简单，因为朱熹是把儒学当成真理来讲，我是当成一种文化现象来讲。如果我们设身处地站在朱熹的角度，就会发现他的想法很有道理：真理肯定是很系统化也很抽象的，还要放之四海而皆准，历经万世而不移，但是当我们放眼"五经"，首先就有一大批生僻字不认识，句子也常常顺不下来，不知道该从哪里断句，有些读不通的地方也不知道到底是自己的水平问题，还是传抄错误的问题，当然，更要命的是，"五经"是先秦时代的产物，那么久远的典章制度、风俗习惯和现实生活太不合拍，理解起来实在不容易啊。还有一个很要紧的"缺点"是，"五经"的篇幅太大，内容太驳杂，常常说一些过于具体的事情，很难让人看出来它们和终极真理有什么关系。比如翻开《诗经》，第一篇就是"关关雎鸠，在河之洲。窈窕淑女，君子好逑"，都是谈情说爱的话。再看《尚书》，尽是领导的大会发言稿，无聊。《易经》更像天书一样，一百个人有一百零一种理解。再看"三礼"，怎么穿衣戴帽、怎么哭怎么笑，数不尽的繁文缛节。《春秋》一经三传倒还好看一点，有不少活生生的历史故事，但不是打仗就是宫斗，真理到底在哪里呢？

当你拿着"五经"叫苦的时候，就能体会到"四书"的好处，尤其是"四书"里入门的《大学》，"三纲八目"，这才是高度凝练的儒学核心框架。

但这个框架好像又有点抽象得过分了，需要用当代的语言解释一下才好。朱熹数了数北宋的儒学名家，学问最醇正的人就是周敦颐、张载和二程兄弟，那就精选他们的语录，编成一部入门书的入门书好了。既然是入门的入门，自然不该好高骛远，一切要从近处、小处出发，所以书名才叫《近思录》。也正是因为这部书的缘故，这四位名人被合称为"四子"。

如果你想选一些既简单易懂、看上去又很古雅的座右铭，这部书最合适不过。随手一翻，就是"懈意一生，便是自弃自暴"，这是教你不要松懈；再有"人之学不进，只是不勇"，这是教你努力进取；再有"君子所贵，世俗所羞；世俗所贵，君子所贱"，这是说君子的价值取向和世俗相反——如果你很特立独行，因此过得不顺，总是被人批评，你就可以用这句话来宽慰自己；想要大帽子的话也不是没有，比如"为天地立心，为生民立道，为去圣继绝学，为万世开太平"，看过《英雄志》的人都知道这几句话。

现代人学国学，绝大部分其实都是想学几句这样的修身名言，那就不用花多大功夫，也不用看"熊逸书院"，只要买一本《近思录》就完全够了。

但是，我们翻开《近思录》，第一卷题目是"道体"，开篇第一段语录竟然是周敦颐的一篇短文《太极图说》，第一句就是："濂溪曰：无极而太极。"这分明是宇宙终极真理的最高端，哪有一点"近思"的样子呢？这到底是为什么？

为什么开头的内容要放到最后看？

（1）道体

《近思录》属于入门书的入门书，但开篇就讲："濂溪曰：无极而太极。"这是为什么呢？

濂溪先生，就是北宋"四子"中的第一位：周敦颐。周敦颐影响力最大的一篇文章就是这篇很短小的《太极图说》，顾名思义，它是为一幅叫作《太极图》的图案写的解说词。无论《太极图》还是《太极图说》，在历史上都是争议很大的东西。有人说《太极图》是道士画出来的，用来解释宇宙的构成；也有人说虽然道士确实画过《太极图》，但这幅《太极图》和道士无关，完全是周敦颐的原创；还有人说周敦颐是把道士画的《太极图》拿来做了改造。至于《太极图说》，有人说这根本不是周敦颐写的，也有人说这些道理根本不是儒家的内容，还有人说这千真万确是周敦颐写的，写得特别好，短短百余字就把宇宙的生成过程讲清楚了。

我们先不去管这些纠葛，无论《太极图说》到底是真是假、到底说对了没有，它毕竟在解释宇宙生成这种大事件，是和"近思"离得最远的思考。《近思录》的第一卷都是这样的内容，不讲宇宙的时候就讲天理，不讲天理的时候就讲心性，反正都是高度抽象化、原则性的内容。再看这一卷的题目："道体"，确实高高在上。

所谓"道"，就是真理。所谓"体"，在传统哲学的概念里是和"用"相对的。我们看古人探讨学术问题，经常在说什么是体、什么是用。其实"体"和"用"从概念上说很好理解，比如一支笔，这支笔本身就是它的"体"，写字就是它的"用"。这么简单的道理，为什么古人要翻来覆去地辩论呢？因为一支笔的体和用虽然很好理解，但"道"的"体"和"用"，或者说"真理"的"体"和"用"就真的不容易说清楚了。可以举一个"近思"的例子：如果你看到一个小孩子快要掉进井里，你起了恻隐之心，要去救他，那么你这个恻隐之心到底是"体"还是"用"呢？

我们今天看这种问题，很容易发现这是把问题问错了，答案自然会很混乱，但古人没有我们今天的知识，更没有接受过今天很普及的逻辑训练，而且这种问题在宋朝属于新生事物，大家都还不太了解。以前孔子也好，孟子也好，都不去想这些事。从宋朝理学兴起，然后元、明、清三代，我们会看到很多儒家学者都陷在这种问题里，越讲越复杂，如果你看不懂，真不一定是你的错。

(2) 语录体的矛盾处

《近思录》第一卷谈"道体"，其实不是朱熹的本意。前面讲过，《近思录》是朱熹和吕祖谦合编的，既然是合编，两个人的意见总不可能完全一致。吕祖谦要这样编，朱熹本来不情愿，生怕一上来就是这些高远艰深的内容，会把初学者吓跑。但吕祖谦的看法是，先把这些内容讲出来，可以让读者知道那些"近思"的内容都是有根源的，就算一开始看不懂，但知道一个轮廓也是好的，一来心里更有底，二来能看到努力勤学的方向。朱熹也没坚持，但后来总是提醒大家：看《近思录》如果看不懂第一卷，没关系，千万别气馁，先从第二卷、第三卷往后看，把后面的内容都看熟之后，再回过头来仔细体会第一卷的内容。

果然，从第二卷开始，都是易读易懂的内容。第二卷的标题是"为学"，教人应该怎么学习，比如该立什么学习目标、遇到困难应该怎么办、哪些是学业的核心、哪些是学业的枝节等等。开卷第一段语录又是周敦颐的话，我们可以体会一下："濂溪先生曰：圣希天，贤希圣，士希贤。伊尹，颜渊，大贤也。伊尹耻其君不为尧舜，一夫不得其所，若挞于市。颜渊'不迁怒，不贰过'，'三月不违仁'。志伊尹之所志，学颜子之所学，过则圣，及则贤，不及则亦不失于令名。"

这是教人怎样树立学习的榜样。圣人以天为榜样，贤人以圣人为榜样，士以贤人为榜样。总之，不管你的层次多高或多低，总该找个比你更高的榜样来学，也总可以找得到榜样。然后举了两个例子：伊尹和颜渊都是大贤人，在修养上面各有各的特点，都很值得我们学习。如果我们学得好，超过了这两位偶像，那我们就升级成圣人了；如果没超过他们，只和他们差不多水平，那我们也算升级成和他们一样的贤人了；就算赶不上他们，也没关系，无论如何我们都会在学习的过程中取得进步，赢得美名。

这番话你应该觉得很熟悉。没错，《沧浪诗话》教人学诗也讲过类似的逻辑，原话是"学其上，仅得其中；学其中，斯为下矣"。但在周敦颐那里，天是最高的榜样，但大家不能都去学天，而是要针对个人情况，去学自己上一级的榜样，这也算是"近思"的一种体现。如果直接学天，那就好高骛远了。另一方面，这话又告诉大家，圣人不是高不可攀的，而是普通人可以学得来的。

不过，再往下看，不久又会看到一段让人疑惑的语录："明道先生曰：人之为学，忌先立标准。若循循不已，自有所至矣。"明道先生是"二程"中的哥哥程颢，他的意思是说，学习不应该先给自己定标准，只要日拱一卒，不断进步，自然就能提升到新高度。

程颢的话和周敦颐的话，单独来看都是好道理，放在一起看就看出了矛盾。到底要不要定标准呢，要不要照着圣贤偶像去学呢，要不要向着圣贤的方向去努力呢？大体上说，周敦颐的话比较容易得到主流社会的认可，程颢的话有一点另类。所以有人拿程颢这番话去请教朱熹，但朱熹也没能解释清楚，和和稀泥就应付过去了。其实我们看各种语录，经常能看到矛盾的话。这也难怪，毕竟每个人的体会不一样，关注点也不一样。即便是同一个人的语录，往时往日说一番话，今时今日又说一番话。一来人的看法会变，"觉今是而昨非"才是进步，二来讲话的背景不一样，讲话的重点当然也不一样，所以貌似矛盾的话未必真有矛盾。具体到周敦颐和程颢的这一对矛盾，只能说各有各的道理，不同资质的人适用不同的方法。

还有一种判断方式虽然不太可靠，但是很常见，那就是看谁更权威。如果周敦颐比程颢大牌，那就听周敦颐的，反过来也一样。我这样讲，你也许觉得这很荒唐，其实这是一个很聪明、很高效的办法，每个人的日常生活里都在用。比如买东西，买那些我们不熟悉的东西，怎么才能选到品质好的？很简单，人不识货钱识货，买最贵的就对了。最贵的也许性价比不高，也许并不是最好的，甚至会让你吃亏上当，但是从大概率上看，这就是兼顾品质和效率的最好方法。在周敦颐和程颢的矛盾上，反正听人讲道理又不用花钱，那就更要挑大牌了。

但是，这两个人还真不好比较。二程兄弟一直很有名望，周敦颐原本却只是一个籍籍无名的小人物，他的重要性是被朱熹"发掘"出来的。

"己所不欲，勿施于人"的尴尬

（1）谁是常态，谁是变态

在了解周敦颐为什么值得发掘之前，让我们先看孔子的一句名言："己所不欲，勿施于人。"请你认真思考一下，我们为什么应该遵守这条规则呢？如果你很强大，或者对惩罚无所谓的话，为什么就不可以损人利己地过日子呢？还有一个问题：如果你是一个悲观厌世但没有勇气自杀的人，你看到有人正在自杀，那么本着"己所不欲，勿施于人"的原则，你默默走开，没有救他，这到底对不对呢？

我们知道，"己所不欲，勿施于人"，这算是儒家最有影响力的一条道德箴言。1993年，芝加哥召开国际伦理大会，把这句话奉为"黄金规则"。各种文化背景里都有类似的话，如果对全人类的道德准绳取最大公约数，很可能就是它了。

但是，我们完全可以追问一下：为什么应该遵守这个规则呢？

一般的答案会是，如果人人都遵守这个规则，世界就会变得非常和谐美好。

这种答案，就像最近这些年常见的那种"如果人人都坚持一年不买房，房价就会降下来"。道理当然没错，但要靠每个人的自觉性和毅力来达到这个"如果",完全不可能。相反,如果别人都遵守这个规则,只有我不遵守,我就能够从别人的遵守中占到很大的便宜。所以,在利益的驱动下,我会希望更多的人都来遵守这个规则,但自己例外。当然,像我这样想的人一定还有很多。

如果换一种答案,是君子的尊严感要求我们遵守黄金规则,我相信孔子会赞同这个说法,但问题是,且不说君子的社会早就不复存在了,即便我们还生活在那样的时代,小人显然才是社会上的绝大多数,而且从礼崩乐坏的现实里我们也能够看到,卑鄙是卑鄙者的通行证,高尚是高尚者的墓志铭。

那么再换一种答案:黄金规则是孔子说的,圣人的话我们就应该听。

这种答案在今天更没有约束力了,还有几个人把孔子当圣人呢?即便我们还把他当圣人,但圣人毕竟也是人,我为什么要听别人的话,而不遵循自己内心的指引呢?如果你问我"自己内心的指引究竟指向何方",很简单,"何不策高足,先据要路津。无为守穷贱,轗(kǎn)轲长苦辛"。你应该还有印象,这是我在《昭明文选》那一章里讲到的。

你也许会说:"圣人之所以是圣人,就因为他比我们都高明,听高人的指点肯定要比跟着自己的笨想法做事更明智。圣人之所以这么说,是因为他看到了遵守黄金规则不仅对别人有好处,对社会有好处,而且对你自己有好处。也许短期的好处并不明显,但从长远来看,好处一定比损人利己更大。"

好吧,即便这是对的,但圣人被你这么一说,无非也是一个以利益为导向的人,他之所以是圣人,并不因为他多高尚,而仅仅因为他足够高明,能比鼠目寸光的凡夫俗子看到更长远的利益。如果真是这样的话,我们为什么不把孔子推下神坛,把巴菲特供上去呢?再说,"君子喻于义,小人喻于利",不要拿利害关系说事。

这样看来,即便"己所不欲,勿施于人"这八个字真是拿黄金铸成的，我们也没有很必要的理由一定去遵守。如果你很弱小，无论在哪里都是被侮辱和被损害的人，你当然希望人人奉行黄金规则；但如果你很强大，没人奈何得了你，你也许更喜欢为所欲为，相信所谓道德不过是弱者抱起团来用稻草搭起来的藩篱，禁不起强者的轻轻一推。

（2）哪些人不是人

接下来再看第二个问题：如果你是一个悲观厌世的人，很想自杀但没有勇气，这时候你看到张三正在自杀，你会怎么做呢？按照黄金规则，你首先会换位思考：如果你处在张三的境况，会不会在自杀的时候希望被别人拦住呢？不，当然不会。你只会默默祝福他，希望他顺利死掉，死得别太痛苦。

正在这个时候，李四突然冲了出来，要去拦住张三。你会怎么做呢？你继续换位思考：如果你处在李四的境况，会不会在"救人一命胜造七级浮屠"的时候希望被人阻止呢？不，当然不会，所以你不该阻拦他。可是，是不是次序搞错了呢？是不是首先应该设身处地来替张三考虑呢？

如果拿这个问题去问孔子，他最有可能会说的是："如果事情真到了这一步，确实陷入了两难处境，但关键是，问题的前提就不成立，'悲观厌世'并不是人的正常状态。如果反常状态也可以作为前提的话，结果会是灾难性的。再比如施虐癖者遇到受虐癖者，如果双方都遵循着黄金规则，彼此一定都很苦闷。"

我们可以这样来反驳孔子："凭什么你说常态就是常态，你说变态就是变态呢？同性恋到底是常态还是变态，你能说得清吗？'悲观厌世'又为什么不可以是常态呢？佛陀是和你同时代的哲人，人家的学说虽然不悲观，但的确是厌世的。佛陀认为，人生如同苦海，怎么活都是苦，生、老、病、死没有一样不是苦。他之所以没有自杀，不是因为贪生怕死，而是因为他很清楚就算自杀也逃不出这片苦海，只有通过修行，涅槃了，才能真正地'不活了'，逃出苦海了。所以他会教人努力修行，我们可以说他是个乐观厌世派。佛教的版图不比儒家的小，难道你还能说厌世不是正常状态吗？"

即便我们可以抛开这些干扰，也必须面对一个无法回避的问题，那就是所谓的"己所不欲，勿施于人"，到底谁才算人？只要我们看看历史，就会发现这个问题非但并不像看上去那么荒唐，反而很有普世意义。比如坏人算不算人，异教徒算不算人，胎儿算不算人，蛮夷算不算人，"女子与小人"算不算人，如果不算，该不该跟他们讲黄金规则呢？

安史之乱的时候，张巡守卫睢阳城，杀掉爱妾给困守孤城的将士吃肉。这件事相当有名，但并不是绝无仅有的，比如东汉末年，臧洪被袁绍的军队围攻，绝粮之后也干过同样的事情。张巡和臧洪都是道德楷模，但在杀女人吃肉的时候显然并没有"己所不欲，勿施于人"，而是把自己的道德强加在对方头上。

古代社会里，女人要分三六九等，妾可以杀，但妻子不能杀，因为夫妻关系是很重要的人伦关系，夫妻关系的稳定直接影响着继承权的稳定，所以《诗经》里的爱情篇章才会被儒家学者解读出那么多的"后妃之德"，但妾一般来说属于"财产"，往往是买来的，在家里毫无地位。既然她们的身份不是人，而是财产，当然应该被主人随意处置，黄金规则根本用不到她们头上。

《太极图说》使儒学升级换代

(1) 世俗道德和终极真理

你可以重新思考一下"己所不欲，勿施于人"这句话，你还觉得它有那么重的分量吗？如果我们把这句话当作儒家给我们的一条戒律的话，那么放眼看去，基督教有摩西十诫，佛教更有数不清的戒律，谁家的戒律更权威呢？

好像哪个都比所谓的黄金规则分量更重。摩西十诫是上帝的旨意，而上帝不但是宇宙的创造者，还有全知、全能、全善的禀赋，更重要的是，如果有谁不遵照上帝的旨意做事，即便没有被任何人发现，上帝也能看得一清二楚，地狱的火焰也始终在为罪人准备着。所以，遵行十诫，不但是道义上应当的，也是利益上应当的。当然，前提是你信上帝。

佛教虽然也是宗教，但没有创世的神，也没有主宰一切的神。从这个意义上说，佛教其实是一种无神论的宗教。虽然佛经里也提到了数不清的神灵，但那些神灵本质上无非是一种比人类更高级的生物，和人类一样受到六道轮回的束缚，所以我们完全可以把佛教诸神理解为超人。佛也是人，只不过是觉悟的人，觉悟的内容就是生命活动的终极规律。看懂了规律，就可以想出办法来应对规律，从轮回的苦海中跳脱出来。

佛陀把规律和办法都告诉了我们，自己跳出了。虽然我们做坏事既不会被他发现，就算被发现了也不会被他惩罚，但只要我们也希望像他一样跳出苦海，就必须遵照他的指示来生活和修行。这就意味着，奉行佛教戒律并不是道义问题，而是关乎我们永恒幸福的利益问题，所以一丁点也马虎不得。

这样我们就可以看到，无论基督教还是佛教，或者其他宗教，支撑它们那些戒律的并不是简单的世俗伦理，而是永恒的终极真理。你也许很强大，可以在世界上为所欲为，但在基督教体系里，你再强大也斗不过上帝，撒旦就是活生生、血淋淋的教训。同样，在佛教体系里，你再强大也不可能改变宇宙运行的规律，你越是用自己的力量和宇宙规律对着干，你就会吃越大的亏。就这样，只有当终极问题被解决了，世俗伦理才能找到牢固的基石，这就是宋朝的儒家面对的最严峻的问题。

正是因为缺少这块基石，所以儒家的地盘不断被佛教抢走。这倒并不能说明佛教比儒家高明，因为有终极真理毕竟要比没有好，哪怕是坏的、漏洞百出的终极真理，也比没有好，这是人的心理结构决定的。所以，就算没有佛教的威胁，人的天性也会不断追寻终极真理。其实佛教内部也是这样，佛陀生前留下了一些终极问题没做解释，还特意叮嘱大家不要在这些没有实际功效的问题上白白耗费时间和精力，但后来还是不断有徒子徒孙想把这些问题彻底解决，为此不断引发派系斗争和派系分裂。

现在我们终于要把话题引回周敦颐了。周敦颐的《太极图说》是宋朝儒家解决终极问题的第一个伟大成果。朱熹之所以要标榜不太出名的周敦颐，《近思录》之所以要把周敦颐的《太极图说》全文放在卷首第一篇，就是为了向大家说明：我们儒家的道德信条不仅仅是风俗意义上的伦理，不仅仅是圣人高标准、严要求的训导，而且是有终极真理做依托的，如果你违反这些道德信条，那就是和终极真理拧着干。

那会怎么样呢？就像你想游过一条河，下水之前非要穿上一双铁鞋，背起一块大石头。

儒家的终极真理其实以前也有，但基本上只有统治者才用得上。我讲《中庸》的时候讲过"国家将兴，必有祯祥；国家将亡，必有妖孽"，这就是一种天人合一的关系，但这里的"人"，不是你我他，而是统治者。《太极图说》的出现，意味着终极真理不再只是统治者的专属，而是和每个普通人息息相关，换句话说，"天人合一"被下放到了每个普通人身上。

现在你知道，"天人合一"是一个很复杂的概念，道家有道家的天人合一，儒家有儒家的天人合一，即便只在儒家内部，不同的时代也有不同含义的天人合一，完全不可同日而语。

（2）无极而太极

周敦颐探索终极真理是从《周易》出发的。他这一生只做过一些很小的官，闲暇时间很喜欢研究《周易》。我在前面讲过，《周易》分为《经》和《传》两部分，《传》，也叫《易传》，是十篇论文的合辑，这十篇论文也叫"十翼"。"十翼"里的《系辞上》有一段很著名的话："易有太极，是生两仪，两仪生四象，四象生八卦，八卦定吉凶，吉凶生大业。"这话说得很含糊，仔细体会一下，好像在讲宇宙生成的过程。很多易学专家都是从这个角度来理解的，周敦颐也是他们中的一员。

研究宇宙的生成，听上去应该是天文学家该做的事，但古代的天文学家不搞这些，他们的主要工作一是根据天象预测吉凶，二是测量节令，制订历法，所以宇宙的奥妙要由哲学家去探索。哲学家不喜欢搞观测，更不喜欢做实验，他们一般会相信古代的圣人已经发现了这些奥秘，自己要做的是深挖古代文献，把古代圣人的密码破译出来。周敦颐在做的，就是利用《周易》破译太极的密码。

到底怎么破译呢？没有什么好办法，无非是一边想，一边猜，最后只要让道理说圆就好。我们来看《太极图说》是怎么把道理说圆的："无极而太极。太极动而生阳，动极而静。静而生阴，阴极复动。一动一静，互为其根。分阴分阳，两仪立焉。阳变阴合，而生水火木金土。五行顺布，四时行焉。"

这是在讲太极如何生出了阴阳，阴阳又如何生出了五行，五行又如何生出了四季轮回。虽然大体上就是这个意思，但第一句话就很让人迷惑。到底什么叫"无极而太极"呢？《易传》只说过太极，从没说过无极，无极是从何而来呢？无极到底是一个"东西"，还是"没有极"的意思呢？"无极而太极"里的这个"而"该怎么理解，是说无极产生了太极吗，还是说无极就是太极呢？

周敦颐已经不可能出来解释了，这就在后来的学者中间引发了很大的争执。我们到底应该怎么理解呢？没有好办法，这就是古汉语的模糊性带来的麻烦。但是，我们可以换个角度来想：周敦颐和《太极图说》怎样获得了经典地位？是因为朱熹的大力弘扬。正是因为朱熹，周敦颐才被后人尊为理学的开山始祖，《太极图说》才成为理学在学理上的终极根据，深刻塑造出元、明、清三代的思想主流。不然的话，今天我们只知道周敦颐写过《爱莲说》而已。所以周敦颐的本意到底是什么，在思想史上已经不重要了，重要的是朱熹是怎么理解的。

《太极图说》的宇宙生成论

(1) 无形而有理

我在前面已经讲过不少理学的学术要领了,你能不能想到朱熹会怎样理解"无极而太极"这句话呢?还有一个问题:阴和阳到底是一种东西还是两种东西呢?

在朱熹看来,"太极"就是终极真理。"太"是形容词,表示最高程度,"极"是极端、极致、顶点。从字源来看,繁体字的"極"(极),木字旁表示它和木头有关,右边的"亟"是声旁,表示这个字的读音。"極"的本义是盖房子用的主梁,也就是房梁里最高的、位居全屋正中的那根房梁,也叫栋梁。今天我们用"栋梁"这个词,都在用它的引申义,不再从本义上来用了。如果你把宇宙想象成一座房子,那么太极就是这座房子最高处的那根房梁。如果你是上帝,正在画建筑图,那么你会先画出来这根房梁,然后从它出发,用直尺和圆规画出各个细部,画完之后,宇宙就成型了。

儒家的概念里没有上帝,宇宙是自然成型的。至于宇宙究竟是怎么成型的,各人有各人的答案。《老子》给出的答案是"道生一,一生二,二生三,三生万物",《易传》给出的答案是"易有太极,是生两仪,两仪生四象，四象生八卦……"，《太极图说》给出的答案是"无极而太极。太极动而生阳，动极而静。静而生阴……"，这些答案都有一个共性，那就是从简单发展到复杂、从混沌发展到具体。

如果太极就是宇宙之源，那么太极的源头又是什么呢？

这是一个鸡生蛋、蛋生鸡的问题。如果"无极而太极"的意思是在太极之前还有一个无极，太极是从无极中产生的，那么无极又是怎么来的呢？你也许会想到无极就是空无一物的状态，什么都没有，然后无中生有，产生了太极。其实"无中生有"可以有两种意思：第一种意思是，从什么都没有中产生了万事万物；第二种意思是，从没有具体形象的混沌物质中分化出来有具体形象的万事万物。古人对宇宙起源的理解，一般都是第二种意思。至于那个"混沌"是从何而来的，他们就想不到那么远了。最擅长哲学思辨的古希腊人也只想到这一步，至于佛陀，索性把这种问题悬置不论，忠告大家，生命短促，不要在没用的问题上浪费时间。

事实上，周敦颐对宇宙起源的理解，很可能也是第二种意思，但朱熹不这么看。在朱熹看来，太极就是终极真理，就是创生宇宙的至高法则，是的，它是一种抽象的法则，而不是什么具体的物质。法则，也就是"理"，"道理""理由"的"理"。"理"是至高无上的真理，是派生一切的本源，天下再没有什么东西比"理"更加高大上，所以朱熹版的儒学才被人叫作理学。因为它是朱熹版的儒学，所以也叫朱子理学；因为北宋的二程兄弟已经开启了这门学术的先河，朱熹的学术在很大程度上是接着二程兄弟讲的，所以也叫程朱理学。当你在古书上看到理学、朱子理学、程朱理学这些词，要知道它们讲的其实是一回事。

朱熹理解的无极，意思是"无形"，"无极而太极"就是在说"无形而有理"。朱熹说，周敦颐生怕别人把太极当作一种物体来看，所以才用"无极"来修饰"太极"。这就意味着，"无极"并不是一个名词，在语法上，它是"太极"的定语，表示"太极"并不是有形之物，而是无形的、抽象的规律。处于混沌状态的原始物质，也就是"气"，才是宇宙的物质性的本源，"理"作用于"气"，于是有了阴阳，有阴阳就会发生运动，有运动就会化生万物。

这样我们就可以想想第二个问题：阴和阳到底是一种东西还是两种东西呢？

（2）阴阳的来源

一般人理解阴阳，都是从对立统一的角度来理解。其实阴阳观念并不是中国文化特有的，而是全世界的原始文明共有的，只是说法不同而已。道理很容易理解，无论哪里的人，都能很直观地观察到白天和黑夜的变换、雄性和雌性的结合，一片树叶有正面和反面，一座山有向阳的一面和背阴的一面。比如摩尼教，也就是金庸小说里的明教，就是从这种直观印象里发展出来一整套的宗教理论，认为宇宙里有光明和黑暗两大势力此消彼长，我们应该和光明之神站在一起，对抗黑暗，迎接光明。

如果阴和阳是两种对立的东西，那么不但光明和黑暗对立，善也会和恶对立，这就意味着黑暗和恶都是客观存在的。基督教的神学家曾经对这种观点很苦恼，因为上帝是至善的，一点恶的成分都没有，他创造出来的世界怎么可能会有恶的存在呢？这个问题是被中世纪的圣奥古斯丁解决的，他说，恶确实不存在，因为我们所谓的恶，其实只是善的缺失状态，这就像黑暗其实也不存在，我们所谓的黑暗，只是光明缺失的状态。

这就是真正的哲学功力，圣奥古斯丁很明智地发现那个二元对立的神学问题之所以成立，只是因为语法的含混性使人们的思想发生了混淆。我们要注意，并不是到了罗素和维特根斯坦的时候，哲学家才懂得从语言学的角度消解哲学问题，生活在公元3世纪至4世纪的圣奥古斯丁早就这样做过了。

我们再看周敦颐的《太极图说》，也是这个思路，它解释了阴和阳是怎么来的："太极动而生阳，动极而静。静而生阴。"在传统的易学里，只是很粗略地来讲"太极生两仪"，也就是太极生出了阴阳，让人感觉太极分裂了，分成了阴和阳两部分，而《太极图说》很高明地从运动的角度解释了阴阳的成因：太极会动，动就产生了阳，动到了极致就静止下来，这就产生了阴，然后静到了极致又会动起来，动到了极致又会静下去，阴和阳就被源源不断地产生出来了。再然后，既然有了很多的阴和阳，那么阴和阳发生关系，产生出水、火、木、金、土五种基本物质，也就是五行。五行之间存在相生的关系：木生火，火生土，土生金，金生水，水又生木，这就完成一个循环，生生不息，于是有了春、夏、秋、冬四季轮转。

这样看来，万事万物的生成都可以追溯到太极的运动。你马上就会想到：运动一定要有主体，也就是说，只有具体的事物才有所谓的运动，抽象的规律当然谈不上运动。如果太极能动，它就一定具有物质属性。即便它是一团混沌，但至少也是一团混沌的物质，而不会是一种混沌的规律。

从《太极图说》的文字本身来看，这种理解应该是很合理的，但在朱熹的体系里，太极是规律，不是物质，动的主体只能是气，换句话说，气根据太极，或者说"理"，发生运动，逐步产生万事万物。至于阴阳怎样和五行一起化生万物，如果深究的话，是由各种配对关系构成一个很烦琐的过程。这个过程我就不展开讲了，它虽然看上去很唬人，其实都是凭空的想象。

※ 第二十章

《近思录》(下)

从太极到人极

(1) 中正仁义

本节继续来讲周敦颐的《太极图说》，你只需要记住一件事：《太极图说》认为给道德找到了终极依据，从《太极图说》的"太极"和"主静"到朱子理学的"存天理，灭人欲"就只有一步之遥了。

上一章讲完《太极图说》的宇宙发生论的问题，接下来就该发生最关键的对接了，那就是天理和人间道德的对接。请你从"无极而太极"开始，试着往下推演一下，看看能不能像古人一样找到道德的根源。

理学最重要的学术建树就在这个问题中。只有解决了这个问题，儒家才有实力去和佛教、道教争地盘，所以让我们来仔细看看周敦颐是怎么推理的。

太极创生宇宙，一步步从阴阳到五行，"乾道成男，坤道成女。二气交感，化生万物。万物生生，而变化无穷焉"，这就是说，万事万物都出现了，人也出现了，不断繁衍，生生不息。

在所有的生灵中，人是最高级、最特殊的。周敦颐说："惟人也，得其秀而最灵。形既生矣，神发知矣。五性感动，而善恶分，万事出矣。"这话不是很好理解，大体上说，人类得到了阴阳五行中最精华的部分,所以与众不同,在人的身体形成之后,感觉和意识也就跟着有了。接下来,就可以分辨善恶了。

偏偏解释善恶来源的这句话最费解,所谓"五性感动,而善恶分",到底什么是"五性"呢?也许是指水、火、木、金、土五行的性状,也许是指仁、义、礼、智、信这五种被合称为"五常"的道德品质。朱熹持后一种看法,但不是很有说服力,因为"五常"是善的五种具体特质,总不该先有"五常"然后才有善。但如果非要从这个思路上去解释,倒也可以说"五常"是善的五个萌芽,萌芽发展起来之后,人就有了明确的善恶意识。

"五性"要"感动"才分善恶,所谓"感动",并不是现代汉语里的意思,而是说有感而动,或者说受了外界的刺激而产生反应。比如你挨了打,你会感觉到坏人的拳头砸在了你的身体上,你产生出相应的痛感,这就叫"感动"。人要和外界事物,和别人,发生关系,不同的关系给人不同的"感动"。有些关系是自己喜欢的,有些关系是自己厌恶的,善恶观念就这么产生了,无数悲欢离合也就这样发生了。

接下来是一句很要紧的话:"圣人定之以中正仁义,而主静,立人极焉。"你的好恶和我的好恶很容易发生冲突,于是圣人站出来协调人际关系,为人类制定道德准绳,这个准绳概括起来只有四个字,就是"中正仁义"。周敦颐自己在这句话下面加了一个注释说:"圣人之道,仁义中正而已矣。"意思是说,圣人之道只有"中正仁义"这四个字,或者说做到这四个字就足够了。

这就是中国古典哲学的典型做派,一旦大而化之,那么少则一个字,多则一句话,就足以安邦定国,足以让千秋万代的每个人受用终生。比如我们很熟悉的,问孔子都教了些什么,答案是"忠恕而已矣","忠恕"两个字囊括了孔子的毕生学术。问治国之道,既有一言兴邦,也有一言丧邦。这样一说好像简单得不像话,但要解释起来,不但需要千言万语，还要引发很多争议。我们就看"中正仁义"这四个字，大家最熟悉的是"仁"，但到底什么是"仁"，历朝历代的各位儒学大师各有各的解释。你当然可以说："明明就有现成的简单解释啊，'仁者，爱人'。"没错，但到底怎么爱人，是要一视同仁地爱人，还是先把人分成三六九等，再来按照不同等级付出不同的爱，还有哪些人算人、哪些人不算人……这几个问题一抛出来，马上就会从简单得不像话变成复杂得不像话。

（2）无欲故静

我们先不去管"中正仁义"到底该怎么理解，先往下看，"圣人定之以中正仁义"之后还要"主静"，也就是以静为主。周敦颐自己有解释说："无欲故静。"没有欲望，所以达到静的状态。

这是我们很熟悉的道理，儒家一直教人克制。最基础的欲望最难克制，所以也最应该克制。至于为什么应该克制欲望，周敦颐写过一篇《养心亭说》，给出过明确的解释。"养心亭"，这个名字出自《孟子》，孟子说"养心莫善于寡欲"，心灵修炼最重要的功夫就是减少欲望。但周敦颐说，仅仅寡欲还不够，还要更进一步，要做到无欲，就可以达到诚和明的境界，这就是圣贤的人格高度。

什么是诚和明的境界呢？你应该还记得这是《中庸》里的概念。儒家把它们讲得太玄妙，你可以把它们简单理解成完美的人格和卓越的洞察力。那么，"主静"的"静"和"太极动而生阳，静而生阴"的"静"是不是一回事呢？如果是的话，难道意味着圣人是阴性的？这好像有点奇怪。

这个问题真的很难解释，学者们各执一词。朱熹也没能解释得很清楚，只是说圣人既有阳的属性，也有阴的属性，也就是说，既有动的属性，也有静的属性，但多数时候都处在静的状态，在一动一静之间展现太极之道。太极表现在人的道德规范里，就是所谓的"人极"。简单讲，做人做到这个程度，就算极致了，大家都应该往这个方向努力。

人极和太极既然呼应了，那么人类社会的道德秩序也就和天地万物的自然秩序协调起来了，所以《太极图说》最后总结说："故'圣人与天地合其德，日月合其明，四时合其序，鬼神合其吉凶'。君子修之吉，小人悖之凶。"

"与天地合其德"这番话是《周易》讲的，周敦颐这里是用了一套从"无极而太极"推演下来的道理给《周易》的论断做了一次证明。这样的证明虽然算不上严谨，但毕竟算是给儒家道德找到了终极依据。我们为什么应该做善事，做好人呢？因为这是在顺应宇宙的终极法则。为什么不应该做坏事，做坏人呢？因为那是在违背宇宙的终极法则。顺之则吉，逆之则凶；顺之者昌，逆之者亡。

当然，顺应规律不仅表现在善恶的问题上，日常做事也用得到。理学家很重视"主静"的功夫，用朱熹的话说，平时没事的时候要让心保持在静的状态，只有这样，遇到了事才有力气来处理，否则的话，遇事就会思虑散乱，精力不济，也就应付不来了。那到底该怎样来"主静"呢？具体办法有两种：一是周敦颐说的"无欲故静"，断绝一切欲望，这就离朱熹的著名命题"存天理，灭人欲"不远了，二是像和尚一样打坐，理学家称为"静坐"，有空就去静坐，不胡思乱想，让心神不耗散。

如果你觉得这套道理不是很有说服力，这很正常，因为你是一个受过现代教育的现代人。你要理解，宋朝人能把逻辑推演到这一步，已经难能可贵了。到了这一步，道德好歹有了终极依据。

从张载《西铭》到天地会，怎样去爱陌生人

(1) 人情和契约

请你想象一个场景：你是一个生活在宋朝的普通人，到首都开封打拼，终于站稳了脚跟，全城的人都不和你沾亲带故，你该拿他们当陌生人看还是当亲人看呢？你发现自己生活在一个遍地陌生人的世界里，你该怎么从心理上解决归属感的问题呢？

这个问题看上去很有现代感。今天的年轻人从小镇到大城市打拼，心理上也会发生相似的焦虑。今天解决这个问题当然容易很多，因为我们知道，熟人小社会靠的是人情，陌生人的大社会靠的是契约和法律。一旦规则和环境错位，各种麻烦就会接踵而来。比如外来的地方官在熟人小社会里不顾人情，铁面无私，最后往往事情没办好，自己也会被迫调任。相反，如果在陌生人大社会里不顾契约和法律，还是一味地拉人情、走关系，这条路也很难走得长久。但我们很容易对一时一地的规则做出绝对化的理解，认为这是放之四海而皆准的金科玉律，更要命的是，我们还很容易把规律赋予道德意义，于是各种在其他环境里适用的其他规则在我们眼里就显得不太道德。小社会里的人觉得讲契约、讲法律不道德，大社会里的人觉得拉关系、走后门不道德，然后都很想把自

己的规则和道德强加给别人。

我在前面讲过,儒家的理论体系不但是从熟人小社会里来的,还是从周代封建制里来的,到秦朝以后就不太适应新的社会结构了。但人心变不了那么快,尤其儒家道德特别给人一种温情脉脉的感觉,很吸引人,很让人留恋。当我们身边不再是抬头不见低头见的三亲六戚,而是来自五湖四海的陌生人时,我们该怎么办呢?契约和法律太冷漠,会导致人情淡薄,最后搞得连亲兄弟都要明算账。不,这不是杞人忧天,推行法家政策的秦国就发生过这种现象,谁愿意过这种毫无人情味的日子呢?有人捡到了你丢的钱包,虽然愿意还给你,但竟然开口向你索要报酬,难道你不觉得这很恶心?

人类天然就是适应小群体生活的,所有的心理结构编码都是针对小群体生活的,对契约和法制会有天然的反感。所以,直到今天,还是有很多人适应不来这个崭新的大社会的运作方式,比如对媒体有倾向性的收费报道非常不满,对可选可不选的有偿服务怨声载道,他们心里永远在唱着那首歌:"如果人人都献出一点爱,世界将变成美好的明天。"

但是,我们到底应该怎么去爱陌生人呢?还有一个更棘手的问题:我们凭什么要爱陌生人呢?当然,以前也有人讲过爱陌生人的道理,诸子百家中的墨家就是这样,教人对所有人一视同仁地去爱,这就是著名的"兼爱"主张。这让孟子很恼火,骂墨家是无君无父的禽兽,因为"兼爱"既意味着像爱国君和爱父母一样去爱陌生人,反过来说,也意味着对国君和对父母的爱不超过对陌生人的爱。孟子毕生都想要消灭的两大异端邪说里,墨家学说就是其中之一。后来墨家真的无声无息了,儒家成为最主流的声音,于是,怎样站在儒家立场上去爱陌生人,这就成为儒家学者在新的社会结构里必须去解决的新难题。解决掉这个难题的,就是《近思录》里的第二号人物——张载。

(2) 张载和他的《西铭》

张载，字子厚，名和字的关联显然来自《周易》的名言"厚德载物"。张载住在陕西一个叫横渠镇的小地方，所以大家叫他横渠先生。张载年轻时候很喜欢研究兵法，还给"军区长官"范仲淹写信，建议报国仇，打西夏。范仲淹没把年轻人的意见当回事，劝他认真去读儒家经典，别整天一副愤青样子。张载真的扔下兵书去读儒学了，同时把佛教、道教的典籍也读了不少。虽然常言说"学问深时意气平"，但张载例外，学问深了，更加意气风发了，来到首都开封讲学，这正是一个活生生的小镇青年到大都会打拼的例子。

开封是个人才荟萃的地方，张载就是在这里遇到了程颢、程颐兄弟。《近思录》里的四位名人，彼此有着奇妙的渊源。张载是二程的表叔，二程又曾经在周敦颐的门下学习。不过，二程对周敦颐并不十分尊敬，后来提起他的时候只称呼他的字，并不真的把他当老师看。至于张载这位表叔，因为关系太表面了，年纪又相差不多，所以彼此也没有什么辈分上的拘泥。二程的一些门生不太看重张载，说他见到二程之后马上把自己从前学过的知识全扔掉了，跟着二程学新知。张载的门人当然不服气，说他们老师的学问自成一家，足以和二程平起平坐。无论如何，二程的名望更高，这是真的。

有人记载过张载和二程的一次学术交锋，很有意思，说张载到了开封以后，办讲座，坐在虎皮上讲《周易》，来听的人很多。有一天晚上二程来了，切磋易学，等到第二天，张载灰头土脸地把虎皮撤了，坦言自己的学问不行，要大家跟二程学《周易》，说完就打包回陕西老家了。

这段记载无论真假，至少很传神。张载就是那样一个人，一身江湖气。另一方面，张载和二程确实都在易学上很有研究，研究方向也真有很大的差别。我在前面讲《周易》的时候特别讲过，《周易》是一部特别含糊不清的书，看上去玄而又玄，解释起来既可以怎么都对，也可以怎么都错，而且对任何事都能解释一通。二程关心道德问题，所以把《周易》往道德方向解释，《近思录》里就摘录了不少二程从《周易》出发讨论道德修养的话；张载更关心时政，还对宇宙的奥秘好奇，所以常常从这个角度来理解《周易》。如果你有机会回到北宋，你一定更愿意做张载的朋友，而不是做二程的朋友。

张载的著作很多，不少内容都让二程看不惯，但二程唯独对张载的一篇叫作《西铭》的短文特别推崇，说，孟子以后的文章，像样的原本只有韩愈的《原道》，但张载的《西铭》讲得更好，讲出了圣人的水平，堪称"天上的北斗"。

《西铭》原本并不是一篇单独的文章。张载写过一部书，叫作《正蒙》，一共十七篇，最后一篇叫《乾称篇》。张载很满意《乾称篇》里的两段，就把它们分别抄录出来，贴在自己学堂两边的墙上，还分别取了题目，一篇叫《订顽》，另一篇叫《砭愚》。程颐觉得取这种题目太有论战气息了，不好，所以改名叫作《西铭》和《东铭》，意思是"西边墙上的座右铭"和"东边墙上的座右铭"。

这两篇中，《西铭》后来一枝独秀，以至很多儒生把儒家经典都扔在一边，津津乐道的只有《西铭》。

《西铭》全文收录在《近思录》第二卷，这篇文章一开篇就提出一个很奇怪的命题："乾称父，坤称母，予兹藐焉，乃混然中处。"这话是从《易传》发挥来的，大意是说，天是父亲，地是母亲，我是他们的孩子，生活在天地之间。

这话的影响力有多大呢？我们熟悉的天地会，口号里的"天父地母"，就是从这里来的。天地会是个帮派组织，最被强调的人际关系就是兄弟情义。帮派组织之所以要拜关公，就是这个道理。进入帮派组织以后，之所以大家都是兄弟，因为从"法理"上说，大家都是"天父地母"的孩子。只要认同这个道理，你就可以和其他的帮派成员称兄道弟了。张载不搞帮派，所以他这个道理是对所有人讲的，所有人都是天父地母的孩子，所以所有人和所有人都存在血缘纽带，因为有这个血缘纽带，所以儒家传统的那种源于熟人小社会的宗法伦理就可以推广到陌生人的大社会里，你就有理由去爱任何一个陌生人，谁让你们是亲戚呢？

但是，凭什么说天和地是我们所有人的父母呢？你可以试着想想张载的理由是什么。

想象的宗法共同体

(1) 张载的宇宙观

《西铭》创建了一个想象的宗法共同体，使基于宗法社会的儒家学说在大社会里重新焕发生机，这是张载最大的理论贡献。

《西铭》一开篇就提出一个很奇怪的命题，说天是我们的父亲，地是我们的母亲。观点当然可以异想天开，但张载到底有什么理由这样说呢，怎么才能让大家信服呢？

这就要讲讲张载是怎么理解宇宙的。我们看宋朝这些理学家，他们首先是理论物理学家，像霍金那样，然后才是伦理学家和政治学家；先看明白宇宙发生、发展的规律，再把这些规律引入道德和政治领域。今天我们很难想象霍金会根据宇宙大爆炸理论来讲一套伦理和政治观点，但古代的学术和今天的很不一样。我们当然知道宋朝人根本就没能力去研究宇宙生成论，从周敦颐到朱熹全都靠猜，但我们必须看到，他们虽然错了，但错得很高明。如果从儒学和佛教、道教争地盘的角度来看，如果不是因为他们这些高明的错误，儒学会败得很难看，甚至连消亡都是有可能的。人文理论的发展、变形，往往是被危机局面逼出来的。

我们今天看理学，会觉得很烧脑，一点不像《论语》《孟子》那么好懂。这很正常，因为儒学发展到理学，才真正有了哲学思辨的味道。哲学思辨本来就有点烧脑，而理学家的哲学思辨还属于那种指鹿为马型的，要让不搭界的东西搭界，要把说不通的逻辑说通，所以很费一些周章。

张载和周敦颐一样，探究宇宙奥秘都从《周易》入手。"易有太极，是生两仪"，等等。张载的论证非常复杂，我只说要点。首先让我们抬起头，仰望天空，天上到底有什么呢？有日月星辰，这是我们都能看到的。但是，张载说，广袤的虚空其实也是真实存在的物质，只不过没有形体，我们看不到而已。宇宙的原始状态就是虚空，但它既不是真空，也不是连真空都不是的"无"，而是我们看不见、摸不着的基本物质元素，这就是"气"。"气"有聚有散，聚合起来的时候就会形成我们看得见、摸得着的物质，比如日月星辰、山河大地，鸟兽鱼虫，当然也包括我们自己。

"气"永远都在运动，所以物有成住坏灭，人有生老病死，所谓"静"，其实也有运动。前边我们看周敦颐的《太极图说》，太极一动一静，产生了阴和阳，阴阳交感孕育万物，但张载认为静是相对的，动才是绝对的。这和我们今天的物理学常识非常一致，但张载并不是从物理学研究里得出这个结论的，而是从《周易》里找证据。《周易》讲过"坤至柔而动也刚，至静而德方"，坤虽然是柔的极致、静的极致，但也会"动"，而且"动也刚"，动起来很有力，它的柔和静表现在"被动"上面。也就是说，乾是主动的运动，坤是被动的运动，乾在前边怎么动，坤就在后边怎么追。宇宙就是永恒的气在永恒地运动，所以宇宙既没有起点，也没有终点。

这就是宇宙的来龙去脉。但运动是怎样造成的呢？张载在这里没能免俗，还是取了阴阳交感的说法。这样的话，所有的人都是在阴阳交感中凝聚出来的，所以我们都是宇宙的儿女，彼此都是兄弟姐妹。如果顺着这个逻辑推演下去,那么我们不仅和陌生人是兄弟姐妹,甚至和父母也是兄弟姐妹。《西铭》接下来提出了一个非常著名的命题——"民吾同胞,物吾与也",后来被简称为"民胞物与",这个词直到今天还很常见。

"与"在这里的意思是"类别""同类","民胞物与"的意思就是,所有人都是我的同胞,所有物都是我的同类。

较真一下的话,猪也是气聚成型,难道我们和猪也是同类吗?如果是的话,我们是不是就不该吃猪肉了呢?严格来说,我们和猪确实属于同类,不仅如此,我们和蟑螂、细菌、石头都是同类,但关键是,"同胞"的级别比"同类"高,所以我们只要善待同胞也就够了,吃猪肉、杀蟑螂不算道德瑕疵。

为什么会这样呢?因为气的凝聚,状态有"正"有"偏","正"是好的,造出来的就是人,"偏"是不太好的,造出来的就是猪狗牛羊、石头土块等。你当然可以很强硬地反驳张载:"既然是同类,就不该同类相残。"但你从这里也可以看到,张载要想把这个道理说圆有多不容易。

(2) 宗法结构的重现

耶稣、佛陀和墨子真会这样主张,但张载不会,因为他毕竟是儒家的人。张载会说:"这是不应该的,因为亲缘关系是有远近之别的。"《西铭》确实是这样讲的,说皇帝是宇宙父母的宗子,皇帝手下的大臣就是宗子的家相。

宗子是宗法制度里的概念,简单讲就是大家族里有做族长资格的人。家相就是大管家。在周代的宗法制度里,家和国是一体的,族长就是君长,族长的管家就是国家的大臣。我们看"宰相"这个词,在宗法封建时代，全社会最重要的有两件事：一是祭祀，二是打仗。祭祀需要"宰杀"牲畜，所以主持这个仪式的人就叫"宰"，相应地，"宰"也有了"主导"的意思，今天我们还在用"主宰"这个词。"宰"的工作都是由大管家来办，而在国家结构里，"宰"就做了君主的副手，所以叫"相"，"相"是"辅佐"的意思，比如今天我们还在说"相夫教子"。宗法系统里的"宰"到了政府系统里就变成了"相"，"宰相"这个词就是这么来的。秦朝以后，宗法社会解体，但来自宗法社会里的一些称谓还是延续下来，只是含义变了，"宰相"就不再有"宰"的意义而只有"相"的意义了。

儒家学说是诞生在宗法土壤里的，《西铭》之所以要讲皇帝是宗子、大臣是家相，就是把宗法关系重新套用到现实社会里来，给大家创造一个想象的宗法共同体。这样一来，儒家那些早已经不合时宜的传统说法就可以重新焕发青春了。

那么，皇帝虽然是我们的兄弟，但人家贵为宗子，天生就比我们高贵，我们当然没道理跑到他家里均贫富去。大臣也都是有身份的人，我们应该尊重他们。在宗法结构里，所有人虽然都是亲戚，但感情不能一视同仁，爱是要分层级的，这就是儒家最强调的"等差之爱"。我在前面讲"三礼"的时候讲过五服制度，给不同关系的人要服不同等级的丧，这就是最能体现"等差之爱"的，让大家各安其位，不要越阶。在张载设计的这个宇宙大家庭里，依然要讲等差之爱，只是范围扩大了太多，和我们毫不沾亲带故的皇帝变成了大家长，陌生人变成了远房兄弟。我们要很爱皇帝，也要爱我们那些远房兄弟，只不过付出的爱不能是同样程度的。

如果你的狗和陌生人同时遇险，你只能救一个……

（1）理智与情感

《西铭》创立了一个想象的宗法共同体，这种道理我们今天还在用，绝大多数人都不否认这个想象的宗法共同体，但为什么我们还是需要契约和法制呢，为什么我们总是被各种亲戚坑害呢？

这个问题不难回答，我在前面讲过，柏拉图的《理想国》设计了一个惊世骇俗的共产共妻计划：废除家庭，婚配和育儿交给公职机构管理，让孩子和亲生父母互不相识，于是所有长辈是所有晚辈的父亲，所有晚辈是所有长辈的儿子，大家亲如一家，这有多好。后来亚里士多德在《政治学》里反驳柏拉图，说这太违背人之常情了，人们宁愿是某人的嫡亲堂兄弟，也不愿意成为柏拉图意义上的儿子。

人之常情是，爱的力量是很有限的，最多只适合于十几人、几十人的小群体，我们的祖先正是靠着爱的力量维系着群居生活，不但相濡以沫，还会协同作战，"岂曰无衣，与子同袍"。一旦超越了小群体的边界，爱就变得要么有心无力，要么既无心也无力，所以古代中国的"父母官""爱民如子"这些概念只是给人一点美好的幻想、一点道德的约束，任何想去因名责实的人只能大失所望。

我们还要知道，爱是一种天然的感情，并不受理性的控制。父母，尤其是母亲，天然会爱子女，但子女对父母的爱很大程度上并不是天然的，而是在养育的过程中培养起来的。糟糕的养育过程当然培养不出这种爱，这种情况竟然还很常见，所以古人才会特别强调孝道，强制子女对父母有爱，并且要尽孝道的义务。这里的逻辑是，父母生养了子女，哪怕有生无养，都是给了子女莫大的恩惠，所以子女要有一颗感恩的心，知恩图报，好好孝顺父母。

没有哪种文化会高调标榜母爱，要求母亲必须为子女付出多少，道理很简单，母爱既出自天然，又特别强烈，完全用不着教育和强制。但即便是母爱，如果一位母亲生了十几个孩子，也会有明显的偏心，对某些孩子就是无爱，比如我在第一章讲过的郑庄公母亲的例子。

所以我们很容易想到，"博爱"这种概念听上去很美，但不可能落到实处。有些伟大的宗教家确实博爱世人，跑到世界各地救助陌生人，但这种博爱本质上并不是爱，而是理性的驱动，是特定的宗教价值观使他们相信自己"应该"这样去爱人。

理性的爱和本能的爱很容易发生冲突，比如问你这样一个问题：陪了你十年的狗和一个陌生人同时遇险，你只能救一个，你会救谁？在今天的主流价值观里，肯定是舍狗救人，因为人是我们的同类，而狗只是畜生。理性会告诉你这个选择，但在感情上，狗是你小群体里的一员，是你的一个家庭成员，是在十年中始终陪着你喜怒哀乐的伙伴，你的感情绝对在狗的身上更多，在陌生人的身上更少。如果仅仅忠于情感的话，当然会有一些人的选择是舍人救狗。其他人也当然看不惯，会谴责他们把狗命置于人命之上。但是，狗命和人命到底孰轻孰重，这是理性问题，是理性对爱的要求，不可能和人们出自本能的爱完全合拍。

（2）猪的一身都是宝，百无一用是熊猫

在爱的层面上，"熟悉和陌生"比"同类和异类"要紧很多，家乡一条小河的断流会比非洲发生的一场屠杀让你更伤感。你还要想到古代和今天的不同，古代人因为信息闭塞和生活资料匮乏，比现代人更加害怕陌生人。仅仅在一百多年前，中国人看到金发碧眼的洋人，还觉得他们是挖小孩子心肝炼丹的红毛鬼子。本能会告诉人们，陌生的环境是危险的，陌生的生物更危险，而人类作为所有生物中武力值最高的一种，陌生的人当然是最危险的。本能天然就会指引我们在熟悉的狗和陌生的人之间果断选择前者，否则我们的祖先就不可能在残酷的自然竞争中幸存下来，也就不可能有今天的我们。

在大社会里，熟人关系的重要性虽然严重降低了，但我们身上的基因编码还没来得及发生改变。这时候我们再看回张载的《西铭》，没错，它确实使小社会里的儒家宗法伦理可以指导大社会里的人际关系，但理论上的革新并不能够革新人性。这就意味着，即便你真心接受了这套理论，真心相信全人类是个大家庭，你应该去爱每一个兄弟姐妹，但没办法，你真的给不出那么多爱。即便有少数人做到了，但绝大多数人注定是做不到的，美好的理论和严酷的现实注定没法合拍。

在人文学科里，像这种既反人性又没法落地的理论并不罕见，但它们往往都能风靡天下，产生几百上千年的深刻影响。道理很简单，这些理论的本质虽然反人性，但模样很合人意，愿意去相信它们恰恰是最合乎人性的事情。所以王国维学完哲学有过一个感慨说"可爱的不可信，可信的不可爱"，这话特别在理，而大家的选择永远都在"可爱的"一边。这就好比猪的一身都是宝，百无一用是熊猫，但人们照样歧视猪，追捧熊猫，《西铭》给出来的正是一种熊猫理论。

我们还可以把问题反过来想：只靠契约和法律来协调大社会里的人

451

际关系,用经济学理论设计高效的社会结构,这样就可以吗?即便真的可以,也很有难度,因为这同样是反人性的。人人自扫门前雪的社会,不受任何限制的自由市场,确实经济效率最高,但人的天性就是要在小社群里抱团取暖,否则就没办法消解焦虑。

你也许觉得这种问题可以靠宗教信仰来解决,但社会学的鼻祖涂尔干的经典著作《自杀论》揭示了一个很重要的现象:西方三大宗教里,教徒的自杀率排名依次是新教徒、天主教徒、犹太教徒。为什么会这样?因为新教徒自己读《圣经》,自己做祈祷,社群属性最弱;天主教徒有定期的教会弥撒,有更强的社群属性;而犹太教徒的社群属性最强。宗教信仰一定要有长期稳定的社群活动,才能有效地让人缓解焦虑,应对生活中的各种挫折。在这个意义上说,社群归属感比具体的宗教内容还要重要。那么相应地,只要能解决社群归属感的问题,即便没有宗教的外壳,人们也可以过上相当安心的日子。这就是为什么在今天这个科学昌明的时代,西方国家已经有很多人不再真的相信上帝创世的说法,但依然会保持宗教信仰,定期参加教会活动,随着教友小群体一起做弥撒和其他互动。

我们从这样的社会生活里就可以看到我在前面讲过的克鲁泡特金《互助论》的影子,就可以理解,为什么在西方的发达资本主义国家里,像工会这种严重制约经济效率的非政府组织竟然还有存在的价值,还有形形色色、千奇百怪的非政府组织在给人们提供小群体的情感纽带,在相当程度上解决了张载在《西铭》中想要解决、在理论上也解决了的但在实践中并未解决的那个难题,让冷冰冰的陌生人社会有了温度。

人生的终极问题：怎样才能不怕死？

（1）无法回避的问题迟早要解决

当时为了和佛教、道教争地盘，张载的《西铭》还需要解决一个问题，那就是人性中对死亡的根深蒂固的恐惧。你可以试着根据《西铭》的已知内容推演一下。

这确实是一个很严峻的问题，你始终要记得，张载的很多学术努力都是为了和佛教、道教争地盘，这是宋朝儒家共同面对的问题。人天生怕死，而且对于人这种智力发达的生物来说，对死亡的恐惧和对陌生人、陌生环境的恐惧高度相关，谁也不知道死后的世界到底是什么样的。是不是人死如灯灭呢？会不会死的只是肉体，灵魂以某种不可知的形式继续活着呢？灵魂会享福还是会受苦呢？游荡的灵魂会不会找到其他肉体寄居呢？各种想法都是猜测，谁也说不清。

道教的解决方案比较简单粗暴：对这些问题搞不清楚也无所谓，大家只要按照我的方法学习、修炼，就有机会成仙，成仙就意味着长生不死，从此再也不用焦虑死亡这回事了。

佛教有点不一样，他们宣传六道轮回的理论，今生的死亡只是来生的开始，来生的死亡又是下一个来生的开始，人永远也不会真正死掉，但别高兴得太早，因为这根本不是什么好事。永远不死，就意味着永远逃不出苦海，生生世世都要遭受苦难。人虽然天生贪生怕死，但如果只能在死亡和活受罪之间二选一，稍有理智的人都会选择前者。佛教告诉大家：不用担心，我有办法，只要按照我的方法学习、修炼，大家就有机会脱离苦海，从此再也不用担心活受罪了，更不会为死亡忧虑了。

这套说法很容易被佛陀时代的印度人接受，因为他们本来就相信六道轮回，但中国人没有这种文化基础，接受起来有点困难，但无论如何，吃斋念佛至少能给来生积累福报，这是既简单又容易被中国人接受的道理，既然来生能享福，死亡也就不可怕了。

怕死的问题是人生的终极问题，只有解决了这个问题，人才能踏踏实实地活着。

孔子没有解决这个问题，道理我在前面多次讲过。这个问题在孔子时代还不是问题，但到了秦汉以后就变成了大问题。佛教、道教解决了这个大问题，信徒当然越来越多，儒家要想守住阵地，必须给这个问题找出自家的答案才行。

还有一个虽然次一级但也很要紧的问题，那就是顺境和逆境到底是怎么来的。为什么好人没好报，祸害活千年？如果积德行善和贫富穷通没有任何关系，我们为什么还要积德行善呢？

如果孔子听到这些话，应该会说："君子喻于义，小人喻于利，凡是提出这种问题都是小人，我们不理他。"但没办法，封建贵族的社会已经解体了，忽然满世界都是小人。

张载想出了"天父地母"的道理，《西铭》结尾于是有了这样两句名言："富贵福泽，将厚吾之生也；贫贱忧戚，庸玉汝于成也。存吾顺事；没吾宁也。"意思是说，富贵是天父地母给我的恩赐，让我活得舒服一点，贫困同样是天父地母的恩赐，是为了磨炼我，让我成就大业。所以呢，活着的时候我就顺着天理做事，这就是在孝顺天父地母，死亡同样是顺应天理的事情,所以我应该用安详的态度去死,回归天父地母的怀抱。

在张载看来,顺应天理来做事,这就是儒学所谓的"仁"。

朱熹还有一番解释,说天地对人就像父母对子女一样,所以君子侍奉天地,像周公那么有权有势的人也不至于骄纵,像颜回那么穷的人每天也很开心,这就和侍奉父母的态度是一样的。

(2) 为天地立心

这时候我们应该想到张载在《正蒙》里讲过的宇宙生成论,反正万事万物,包括我们自己,都是"气"的聚散变化,本质上都是一体的,死亡不过是"气"的消散和变形,并不会真的消亡,这就叫"死而不亡"。《正蒙·太和篇》有一句话:"聚亦吾体,散亦吾体,知死之不亡者,可与言性矣。"如果这让你想到《庄子》,那么恭喜你,你想对了,这就是《庄子》的物化论,是我在前面讲过的。在这个问题上,庄子和张载的不同只在一个细节上,那就是,在张载看来,"气"的聚散有好有坏,最优等的聚合结构就是人,所以人是宇宙之灵;而在庄子看来,"气"的聚散无所谓结构好坏,就像浮云的变幻一样,碰巧是人形,碰巧是牛头马面,所有的聚散结构都可以等量齐观。

这会让我们思考一个很深刻的问题,那就是"我"到底应该怎么定义。

你可以假想一下,你穿越到宋朝,杀人放火,无恶不作,有一天被张载抓到了。张载质问你说:"你可知道'乾称父,坤称母'的道理吗?你杀的人都是你的兄弟姐妹,你怎么忍心?"

你回答说:"我杀人了吗?你不要诬陷我!你自己说的'聚亦吾体,

散亦吾体',这些所谓的死者只是发生了'气'的聚散变化而已,死而不亡。既然死而不亡,那就不是真的死了。"

张载被问住了,左顾右盼,显然没有任何人有资格来评理。如果说谁有评理的资格,那就只有天父地母了。但马上我们就遇到了另一个严峻的问题:天父地母到底有没有感觉和意识呢?

如果说天父地母生养了我们所有人,还给我们富贵的享乐和贫困的磨炼,显然用心良苦,既然用心良苦,那当然应该有个"心"在才对,难道宇宙是一个无边无际的巨大生命体吗?

我们想到这一层,就需要回顾一下张载最著名的四句格言:"为天地立心,为生民立道,为去圣继绝学,为万世开太平。"宋朝以后的知识分子常常把这四句话当成座右铭,这样的志向不可不谓最远大的志向。话说得豪迈,但第一句特别费解,到底怎样才是"为天地立心"呢?如果天地本来就有心,为什么要为天地再立一个心?如果要为天地立心,难道天地本来并没有心?

确实,天地本来真的没有心,所以才要人去给它们立一个心。换言之,宇宙并不是一个生命体,只是物质性的存在,但最基础的物质元素,也就是"气",聚散离合,生出了人类这样的智慧生命,又因为万物一体的缘故,所以人的心也就是天地的心,人对天地的理解也就是天地对自己的理解。人应该努力去理解天理,顺应天理,这就是"为天地立心"。

那么回到刚才的问题,你到底杀没杀人,要用天理来判断,也就是要让天父地母用自己的心来判断,也就是让最大限度理解了天理的人来判断。谁才是这样的人呢?当然是圣人。但是,谁是圣人呢?公认的圣人就是圣人吗?那么普通人难道就有判断圣人与否的能力吗?

古人其实并不会把问题逼问到这一步,所以张载的理论已经足够惊艳了,最重要的是,它足够有用,可以重建儒学地基,重振人们对儒学的信心。

我们作为旁观者，就需要想到一个问题，那就是"有用"和"可靠"往往不搭界。

追求可靠的知识，这只是极少数象牙塔里的学者爱做的事，至于芸芸众生应对现实生活，只会追求有用的知识，并且用自欺欺人的精神把"有用"等同于"可靠"。这当然无可厚非，但是，过度的实用主义往往会制约人的好奇心和想象力，相应地也就束缚了一个人哪怕仅仅在实用主义道路上的步伐。这是我想讲的一点题外话。

关于《近思录》，就讲到这里了，下一章要讲王阳明的《传习录》，你可以思考一个开放型的问题：王阳明的学术思想和他这一生的功业之间到底有多大的关系？

※ 第二十一章

《传习录》

普通人和哲人为什么都常常说一套做一套

(1) 信与行

《传习录》是王阳明的弟子们记载老师的语录和书信而编出的一部书，相当于心学阵营里的一部《论语》。这里要讲两件事：第一，思想家的学术和他们的实际生活为什么常常脱节；第二，"不朽"如何以各种变体成为人生追求的内驱力。

宋朝以后，儒家分为理学和心学两大阵营，理学的《论语》就是前两章讲过的《近思录》，心学的《论语》就是这部《传习录》。从宋朝到清朝，理学是主流，心学是支流，甚至可以说是异端。《传习录》的很多内容都是针对理学而发的，对传统的儒家经典，也就是"四书五经"，做出了和理学不同的解释。所以今天读《传习录》，最大的障碍就是没法直接上手，而要先熟悉"四书五经"，再熟悉理学，才能看懂《传习录》到底在说什么。我们还要知道，王阳明是在理学一统天下的时候标新立异，必然承受很大的舆论压力，所以他有很多话说得格外小心，我们只有站在明朝人的学术土壤上，才能对那些话敏感。

《传习录》的书名出自《论语》，是大家都很熟悉的一句："曾子曰：'吾日三省吾身：为人谋而不忠乎？与朋友交而不信乎？传不习乎？'""传不习乎"是说老师教的内容自己有没有好好复习。

如果对我前面讲过的内容你都已经留下印象了，现在就应该对儒学从孔子到朱熹的这一段发展脉络有概念了。这就意味着，你其实已经能够站在明朝人的学术土壤上了，即便站得还不太稳，但至少脚下不是虚空，是时候看看《传习录》了。

《传习录》的各种版本在今天还很流行，这倒不是因为它的内容本身，而是因为王阳明这个人是一个偶像一般的存在，一生充满传奇，活得光辉灿烂。《左传》讲过人有立德、立功、立言"三不朽"，王阳明占全了，简直是一个完美的人。更重要的是，他不像孔子那样是一个在现实生活中处处碰壁、死后才被人无限追捧的圣人，而是一个功勋卓著的成功人士，这才是最吸引现代人的地方。所以《传习录》被当成这位成功人士的成功心法，一直在图书市场上保持着很高的热度。

那么，王阳明的学术思想和他这一生的功业之间到底有多大的关系？

(2) 因果律

之所以要提上面这个问题，是因为我们很容易把一个人的生活、事业和他的学说、主张用因果关系联系在一起，但是，这两者往往并不真有很强的联系。尤其在哲学家里，错位特别常见。这倒不是虚伪的缘故，而是因为理论和现实常有合不上拍的时候。就拿我自己来说，我是比较倾向于认为人是没有自由意志的，换言之，自由意志只是我们的一种幻觉。我写过一本书名为《正义从哪里来》，里面有详细的分析。这里简单讲，只要因果律是真实的，那么任何事件都是由若干前因决定的，哪怕是我现在说的每一个字、头脑里闪过的每一个念头，都是被无数前因锁定的。虽然我们无法认清这些前因，也不可能对未来做出预测，但我们可以知道既不存在无因之果，也不存在无果之因。即便宇宙的诞生真的是一个无因之果，但从它诞生的那一刻以后，一切能量和物质的运动轨迹都在因果律里按部就班。

我对世界既然有这样的理解，按理说应该活出一副听天由命的样子，但显然我并没有。虽然我相信我这种"并没有"也是被因果律决定好的，但我照样会有喜怒哀乐，有追求和舍弃，和一个相信"人定胜天"的人并没有很大的区别。

我和万维钢老师讨论过"无我"这个题目。"无我"是原始佛教最基本的几条教义之一，但是当你相信这回事之后，还要不要继续修行呢？当时就有很多佛教徒疑惑，说，既然无我，那到底是谁在修行，又是谁在承受轮回？如果我辛苦修行了一辈子，结果并没有一个"我"在修行，这辈子岂不是白忙活了？这是很尖锐的问题，也是佛教迟早要面对的问题，但是佛陀仗着自己的权威，把这个问题连同其他一些类似的问题打包，悬置不论，说思考这类问题对脱离苦海毫无益处，徒增烦恼而已。后来怎么样了呢？一方面佛陀的徒子徒孙们非要解决这个问题不可，另一方面就算真的悬置不论，在修行的时候也不可能真的相信"无我"，"我"该打坐还是要打坐，该持戒还是要持戒，闹肚子的时候是真真切切的"我"的肚子疼，吃完饭也是"我"的肚子真真切切觉得饱了。简言之，对于"无我"这个教义，无论是真诚相信的人还是半信半疑的人，生活和修行的方式其实都差不多。

前面讲《近思录》，讲过张载的《西铭》。张载给大家创造了一个想象的宗法共同体，但陌生人之间真的就能像兄弟姐妹一样相处吗？我们今天常常讲的"炎黄子孙"同样是一个宗法共同体，这个概念早就被普遍接受了，但在实际生活里，我们还是会采取一种"谨防陌生人"的态度。

说回王阳明，他的学术和军功、政治事业之间，其实很难看出必然的联系，甚至存在很大的矛盾。似乎学术是一套心法，建功立业靠的是另一套心法，而且，他的学术也像前两章讲过的周敦颐和张载的理论一样，虽然有一副动人的外形，却禁不起认真推敲，也同样很难落到实处。这对那些把《传习录》当作成功学心法的读者来说，是很有几分尴尬的。

(3) 不朽的意义

人们对王阳明的认识，首先就是"三不朽"。虽然说人无完人，但一个做到"三不朽"的人，和完人只有一步之遥。人对不朽素来有着狂热的追求，一来因为"变化"带来的陌生感总是让人恐惧，永恒才是最稳妥的东西，这也是种种或真或假的终极真理存在的意义；二来因为贪生怕死是顽固的本能，我们想要长生不死，如果实在达不到的话，那么退而求其次，肉身死就死了，但灵魂、精神、功业、名声、著作等等，自己的任何一部分能在世界上留下永恒的印记也是好的。

在先秦的宗法时代，贵族对不朽的追求一般建立在家族的繁衍和传承上，但是随着礼崩乐坏，大家越来越发现这件事靠不住。即便贵为皇帝，秦始皇想要"递三世可至万世而为君"，想得很美，结果二世而亡。无权无势的人要想不朽，更需要另辟蹊径，而文人最实际的路线就是立言。我讲过曹丕的《典论·论文》，说文章是"经国之大业，不朽之盛事"，值得一个人耗费毕生精力去追求。我们"熊逸书院"讲到的这些经典，每一部都是立言的典范。做不到这些也没关系，至少我们都还可以生儿育女，这是"不朽"事业的基础款。

追求不朽是我们基因里最热切的驱动力。生儿育女是为了生物基因的不朽，立德、立功、立言是为了文化基因的不朽，后者很可能就是前者的变种。如果一个人既没有生育能力，也没有立德、立功、立言的本领，那么还有一个出路，就是投身宗教，相信灵魂不朽。每个人生活的方方面面，或隐或显都是被"不朽"这个目标驱动着的。王阳明集"三不朽"于一身，当然会成为人们追捧的对象。

阳明心学的核心要领和出现契机

(1) 王阳明的不同形象

王阳明的"三不朽"实在来之不易。如果我们看明朝的史料，尤其是最有权威性的《明实录》，会看到他的"不朽"其实是像秦桧、贾似道一样的遗臭万年。《明实录》为我们描述了一个极度虚伪、奸诈、恶毒的王阳明，他的功劳要么是从别人那里冒领来的，要么是虚报来的，要么是眼看作乱不成，仓皇反水得来的。这竟然和我们印象中的王阳明截然相反，到底是怎么回事呢？

我们都知道一句关于历史的名言，那就是"历史从来都是胜利者书写的"，在中国的正史系统里，通常都是后面一个朝代为前面一个朝代编修历史，比如《明史》就是清朝编的，所以人们当然会想：清朝肯定会想方设法抹黑明朝，抬高自己，所以《明史》的可靠性一定不高。要看可靠性高的，当然要找明朝人自己编修的史书，这就是《明实录》。

《明实录》还真不是"胜利者"书写的，而是继任的皇帝为上一任皇帝编修的。每一任皇帝继位，都要按规矩设立一个编辑部，搜集整理上一任的档案资料，诸如奏折、圣旨之类的东西，然后编年纪事。所以，到了末代皇帝明思宗，也就是崇祯皇帝，没有继承人来编修实录了，全套《明实录》也就没有《明思宗实录》。

继承人写的历史会不会比胜利者写的历史更可靠，这还真不好说。读者愿意相信哪一种历史，主要取决于情感上的立场。如果不是有王阳明弟子的记载流传下来，如果不是有后来清朝人编修的《明史》为王阳明翻案，王阳明一定会因为《明实录》的缘故而被钉在历史的耻辱柱上，永世不得翻身，而他的心学也会被后人因人废言，成为荒唐可笑的异端邪说。

王阳明确实是以异端的面目生活在他的时代的，人们对他的印象特别两极化。认同他的人觉得他发现了沉埋千年的儒学真谛，是个替天下人拨云见日、拨乱反正的英雄，而看不惯他的人骂他标新立异，为了出名不择手段，是个扰乱人心、欺世盗名的反动派。但我们今天来看王阳明的学术思想，除了会觉得有一点背离常识，并不觉得有很大的震撼。这是时代差异造成的，我们毕竟没有生活在程朱理学一统天下的时候，对王阳明学说的颠覆性并不会有很深的感触。至于王阳明本人，和他的同时代人一样，从小就把程朱理学当成天经地义的学问，认认真真地去学习、实践。正是因为太认真，所以他才发现朱熹那套办法竟然行不通。

这时候就需要用到一个既很常识又很大胆的逻辑，那就是，一套行不通的道理，无论多么高大上，哪怕全世界都把它奉为圭臬，它也一定是错的。

（2）心学要领

要做出这个判断，需要异乎寻常的勇气。普通人治学既不会这样认真，更没有这样的胆魄，所以唯独王阳明从发现问题到解决问题，开创出一套崭新的学术，人们称它为心学，或者阳明心学，又因为这套学术和南宋陆九渊的学术很接近,所以人们也会称它为陆王心学。顾名思义,所谓心学,意思就是说,要找终极真理,不必到宇宙和万事万物中去找,只要在你的心里找;每个人的心里都深埋着一整套完整无缺的终极真理,每个人所该做的就是回到内心,从心底把终极真理发掘出来,然后再拿这套真理去影响别人,影响社会,这就是阳明心学最核心的要领——致良知。

这套理论在当时之所以很有颠覆性,就是因为朱熹教人格物致知,从万事万物中认识终极真理。在这一点上,心学和理学完全是反着来的。心学出现的契机,就在王阳明青年时代著名的"格竹子"事件。

严格来说,这时候我们还不能称他王阳明,因为"阳明"是号,后来才取的。他的大名是王守仁,字伯安,号阳明,但我们为了简便,就统一称呼他王阳明好了。

根据王阳明弟子的记载,王阳明在二十一岁那年认真研究理学,对朱熹的一句话特别有感触,这句话就是"众物必有表里精粗,一草一木,皆涵至理",意思是说,终极真理无所不在,即便小到一草一木,也蕴含着完整的终极真理。对这个道理,你应该已经不陌生了。是的,这就是朱熹版本的格物致知。

所谓格物,就是以打破砂锅问到底的精神探索事物的终极原理;所谓致知,就是将已经通过格物获得的知识向外类推,触类旁通,逐渐由一事一物背后的终极原理而掌握万事万物的终极规律。

朱熹将格物比作吃果子:先剥掉果皮,再吃掉果肉,最后把中间的果核咬破,这才能晓得这只果子的全部味道。如果只吃掉果肉,却没有咬破果核,这就不能算作对这只果子有了完整的认知。还有一则比喻是,比如南剑人到建宁县去,只进了县境是不够的,必须进到衙门里,才算是真正到达终点了。

看上去这很像我们今天所谓的科学精神,譬如探究物质的构成,咬破果核还不算尽处，还要进一步把这只果子分解到分子，由分子再到原子，再分解为质子、中子和电子，再分解下去，直到当下的技术手段所能达到的极致。继而触类旁通，果子既然由基本粒子构成，天下万物是否都是由这些基本粒子构成的呢？果然，石头也是，金属也是，甚至连空气都是。于是我们渐次掌握了一切物质的基本构成法则，而这是否就是格物致知了呢？

确实，在19世纪，西方的物理学读本被译介到中国时，中文就是将物理学表述为格物学或格致学的。但是，儒家理论怎么突然关心起科学来了？

答案很简单：儒家还是一如既往地并不关心科学，一切貌似带有科学色彩的理论都不过是为了政治哲学或人生哲学寻找终极依据。比如前面讲张载的《西铭》，朱熹的理解就是，整篇《西铭》，每一句都在讲"理一分殊"的道理。所谓"理一"，就是说终极真理只有一个；所谓"分殊"，就是说终极真理在具体事物上的表现存在差异。反过来看，万事万物各具其理，这就是"分殊"；每个"分殊"之理都是本源之理的具体化，这就是"理一"。"理一分殊"，这是朱熹的著名命题。具体到社会伦理上，人人都生于天地之间，都是天父地母的子女，这是"理一"；而人人都对自己血缘上的父母儿女有特殊的爱，这是"分殊"。接下来的推理尤其重要：因为这个"理一"，所以我们才能够推己及人；因为这个"分殊"，所以我们的爱必须从最亲的人开始，渐渐及于遥远的陌生人。

那么再来看"众物必有表里精粗，一草一木，皆涵至理"这句话，它意味着每一朵花、每一片叶，都蕴含着完整的天理，只要凭着格物致知的方法，就可以体认天理，窥见整个宇宙的终极依据。理论上说，既然每一细微的事物都蕴含有完整的天理，那么只要"格"一朵花或一片叶就足以认识全部的宇宙与人生了。但人力毕竟有限，所以朱熹给出的方法是，今日格一物，明日格一物，日积月累，最后由量变而质变，豁然开朗。

"知行合一"从何而来

(1) 格竹子的故事

朱熹"格物致知"的理论让王阳明跃跃欲试，正好身边有竹子，那就认真"格"一下竹子好了。你也可以找一根竹子，或者身边的任何东西，用朱熹的方法"格"一下看，看看能不能发现朱熹所谓的太极或者天理。

如果你"格"的真是一根竹子，那么你首先要将竹子的"表里精粗"做出细分，"表"这部分又可以做很多细分，诸如颜色、质地等等。单以颜色论，竹子为什么是绿色的，因为它的表皮吸收了其他可见光而反射了绿光，而绿光之所以是绿色的，只因为这种波长的光经由我们的视网膜，被大脑解读成绿色。所以，颜色只是表象，它的本质其实是距离，光波两个波峰之间的距离，等等。你还可以用生物学的手段穷究到基因层面，发现一切生命的奥秘，然后进一步地细致入微，从分子到原子，再认清质子、中子和电子的关系，继续探究到底的话，真的可以发现宇宙运行的终极规则。只不过时至今日，最伟大的物理学家都没有走到这一步。至于物理学上的发现会和道德有什么关系，那就真不好讲了。

你在"格竹子"的过程中，一定会用到从生物学到物理学的各种高精尖设备，然后就会疑惑：难道古人的格物功夫只靠血肉之躯、一己之力吗？再好的眼力也看不到DNA的双螺旋结构，再殚精竭虑也想不出电子的运动轨迹。朱熹貌似指了一条明路，但走上这条路的人只会陷入一片黑暗。当然，前提是他必须走得很认真。

越认真就越容易碰壁，这个道理很有一点吊诡。我们正好可以从这里理解王阳明学术的心理基础，那就是"认真"，比别人都认真。

王阳明信了朱熹的话，认认真真去格竹子。史料没有记载他到底是怎么"格"的，但大致可以推断，他对着竹子冥思苦想，一连七天精神没有松懈，结果累虚脱了。但他并不以为是自己搞错了方法，只是怪自己精力不够，然后得出一个结论：做圣贤是一件很耗精力的事，普通人没有这样的精力，所以做不成圣贤。

等王阳明后来开宗立派，和弟子们讲到这段往事，才终于换了一种解释，说"格竹子"之所以行不通，是因为朱熹那套格物致知的理论错了。这时候的王阳明已经敢于怀疑权威了，还不怕把自己的怀疑讲出来，这样的自信同样来自他的认真。

站在王阳明的角度来看，事情应该是这样的：朱熹讲的格物致知明明行不通，只要别人也像自己一样认真去做，就会发现行不通，但为什么偏偏只有自己发现了呢？这是因为大家虽然把朱熹当成圣人，把朱熹的话当成真理，但在学习圣人圣论的时候只是从书本到书本，只求考试过关，从没想过真去实践这些学问。整个社会都是这样，老师拿着圣贤书来教学，其实只是照本宣科，学生把圣人圣论奉为天经地义，但从没真正走过脑子。

这还真的是王阳明时代一个很严峻的社会问题。朱熹的学说不管是对是错，目的是教人体认天理，向着圣贤的方向自我修养，至于学了这些知识之后能不能升官发财，那是不在考虑范围之内的。儒学的特点是只重原则，不计后果。换句话说，是教你去做道义上正确的事，至于做到之后你会飞黄腾达还是身败名裂、你会给全社会造福还是为害，都无所谓。你也许不理解，难道为害全社会也能符合道义吗？其实真会这样，比如牺牲一个无辜的人来挽救全社会的灾难到底可不可以，功利主义者当然觉得可以，但极端的道德主义者，比如"北宋四子"中的程颐，就认为这完全不可以。

程颐这样的人当然是极少数，但即便降程颐一等，绝大多数人也做不到。人天生就是以成败论英雄的，如果王阳明从来没有建功立业，一辈子都在一个小乡村里讲授他的心学，人们对他的追捧程度必然大打折扣。同样，很多人读《传习录》，也是为了学一套内功心法，帮自己走向成功。如果说这套心法和得失成败毫无关系，那还有几个人会对它有兴趣呢？我们还可以换一个角度来看：一套学说无论对错，只要站稳了脚跟，能给人带来实实在在的好处，这就足够了，人们就不愿意再找一套新的学说来替代它，除非哪一天它遭遇了真正的危机。

（2）从书本到书本

在王阳明的时代，程朱理学早已经站稳了脚跟，被人们奉为金科玉律，更重要的是，科举考试完全在理学体系里出题，无论你想升官发财还是为社会做贡献，学好理学就有机会中举、做官，就有了人生最好的垫脚石。理学就这样从终极真理变成了晋升的阶梯，无论你是不是真心相信这套真理，也无论你对这套真理到底掌握了多深，只要能应付考试，它就完成使命了。到时候你大可以把书一扔，专心享受荣华富贵。如果你对真理太较真，非要拿自己用心得来的独到理解和主考官争论一番，那么无论输赢，你都输了。从这个意义上看，王阳明其实只做了一件很简单的事,那就是用真诚的态度对待公认的真理。

偏偏这样一桩简单的事,绝大多数人都做不到。

朱熹格物致知的道理,当时所有读书人都能讲得头头是道,但只有王阳明拿出全副精力去照做,等碰得头破血流,再拿出反思的态度,看看问题到底出在哪里。其实就"格竹子"这件事本身,王阳明真没多少资格来怪朱熹,但这不重要,重要的是他用一颗真诚的心来对待所有人嘴里的金科玉律,著名的"知行合一"的说法就是在这样的背景下提出来的。

有一个很好的例子:王阳明的弟子舒芬来请老师给自己写一幅座右铭,内容是《孟子》里关于自我修养的一段。这看上去是一个很正常合理的请求,但王阳明写到一半,忽然放下了笔,对在座的各位弟子说:"舒国裳考中过状元,难道还不知道自我修养,需要座右铭来时刻提醒自己吗?"子弟们听了这话,后背直冒冷汗。

如果换到今天的情境里,这就好比一个受过高等教育的成年人把一幅写着"不能随地吐痰"的标语贴在书房的墙上,随时警醒自己。这当然很荒唐,而更荒唐的是,在王阳明点明这有多么荒唐之前,竟然没人觉得这有什么荒唐。

舒芬这位状元郎当然能把儒家经典读得比谁都熟,但是,倒背如流是一回事,真把这些书本知识内化成自己的价值观就是另一回事了。满嘴仁义道德的人未必真会做仁义道德的事,这是不是意味着"知"和"行"脱节了呢?

我们普通人当然会这么想,这叫"说一套,做一套"。今天的心理学知识告诉我们,一个人如果真的"说一套,做一套",很容易陷入认知失调,这种感觉很不舒服,而为了消除不适感,必然要有一些自欺欺人的努力。最好的情况是大家都去自欺欺人,这样的话,终于连最后一点认知失调都察觉不到了。这种时候最怕遇到王阳明这样较真的人,一旦较起真来,所有人都会觉得尴尬。

"知行合一"的含义和破绽

(1) 有没有"意志薄弱"这回事？

王阳明认为"说一套，做一套"并不意味着"知"和"行"的脱节，而是意味着"不知"，或者"不是真知"。简单讲，真知必能行，没做到一定是因为不知道。你可以想一下吸烟这回事，人人都知道吸烟有害健康，但很少人能戒烟，原因是烟瘾太大，自制力不足。但王阳明会说："自制力不足这回事根本就不存在。"这是一个很诡异的结论，如果你是王阳明，你会怎么把话说圆呢？

所谓"自制力不足"，也可以叫作"意志薄弱"。我们可以借用《老子》的逻辑，"有无相生，难易相成，长短相形，高下相盈"，所谓薄弱，当然也是一个相对的概念，是相对于欲望而言的。欲望太强烈，理智不足以约束，这就是意志薄弱。

那么我们来看看吸烟的问题。"吸烟有害健康"，今天的每个烟盒上都印着这句话，每个人也都清楚这句话一点没错。能戒烟当然是好事，又省钱又健康，但为什么还是有那么多人吸烟呢？传统解释是，戒烟需要超人的毅力，一般人缺乏这份毅力，所以总是半途而废。但我们可以设想一种情况，任何戒烟成功的人都可以获得一千万元的奖励，或者反过来，戒不掉烟的人将会被满门抄斩，你觉得还会有多少人戒不掉烟呢？

　　这就意味着，戒烟其实并不是一件很难的事，和戒毒不一样，只要好处足够大，没几个人戒不掉。我们还可以用一个比较正常的方法：对那些因为吸烟导致各种疾病，尤其是肺病的人，跟踪拍摄，记录他们最真切的痛苦和可怕的、发生严重病变的肺部，然后把这些触目惊心的场面播放给吸烟的人看。只要场面足够震撼，就可以起到很好的效果。王阳明会说："这意味着只要一个人真的知道了吸烟的危害和戒烟的好处，就一定能把烟戒掉。那些嘴上说自己知道吸烟有害健康却拿意志薄弱做借口的人，本质上的原因是他们并不真的知道。在真知的层面上，知和行是一体的，知就是行，行就是知，真知一定会表现在行动上，否则就不是真知。"

　　不过，从这个角度来看，拒不戒烟也许不是缺乏真知的表现，恰恰相反，而是在理智权衡之后，觉得自己得肺病的概率并不很大，为此放弃每天的吸烟享受并不划算。如果不是因为这种权衡的话，那么吸毒的享受感远远大于吸烟，吸烟的人为什么没有发展到吸毒的地步呢？他们对毒品总是望而生畏，绝对不愿去沾，因为他们很清楚吸毒的后果是自己无论如何都不愿承受的，而且一旦吸毒，这种后果就是绝对的大概率事件。

　　我们谈到吸毒的话题，又可以把"知行合一"的命题深入一步。吸毒的人难道不知道吸毒的危害吗，为什么成功戒掉毒瘾的人少之又少呢？

　　即便我们退回到明朝人的认识水平，也会发现"知行合一"的命题总会遇到一些难以自圆其说的局面。比如你看见运钞车停在银行门口，工作人员正在把成箱的纸钞抬进银行，你马上动了贪念，想动手去抢，但转念一想，这样做不对，不道德，算了吧。你若无其事地走开了，仿佛一切都没有发生过。

　　一切确实都没有发生过，不道德的念头只是在你的心里闪现了一下而已。但是，王阳明会语重心长地说："不道德的行为真的发生了，因为'一念发动处便即是行'，你动了抢劫的念头，就是做出了抢劫的行为。"

这个道理是从《大学》发挥来的。《大学》里有两句话——"如好好色，如恶恶臭"，联系上下文，这是说君子要有真诚的心意，不能自欺，这种真诚就如同厌恶臭味、喜爱女色一样，是一种当下直截、自然而然的反应。王阳明说，《大学》就是这样把真正的知行指给我们看了，只是大家理解得不够仔细。

(2)"一念发动处便即是行"

在常规的理解里，所谓"如好好色，如恶恶臭"，是说人闻到恶臭自然就会厌恶，见到美色自然就会喜欢，这是自发的、自然而然的心态。在王阳明的解释里，"见好色"，属于知，"好好色"属于行，虽然貌似知是知、行是行，实际上一个人在看到美色的时候就已经自发地、自然而然地喜爱上了，并不是看到美色之后又生发出一个喜爱的念头去喜欢她，同理，闻到恶臭的时候就已经自发地、自然而然地产生了厌恶感，并不是闻到恶臭之后再生发出一个厌恶的念头去厌恶它。

这就是说，当男人看到美女的时候，总会一见倾心，并不是看到之后再斟酌一下"我到底要不要喜欢她呢……哦，她是美女，而我是个正常的男人，我当然要喜欢她"，想通了之后，才开始产生爱慕的心理。所以，知和行是同时发生的，是一回事。

这样的逻辑当然算不得严密，即便我们不去援引现代知识来说明看到一个美女和爱慕这个美女在神经传导上确实存在微小的时间间隔，但我们总该知道，无论"看到"与"爱慕"也好，"闻到"与"厌恶"也好，都没有"行"发生。换言之，看到美女，心生爱慕，然后走过去搭讪,搭讪才属于"行",倘若在心生爱慕之后不动声色地走开,正如我们绝大多数人会做的那样,"行"也就无从谈起了。同理,在接受领导训话的时候,虽然闻到他的口臭,并且立即生出了厌恶感,但大多数人都会装出一副若无其事的样子,"行"同样不曾发生。这样看来,知与行毕竟是两回事,无论如何也不能混为一谈。

也许是为了把道理说圆,王阳明做了一个很重要的补充,这就是刚刚讲到的"一念发动处便即是行",想到了就是做到了。耶稣也教育过人们相似的道理:"凡是看见妇女就动淫念的,这人心里已经与他犯奸淫了。"但耶稣是神,怎么说都对,也不必论证自己的话,王阳明只是凡人,既然提出一个不同寻常的观点,就必须论证清楚才行。如果我们顺着他的思路来想,比如你看到一个老爷爷被车撞了,你马上动了恻隐之心,想去帮他,但转念一想,万一被讹上了怎么办?算了,就当没看见吧。当有人谴责你见死不救的时候,你大可以说:"一念发动处便即是行,我想过救他,所以我已经救过他了。"

为什么会出现这样的荒唐事呢?这是因为王阳明把"格物"的道理做了新的解释,所谓"格物",就是一种自我反省的功夫,心里每动一个念头,只要其中含有不道德的,或者说属于"人欲"的成分,都要立即纠正;只要无时无处都这样做,"人欲"就会彻底消失,心中满满充盈着天理,这就是所谓的"穷理",也就是《大学》三纲领之一的"明明德"。"格物"不再像"格竹子"那样向外界事物去"格",而是返回来"格"自己的内心。

几大心学命题之间的关系

(1) 善和恶到底存在吗?

王阳明重新定义了"格物"的概念,而当这个崭新的"格物"命题和"知行合一"的命题结合起来的时候,矛盾也就出现了:恶念等于恶行,必须严厉禁止,但如果善念也等于善行,我们只要动动善念也就够了,不必真的去做善事。这个尴尬有没有解决方案呢,你觉得王阳明能把话说圆吗?

我们在讨论问题的时候经常会陷入这种僵局,有一个很经典的哲学化的解决方案,其实很多人都会自觉不自觉地用到,那就是上升一个层面,再重新审视原有的问题,这样一来,视角就从平视变成了俯瞰,原先解决不了的问题这时候不需要特地去解决就已经自行消解了。你可以回想《庄子》的内容,庄子最精通这种手段,任何难题只要上升一个层面看,或者再上升一个层面,都会自行消解。我们所有的纠结和挣扎,从本质上说,都是因为我们上升不到更高层面。

我们当下的问题是善念、善行、恶念、恶行这四者的关系,在现有的层面确实无法自圆其说,但你可以深究一步,想一想善和恶究竟是怎么来的。

王阳明有一个弟子叫薛侃,有一天薛侃正在花园里边除草,忽然触景生情,问了老师一个问题:"天地间为什么善很难培养,恶却很难铲除呢?"

养过花的人都会有这种体会,总会有生命力格外顽强的杂草来争夺鲜花的养分,所以人总要耗时耗力来除草,精心伺候娇柔的鲜花。如果杂草能像鲜花一样娇柔,鲜花能像杂草一样顽强,那该多好!

王阳明先是从"立志"的角度来回答的:"善难培养,只因为没有立志去认真培养;恶难铲除,也只因为没有立志去认真铲除。"这话背后的逻辑就是"知行合一",真知必能行,如果你没做到,那只能是因为你还没有真正认识到养善去恶的意义。但王阳明忽然话锋一转,说出另外一番道理:"天地生生不息之意,对花对草一般无二,何曾有善恶之别?你想赏花,这才以花为善,以草为恶,一旦你想要的是草,善恶便颠倒过来了。可见这一种善恶,都是由人心的好恶产生的,不是正确的见解。"

薛侃很诧异:"难道善恶在本质上是不存在的吗?"

王阳明答道:"无善无恶是理之静,有善有恶是气之动。不动于气,就是无善无恶了,也就是至善。"

如果你对程朱理学不了解,没读过周敦颐的《太极图说》和张载的《西铭》,就很难领会这句话的含义,更难理解"无善无恶"为什么等于"至善"。但现在这已经难不住你了,或者说唬不住你了。理就是天理,或者说太极,是抽象的规则,气则是具体的物质,万事万物都是理与气的结合。我们不妨以柏拉图的方式理解:一个抽象的、存在于概念上的圆,是一个完美无瑕的正圆,而把这个概念中的圆落实到实际上,无论是用圆规画一个圆,还是用模具做一个圆形的面包,总会有瑕疵,不可能是无瑕的正圆。所以,对于那个抽象的、概念上的圆,并无所谓准确或不准确,"很圆"或"不很圆"这些说法仅仅对于实际存在的圆形而言才有意义。

人的终极修养，就是要让自己的一言一行，甚至每一个微小的念头，都符合天理。在这个层面上，你的心就是至善的状态。既然是至善，就意味着连一丝一毫的恶都不存在，而善与恶是一组相对的概念，如果没有善，也就无所谓恶，如果没有恶，也就无所谓善。这是最好的状态，所以也可以用"至善"这个词来定义它。当然，这样的语言不够严谨，但你只要懂得它的意思就可以了。从这个意思上，我们就可以理解王阳明著名的"四句教"："无善无恶是心之体。有善有恶是意之动。知善知恶是良知。为善去恶是格物。"

在这四句话里边，"良知"也是阳明心学的一个重要概念。

(2) 我们还要不要读书？

冯友兰举过一个很有代表性的例子：王阳明的一个弟子夜间在房内捉得一贼，他对贼讲了一番良知的道理。贼大笑，问他："请告诉我，我的良知在哪里？"当时是热天，他叫贼脱光了上身的衣服，又说："还是太热，为什么不把裤子也脱掉？"贼犹豫了，说："这，好像不太好吧。"他向贼大喝："这就是你的良知！"

这件事的含义是，良知是与生俱来的，我们天生就有判断是非善恶的能力，只不过良知经常处于被欲望遮蔽的状态，所以才有了那么多的坏人坏事。"这道理当然是错的"，高更笔下那些袒露乳房的塔希提女人一定会这样不以为然。但古人的眼界没我们的宽，很容易就把一时一地的风俗当成永恒不变的真理。我们要假想自己是明朝人，既然明白了良知的道理，要做的就是去除欲望的遮蔽，把良知完完整整、原原本本地显露出来，这其实就是朱熹所谓的"存天理，灭人欲"。在王阳明看来，朱熹虽然在这一点上说对了，但把方法搞错了。朱熹教导人们从万事万物中一点点发现天理，王阳明说，应该反过来，一切天理都在你的良知里，或者说都在你的心里，你应该直接到自己的心里去找良知，只要找到了，你的所思所想就能顺应天理，这时候不论社会上认不认可你，你其实都是圣人。难道我们读圣贤书不是为了成为圣人吗？圣贤书里的内容并不是终极真理，而是指引我们找到终极真理的地图，终极真理不在书上，而在我们的心里。

如果终极真理就在我们心里，找到终极真理的方法也被王阳明揭示出来了，那么我们不读书是不是也不妨事呢？答案是肯定的。读书虽然是升官发财的阶梯，但绝不是成为圣贤的阶梯，不然的话，儒家最大牌的圣人尧和舜都没读过书，那个年代根本就还没有书，但一点都不影响他们成为圣人。

既然有了近路，谁都不想舍近求远，所以阳明心学的徒子徒孙们很有一种反智主义的热情，特别不愿意读书。有人认为这不该怪王阳明，其实王阳明当真有过焚书的想法。他说，天下之所以大乱，是因为虚文太多而实行太少，换言之就是知和行不但脱了节，而且知太多，行太少。这种状况不是今天才有的，早在孔子的时候就已经这样了，所以孔子才会删削经典，只保留重要内容。后来秦始皇焚书，错就错在出于私心，还烧掉了不该烧的儒家经典，否则这其实是好事。

正是出于这样的想法，王阳明即便对儒家经典也不是全盘接受的。他认为《礼记》和《诗经》里的郑风、卫风等都出于后儒附会，《春秋》可以独立成书，不必依赖《左传》。所以我们看到王阳明论学一概在做减法：凡是复杂的说法，他会删繁就简；凡是成对的概念，他会合二为一。但他不是一个很有理论素养的人，也并不想成为一个朱熹式的理论家，他抛出的命题都在针对时弊，所以矫枉难免过正，攻其一点也会不及其余，我们很难把他的说法整理成一套逻辑自洽的理论。尽管在理论内部有这样的毛病，但阳明心学的效用特别突出，因为它特别能够给人自信，还特别能够在自信的基础上激发人的行动。越是缺乏逻辑敏感度的人，越容易从阳明心学中获益。从传播学的角度来看，一套理论的完善与否并不重要，抓到痛点并且给力才是最重要的。

关于《传习录》就讲到这里了，关于阳明心学里边"格物""知行合一""良知"和"无善无恶"这几大命题的关系，你只需要记住一个观点：王阳明的学术和程朱理学一样通向"存天理，灭人欲"的目标，只是路径相反，把向外变成向内。

※ 第二十二章

《三国志》

从档案到历史

（1）古人要历史书有什么用

　　本章要讲一部著名的史书——《三国志》，但不仅仅是讲这部书本身，我还想借它来谈谈古代史学上几个更有普遍意义的问题。这里谈谈古人历史观念的演进，你只需要记住一件事：在档案学变成历史学之后，正统意识成为编修史书的头等大事，而正统的排序往往不太容易确定。

　　那么，古人要历史书有什么用？《三国志》是一部书还是三部书？曹丕称帝之后，孙权和刘备为什么要跟着称帝？蜀国的综合国力明显不如魏国，诸葛亮为什么多次兴兵北伐？魏延提出用奇兵出子午谷偷袭魏国腹地，诸葛亮为什么不同意？

　　这些问题会在本章慢慢展开，我们先谈谈第一个问题：古人要历史书有什么用？

　　这个问题看上去没什么可谈的，我们都知道读历史可以以史为鉴，鉴古知今，懂得兴亡成败的道理，学习成功的经验，汲取失败的教训。有一句很流行的话叫作"历史不容假设"，其实历史正是因为可以假设才有现实意义。比如汉朝人总结秦朝的历史，就经常会假设说，如果秦始皇不搞郡县制改革会怎么样，如果继续实行封建制会不会长治久安。

于是基于这个假设，汉朝开始恢复封建制。

重视历史的经验教训，才能够更合理地安排今天的生活。

"前事不忘，后事之师"，说的就是这个道理。

不重视历史会怎么样呢？从现实角度来说，也许更好，也许更坏，也就是说，不一定真会更好。因为历史既会开阔人的眼界，也会束缚人的眼界。开阔眼界，是让你不仅仅看到眼前的一亩三分地；束缚眼界，是因为它不会给你无限的可能性，而太有限的可能性会在很大程度上制约人的想象力，这是一种无形的"历史包袱"。

我们还是拿汉朝人举例子，他们从历史中汲取经验教训，一直都纠结于封建制和郡县制孰优孰劣这个问题。再往后看，不只是汉朝人，一直到清朝，很多人还在纠缠这个问题，他们永远不会想到在封建制和郡县制之外也许还存在其他的可能性。如果在一夜之间历史彻底断裂，一切重新开始，人们重新摸索制度建设，虽然磕磕绊绊一定很多，但可能性的边界一定会被拓展。

当然，孰是孰非，还要取决于我们站在哪个角度。站在千年之后来议论历史是容易的，但如果我们面对的是当代的、迫在眉睫的问题，而我们又陷入茫然，那就一定会希望有历史经验可以参考。你可以回想一下之前讲《尚书》的内容，汉朝人是如何把一部看不太懂的《尚书》当成实用手册的。

当我们把古人的历史观一路追溯下去，就会发现原始状态的"历史"很大程度上就是档案，而那时候的历史学家——我们姑且这样称呼——本质上就是档案管理员。道家始祖老子有可能就是周王室的档案管理员，档案看多了，就从具体事件中总结出抽象规律来了。

档案的内容原本都是有高度实用性的，比如我借给你一笔钱，约定一年后还，但一年之后你矢口否认，我能怎么办呢？我会翻查档案，找到当初写好的借据，让你无话可说。档案本质上就是这类东西，诸如盟约、册命、封赏，都要留下记录，将来记不清或者有纠纷的时候就可以来查。还有一些人口普查的数据，大家族嫡系子孙的出生记录、占卜记录、打仗的功劳簿、祭祀的规格登记等等。等有了征兵和征税这些事，档案就更重要了。

（2）正统意识

档案都是冷冰冰的，完全没有跌宕起伏、波澜壮阔的内容。前面讲过的《春秋》就很有档案汇编的色彩，把每个年份的重大事件简明扼要地记录一笔，这就够了。比如《春秋》的第一年，也就是隐公元年，原文记载"夏，五月，郑伯克段于鄢"，这是说郑国国君在"鄢"这个地方把一个叫"段"的人打败了。这些档案记录人员如果当真有着让后人以史为鉴的意图，一定会把前因后果交代清楚，否则写成现在这样，天知道郑国国君到底为什么要打这一仗、"段"到底是谁，一切历史经验和历史教训也都无从谈起。

这样的历史档案虽然很难让人以史为鉴，但可以让人寻根溯源，凭着脑补来追怀往昔的各种美好，所以秦始皇焚书的时候特意烧掉了各国的历史书。这样一来，大家都是新王朝的子民，都按新王朝的新规矩去过新生活就是了，现在和未来才是最好的，要让那些借古讽今的人从此没了本钱。后来的朝代虽然不像秦始皇这样焚书了，但还是要告诉大家旧时代是如何地坏，新时代是如何地好——还有一点，虽然朝代更替了，但"正统"依然延续，新时代是一个正统朝代，大家都要安心过日子，不要对改朝换代大惊小怪。

历史就这样有了现实意义，无论毁掉历史、篡改历史还是保存历史，都是为了安定人心，所以历史学是政治学的附庸，要以政治正确为导向。在传统的"经史子集"四大分类里边,"史"排在"经"的后面,这不是偶然为之。

"正统"是传统历史学里第一重要的概念,这个概念来自我们已经很熟悉的五行学说。简单讲,五行有轮回,所以朝代有更迭。还有一个相关概念叫"三统",这是第二章讲《公羊传》的时候讲过的,属于公羊学的核心理论之一。三统也有更迭,"正统"这个词就来自三统理论。五行,也叫五德,和三统常常混在一起,乱上加乱。你不必把这些理论搞得很清楚,因为古人原本就搞不清,怎么解释都有破绽。但有破绽也不重要,重要的是它确实很有用,很能安定人心。新王朝要解释自己不是谋朝篡位的乱臣贼子,就可以拿这些理论给自己正名,说五行轮流转,转到新位置了,所以才发生了改朝换代的事。比如秦朝灭了周朝,就说周朝是火德,也就是五行里的火,水能灭火,所以火德总有一天要被水德代替,秦朝就是应水德而生的,于是一整套的王朝制度都要改。首先改变历法,把原来周朝历法里的十月改成正月。我们看历史书,经常会见到"正朔"这个词,奉谁的正朔就表示承认谁的正统。"正"经常被人误读成zhèng,其实它是"正月"的意思,"朔"的意思是初一,"正"和"朔"连起来用,字面上就表示一年的第一天,是一年历法的开端。

除此之外,又因为水是阴性的,阴性的表现是刑法和杀戮,所以水德的秦朝要搞严刑峻法,扔掉仁义道德,这才是天人合一之道。作为接替周朝的"正统"王朝,就应该是这个样子。

"统"经常和"纪"关联在一起。从字源上看,"统"和"纪"都是指蚕丝的线头,都可以引申为"开端"。所以,史书写朝代要注意"正统",所以帝王的传记叫作"本纪"或者"纪"。这种传统是从司马迁写《史记》开始的,后来一直沿用下来。

当你弄清楚这些背景之后,就会发现编修历史书是一项高危工作,稍不小心就会犯下严重的政治错误。尤其对于三国这种历史，魏、蜀、吴三足鼎立，如果让你来写，到底把谁写成正统呢？曹丕的传记要不要算"本纪"，如果算的话，刘备和孙权的传记又该叫什么呢？如果都叫本纪的话，那就违背了正统理论，如果把它们都算作割据政权，那就意味着正统在三国时期断绝了，这也不对，因为这就不方便解释三国之后的晋朝的正统性。应该怎么解决这个难题，这就是留给你的思考题。

《三国志》不叫《三国志》

(1) 正统性是软实力

今天我们看《三国志》这个书名，会感觉这部书在讲三个并立的国家，但当我们回到《三国志》的写作年代，也就是终结三国鼎立局面的西晋，就会发现这个题目很成问题。我们会大义凛然地质问作者："为什么要叫《三国志》？难道你认为魏、蜀、吴是三个并立的、平等的国家政权不成？你到底懂不懂谁是正统、谁是伪统？你把我们伟大的晋朝置于何地？"

这样的问题在当时是让人很难招架的。症结究竟何在，我们有必要先把三国的谱系简单梳理一下。今天我们讲起三国，说的是魏、蜀、吴三足鼎立，魏的开国皇帝是曹操的儿子曹丕，我在讲《昭明文选》时讲过曹丕写的《典论·论文》。我们从小看《三国演义》，其主要情节其实都发生在三国正式建国之前，所以很容易对"三国"的实际含义产生误解。在《三国演义》里特别活跃的曹操并没有建国称帝，而是"挟天子以令诸侯"，名义上辅佐汉献帝，为了统一汉朝江山而东征西讨。刘备这边的人说他"名为汉相，实为汉贼"，这就意味着，虽然他"实为汉贼"，但名义上的确是汉朝的大臣，而汉朝正是当时大家公认的正统王朝。要等曹操死后，他的儿子曹丕逼迫汉献帝禅让，这才终结了汉朝政权，魏国正式建立。

曹操以前"挟天子以令诸侯"，借助的是汉朝的正统旗号，而从汉到魏的禅让，意味着汉朝主动把正统地位交给了魏国。而在汉献帝时代就是割据分子的刘备和孙权，熬到汉朝终结之后仍然是割据分子。和正统王朝作对的人，当然不是什么好人。

正统性是一个很管用的意识形态武器，能在很大程度上影响到人心所向。所以刘备和孙权马上要做反击。刘备一直自称汉室宗亲，这时候自然会以汉朝的真正继承人自居，果断称帝。我们特别要留意的是，刘备称的是汉帝，不是蜀帝。我们之所以把刘备建立的政权称为蜀汉，或者简称为蜀，只是为了和西汉、东汉相区别，其实从刘备的角度来看，他是"接着"汉献帝来当汉朝的皇帝，算是从刘氏皇族的旁支继承大统。这等于向天下人宣告：汉朝并没有亡，他自己才是汉献帝之后的正统继承人，曹丕建立的魏国是篡夺来的，法统不正，是一个人神共愤的割据政权，曹丕本人当然是乱臣贼子，人人得而诛之。

刘备的称帝公文写得很巧妙，拿王莽来比曹氏父子。当初王莽篡夺了汉朝，结果皇族的远亲刘秀平定了局面，恢复了汉朝江山，刘备的境况和当年的刘秀很像，这样一比较，正统当然就在刘备这边。

至于孙权，就有点尴尬了，因为不管怎么看，他都是割据分子，和正统一点都不沾边，但他在刘备之后也称帝了，这才正式有了吴国。孙权称帝，祭天典礼上的文章讲得和刘备的很不一样，核心意思有这样几点：第一，关于汉朝，汉朝确实气数已尽，亡了就是亡了，言下之意是，自己从法理上已经失去效忠的对象了；第二，关于曹丕，这是一个大坏蛋，是颠覆正统王朝的罪人，言下之意是，自己不能跟他同流合污；第三，自己的志向是安定社会，为人民服务，言下之意是，就算我是割据分子也无所谓，只要我对人民好，这就是我的合法性依据；第四,正统皇帝已经空缺了,上天降下很多祥瑞给自己,自己畏惧天命,只好当皇帝了。

当然,祥瑞谁家都有,重点其实只有前三点,而不曾明说的是,自己手下有那么多小弟,人家拼搏那么多年,也想有个名分,总不能别家小弟跟着皇帝干,自家小弟跟着土匪干吧?另一方面,吴国政权本质上是若干世家大族的联合体,很有一点"共和国"的架构,而对这些世家大族来说,家族利益始终是第一位的,或者说家族利益高于国家利益。只要凭着长江天险,守好江东这一亩三分地,这就足够了,至于天下兴亡,他们并不很操心。所以,我们看吴国的战略方针始终是以防御为主,不像蜀汉,总要北伐中原。而且这时候孙权只有自己称帝,才能和刘备形成平等的外交关系。

(2) 名不正则言不顺

我们还可以假想一下,如果曹丕没有称帝,那么天下在名义上还是汉朝,刘备和孙权谁敢称帝谁就是冒天下之大不韪。即便大家都知道汉朝政府实质上早就变成了曹家政府,但只要名分没变,谁都不敢轻举妄动。

孔子说搞政治的第一要务就是"正名",因为名不正则言不顺,言不顺则事不成。司马光编写《资治通鉴》,经常在书里发议论,他发的第一个议论就是关于"正名"问题的。今天有很多人批评《资治通鉴》,主要就是嫌司马光发了好多迂腐的议论,名分哪有实力来得管用?其实当我们还原到古代的社会背景,就会发现名分绝对是一项不容小看的软实力,曹操"挟天子以令诸侯"就是最好的例证。曹丕终于撕破名分的遮羞布,是实力已经足够强了,可以无所顾忌了。即便是这样,他还是要走一个禅让程序,而不是硬抢,这是希望从汉到魏能有一个平缓的过度,也希望魏国的正统性至少能有一个名义上的保障。

站在后人的角度来看,要说到底三国中谁是正统,刘备确实最有资格。所以,《三国演义》尊刘贬曹,这才是最符合古代正统意识的写法,最容易赢得读者。

但《三国志》和《三国演义》有一个本质上的不同,这倒不是正史和小说的不同,而是创作时代的不同。《三国演义》成书于明朝,对明朝人来说,三国的历史是遥远的古代史,而《三国志》成书于西晋,对于西晋时代的人,三国的历史属于很近的近代史。近到什么程度呢?我们只要想想《三国志》的作者陈寿原本是蜀国人,在后主刘禅的时代做过官,后来西晋灭掉蜀国,陈寿又做了西晋的官。所以,《三国志》里的很多历史是陈寿亲历的,很多人物是陈寿或有来往,或有耳闻的。编写一部和现实距离如此之近的近代史,涉及的很多人和很多事都会格外敏感。

身为晋朝人,陈寿首先需要考虑晋朝的政治正确性。我们看二十四史,后朝为前朝修史,首要的政治正确性问题就是后朝是如何建国的,不同的建国方式会导致不同的历史书写方式。谈到晋朝的建国历程,第一位重要人物就是我们很熟悉的司马懿——诸葛亮的老对手。司马家族之于曹魏,就像曹氏家族之于汉朝。司马懿的儿子司马昭一直都想篡位,这才有了"司马昭之心,路人皆知"这个成语。但要等到司马昭死后,在他的儿子司马炎这一代才万事俱备,使魏元帝"禅让"政权,从此曹魏结束,晋朝代兴。这个时候,蜀国已经被曹魏灭掉了,于是司马炎继续灭掉吴国,使三国鼎立的局面彻底结束。

那么,从名义上说,汉、魏、晋三朝一脉相承,如果要确保晋的正统性,就必须承认魏的正统性,而承认了魏的正统性,也就意味着必须取消蜀汉和东吴政权的正统性。这就是说,汉朝之后是魏,魏朝之后是晋，蜀汉和东吴只是**魏**朝周边的割据政权。但历史真要这样来写的话，太有点不顾事实了，不合适，而政治正确又必须保证，这该怎么办呢？所以，陈寿其实分别写了三部书，分别是《**魏书**》《**蜀书**》和《**吴书**》，并不是一部名叫《三国志》的书。

这里有两点值得留意：一是他把刘备政权的历史叫《蜀书》而不叫《蜀汉书》，二是只在《魏书》里给皇帝列本纪，而蜀国和吴国的皇帝只列传记，比如刘备的传记不叫《昭烈帝本纪》，而叫《先主传》，而且《蜀书》的开篇竟然不是《先主传》，而是在刘备之前拥据四川的刘焉和刘璋的传记。这种非同寻常的写法，就是为了让蜀汉"去正统化"。我们读史书，不要一上来就陷入情节，而要先看看这些很容易忽略却又事关重大的地方。

那么，三部书是如何变成一部的呢？

《三国志》是不是正史？

(1) 正统意识里的孝道问题

我们在谈到东西方文化差异的时候，总会说中国人重视孝道，特别孝顺老人，而西方人是把重心放在孩子身上。今天中国人讲这种话或多或少会有一点亏心，所以有些人会惋惜孝道文化的凋零。其实大可不必如此，因为孝道从本质上说并不是家庭导向的，而是社会导向的，一旦社会结构变了，自然就会"皮之不存，毛将焉附"。

古代无论是皇帝发布诏书，还是大臣奏议朝政，总喜欢说"圣朝以孝道治天下"。这是一顶大帽子，把孝道奉为最高意识形态准绳，然后基于这个准绳，再讨论应该做怎样的安排。所谓"以孝道治天下"，孝道中最重要的行动并不是孝顺父母，而是要让天下有皇帝。

这话在今天看起来很费解，但在古代世界，皇帝是天子，顾名思义，是天的儿子，所以应该孝顺上天。如果天下全是不合法的割据政权，那就意味着上天没了儿子，也就没有人来祭祀上天了，天就会"挨饿"。所以，让上天得不到祭祀，这是最大的不孝。

我们都知道"不孝有三，无后为大"这句话。所谓"不孝有三"，一是家长干坏事，儿子不但不拦着，还在一旁曲意逢迎；二是家里贫穷、爹妈老迈,儿子却不出去工作挣钱;而比这两点更糟糕的就是第三点:不结婚生儿子,列祖列宗得不到香火的祭祀,都会挨饿。所以"无后"也叫"绝祀",意思就是"对祖先的祭祀断绝了"。在宗法社会里,贵族对孝道的最高追求不是孝顺父母,而是"世不绝祀",也就是世世代代都有男性继承人来祭祀祖先。如果做到了,这就是所谓的"死而不朽",意思是说,虽然每一代继承人终究不免一死,但家族永存,香火不灭。

"死而不朽"的含义后来发生了转变,变成"立德、立功、立言"这"三不朽",这是前面讲《传习录》的时候讲过的。到底什么是"立"?我们会理解为"建立",比如"立功"就是"建立功勋",但古人有另外的理解,说"立"的意思应该是"不废绝",比如尧、舜,活着的时候功德无量,死了以后还能泽被万代,他们的"德"一直都没有废绝,这就是"立德"。

从"香火不灭"的角度上看,如果魏、蜀、吴都是割据政权,那就意味着"上无天子",没人给上天烧香上供了,人心就会不安。曹丕逼迫汉献帝禅让,是要汉献帝把祭天的权力移交给自己。刘备称帝,有一个理由是说曹丕没有祭天的资格,只有自己作为汉室宗亲,有义务承担起让汉朝"世不绝祀"的重任,这既是对汉朝皇族最大的尽孝,也是对上天最大的尽孝。孙权倒没有直接否认刘备的祭天资格,只是自说自话,说汉朝和上天的关系已经中断了,但上天又必须被人祭祀,谁才有这个资格呢?既然上天给他降下这么多祥瑞,显然是把资格给他了,那他就义不容辞好了。

曹丕、刘备、孙权,三个人各说各话,但有资格对上天尽孝的人只能有一个。这个人到底是谁,取决于你站在哪个角度来看。至于《三国志》的作者陈寿,必须站在自己的本朝也就是晋朝的角度,认可曹丕的资格,把刘备和孙权当成割据分子。为什么"天下大势分久必合",除了地理因素，文化因素也是很有影响力的。既然在这片土地上，大家对孝道都有一致的理解，于是人心所向，天子只能有一个，正统也只能有一个，凡是并存的政权，其中一定有正有邪。所以，我们会在历史上看到，即便是南宋和金国对峙的时候，连金国这种蛮族出身的政权也要努力证明自己的正统地位。因为谁拿到正统资格，谁就有了号令天下的正义性。

（2）特殊笔法

今天我们讲中国历来的"正史"系统，有所谓的"二十四史"，《三国志》就是其中之一。《三国志》又和《史记》《汉书》《后汉书》合称为"前四史"。其实严格来说，《三国志》原本不算正史，只有《三国志》中的《魏书》才算正史。

即便到了今天，我们背诵历史朝代次序，说起来还是"秦汉魏晋南北朝"，而不是"秦汉三国晋南北朝"，显然，《三国志》确定的正统已经约定俗成了。

前面讲过，《三国志》原本是三部书，分别是《魏书》《蜀书》和《吴书》。虽然早在晋朝，已经有人把这三部书合称为《三国志》，但大约要到宋朝以后，三部书才合成一部《三国志》，整个归入正史系统。这是因为，只有时间隔得久了，当初很敏感的意识形态问题才变得不那么敏感了。搞历史总会面对这种两难局面：时间越近，敏感性就越高，必须小心避开各种禁忌，很难下笔，但时间远了的话，就没法走访当事人，很多档案也都或者损毁，或者丢掉了。

我们读《三国志》，会发现陈寿对正统问题处理得非常小心翼翼，而对蜀国和吴国这两个"割据政权"，写法竟然也有细微的差异。《蜀书》中，对刘备称"先主"，对刘禅称"后主"，然而在《吴书》中，对孙权和历任皇帝都直呼其名，标准显然不统一。这到底是为什么呢？

原因是，从出身来看，《三国志》并不是一部官修史书，而是陈寿的私人历史著作，属于私史，因为写得好，这才被官方认可。陈寿原本是蜀国人，还在蜀国做过官，他的老师是蜀国的大学者谯周。三国末年，劝刘禅向晋朝投降，谯周就是最大的推手。晚唐诗人温庭筠写过一首七律，题目是《过五丈原》，最后两句特别有名："象床锦帐无言语，从此谯周是老臣。"五丈原是诸葛亮病死的地方，诸葛亮死后，谯周这种人成为蜀国的元老大臣，蜀国就这样亡了。所以，谯周在历史上的名声一直很坏，但在当时，他在学术界的地位很高，对晋朝也算做了很大的贡献。陈寿作为谯周的弟子，投降晋朝之后虽然更容易吃得开，但毕竟蜀国是自己生于斯长于斯的"祖国"，写历史的时候自然要对蜀国的旧主公有一些偏袒。不直呼其名，这是很必要的礼数，而且"为亲者讳"也属于传统史学的正当原则。

古人写历史，需要"为尊者讳，为亲者讳"，并不鼓励冷静、客观、中立的写法。即便没有存心避讳，我们也必须知道"客观视角"是不存在的，任何人都有倾向性，要么是情感倾向，要么是审美倾向，要么是理解力的倾向。从杂乱的史料中选取哪一些、删除哪一些，都是由这些倾向性决定的。所以，我们读历史，最好的办法就是拿不同的史书参照来看，这就等于借用很多人的视角来看同一件事。

读《三国志》，有两份参考资料是必备的：一个是裴松之为《三国志》作的注释，另一个是"前四史"中的《后汉书》。《后汉书》记载后汉的历史。我们知道，刘邦建立汉朝，然后王莽篡位，建立新朝，新朝很短暂，刘秀又恢复了汉朝。为了区别，刘邦一系的汉朝称为前汉或西汉，刘秀一系的汉朝称为后汉或东汉。后汉之后就是三国，也就是说，从书的内容来看，《后汉书》要排在《三国志》的前边。但是，《后汉书》写曹操阵营里的历史，忌讳反而比《三国志》更少，这是为什么呢？

为什么三国时期的神人特别多

（1）破除单一视角的限制

虽然从朝代顺序上看，《后汉书》之后才是《三国志》，但从写作时间上看，《后汉书》比《三国志》晚大约一百年。而且在范晔编写《后汉书》的时候，晋朝已经亡了，时代进入南北朝，范晔是南朝刘宋时代的人，比陶渊明还小三四十岁。一百年的时间，再加上朝代的更迭，陈寿时代的很多敏感问题到了范晔时代已经不再敏感了，而陈寿见过的史料或者档案到了范晔时代还保存着很多，所以《后汉书》处理三国年间的历史和人物往往比《三国志》的忌讳更少，客观性更高。

比如曹操打败袁绍，占领了原先由袁绍统治的冀州以后，按照《三国志》的说法，汉献帝委派曹操担任冀州牧，也就是冀州的最高长官，但是《后汉书》说，曹操自己当了冀州牧，没有汉献帝什么事。同类的事情还有不少，再比如曹操当丞相，《三国志》说是汉献帝委任的，《后汉书》说是曹操自封的。我们当然知道曹操"挟天子以令诸侯"，汉献帝几乎是个傀儡，这些事情当然都看曹操本人的意思，但至少从形式上，或者名义上，官职到底是自封的还是皇帝委任的，这就意味着正与邪、忠与奸的分野。

裴松之的《三国志注》也是我们读《三国志》很好的参考。裴松之是范晔的同时代人，大约比范晔年长二十岁。当时宋文帝嫌《三国志》记事太简略，让裴松之想办法丰富一下，于是裴松之广采史料，下的功夫可能比陈寿还大，结果注释的篇幅几乎和原文相等。在裴松之以前，也有人给《史记》《汉书》作注，但主要都是给生僻字注音，给官名、地名作解释，从没有人像裴松之这样从治史的角度来作注释。而且裴松之很有现代学者的做派，凡是用到的史料都会注明原始出处。

不同史料肯定对同一件事会有不同的说法，当初陈寿的办法是择善而从，而裴松之的办法是兼收并蓄。到底谁的方法更好呢？从意识形态角度来看，显然陈寿的做法更好，凡事都要有一个确定的说法，如果是被官方认定的确定性说法当然最好，让所有读者都能轻松找到标准答案，谁都没必要来做翻案文章。退一步说，即便真的有人来做翻案文章，也只是基于标准答案采取不同的视角，不至于连基础事实都推翻。这才是安定人心、长治久安之道。但如果从学术角度来看，当然裴松之的做法更好，这可以采取尽可能多的主观视角拼凑出模糊的客观视角。

但从另一个角度来看，陈寿在贴近人性，裴松之却在反人性。所以总有人对裴松之的做法表示不满，说他在注释里增补的那些史料原本就是被陈寿删掉的，把删掉的内容恢复，这有多大意义呢？言下之意是，如果这样也可行的话，直接把原始材料原封不动地堆砌起来不就够了，为什么还要对这些原始材料做编辑和裁剪的工作呢？

这个问题是治史方法论上的一个大问题。如果以今天的学术态度来看，历史学首先应该是史料学，就是要用竭泽而渔的态度去把原始材料尽可能多地整理清楚，这是一切的基础，而在这个基础上，不同的人可以对历史事件做出不同的探索和不同的解释。今天人们对待媒体的态度仍然是这两种历史观念的延续，有些人希望在每个领域都有一家权威媒体，完全不受商业利益和其他因素左右，有一锤定音的能力；还有些人觉得任何媒体都难免有倾向性和各种盲点，所以百花齐放最好，让读者自己去兼听则明。陈寿做的是前一件事，把复杂的史料变简单，把五花八门的声音整合为一种声音；裴松之做的是后一件事，把简单和清晰恢复成复杂和模糊，把一种声音分解为七嘴八舌。所以，读《三国志》是一件省心省力的事，但如果读的是裴松之注释之后的《三国志》，就要费心费力多了。

（2）破除时代观念的限制

这样的费心费力，可以让你在相当程度上排除单一视角限制，而限制并不只有这一种，时代观念也会形成一种限制。即便我们把陈寿的《三国志》、范晔的《后汉书》和裴松之的《三国志注》参照来读，也很容易陷入这三部作品共同的时代观念的圈套。怎样从这个圈套中脱身，那就需要你去读更多的史书，把"二十四史"大体上都通读一遍。如果还有余力的话，那就把外国人的历史书也多看看。所谓"他山之石，可以攻玉"，问题往往是在对比中被发现的，否则我们总会熟视无睹。

如果在中国史书系统里对照来看，就会有一个很明显的感受，那就是后汉、三国这段历史里，未卜先知、神机妙算的能人特别多。所以，虽然各个朝代都有演义，唯独《三国演义》最出彩，里面的人物形象最迷人，故事情节最跌宕。比如从袁绍阵营转投曹操阵营的郭嘉，在官渡之战的时候为曹操分析袁绍必败的十大原因和曹操必胜的十大原因，见识很惊人，曹操果然以少胜多，打赢了官渡之战。而郭嘉分析起远在江东的孙策竟然也能头头是道，当时曹操和袁绍正在官渡僵持，孙策准备趁机来抄曹操的老巢，气氛很紧张，但郭嘉毫不在意，说孙策虽然勇武过人，但不大注意警戒，一定会被人刺杀。结果孙策还没来得及带兵渡江，就真的被刺客杀掉了。

如果说这只是巧合，那么三国历史中同样的记载还有很多；如果这真的就是神机妙算，那么为什么唯独这段历史中出现了这么多的神人和妙算？原因其实很简单，后汉、三国时期，特别流行人物品评。既然流行人物品评，社会上也就特别推崇那些能够慧眼识人的高人。比如刘劭就是这样的一位高人，他还写过一部这个领域的专业书，叫作《人物志》，这就属于特殊时代的特殊题材。还有一件大家都很熟悉的事情，那就是曹操年轻时候特地找过一位擅于品评人物的名家，得到了"治世之能臣，乱世之奸雄"这两句著名的人生标签。

品评人物，当然越能见微知著越好。看一个人，从细节可以推断性格，从性格可以推断命运。这当然不无道理，但以我们今天的知识来看，这样的推断仅仅能在大方向上判断概率。曹操再厉害，也许会突然得病死了，这在当时是很正常的事，也许会在哪一场战争中不小心死了，能臣和奸雄之说自然也都无从谈起了。再看官渡之战，胜败只在毫厘之间，而决定胜败的有太多偶然因素。至于孙策遇刺，不仅他要遇刺，还必须在渡江来抄曹操老巢之前遇刺，这样的预测就只能用神异来解释了。

《三国志》里当然还有很多更神的预测，比如在官渡之战前五十年，辽东有一个叫殷馗的人精通天文，看到有黄星出现在某个特定的星区，就预言说五十年后会有真人兴起在梁、沛之间，锋芒无人可当。果然五十年后，发生了官渡之战，兴起在梁、沛之间的曹操打败了袁绍，天下无人能敌。

今天没人再相信这样的记载，都知道这是古人的特殊观念和大时代的共同迷信，虽然我们很容易看破这一类明显的迷信，却很难看破那些神机妙算的迷信，其实后者和前者一样，都是那个时代的特殊观念的产物。

诸葛亮的北伐

（1）蜀道难

本节谈谈诸葛亮的北伐，你只需要记住一句话：王者之师，有征无战。

你可以从时代观念的角度重新想想三国历史上的两大著名公案：蜀国的综合国力明显不如魏国，诸葛亮为什么多次兴兵北伐？魏延提出用奇兵出子午谷偷袭魏国腹地，诸葛亮为什么不同意？

我们知道，一两场战争的胜负可以以少胜多，可以靠奇谋妙计，但国与国之间胜败往往取决于综合国力的较量。蜀国在后主刘禅的时代，国力明显不如魏国。差距到底多大呢？裴松之《三国志注》引述吴国人张俨的《默记》，从地盘和人口来做比较，蜀国和魏国的国力大约是1∶9。所以，在蜀国的方面来看，联吴抗曹是很必要的战略方针。以这样的国力差距，魏国之所以没能吞并蜀国，很大程度上是因为蜀国有得天独厚的地理条件，也就是李白在诗里说过的"蜀道难，难于上青天"。蜀国凭借道路的险阻，正如吴国凭借长江天险，这才能够把魏国大军拒之门外。我们通观历史，就会发现蜀国占有的四川一带历来都是皇帝避难或者军阀割据的好地方。只要据有四川，就可以"一夫当关，万夫莫开",无论敌人多强大,都很难攻进来。

蜀道难,对四川人和四川以外的人都一样难,所以蜀国虽然易守难攻,但要走出蜀道,对外用兵,自己也很吃力。我在讲《昭明文选》的时候讲过陆机的一篇《五等诸侯论》,现在我们可以看一下他的另外一篇名文《辩亡论》,内容是分析吴国从兴盛到灭亡的原因,其中提到刘备为了给关羽报仇,发兵去打孙权,虽然调动了很多军队,但打不出力道,这就是地理因素造成的。不但出蜀的山路很窄,水路也很窄,就算有百万雄兵,也只能排成很窄的队列慢慢行军。当时吴国的指挥官是陆机的祖父陆逊,陆逊把刘备的大军比作长蛇,蛇的身子太长,首尾没法呼应。

刘备的溃败原因,诸葛亮不会看不懂。后来诸葛亮亲自指挥北伐,对蜀道之难更有亲身感触。每出一次兵,不但行军不便,后勤供给更不方便。那么诸葛亮为什么非要以悬殊的国力,以利守不利攻的地形,一而再再而三地去和魏国死磕呢?

传统上有一种很主流的解释,说,正因为蜀国太弱小,所以才要不断进攻。诸葛亮的战略意图并不是真的要把仗打赢,这不现实,而是要用不断的进攻迫使魏国始终处于守势,这才可以确保蜀国的安全。否则的话,一旦让魏国采取攻势,以蜀国的国力很难防守得住。这个解释犯了很多人在看历史的时候都很容易犯的错误,那就是只在军事层面考虑军事问题。

我们考虑问题常常陷入这种单一层面、单一角度的误区,今天最常见的是经济领域:为什么有些经济安排非要拧着经济规律来做,不是因为决策者真傻,而是因为事情的背后还有其他因素要大于经济因素。话说回来,如果仅仅从军事层面来看,诸葛亮的北伐无疑是很愚蠢的战略。蜀国明明利守不利攻,每采取一次攻势,对国力的耗损都远远大于魏国,之所以咬牙也要硬打,是因为北伐首先打的是政治仗。

(2) 征与战

　　刘备父子的蜀汉政权在四川并没有稳固的根基，统治的合法性来自"中兴汉朝"这面旗帜的正义性。如果关起门来过安安稳稳的太平日子，那就意味着合法性的消解，意味着蜀汉皇帝无非是个割据军阀。

　　一旦合法性消解，内忧马上就会严峻起来，任何臣民都不再有效忠蜀汉政权的义务。而刘备占据四川，原本就是一件以小吞大、仓皇而成的事业，如何安定人心、如何平衡各个利益集团的矛盾，局面是三国中最棘手的。刘备败死白帝城之后，恰恰又是主少国疑的状态，内忧其实远比外患来得迫切。

　　如何平息内忧，对外作战是最经典的办法，这个道理也是我多次讲过的"不是正面解决问题，而是升高一个层面来消解问题"。诸葛亮必须努力标榜蜀汉政权的正统性，这当然需要讨伐"汉贼"。打仗还有一个好处，那就是有了一个绝对充足的理由来使全国进入紧张状态，而只有在紧张状态下，才方便用非同常规的手段调配人手，重新部署人事结构。今天常常有人不理解一些大的公司机构为什么总要靠"搞运动"来突击解决某个问题，而不是平时去认真执行那些已经很合理的规章制度，其实"搞运动"就是为了制造紧张状态，在这种紧张状态下可以"顺便"解决一些常规状态下很难解决的问题，而这些"顺便"解决的问题反而才是重点。

　　在诸葛亮北伐的过程中，魏延提出过一个很有名的军事方案，他要诸葛亮带领主力部队照常进军，自己带领一支奇兵偷袭魏国腹地。诸葛亮否定了这个计划，这让魏延非常不满，嫌诸葛亮胆子太小，不敢冒险。魏延的这个计划让后来的很多军迷都很着迷，热衷于讨论它在军事上的可行性。有人觉得诸葛亮不是很好的军事人才，《三国志》的作者陈寿就这么看，也有人觉得"诸葛一生唯谨慎"，性格谨慎的人不愿意做冒险的事。但我们还可以换到政治角度来看这个军事问题：既然诸葛亮的北伐是在打政治仗，是在高调宣示蜀汉政权的正统性，那么任何形式的奇袭，哪怕成功的可能性再高，也是不应该的。

真命天子出兵讨伐叛乱分子，历来都有一套标准的作战流程，原则上是所谓"有征无战"。这个原则从周礼演变为儒家的意识形态传统，在中国历史上的影响力很大。

欧阳修的诗里讲过"自古王者师，有征而无战"，自古以来传统就是这样。两个政权只有身份相称才有所谓的"交战"，但天子只有一个，所以天子无论去打谁，都叫"征"，或者"伐"，而不叫"战"。"征伐"是天子的特权，是身份高的人去打身份低的人，正义的人去收拾邪恶的人。正义之师当然不该偷偷摸摸，而是要敲着锣，打着鼓，大大方方、堂堂正正地去打敌人。如果偷袭，当然不能敲锣打鼓，而在"春秋大义"里，不敲锣打鼓的行军叫作"侵"——"侵略"的"侵"。谁会做"侵"这种事呢？要么是不讲道义的人，要么是没文化的少数民族，即便在战场上打赢了，但在道义上绝对输了。如果诸葛亮用了魏延的计划，"王者之师"的光环也就自然褪色了。

延续汉朝正统，这是蜀汉政权的立国之本，要用好这件意识形态武器，就必须小心它另一面的锋刃。而我们理解久远的历史，总是有必要留意那些隐藏在事实背后的观念。本章讲《三国志》，全是围绕着"观念"，尤其是"正统观念"的主题在讲，讲史家书写历史的准绳，讲大时代的共同的迷信与偏好。

熊逸回复万维钢"国学的三个问题"（有删改）

万维钢老师在"精英日课"发布"周末小议"，题目是"问熊逸：国学的三个问题"。

第一问：所谓"国学"，到底是对全体人类都有价值的通用的学问，还是仅仅是一个地方性的风俗学问？

第二问：中国文化中有哪些仅仅是历史遗迹，有哪些对现代社会仍然有用？

第三问：我们对中国文化是不是非得"仰望"，我们能不能站在现代的高度，"俯视"国学？如果一直仰望，怎么能发展呢？

三个响当当的问题，配合着万老师精心设计的提问场景，引发了一场群情雀跃。大家的目光都看向熊逸，不知道熊逸为什么还不出面回应，难道熊老师比熊孩子更讨厌？

且慢，熊只是身形笨拙而已，终于还是慢吞吞地来了。

(1) 熊来了

话说熊逸懵懵懂懂地听完了问题,眯起眼睛,侧起耳朵,迟疑着说:"万同学,你最后那段话,是怎么说的来着?就是'非得'什么、'格局'什么,我——听——不——清!"

只见万维钢好整以暇,朗声说道:"非得有个格局远大之人,以不卑不亢的态度,究经典之际,通中西之变,成一家之言。我读过熊逸老师很多本书,我看这个人,非熊逸老师莫属……"

全班同学振臂高呼:"熊逸老师仙福永享,寿与天齐!"

"停!奉承话我不要听!"熊逸大手一挥,脸上浮现出慈祥的笑意,"不过,很久没听到如此掷地有声、振聋发聩的观点了。"

等喧哗与躁动慢慢冷却下去,熊逸这才慢条斯理地说:"世界上最早的大学是创建于中世纪意大利的博洛尼亚大学,这所大学今天还在。这所大学原本是由学生主导的,他们会和教师签订协议,要求教师必须在下课铃响起后的一分钟内把当堂的课业讲完,否则就要扣钱。如此美好的传统,我们应当继承。"

说罢,熊逸按了一下遥控器,打响了下课铃。他在铃声中慢条斯理地说道:"感谢万同学的总结陈词!非常精辟!"

万维钢惊愕地声辩着:"我那不是总结陈词,是问题啊,问题!"但是,他的声音被湮没在新一轮的喧哗与躁动里,如同飓风中的一根蛛丝徒劳地想要羁绊住负心而去的恋人。那时正值夕阳西下,熊逸老师虽然渐行渐远,但他那投向身后的伟岸背影恰似林冲在山神庙里见到的低锁彤云,从万维钢的全世界隆隆碾过……

以上只是玩笑。"万同学"以同学身份出现,是一种微服私访,是大人物的一种小情调。我们其实应该尊称他"万老师"才对。

我虽然比万老师年长，但在我出道的时候，万老师已经名满天下、门人弟子遍布朝野，眼看着就要"加九锡"了。所以万老师能来提问，摆出如此认真而宏大的问题，实在是对新人的热心提携，全然一派前辈高人的风范。

(2) 无法共鸣的沮丧感

现在，我来认真回答万老师的问题，这三个问题真的都够刺激啊。

万老师说："作为一个中国的读书人，我们从小到大，大概有两个沮丧，也可以说是变成熟的时刻。第一次是本来你考试成绩比同班的小伙伴都好，感觉自己特别聪明，直到真正读了好书，才知道有些特别厉害的人物，他们的智慧是自己一生都无法达到的。"

嗯，坦率地说，大家真的都有这种沮丧吗？

万老师这分明就是低调的自夸。对这种学霸独有的体会，我其实完全无法产生共鸣。好吧，我这种沮丧才是真正的沮丧啊。

万老师的这种沮丧从何而来呢？很简单，来自攀比心和自我优越感，这是基因自带的生存优势。基因的变化赶不上文明的脚步。在很久很久以前的洪荒时代，我们的祖先只需要在几十人的小社群里协作求生，他们只需要和身边的极少数人攀比。但是，文明发展了，有了大都会，有了印刷术，有了互联网，像万老师这样心高气傲的人，不但要和全世界的一流高手攀比，还要和古往今来的顶尖智者攀比，这种心情，就像我今天要和万老师攀比一样。我眼巴巴看着他那么好的见地、那么多的粉丝，我虽然要在脸上挤出来一团和气，但心里早巴不得找几个流氓弄死他。

说句题外话，我们对"正义"的观念，其实就萌生于这种并不太光彩的心态。所以,"正义"从来都是模糊的、非理性的、不确定的,而任何抽象的、规则化的正义理论——比如孔子的"己所不欲,勿施于人",自由主义的行为通则,康德的绝对律令,罗尔斯的无知之幕——都不可能自圆其说。我在《正义从哪里来》(原名《谋杀正义》)这本书里做过很细腻的分析,值得一看。

(3) 内群体偏袒效应

有了这样的认识,我们就更容易理解万老师的"第二个沮丧时刻":"第二个沮丧时刻就比较严重了——是你某一天终于意识到,中国文化有可能并不是世界上最优秀的文化。"

这样一种沮丧,在攀比心和自我优越感之外,还有群体认同感的缘故。人是群居动物,即便像我这样深居简出、特立独行的人,也不可能彻底摆脱群体认同的需要。庄子那种"与天地精神独往来"的境界,听上去高远玄妙,令人膜拜,其实太反人性,猫做得到,人做不到。

我们每个人,生来都不是作为个体而存在的,而是天然就被嵌套在许许多多的群体中。作为中国人,我们需要对中国有自豪感。例如,作为河南人,我们喜欢把"快刀青衣"这样的河南籍高人挂在嘴边;作为北京西城区人,我们会拿轻蔑的口吻谈论南城,让《城南旧事》成为笑料。这是每个人基因里自带的情感模式,是我们的天性。由这种天性既可以衍生出爱国主义、乡土情结,也可以衍生出夜郎自大、地域歧视。前者和后者,并不像字面上那样泾渭分明、正邪不两立。

我们可以走上大街,随便拉一群人,把他们随机分成两组,每个人很快就会对本组的同伴产生群体认同,对另外一组人产生陌生感和抗拒感。这在心理学上叫作"内群体偏袒效应"。假如你就是某一组里的一名成员，而且像万老师一样三岁让梨、五岁砸缸，你的聪明才智终于使你克服了情感的干扰，发现在对面的那一组里，吴军和李笑来正在畅谈天下大势，薛兆丰和李翔在聊经济学原理，刘润站在"5分钟商学院"的门口，笑嘻嘻地问你："你的部门，有必要存在吗？"还有人挂出了"槽边往事和菜头"的专栏招牌，而罗胖正站在招牌底下，渊渟岳峙地指点着……

"好高深的语言啊，难道这就是传说中的吐火罗文？"你正在喃喃自语，老浦逛了出来，扔给你一本古色古香的《番汉合时掌中珠》，笑嘻嘻地说道："那是西夏语，拿这本书来查。"

你哪还有心思查书？只是左看右看，看到谈笑有鸿儒，往来无白丁。再看看自己这组人，都在墙根底下黑压压挤成一团，除了斗地主的，就是给斗地主支着儿的，只有熊逸飘然出尘，和傻丫儿玩跳皮筋呢。

你一直以为斗地主是天下最高深的学问，它不但要用到概率论和博弈论，还需要"葵花宝典"的武功——因为一旦起了争执，总是会打起来的。现在你的眼界开阔了，于是也就苦恼了，迷惑了，沮丧了。当然，熊逸这时候会来安慰你说："我早就看出你非同凡响，早晚会甩开那些人的。"

你黯然点头，然后熊逸说："来吧，跳皮筋才是人间正道！"

那根皮筋早已经磨毛了，看来人间正道果然是沧桑啊。

（4）大局观和新视野

认真说来，眼界越窄，排外心理就越强。即便在一些细枝末节上，比如在吃豆腐脑浇卤的地方，会觉得吃豆腐脑放白糖是粗鄙无文的蛮夷行径，当然，反之亦然。人的口味主要是由母亲在怀孕时期的饮食特色造就的，其次是受周边环境的影响，倒也没有客观上的高下优劣之分。但是，智能马桶和秫秸、手机和大嗓门儿，孰优孰劣，至少绝大多数人都有一致的标准。

所以，站在今天来看，西方的物质文明超过中国，这是没人可以反驳的。但这又有什么关系呢？我们每家每户用到的冰箱、彩电、洗衣机，大大小小的家用电器，上下楼要坐的电梯，上下班要坐的汽车，哪一样都不是中国本土的发明？但"百姓日用而不知"，因此沮丧的人显然不多。即便是文盲老太也有一种大局观，即便不能清晰地表达出来，隐隐然也知道这些科技都属于"人类文明"，不分国界。

用"大局观"看问题，想象一下正有外星人入侵地球，那么我们和所有的外国人或者说是"洋鬼子"，转眼间就变成了同一个群体，"兄弟阋墙，外御其侮"。站在更高处反观原来的问题，问题也就不成为问题了，这是庄子的办法。但究竟站在多高才合适，往往不是个人能够控制的。如果你站在宇宙的高度，觉得地球这一粒小小尘沙存在与否都无所谓，那么你就会遇到很大的麻烦了。

换个角度，让我们想想西方的物质文明从何而来，这才是真正伤感情的问题。这就像我们探究圆滚滚的果实从何而来，注定会顺藤摸瓜地找到枝条、主干、树根和土壤。地理环境的特殊性、政治结构的特殊性、文化根底的特殊性，所有这一切，都是土壤和根茎之类的东西。洋务运动注定没有后劲，道理就在这里。

这就一定让人沮丧吗？士大夫阶层一定要坚持"中学为体，西学为用"的操守才能保持尊严吗？其实倒也未必。

(5) 熊的手机是 iPhone 7

说回国学，我认真看了一眼自己的手机。

国学和手机有什么关系呢？别急，请容我慢慢道来。

我用的手机是 iPhone 7，是的，有点丢脸。某个朋友发现了这桩奇事，特地问我："赶时髦？这不像你！到底怎么了？"

我想，当天他一定到处寻找反常现象，看看冬眠的蛇有没有出来活动之类的，然后收拾好行李，准备举家远遁。我当然不赶时髦，只是有不得已的缘故。因为我在偶然中发现，在苹果商店里可以订阅一些国外期刊，于是我订了《科学美国人》，还有BBC的《音乐》，诸如此类，甚至订了《科学》，虽然其中多数论文我看不懂。大家不必效仿，因为订阅和下载的过程实在太折磨人了。

这一方面说明，对于文化的孰优孰劣，何必要有执念呢？就像我们吃饭，完全可以自自然然地选择西餐、越南菜、日本料理，品尝世界各地的美味。以我个人而言，听音乐爱听西方的，尤其是古典声乐。我还会弹古典吉他，如果我的专栏需要背景音乐的话，我可以自己弹上一段。但我非常不喜欢民乐，这又有什么关系呢？对于绘画，我也更喜欢西方的油画，尤其是19世纪的作品。说建筑，我喜欢意大利花园胜过苏州园林；说古典戏剧，我喜欢莎士比亚胜过汤显祖。吃遍天下美食，何必执着于彼此？

那么我们来看看万老师的第一个问题：所谓"国学"，到底是对全体人类都有价值的通用学问，还是仅仅是一个地方性的风俗学问？

我们可以把问题里的"国学"替换成"牛排""日本料理""巴西柔术"，问题也就自然消解了。而这个问题之所以不曾这样简单消解，是因为很多人有太强的推广国学、以国学对抗西学的执念。我们不妨想想看，牛排从来没有这样强势过。中国有人发现牛排好吃，把西餐厅慢慢开起来,"桃李不言,下自成蹊"。大家想吃中餐的时候去中餐厅,想吃西餐的时候去西餐厅,心里不会有那么多道德和情感的纠结。

如果请古人来发言,他们一般会说"真理只有一个"。但也不乏例外,比如《黄帝内经》会说:"我难道不就是一个地方性的风俗学问吗?"没错,《黄帝内经》发现中国的地势西北高、东南低——这个观察本身并不错,现在我们的初中地理课本也这么讲,但在《黄帝内经》看来,地势的西高东低也就给天地分出了阴阳:地势以西北为高,所以西北方向的天就不足,是为阴,对应在人的身上,人的右耳不如左耳灵,右眼不如左眼明;地势以东南为低,所以东南为阳,对应在人的身上,人左侧的手足就不如右侧的强。

为什么会这样呢?《黄帝内经》的解释是:"东方为阳,所谓阳,精就往上走,结果就是上明而下虚,而人的耳目在上,手足在下,所以耳目灵光而手足不便;西方属阴,所谓阴,精会向下聚,结果就是下盛而上虚,所以人的耳目不便而手足好使。如果这两种人都受到了邪气的侵犯,表现在身体的上部就会右边比左边严重,表现在身体的下部则相反。"

这套医术似乎真的不适合其他国家,除非那里也是西高东低的地形。

如果请外国人来发言,他们其实也会发现"国学"的普世性,比如英国人类学家拉德克利夫-布朗在《原始社会的结构与功能》这本书里讲道:

> M.格里奥莱文章的结论也引出了同样的方法论问题。他简要地谈到需要对多贡人与博佐人的联盟进行解释,"因为在这种群体联盟制度中,双方享有共同权利,承担着对权利起补充作用的义务"。他在"多贡人抽象观念的基础中"找到了解释。"事实上,关于世界的起源,其标志一直就是事物的二元结合。世上万物都应

是成双出现的。"因此,这是根据多贡人关于孪生的观念所作的个别解释。

两个群体之间的这种关系在世界上许多地方都可以发现。最著名的例证是北美、南美、美拉尼西亚和澳大利亚的半偶族组织。描述这种两个群体联成一个社会的二元结合的最常用的方法是运用一对对立,如天与地、战争与和平、红与白、土与水、土狼与野猫、鹰与乌鸦。因此,其基本的观念是对立的统一,如赫拉克里特的哲学所表述的那样。在中国人的哲学中,则将其更精巧地表述为阴和阳;阳与阴是指男人与女人、白天与黑夜、夏天与冬天、积极与消极等等,他们断言,要构成统一与和谐,就必须使阴阳结合,如同夫妻之合,或冬夏之合为一年。

看嘛,连"阴阳"这种观念都不那么独特。

至于我自己的态度,可能是因为天性凉薄又总有一种局外人之感的缘故吧,所以并没有万老师的这些纠结。我对传统经典虽然有着浓厚的趣味,但我毕竟是个现代人,同样渴望现代社会中的新知,并且以新知回望古典。人类的知识总是进步的,尽管进步总是曲折的。我喜爱传统的经典,正如考古学家喜爱东挖西掘,为一点点发现而激动万分。但是,考古学家的家里,用的一定是新版的智能马桶,而不是古代的粪坑和策筹;他可以复原古代的孔明灯,但现实生活中的沟通还是要靠手机和互联网。同样,翻出二十年前的"大哥大",循着技术和社会的脉络,一步步看清今天的手机从何而来,这是一件有趣的事情,而即便"大哥大"还可以正常使用,我们也会舍"大哥大"而取智能手机者也。

刻意发掘"大哥大"在今天的实用意义——无论是发掘它的"高级功能"还是"低级功能",实在很无必要,至少会是一桩事倍功半的事。那么,对于万老师的第二个问题——中国文化中有哪些仅仅是历史遗迹，有哪些对现代社会仍然有用——我其实可以偷个懒，不回答了。即便在西方世界，也不会有什么人很执念地要使柏拉图和亚里士多德的学术在现代社会发扬光大。

于是有一个值得反问的问题：为什么一定要"有用"呢？对"有用"的执念，恰恰是一种典型的国学思维。我写过一本解读《人间词话》的书，介绍过王国维如何在追求"有用"的国学氛围里反其道而行的学术路径。

(6)"无用"与"无用之用"

这是一个"日蹙国百里"的悲伤时代，大清帝国里那些满怀爱国主义激情的有志青年总是以实务类的学科为第一选择。但是哲学，研究西方哲学，真不知道对这个风雨飘摇的老大帝国会有什么好处。

洋务派元老张之洞曾孜孜不倦地鼓吹着"中学为体，西学为用"的意识形态最高纲领，似乎中国落后的只是技术而已，而意识形态依然处于世界领先地位。但是，随着走出国门的学子越多，随着世界的面貌被国人看到的越多，张之洞的市场也就越小。张之洞的反对者们提出了这样的意见：技术的落后，根源在于意识形态的落后，大清帝国只有率先从意识形态上做出根本性的变革，那么技术也好，经济也罢，不待改善而自然可以改善。所以，青年学子若留学国外，政治学、法律学才应该是首选的学科。

这两种论调无论孰是孰非，至少都是容易被人们理解的，唯独王国维的选择过于极端了些。为什么一定是哲学呢？哪怕是文学也好，至少可以像鲁迅一样以笔墨为刀枪，在没有硝烟的战场上横扫千军如卷席。哲学分明是一门距离现实生活最遥远的学科，研究任何一个哲学命题都不会比天文学家研究一百亿光年之外的某颗星球对我们的衣食住行影响大。除非王国维是一个彻底漠然于时务的人，仅仅出于兴趣而躲在象牙塔的塔尖里自成一统。

和平时代的确会产生这样的学者，但在那个动荡的时代，几乎没有人可以置身局外，王国维当然不在例外之数。他有自己一套特殊的想法：意识形态实为经济、技术之根基，以落后的意识形态追求先进的经济、技术注定事倍功半，然而意识形态也有自己的根基，那就是号称"无用之学"的哲学；中国之所以在技术层面上落后于西方，正是因为中国缺乏哲学传统，凡事皆太重实用所致；若想对这样的国民性做根本之改良，就必须以哲学来纠偏补弊。

这样的论调是会彻底激怒民族主义者的，他们既无法从感情上容忍，也同样无法从理性上接受：凭什么讲中国缺乏哲学传统呢，我们有儒家、道家、法家，有孔子、庄子、韩非子，有《十三经注疏》《性理大全》《近思录》《传习录》，一个人究竟要数典忘祖、丧心病狂到何等地步，才可以对凡此种种的思想成就一概视而不见呢？张之洞就曾以不以为然的态度讲过：西方有哲学，我们有经学。

黑格尔提出过"中国无哲学"这个观点。倘若他对中国有足够了解的话，想来也不会改变这个观点，至多只会做一些细节上的修正而已。

诚然，以西方哲学的标准来看，中国思想史上能够称为哲学的内容实属凤毛麟角。中国人是极重实用的，自先秦诸子以来，种种貌似哲学的学说实则不过是给世道人心开药方罢了，无论怎样深究天人之际，最后总要太快地落到功用上来。即便在科技领域，也往往只在意技术进步而无心于基础科学。若以严格的标准因名责实，冯友兰的《中国哲学简史》不妨更名为《中国思想简史》，李约瑟的《中国科学技术史》亦不妨更名为《中国技术史》。而西方意义上的哲学，开宗明义便是一门无用之学，衣食无忧的贵族阶层借此来彰显自己的高贵。换言之，哲学原只是有钱有闲者的一种炫耀性消费而已。

亚当·斯密在《国富论》里曾为水与钻石的悖论困惑不已："水的用途最大，但我们不能以水购买任何物品，也不会拿任何物品与水交换。反之，钻石虽几乎无使用价值可言，但须有大量其他货物才能与之交换。"这个悖论其实易解：价值与实用性根本无关，人类天生喜欢做炫耀性消费，而越是稀缺性强、实用性差的东西才越有炫耀意义，钻石恰恰兼备二者。至于哲学，完全是和钻石一样的东西。

哲学比钻石更具炫耀意义，毕竟钻石可以被任何一名暴发户随便买到，然而学习哲学没有任何捷径可走，需要在不事生产的悠游岁月里慢慢打磨。古希腊人，西方哲学的奠基者们，正是以这样的闲暇姿态来探索哲学世界的。耗时耗力越多而实用性越少的事物总是更有炫耀价值的，倘若你问及了一点实用性，那么你无疑是在羞辱这些高贵而敏感的人。

在古希腊的哲学世界里，就连几何学也刻意标榜自身的非实用性。罗素在《西方哲学史》里讲过这样一则故事："欧几里得几何学是鄙视实用价值的，这一点早就被柏拉图所谆谆教诲过。据说有一个学生听了一段证明之后便问，学几何学能够有什么好处，于是欧几里得就叫进来一个奴隶说：'去拿三分钱给这个青年，因为他一定要从他所学的东西里得到好处。'"

罗素为这则故事所做的评论可以使我们十足窥到王国维的思路："然而鄙视实用却实用主义地被证明了是有道理的。在希腊时代，没有一个人会想象到圆锥曲线是有任何用处的；最后到了17世纪伽利略才发现抛射体是沿着抛物线而运动的，而开普勒则发现行星是以椭圆而运动的。于是，希腊人由于纯粹爱好理论所做的工作，就一下子变成了解决战术学与天文学的一把钥匙了。"

哲学的无用之用亦出于同样的道理。"哲学"一词在希腊语中的原义是"爱智之学",表示这门学问仅仅是为了满足高雅的智力趣味而存在的,别无任何实用性的意义。而这样的学术传统在西方世界一以贯之,直到近现代才稍稍有了一点改变。

所以,哲学史上有一种非常显见的现象,即哲学家们往往只是在理论上相信自己的理论,却不愿或不能在生活中践行。例如休谟,这位以强悍的论证动摇了因果律的可靠性,击破了18世纪的理性精神,并将康德从旧信念的迷雾中唤醒的伟大哲人,在现实生活中却也只如我们这些凡夫俗子一般地诉诸理性,依据因果。倘若我们以"知行合一"为标准来质疑他的理论,他一定会给出那个他早已经准备好的回答:研究哲学对某种气质的人来说是个惬意的消磨时间的方法,除此之外,没有研究它的理由。

叔本华的哲学与人生表现出更强烈的反差,这个宣扬悲观主义与禁欲哲学的人一直过着某种讲究得略嫌奢华的生活。甚至直到晚年,他的功利心和竞争欲也丝毫不逊于今日职场中的钻营之辈。王国维若以源自孟子的"知人论世"之道来理解叔本华,很可能就不会有这部《人间词话》了。

中国传统总是实用主义的,即便时到如今,人们热衷于理解哲学或貌似哲学的心灵鸡汤,出发点也总是希望对当下有益:或用以平衡心态,或用以强大心志。这是一种U盘式的拿来主义:只有即插即用才是好的。这种阅读风气不免令人怀疑:我们究竟比那些晚清遗老进步了多少?

哲学偏偏不是U盘,反而更像二进制运算法。小穆勒对哲学的一句说明恰恰与上述罗素对几何学的评语很有些异曲同工之妙:"表面上似乎同人们的实际生活和表面利益相去甚远的思辨哲学,其实是世界上最能影响人们的东西。"

如果不惮粗浅之讥,将社会比作一棵大树,那么哲学、意识形态与技术的关系便近乎树根、树干与树叶的关系。枝繁叶茂是触目可及的繁华，但是，若仅仅在枝叶上注射养料以期待枝繁叶茂的结果，这结果分明不待尝试便可预见。

但是，也许只有王国维一般殚见洽闻的人才有如此的预见力，这或多或少要归功于他受旧学影响较浅——当然，是和张之洞那些人比，不是和我们来比。"清谈误国"是中国历史上一句以惨痛代价方才获得的政治智慧：魏晋清谈声尤在耳，那些大族名士岂不正是不理世务，以谈玄论道打发高雅浮生的吗？难道此风还当再现，只是清谈的内容换成西方哲学吗？

这是一种合情合理的质疑，只不过忽略了魏晋名士与西哲先贤的一点不同：前者毕竟是在尸位素餐之余来谈玄论道的，霸占着行政职位却毫不理事，即便将清谈改成其他娱乐方式，亡国也是免不了的。一言以蔽之：误国其实不是清谈应负的责任。

1903年7月，王国维在《教育世界》上发表了一篇《哲学辨惑》，反击张之洞抛出的"哲学有害无益"论，阐述哲学的无用之大用。这篇文章，似乎在今天看来亦不失其时效性。

(7) 极端之见

再来看看万老师的第三个问题：我们对中国文化是不是非得"仰望"，我们能不能站在现代的高度，"俯视"国学？如果一直仰望，怎么能发展呢？

万老师的心里肯定已经有了答案，我对万老师不曾说出的答案深表赞同，非但赞同，而且我的看法还要更极端一些。

这个极端之处就是：国学为什么一定要发展呢？

假如我们生在西方，我们当然知道柏拉图和亚里士多德是伟大的哲人，他们的著作是奠定西方文明的重要基石。我们当然会去研究他们的学术，但我们真的会想"发展"他们的学术吗？今天的医学院还会教学生背诵希波克拉底誓言，但谁会想要"发展"希波克拉底的医术呢？

探究我们身上的文化基因，可以使我们更好地认识自己，知道我们从哪里来、我们何以如此、我们向何处去。我们像农夫一样生活，有的人只盯着麦穗，有的人却还想了解土壤。

(8)"我爸爸比你爸爸强"

从另一个角度看，对国学的"仰望"未尝不可，这就像一个人既然有信仰上的自由，为什么就不可以信仰国学呢？

给心理找依托，找靠山，这是人的天性。或者可以这样来说，宗教性就是人的天性。哪怕胡乱相信一点什么，心里也会踏实很多。这番道理，万老师其实已经讲过了，只要稍稍引申一下，就可以解释国人对国学的"仰望"之情。

万老师在问题里说："如果有什么学问非得跪着学，我看那不是学问，那是宗教。中国过去这几十年，因为国学出了大名的，有一些人很不争气。有的寻章摘句，有的心灵鸡汤，有的装神弄鬼。"这话说得掷地有声啊。万老师觉得国学不该是宗教却变成了宗教，所以值得批判。容我借用拜伦赞颂吉本的诗句来赞颂万老师："他精炼武器，笑里藏刀，用肃穆的冷笑笑倒了肃穆的宗教。"但是，这是精英思维。像万老师这样怀有精英思维的人有多少呢？截止到此时此刻，我竟然只发现了87698人！

对的，这是"精英日课"的订阅量。尽管这是一个令人眼红的数字，但比起全中国的人口基数来说，简直是九牛一毛。

这虽然是玩笑话，含义却并不那么玩笑。

在"精英日课"的发刊词里，万老师区分"精英"和"普通人"的许多特质，其中有这样一组对比："精英注重个人选择和自由，而普通人认为别人应该和自己一样。"我愿意把话说得更直接一点："精英注重个人选择和自由，而普通人喜欢很有限的个人选择和很有限的自由。"

这个问题的本质，就是我们基因里烙印着的奴性。做奴隶真的那么可厌吗？其实并不是的，古今中外的历史上出现过各种形式的奴隶，他们往往乐在其中。至少奴隶制是治疗选择障碍的灵丹妙药，今天的很多年轻人一定都有同感吧？女生出门前挑选一身合适的衣服——这样搭配，那样那配，这个和那个不搭，那个和这个不搭，这双鞋子昨天穿过了，不能连续两天重样，等等。如果她卖身为奴，只能穿主人规定她穿的衣服，所有的纠结就都没有了。

更重要的是，奴隶可以有个主子做靠山，这是很愉快的心理体验。如果我们觉得与人为奴有伤尊严，做神的奴仆也就没有这个问题了嘛。

即便当神的光环陨落，拥有了自由的人们却往往逃避自由，这是因为自由是一种"不安全"的状态，而弱小的人类在天性上就是需要"集体"的。弗洛姆在《健全的社会》里有过这样的概括："……极权主义运动吸引着渴望逃避自由的人们。现代人获得了自由，然而在内心深处却渴望逃避自由。现代人摆脱了中世纪的束缚，却没有能够自由地在理性与爱的基础之上营造一种有意义的生活，于是，他便想以顺从领袖、民族或国家的方式，以寻求新的安全感。"

越是"普通人"，越是需要神，需要靠山，需要领袖，需要偶像，这四者异名而同实。作为群居动物，奴性显然是一种生存优势，让我们能在不明所以的时候就自动自发地围拢在强者身边，而那些特立独行的"精英"——如果曾经有过的话——很容易被严苛的生存环境淘汰。万老师强调的精英思维，是人类进入文明时代之后才会闪光的东西，需要以脆弱的理性抗拒强悍的本能，这很辛苦，能坚持下来的人注定不会很多。

普通人身上不但奴性更强，还会更加在意自己的社群标签。社群就是神，就是靠山，就是领袖，就是偶像，就是给他们提供精神力量的源泉。一个人举着社群标签在这个高度竞争的社会上拼杀，就像球员带着亲友团到世界各地打比赛一样，无论身在何方都能获得一点"主场优势"。那么，在缺乏西方式宗教传统的中国，许多人以国学为宗教，自然是再正常不过的事情。如果我们在学术系统里看国学，当然会对它的宗教化感到荒唐，但是，正如我自己专栏的标题"跨界读经典"所说的那样，让我们跨个界，把国学的宗教化当作一种社会现象，从社会学的角度来理解它，就会对荒唐感到释然，并且多了几分别样的感受。

人的宗教性是永恒且普世的，有神就会拜神，无神就会造神，当然还需要自己的神比别人的神厉害才行。所以，道教编出《老子化胡经》，说佛陀不过是老子西出函谷关之后化身而成的，佛教说孔子是儒童菩萨，儒家说道教是虚妄，佛教是夷狄。这种心态可以一言以蔽之："我爸爸比你爸爸强！"小孩子的话最能体现出人性的本真。

国学很有"厉害爸爸"的潜质，所以很容易被披上宗教的外衣。这些潜质，我就不想一一列举了，这里只谈其中的一点，那就是古汉语的模糊性。

我已经为自己的专栏储备好很多内容，其中讲《大学》的那一章里，有一节的小标题是"语言限定了思辨的边界"。

(9) 语言限定了思辨的边界

中国走进宋朝，毕竟文化水平提高了，儒学就开始向着思辨哲学的方向发展了。但古汉语并没有进步太多，用古汉语来搞思辨哲学，就像用泥瓦匠的工具来修理手表。今天我们能写严谨的思辨文章，很大程度上要感谢晚清、民国时期那些翻译家。现代汉语里那些状语从句、被动语态等等，都是当年的"翻译腔"带过来的。

最适合古汉语的文体是诗歌，最能写出朦胧的韵味，比西方语言强一大截。

欧美学习中国古诗，兴起过一个意象派，虽然也有好作品，也能在当年的诗坛上刮起一阵旋风，但和中国古诗的佳作一比，好像天生就带残疾。这是因为英语的语法结构太精确了，天生就朦胧不起来。

为什么很多人觉得宋诗赶不上唐诗，一个很主要的原因是，宋朝人就连写诗也喜欢说理，这就等于舍长用短，看上去总感觉有点勉强，只有少数高手才能应付裕如。而用古汉语来作哲学思辨，就像用英语写意象派诗歌一样，勉为其难。我只举一个小例子："无极而太极"，这是一个很重要的、基础性的理学命题，但它到底是什么意思，是说无极生出了太极，还是说无极就是太极，还是别的什么意思，就连第一流的学者也搞不清，在理学阵营内部就说不清。

(10) 从吓人的书名看逻辑传统

还有一段讲欧洲中世纪大学课程的内容：

在贸易兴起的时候，算术和法律就变成了热门。博洛尼亚大学就是以法学著称的。还有一门学科被高度重视，但我们今天很难理解，那就是逻辑学。学逻辑学耗时耗力，学下来需要很多年，巴黎大学的逻辑课要求学完亚里士多德的全部逻辑学著作。当时的逻辑学就像今天的基础学科一样，不管你以后要专攻医学、法学还是神学，如果打不好逻辑学的底子，一切都是白搭。

我第一次知道这一点的时候，很有一种恍然大悟的感觉。以前看西方著作，总是不理解那些书名为什么两极分化。小说题目一般只是主人公的人名，比如《奥利弗·特维斯特》，中国人看不惯，要翻译成《雾都孤儿》。后来才知道这是《荷马史诗》的标题传统，《伊利亚特》《奥德赛》就是这样的。但另一方面，西方论说性的著作，题目极其烦琐。我们先看一下中国人取的题目，比如《大学章句》《大学衍义》《大学问》，然后我们再看西方的书名：《国富论》，好像言简意赅，但这是中译本的简化，人家原名叫《国民财富的性质和原因的研究》；再比如《乌托邦》，这同样是中国式的简化，原名有点可怕，是《关于最完美的国家制度和乌托邦新岛的既有益又有趣的金书》；再看《物种起源》，原名更吓人，是《物种通过自然选择或在生存竞争中占优势的种群得以存活的方式的起源》——这是我从英文书名直译过来的，如果采取"信、达、雅"的标准，就必须断句，再重新组织语言。还好原书会把"物种起源"几个字印成大号、加粗，算是对读者最大限度的体谅了。

这就是高度重视逻辑学的后遗症，从中看得出，他们为了精准地表达、规范地描述，付出了怎样的代价。这种语言的麻烦当然就是累赘，而优势也很明显，就是准确，并且便于交流。

中国也有过逻辑课，不过都是在佛教寺院里，是来自印度的因明学。佛教僧侣经常需要辩论佛经义理，这就需要大家都遵守一致的逻辑规范，否则很容易鸡同鸭讲。但中国人不很重视这个，古汉语又确实不适合逻辑思辨，所以因明学也没有发展很久。

中国人不大讲究逻辑，很大程度上是受了语言的制约。所以金岳霖当年提出"逻辑救国"这个口号，倒也不算荒唐。金岳霖的著作，以缜密的逻辑逐层推导中国传统哲学那些"无极而太极"的模糊概念，是一项难能可贵但费力不讨好的事业，所以他的学术远不如他和林徽因的关系那样脍炙人口。

话说回来，古汉语的模糊性很容易使现代人在似懂非懂间萌生敬畏，又有太大的解读空间。有了这两点，宗教性就呼之欲出了。

（11）要不要把希波克拉底和扁鹊的医术发扬光大

万老师讲："国学不是吐火罗文，国学不是《弟子规》。国学不应该仅仅是EMBA培训班上老板们的饭局谈资，国学更不应该仅仅是附庸风雅的中产阶层培训小孩的另一项才艺。"其实我倒觉得，国学可以是吐火罗文，可以是《弟子规》，可以是谈资和才艺，这都无妨。这就像跆拳道原本是格斗技术，但时代变了，它不妨变身为体育运动或礼仪训练。至于国学能否成为万老师所推崇的"治国者"的学问，我倒觉得没必要做这种事倍功半的事情，这就像我们守着三甲医院，没必要发扬希波克拉底和扁鹊的医术来治病一样。

但是，深入了解"希波克拉底"和"扁鹊"的学问，可以使我们对许多貌似古怪、荒唐的历史和社会问题明白一点"为什么"，从此不再"莫名惊诧"了。

万老师说："国学对应的应该是西方的'自由技艺'（liberal arts），

是能让人做事更有分寸，解决问题更有办法，获得真正自由的学问。"这种对应，恰好我在"熊逸书院"里仔细写到过，只不过我对"自由技艺"使用的译名是"文科七艺"。这两种学问，在它们各自发展起来之后，就出现了一种奇怪的景观：从出发点到教育结构，竟然处处都是反的。"文科七艺"发展为技能教育，恰恰属于"君子不器"的那个"器"。而国学"君子不器"的精神貌似居高临下，但国学教育早在古代就面临一种很严峻的读者错位和社会背景错位的问题，所以才会越变越奇怪。

  我的回复就到这里吧。铺天盖地讲了这么多，貌似有一种"乱拳打死老师傅"的气概，希望没让万老师见笑。最后，对万老师的鼓励和帮助再次致以诚挚的感谢！